CONRAD C. STEIN

Die Geheime Weltmacht

Die schleichende Revolution gegen die Völker

Plädoyer für einen national-sozialen Kapitalismus

H

HOHENRAIN – TÜBINGEN

Umschlagmotiv: W. Schick; Rückseite: A.P. Weber

Die Deutsche Bibliothek – CIP-Einheitsaufnahme

Stein, Conrad C :
Die Geheime Weltmacht : Die schleichende Revolution gegen die Völker / Conrad C. Stein.–
Tübingen ; Zürich ; Paris :
Hohenrain-Verl., 2001
ISBN 3-89180-063-0

ISBN 3-89180-063-0

Gedruckt in Deutschland

Inhaltsverzeichnis

Anhang - 353

»*We are grateful to* the Washington Post, The New York Times, Time Magazine *and other great publications whose directors have attended our meetings and respected their promises of discretion for almost forty years. It would have been impossible for us to develop our plan for the world if we had been subjected to the lights of publicity during those years. But, the world is now more sophisticated and prepared to march towards a world government. The supranational sovereignty of an intellectual elite and world bankers is surely preferable to the national auto-determination practiced in past centuries.*«

»Wir sind der *Washington Post,* der *New York Times,* dem *Time Magazine* und anderen großen Publikationen dankbar, deren Direktoren seit fast vierzig Jahre unseren Treffen beigewohnt und ihre Versprechen der Verschwiegenheit gehalten haben. Es wäre für uns unmöglich gewesen, unseren Plan für die Welt zu entwickeln, wenn wir während dieser Jahre dem Licht der Öffentlichkeit ausgesetzt worden wären. Inzwischen aber ist die Welt höher entwickelt und darauf vorbereitet, einer Weltregierung entgegenzugehen. Die supranationale Souveränität einer intellektuellen Elite und der Weltbanker ist mit Sicherheit der nationalen Selbstbestimmung, so wie sie in vergangenen Jahrhunderten praktiziert wurde, vorzuziehen.«

David Rockefeller,
Bilderberger-Konferenz vom 6. - 9. Juni 1991 in Baden-Baden

❖

»Das Bedürfnis nach dem stets ausgedehnteren Absatz für ihre Produkte jagt die Bourgeoisie über die ganze Erdkugel. Überall muß sie sich einnisten, überall anbauen, überall Verbindungen herstellen [...] An die Stelle der alten lokalen und nationalen Selbstgenügsamkeit und Abgeschlossenheit tritt ein allseitiger Verkehr, eine allseitige Abhängigkeit der Nationen voneinander.«

Karl Marx/Friedrich Engels, *Das Kommunistische Manifest*

»A really efficient totalitarian state would be one in which the all-powerful executive of political bosses and their army of managers control a population of slaves who do not have to be coerced, because they love their servitude. To make them love it is the task assigned, in present-day totalitarian states, to ministries of propaganda, newspaper editors and schoolteachers.... The greatest triumphs of propaganda have been accomplished, not by doing something, but by refraining from doing. Great is truth, but still greater, from a practical point of view, is silence about truth.«

»Ein wirklich leistungsfähiger totalitärer Staat wäre ein solcher, in dem die allmächtige Verwaltung der politischen Bonzen und ihre Armee von Führern eine Bevölkerung von Sklaven kontrollieren würden, die nicht in ihre Knechtschaft gezwungen werden müßten, sondern die sie lieben. Jene dazu zu bringen, sie zu lieben, ist die Aufgabe, die den heutigen totalitären Staaten, den Propagandaministerien, den Herausgebern von Zeitungen und den Lehrern übertragen wurde [...] Die größten Propagandatriumphe wurden nicht dadurch vollbracht, daß etwas getan wurde, sondern dadurch, daß man sich enthielt, etwas zu tun. Wahrheit ist großartig, aber in praktischer Hinsicht ist es noch großartiger, die Wahrheit zu verschweigen.«

ALDOUS HUXLEY, *Brave New World,*
Vorwort zur Auflage des Jahres 1946

❖

». . . the powers of financial capitalism had another far reaching aim, nothing less than to create a world system of financial control in private hands able to dominate the political system of each country and the economy of the world as whole.«

». . . die finanzkapitalistischen Mächte hatten ein anderes weitreichendes Ziel, und zwar nichts weniger, als ein Weltsystem finanzieller Kontrolle in privater Hand zu schaffen, das in der Lage wäre, das politische System eines jeden Landes und die Weltwirtschaft insgesamt zu beherrschen.«

CARROLL QUIGLEY, Ex-CFR-Mitglied, in *Tragedy and Hope*

»Da der Handel nothwendig grosse Reichthümer verschafft, und niemand reich werden kann, ohne daß andre unvermögender und ärmer geworden; so hat der Handel die Ungleichheit der Reichthümer, und mit dieser den Luxus, die Weichlichkeit, die Abhängigkeit, die Venalität, den Verfall der Sitten, die Herrschaft und den Druck von der einen, und die Knechtschaft von der andern Seite hervorgebracht.«

»Wehe der Freyheit des Volks, dessen König übermässige eigene Schätze hat! Umsonst wird seine Gewalt beschränkt, denn er hat die Mittel, sich frey zu kaufen. Dort, wo der Reichthum ist, ist auch die Macht.«

«Kein Reich der Vorwelt hat ewig gedauert. Die Reiche der heutigen Welt sind einem ähnlichen Schicksal unterworfen. So, wie alles, was unter der Sonne ist, veränderlich ist, verändern auch sie sich, um ihrem Zweck, ihrer Bestimmung näher zu rücken. Jede menschliche Einrichtung führt zugleich bey ihrer Entstehung den Keim ihrer Zerstörung mit sich.«

ADAM WEISHAUPT, *Größere Mysterien Erste Klasse,* in: JOHANN JOACHIM CHRISTOPH BODE, *Journal von einer Reise von Weimar nach Frankreich*

❖

»Everyone has the right to freedom of opinion and expression; this right includes freedom to hold opinions without interference and to seek, receive and import information and ideas through any media and regardless of frontiers.«

»Jeder hat das Recht auf Meinungs- und Redefreiheit; dieses Recht beinhaltet die Freiheit, Meinungen ohne jedwede Einmischung zu vertreten und Informationen und Ideen durch jedwede Mittel und ohne Rücksicht auf Grenzen zu beschaffen, zu erlangen und zu verbreiten.«

Art. 19 der Allgemeinen Menschenrechtserklärung der Vereinten Nationen

A. Vorwort

Am 11. September 2001 wurden die Zwillingstürme des New Yorker World Trade Center durch zwei gezielt in sie hineingelenkte Passagierflugzeuge US-amerikanischer Fluggesellschaften zerstört und mit ihnen das Leben von mehr als 3500 Menschen.

»America under Attack!« meldeten die ideologisch gleichgeschalteten US-Monopolmedien.

Es war eine der üblichen Lügen, die von diesen Medien tagtäglich auf die Amerikaner ausgestrahlt werden; wenn es den arabischen Terroristen tatsächlich um einen ›Angriff auf Amerika‹ gegangen wäre, hätten sie die Flugzeuge in Atomkraftwerke in South Dakota, Nebraska oder Arizona gelenkt und damit den USA ein ›Encore‹ von Hiroshima, Nagasaki oder Dresden bereitet. Sie haben dies nicht getan; denn sie haben mit den guten Menschen in South Dakota, Nebraska oder Arizona keine Rechnung zu begleichen.

Symbolhaft attackiert wurde mit der Zerstörung des New Yorker World Trade Center nicht Amerika, sondern die ›Ostküste‹, ein inzwischen hinlänglich verwandtes Synonym für die Kräfte der ›globalen Bewegung‹. Attackiert wurde die »Welthauptstadt« (Ex-Marxist und amtierender Bundesinnenminister Otto Schily [SPD] am 23. Oktober 2001 in Gegenwart des christlichen Fundamentalisten John Ashcroft). Im Oktober 2001 wurde auch der New Yorker Bürgermeister Rudolph W. Giuliani, der New York bereits einige Tage vor Schily als »Welthauptstadt« bezeichnet hatte, von der britischen Königin Elisabeth II. zum Ehrenritter der britischen Krone ernannt (andere US-Ehrenritter: Ex-Präsident George Bush, Steven Spielberg [»Schindlers Liste«], US-Außenminister Colin Powell).

Dieses Buch handelt von den Kräften, für die New York und das World Trade Center ein Symbol sind. Es sind dieselben Kräfte, die nach der Tragödie die Front des Gebäudes der ›New York Stock Exchange‹ (New Yorker Börse) mit einer riesigen US-Flagge einhüllten, ein symbolhafter Akt, der den symbolhaften Akt der Terroristen widerzuspiegeln schien.

In seiner Rede vom 20. September 2001 vor dem US-Kongreß meinte US-Präsident George W. Bush, daß sich die »Terroristen« in der Tradition »von Faschismus, Nazismus und Totalitarismus« befänden. Diese Bemerkung war so unsagbar dumm, daß sie an sich keiner Erwähnung bedürfte. Sie wird nur dadurch interessant, daß BUSH das Wort ›Kommunismus‹ nicht benutzte und durch den ideologischen ›Leer‹-Begriff ›Totalitarismus‹ ersetzte. Dies war kein Zufall, sondern systembedingte Terminologie. Dieses Buch handelt von diesem System. Es wird ferner darüber aufklären, weshalb die Tragödie vom 11. September 2001 den Kräften der ›Ostküste‹ den willkommenen Vorwand geliefert haben mag, einen Terrorakt als kriegerischen Akt auszulegen, um ihr eigenes, von diesem Ereignis völlig unabhängiges Handeln noch entschiedener vorantreiben zu können – zum großen Schaden für die Völker und Nationen dieser Welt. Sie, die den US-Amerikanern eine Ethik des Friedens und eine Erziehung zur gewaltfreien Konfliktlösung vorenthalten haben, haben endlich wieder einen Kriegsvorwand ›gefunden‹, und es bildete sich sofort eine Meinung, daß, wie von Winston CHURCHILL (siehe **B. XIV.**; Winston CHURCHILL) hinsichtlich der provozierten Versenkung des mit Kriegsmunition beladenen Passagierschiffes ›Lusitania‹ (7. Mai 1915; vgl. Patrick BEESLY, *Room 40*) oder seinem späteren Weltkrieg-II-Komplizen Franklin D. ROOSEVELT hinsichtlich des japanischen Überfalls auf Pearl Harbor (7. Dezember 1941), diesem ›gefundenen‹ Kriegsvorwand durch »pflichtwidriges Unterlassen« ein wenig nachgeholfen worden war; denn ein solcher Anschlag hatte sich nach dem Urteil von Geheimdienstexperten seit langem angekündigt.

Nach wie vor ist Krieg für die ›Ostküste‹ nicht die *ultima ratio*, sondern Politik mit anderen Mitteln. Obwohl die USA sich selbst als eine ›friedensliebende Nation‹ bezeichnen, sind sie fast ständig im Kriegszustand. In den mehr als 200 Jahren ihrer Existenz waren sie in 16 Kriege verwickelt. Bereits vor dem 11. September 2001 hatten sie etwa 200mal in anderen Ländern militärisch ›interveniert‹, um diesen *ihren Willen* aufzuzwingen, also etwa einmal pro Jahr ihrer Existenz. Das Buch soll auch darüber aufklären, welches der eigentliche Wille hinter den Kriegstreibern ist.

US-Präsident George W. BUSH verkündete gebetsmühlenhaft, daß die Zerstörung des World Trade Center ein Angriff auf die »zivilisierte Welt« gewesen sei. Der ganz besondere Charme dieser US-Zivilisation zeigte sich dann kurz nach der furchtbaren Tragödie: Telemarketing-Hyänen fielen über die guten Menschen Amerikas her und machten mit dem furchtbaren Schicksal der Opfer reichen

Mitleids-Reibach. Die Übernachtungspreise in vielen Hotels der Metropolen Kanadas, wo viele Flugzeuge samt deren Passagiere tagelang gestrandet waren, explodierten. In New York verkauften fliegende Händler wenige Stunden nach dem Ereignis und nicht weit entfernt von der Unglücksstelle Ansichtskarten mit den Zwillingstürmen für 30 Dollar je Stück. Wenige Tage später boten fliegende Händler in der ›Canal Street‹ von ›Lower Manhattan‹ und sogar innerhalb der Polizeibarrikaden in unmittelbarer Nähe der Ruinen, in denen sich noch die Überreste von mehr als dreitausendfünfhundert Toten befanden, billig produzierte T-Shirts, Schirmmützen und Kugelschreiber mit Bildern der Zwillingstürme (»World Trade Center, 1975-2001«) an, während sich glotzende ›Disaster‹-Touristen durch den Gestank verwesender Leichen, Asbest und Gas schlängelten und, wie beim Berliner Mauersturz, Trümmerstücke als Souvenirs sammelten oder von windigen Leichenfledderern kauften. »There is nothing which could not be commodified in this culture« («Es gibt nichts, was in dieser Kultur nicht zur Ware gemacht werden könnte«), entrüsteten sich einige. Es ist die Kultur der ›Wolfsgesellschaft‹ (*homo homini lupus est*), und vor allem die Zivilisation der supranationalen Revolution, die am 11. September 2001 attakkiert wurden, nicht Land und Leute.

Diese Revolution, die in ihrem fortgeschrittenen Stadium das Leben der Völker dieser Welt wie kein anderes Ereignis in der Menschheitsgeschichte dramatisch verändern wird, kam eher als »stille Revolution« (UN-Generalsekretär Kofi ANNAN) daher. Sie war kein Sturm auf die Bastille. *Sie geschah eher im geheimen, nicht durch die Unterdrückten der Völker, sondern durch ihre höchst Privilegierten.* Sie ist im Verhältnis zur Französischen Revolution, die die historische Errungenschaft der Nation mit sich brachte, eine Konterrevolution; denn Supranationalismus oder Transnationalismus, irreführend auch als ›Globalismus‹ bezeichnet, ist zutiefst antidemokratisch, antifreiheitlich und in seinem fortgeschrittenen Stadium äußerst antikapitalistisch. Er wird im Endstadium zu einer anationalen Weltordnung und einer Weltregierung führen, auch wenn dies von den Drahtziehern und Verwaltern der supranationalen Revolution in der Öffentlichkeit weiterhin heftig bestritten wird. So hieß es in dem UN-Report *Our Global Neighborhood* (1995) der UN-Kommission ›Global Governance‹: »Globale Regierbarkeit heißt nicht globale Regierung. Aus der Ähnlichkeit der Begriffe sollten keine Mißverständnisse erwachsen. Wir schlagen nicht den Weg zur Weltregierung vor; denn wenn wir in diese Richtung gehen, könnten wir uns in einer noch weniger demokratischen Welt als heute wiederfinden.« Diese Schlußfolgerung ist in der Tat zutreffend, auch wenn die Erklärung der UN-Kommission, wie im Rahmen dieses Buches nachgewiesen werden wird, eher den Verläßlichkeitswert von Walter ULBRICHTS Aussage am Vorabend des Mauerbaus (»Niemand hat die Absicht, eine Mauer zu bauen!«) haben dürfte.

Es gibt keinen vernünftigen Zweifel: Der Weg der völkerfeindlichen ›supranationalen Bewegung‹ geht in Richtung Weltregierung. Dazu schrieb die deutsch-amerikanische Philosophin Hannah ARENDT in einem Artikel des Jahres 1957, der in ihrem Werk *Men in Dark Times* abgedruckt wurde: »Gleichgültig, welche Form eine Weltregierung mit zentraler Macht über den gesamten Globus annehmen wird, die Vorstellung einer nicht rechenschaftspflichtigen Gewalt, die die gesamte Erde beherrscht, ein Monopol aller Gewaltmittel innehat, ungehindert und unkontrolliert durch andere unabhängige Kräfte, ist nicht nur ein Alptraum von Tyrannei, es würde auch das Ende allen politischen Lebens, so wie wir es kennen, bedeuten.«

Hinter dem sich weiter beschleunigenden neofeudalistischen Prozeß standen geschichtlich die protestantisch-supranationalistischen Kräfte Angelsachsens (d. h. England, Dänemark, Deutschland nördlich der Main/›Hanse‹-Linie, Holland, Flandern) und seiner ›Kolonien‹ (USA, Kanada, Australien, Neuseeland), repräsentiert durch die britische ›Crown‹ (Hannover/Sachsen-Coburg-Gotha), und andererseits die römisch-katholischen Kräfte Europas südlich der Main-Linie einschließlich Polens und Walloniens, repräsentiert durch den Vatikan und das Haus Habsburg. Dieses Machtverhältnis wurde durch das sich emanzipierende ›Dritte Reich‹ gestört und mit dessen späterer Vernichtung wiederhergestellt. Mit der Wiedervereinigung Restdeutschlands änderten sich die Gewichtungen zwischen beiden Blöcken abermals, und zwar zugunsten der angelsächsischen Kräfte. Statt die neue deutsche Nation, sowohl west/ost- als auch nord/süd-geteilt, zu konsolidieren und zu stabilisieren, wandte sich Helmut KOHL, der Vertreter der römisch-katholischen Klientelpartei, symbolisch Carolus MAGNUS, dem früheren römischen Kaiser von Papstes Gnaden, zu. KARL DER GROSSE und dessen ›schlafendes‹ multiethnisches römisches Reich schien Helmut KOHL allemal näher zu sein als ein homogenes ›Reich der Deutschen‹. Auch mußte das (aus vatikanischer Sicht) entstandene Ungleichgewicht durch die vollzogene NATO- und spätere EU-Aufnahme des römisch-katholischen Polens, das weiterhin große Teile des rechtlich fortbestehenden ›Deutschen Reiches‹ besetzt hält, kompensiert werden.

Derweil ließ sich das sogenannte Weltjudentum, das sich bisher mit dem Lager der ›Krone‹ assoziiert hatte, vom Vatikan hofieren. Plötzlich entdeckte der Vatikan durch Papst JOHANNES PAUL II. völlig zu Recht, daß die Juden eigentlich ›die älteren Brüder‹ der Christen seien. Nur der (Leicht-)Gläubige sah darin allerdings eine religiöse Annäherung, der Insider der ›Hohen Kabale‹ aber meinte den jesuitischen Abwerbungsversuch zur Spaltung des Lagers der ›Krone‹ zu erkennen.

Von ihrer insularen Bastion aus hat die britische ›Krone‹ die *High Cabal* (›Hohe Kabale‹), die angelsächsische Form des Machiavellismus, historisch stets dazu benutzt, mittels Strategien wie *Balance of power* (›Gleichgewicht der Kräfte‹) und *»divide and conquer«* (›Teile und erobere‹) die Herrschaft von Weltmachtpositionen jenseits ihrer direkten Kontrolle zu erlangen. In allen Bereichen menschlicher Belange initiierte und unterstützte die Krone nach dem HEGELschen Prinzip von These und Antithese möglichst gleichstarke oppositionelle Kräfte oder Ideologien, um derivativ über das »Gleichgewicht der Kräfte« Kontrolle, d. h. die Synthese, zu erlangen. Dabei bediente sie sich größtmöglicher (d. h. supranationaler) Hebel, um für ihre ›Hohe Kabale‹ größtmögliche Wirkung zu erzielen. Ein konkretes Beispiel sind die supranationalen »Bretton-Woods-Institutionen« (siehe **B. XI.**), die ursprünglich von MORGENTHAUS absurder *These* eines »unbegrenzten Wachstumspotentials« ausgingen. Im Widerspruch zu dieser These wird beispielsweise durch Prinz CHARLES und sein ›The Prince of Wales Business Leaders Forum‹ (PWBLF), ebenfalls im supranationalen Rahmen und durch dieselben *High Circles* (›Hohe Kreise‹) die auf begrenztem Wachstum beruhende Ideologie des *»Sustainable Development«* als *Antithese* unterstützt, um zu der *Synthese*, nämlich »Kontrolle/Einfluß« durch die nicht demokratisch legitimierte ›Krone‹, zu gelangen. In Ausübung ihrer Kabale kann sich die ›Crown‹, eine demokratisch nichtlegitimierte Institution des britischen Neo-Imperialismus, hinsichtlich ihrer angemaßten, supranational wirkenden Schiedsrichterrolle auf ›Prestige-

Organisationen‹ wie den ›Council on Foreign Relations‹, die ›Bilderberger‹, das ›Royal Institute of International Affairs‹, die ›Trilaterale Kommission‹, den ›Club of Rome‹ und eine Vielzahl weniger wichtiger ›nationaler‹ Einrichtungen (z. B. ›Deutsche Gesellschaft für Auswärtige Politik‹) stützen, die sie einerseits über das ›Committee of 300‹ bzw. ›Order of the Garter‹ kontrolliert und die andererseits den Zweck erfüllen, eine durch die ›Krone‹ tolerierbare Bandbreite der öffentlichen Meinung zu schaffen, indem sie die ihr gegenüber servilen ›höheren Kreise‹ (*high circles*) und ›führenden Erleuchteten‹ (*leading lights*) jedes wichtigen Bereiches menschlicher Aktivität mit falschen Problemstellungen und künstlichen Streitthemen füttert und dadurch den dialektischen Prozeß und das ›Konflict-Management-Szenario‹ anheizt.

Im Gegensatz zu den eher verdeckten dialektischen Methoden der ›Krone‹ strebte der Vatikan offen und direkt die Kontrolle einer vollständig integrierten Welt und einer Weltregierung an. Die römisch-katholische Kirche ist, wie immer man zu ihrer Religion oder ihrem Kult auch stehen mag, eine Organisation mit einer gefestigten Ideologie und einer mächtigen Geschichte, die ihr trotz häufiger Finanzmanipulationen, wiederholter Unterwanderungen von Geheimgesellschaften der ›Krone‹ und gelegentlicher Coups an deren Spitze ein so gefestigtes Eigendasein gewährt, daß diese Umstände es bisher nicht vermochten, sie von ihrem ewigen Anspruch auf universale (d. h. katholische) Herrschaft abzubringen.

So gesehen, war die supranationale ›Festung Vatikan‹ eher die Ursache dafür, daß die ›Krone‹ im Weltmaßstab ›reagieren‹ mußte, um über die Liquidation der Nationen deren Anfälligkeit für ihre Manipulationen zu erhöhen; denn andernfalls, so war die Befürchtung, würde sich der geblendete und emotional unbefriedigte Intellektuelle und Technokrat ihres Einfluß- und Machtbereichs dem Vatikan als Ersatz seiner durch sie nicht bedienten Sehnsucht nach ›Weltfrieden‹ usw. zuwenden.

Nachdem die ›Krone‹ nach großen menschlichen und materiellen Opfern mit dem Sozialismus/Kommunismus gescheitert war, zog sie im ›globalen Poker‹ die Karte des ›supranationalen Liberalismus‹. Der Dogmatismus des Vatikans und der von ihm ausgeübte Zwang zur Konformität, so ihr Kalkül, würden ihre Schafe immer wieder in den liberalen Stall zurücktreiben.

Parallel betrieben beide Parteien das Geschäft der ›hohen Abwerbung‹. Der Vatikan buhlte um die Höflinge der Krone (vgl. **Anhang V.**: ›Karlspreisträger‹), die ›Crown‹ zog frühere Antichambrierer des Vatikans in ihre Prestige-Organisationen (vgl. **B. XIV.**: ›Committee of 300‹) ab. Der Vatikan wurde, mit Ausnahme des (störenden) JOHANNES PAUL II., auf Betreiben der Jesuiten ›liberaler‹, während Prinz CHARLES bereits ankündigte, daß er, zukünftiger *König* CHARLES III., der Beschützer aller Religionen und nicht mehr nur der Beschützer einer (protestantischen) Religion sein werde. *»Honi soit qui mal y pense«* (Leitspruch von Prinz CHARLES); denn allem Anschein nach bemüht sich CHARLES als entfernter Nachkomme der Wittelsbacher gleichzeitig darum, der zukünftige KARL VIII., *Kaiser* des Heiligen Römischen Reiches Deutscher Nation (siehe **B. XIV.**: Prince CHARLES), zu werden, sollte dieses Reich statt des rechtlich fortbestehenden antimonarchistischen ›Deutschen Reiches‹ restauriert werden.

Dies ist also der Stand der Dinge. Indessen nähern sich die Welt, ihre Nationen und Völker einem Zustand, wie er in George ORWELLS *1984* beschrieben und teilweise bereits in kommunistischen und faschistischen Systemen verwirklicht wurde. Nicht ohne Grund wird Supranationalismus als Kulturen und Zivilisationen, Nationen und Völker zerstörender ›Freier-Markt-Faschismus‹ (›*Free-Market-Facism*‹) bezeichnet.

Am 13. Mai 1997 erklärte der frühere US-Handelsminister und US-Chefunterhändler des NAFTA-Abkommens Mickey KANTOR, einer der führenden Satrapen dieser Faschismusart, auf einer Konferenz in Montreal mit dem vielsagenden Titel »Asien – Pazifik, die Menschen, die Geschäfte, die Regeln des *Spiels*«: »Der *Krieg* um die Globalisierung ist gewonnen, aber im Gegensatz zu gewöhnlichen Kriegen sind die Schlachten noch nicht alle geschlagen.« Damit wollte er andeuten, daß die bereits vorhandenen Wirtschaftsblöcke (siehe Anhang **VIII.**) auf dem Weg zur ›Eine-Welt-Ordnung‹ noch zu fusionieren sind, der Weg dahin aber nach Ansicht des CFR-Mitglieds KANTOR und seiner allmächtigen Hintermänner »unumkehrbar« ist.

Entlarvender kann Sprache kaum sein. Tatsächlich wurde den Völkern und Nationen der Welt durch die supranationalen Akteure der Krieg erklärt, ohne daß ihnen je die Kriegserklärung zugegangen war. Es war eine geheime Kriegserklärung, gegen die sie sich nicht wehren konnten. Dieses Buch beschreibt die Vorgeschichte, die Akteure, die Ideologie, die Mittel und die Auswirkungen dieses hinterhältigen Krieges. Es scheint, daß wir, die Völker dieser Welt, diesen Krieg verloren haben, bevor wir überhaupt unsere eigenen Bataillone in Stellung bringen konnten.

Supranationalismus ist schlechter Internationalismus. Supranationalismus zielt darauf ab, die Nationen zunächst zu schwächen, sie dann in einem Zwangssystem gegenseitiger Abhängigkeiten zu unterjochen, um sie schließlich zu zerstören. Anders ist dagegen der traditionelle Internationalismus, der auf der Kooperation souveräner und unabhängiger Nationen beruhte.

Traditioneller Internationalismus ist hinsichtlich der gegenseitigen Pflichten der kontrahierenden Nationen sehr spezifisch. Grundsätzlich werden diese Pflichten im voraus klar bestimmt. Soll eine neue internationale Verpflichtung eingeführt werden, findet hinsichtlich ihrer Annahme das Einstimmigkeitsprinzip Anwendung. Das alte GATT-Abkommen sah dieses vor. Traditionelle internationale Abkommen stellten die Souveränität einer Nation über alles. Die Nationen hatten noch das selbstverständliche Recht, internationale Bündnisse wieder zu verlassen oder internationale Abkommen zu kündigen. Mit anderen Worten: Grundsätzlich waren internationale Gremien und Abkommen der nationalen Souveränität unterworfen.

Im krassen Gegensatz dazu ist der Supranationalismus der Nation gegenüber feindlich eingestellt. Er zielt darauf ab, Nationen für die Zukunft »unumkehrbar« zu binden, und zwar auf Grund des bloßen Mehrheitsprinzips. Mit anderen Worten: Nationen, die sich einmal in eine »irreversible« Zwangsjacke begeben haben, können mehrheitlich überstimmt werden, eine für sie schädliche Zukunft zu erdulden. EU und NAFTA (North American Free Trade Agreement), die auf dem Weg zu noch größeren Gebilden irgendeines nahen Tages zur TAFTA (Transatlantic Free Trade Agreement) vereint werden, sind solche negativen Systeme; denn grundsätzlich reicht für Entscheidungen eine qualifizierte Mehrheit aus. Sogenannte *›opt-outs‹* (Ausnahmen) von kollektiven Mehrheitsentscheidungen werden nur vorübergehend geduldet. Es gibt keinen rechtlichen Mechanismus, um sich wieder aus der EU zurückzuziehen. Die Nation, die sich einmal in einem supranationalen Netzwerk verfangen hat, ist in der Tat gefangen.

Supranationalistische Organisationen beanspruchen für sich selbst das Recht, Macht über Nationen auszuüben, die ihre Legitimität nicht anerkannt haben. Zum Beispiel wurde im Jahre 1998 durch die »Römischen Verträge« der Internationale Strafgerichtshof in Den Haag eingerichtet, ein häufig so genannter ›Kangaroo-Court‹ der UN-Bürokratie, beruhend auf der am 25. Mai 1993 angenommenen Resolution 827 des ›Weltsicherheitsrats‹. Dieses supranationale, ohne jede demokratische Legitimität geschaffene Vehikel (Vorsitzender des MILOSEVIC-Tribunal ist der Brite Richard George MAY) beansprucht für sich sogar das Recht, über Bürger von Nationen Gericht zu sitzen, die die »Römischen Verträge« nicht ratifiziert haben. Allgemein kann gesagt werden, daß Supranationalismus die Nationen zu Erfüllungsgehilfen kollektiver Mehrheitsentscheidungen macht und ihnen dadurch mehr und mehr Souveränität entzogen wird – ein Salamiverfahren zu ihrer schlußendlichen Zerstörung.

Die Unterscheidung zwischen antidemokratischem Supranationalismus und demokratischem Internationalismus traditioneller Art hat also wesentliche Implikationen. Nationen sind die Bausteine des demokratischen Internationalismus. Die Macht, die von internationalen Gremien traditioneller Art ausgeübt wird, kann Nationen nicht in die Unterwerfung auf Grund von Mehrheitsentscheidungen zwingen. Diese Gremien können auch keine Macht ausüben, die ihnen nicht in jedem Einzelfall durch nationale Parlamente übertragen wurde, weil damit eine grundlegende Verletzung des Demokratieprinzips verbunden wäre.

Die ›Crown‹ und der Vatikan sowie ihre jeweiligen Netzwerke sind in ihrem Kampf um Weltherrschaft und Weltregierung dabei, wesentliche Errungenschaften der Französischen Revolution, insbesondere Nation, Volksherrschaft und Freiheit, aufzuheben. Sie hätten auf diesem revisionistischen Weg in neofeudalistische Zeiten mehr oder minder weiterhin im geheimen und obskuren begrenzten Schaden angerichtet, wenn nicht der unregulierte supranationale Kapitalismus systemimmanent zu supranationaler Expansion neigen würde; denn die innere und zwingende Logik der expansiven Kräfte des unregulierten Kapitals ist die Schaffung eines Weltmarktes. Die nicht regulierten, ständig wachsenden Produktivzwängen unterworfene Warenproduktion muß sich ständig neue Märkte suchen. Da eine weitere Produktionsteigerung häufig nur noch auf Kosten der Produktvielfalt erreicht werden kann, sind die nationalen Märkte bei gleichem oder gar steigendem Produktausstoß sehr schnell zu klein. Deshalb wird die Welt der Vielfalt der Nationen und Völker kurzerhand zum supranationalen Dorf verblödeter Konsumenten reduziert. Erst mit dem auf dem Habgier-Prinzip beruhenden ›Turbokapitalismus‹, dem häßlichen libertären Exzeß, haben die antinationalen und völkerfeindlichen Saboteure ein ideales Vehikel gefunden, um auf andere Weise »irreversibel« zu zerstören, was sie mit dem Medium des supranationalen Kommunismus nicht erreicht haben; denn auch die kommunistische Ideologie war für sie nie mehr als bloßes Mittel zum bösen Zweck.

Nationale Sozialisten wie CHE GUEVARA oder Fidel CASTRO haben stets den Zusammenhang von Nation und Freiheitskampf beschworen. Ihre Losung *»Patria o muerte! Venceremos!«* (»Vaterland oder Tod! Wir werden siegen!«) zeugt davon. Nicht nur deren kümmerliches Versagen in wirtschaftlicher Hinsicht, sondern auch die nationalsozialistischen Exzesse in Deutschland haben diesen Weg für Deutschland auf Dauer in Verruf gebracht. Für das rechtlich fortbestehende Deutsche Reich ist die realistische Alternative zum gegenwärtigen Völker und Nationen vernichtenden supranationalen Turbokapitalismus nicht der nationale Sozialismus, sondern eine nationalkapitalistische Demokratie.

B. Das supranationale Netzwerk

I. Vom ›Bund der Illuminaten‹ zum ›Chapter 322‹

Die ideologischen Ursprünge der schönen Neuen Weltordnung (NWO) lassen sich bis in das Jahr der Unabhängigkeitserklärung der USA zurückverfolgen.

Am 1. Mai 1776, dem heutigen ›Internationalen Tag der Arbeit‹, gründete Adam WEISHAUPT in Ingolstadt den Orden ›Bund der Perfectibilisten‹, der bald darauf in ›Bund der Illuminaten‹ umbenannt wurde.

Adam WEISHAUPT, geboren am 6. Februar 1748, erfuhr seine schulische Sozialisation durch die Jesuiten. Aufgrund der Protektion seines langjährigen Mentors, des ›Reformers‹ Johann Adam VON ICKSTATT, erlangte WEISHAUPT im Alter von 25 Jahren die Professur für Kirchenrecht und praktische Philosophie an der Universität zu Ingolstadt (Ordenscode: ›Ephesus‹ oder ›Eleusis‹). WEISHAUPTS Lehrtätigkeit war fortan von den fortwährenden Auseinandersetzungen mit den Jesuiten geprägt.

In diesem Klima »unaufhörlichen Kämpfens und Ringens nach Macht, von Fallen und Steigen der einen oder anderen Parthey« erfolgte die Gründung des Bundes, mit der WEISHAUPT bezweckte, Aktivitäten der von ihm als fortschritts- und aufklärungsfeindlich verachteten Gold- und Rosenkreuzer zuvorzukommen, die ihrerseits die Gründung eines ›Zirkels‹ in Ingolstadt planten. Zunächst ein reiner Studentenorden, breitete sich der Orden anfangs nur langsam aus. WEISHAUPT (Ordenscode: ›Spartacus‹) suchte vor allem junge, noch formbare Mitglieder. »Dermalen kann man keine (anderen Qualitäten) brauchen, als qualitates generales, 1) geschickt 2) industrios 3) biegsam 4) sociabilis. Sind die Leute noch dazu reich, vom Adel und mächtig, tant mieux.«

Als WEISHAUPT den Orden gründete, hatte er, soweit ersichtlich, noch keinen Bezug zur Freimaurerei. Die Entwicklung des Ordens zu einer freimaurerischen Organisation erfolgte erst geraume Zeit nach Gründung. Etwa ab 1778 begannen die Illuminaten mit der Unterwanderung der Münchener Freimaurerlogen. Danach wurde München (Ordenscode: ›Athen‹) zur Hauptzentrale der Illuminaten. In Wetzlar wurde auf dem *›Marsch durch die Institutionen‹* vor allem das Reichskammergericht unterwandert. Dasselbe geschah mit dem bayerischen Zensurkollegium und der bayerischen Akademie der Wissenschaften.

Die Ausdehnung nach München und die erfolgreiche Unterwanderung der dortigen Freimaurerlogen läutete die zweite Phase der Entwicklung ein, die im Jahre 1780 mit dem Beitritt des Freiherrn Adolf von Knigge (Ordensname: ›Philo‹), der von dem freimaurerischen Orden ›Strikte Observanz‹ kam, beschleunigt wurde. Bis zum Jahre 1781 regierte Weishaupt den Orden wie ein ›Jesuitengeneral‹, durch eine von Knigge vorgenommene Reform änderte sich jedoch die Machtstruktur. Knigge gewann viele Mitglieder außerhalb Bayerns und richtete besonders in den kurrheinischen Kreisen neue Niederlassungen ein. Er stützte sich dabei auf seine früheren Kontakte aus der Freimaurerei und nahm vor allem ihm bekannte Freimaurer in den neuen Orden auf. Auf seine Initiative hin wurde die symbolische Freimaurerei als eigene Stufe in das seit 1780 erweiterte System einbezogen, fortan galt die Mitgliedschaft in der Freimaurerei als Bedingung zur weiteren Beförderung bei den Illuminaten. In den Augen der Zeitgenossen war der Orden nun ein weiteres freimaurerisches Hochgradsystem.

Der freimaurerische Konvent in Wilhelmsbad bei Hanau (östlich von Frankfurt am Main) vom 16. Juli bis 1. September 1782 eröffnete die Möglichkeit für dessen weitere Ausbreitung; denn die Auflösung der Freimaurerloge ›Strikte Observanz‹ schuf einen Freiraum, den die Illuminaten zu nutzen verstanden. Auf dem Kongreß wurden weitere neue Mitglieder angeworben. Unter ihnen waren vor allem Johann Joachim Christoph Bode sowie Herzog Ferdinand von Braunschweig und Prinz Karl von Hessen-Kassel. Bode entwickelte sich in der Folgezeit zu einem der wichtigsten Mitglieder des Ordens.

Aufgrund des ihm von Bode übermittelten Ordensplanes trat auch Herzog Ernst von Sachsen-Gotha dem Orden bei.

Es war Herzog Ernst von Sachsen-Gotha, der später

- dem in Pfalz-Bayern steckbrieflich gesuchten Adam Weishaupt Unterschlupf gewährte und ihn mit dem Titel des Hofrates versah,
- Adam Weishaupts *Erbe* wurde und damit auch in den Besitz von Weishaupts Aufzeichnungen zum Illuminatenorden gelangt sein muß.

Diese Aufzeichnungen Weishaupts würden wahrscheinlich den letzten Beweis dafür liefern, inwieweit die Französische Revolution, mit der die Bourbonen gestürzt wurden, tatsächlich eine Revolution Weishaupts (und des Herzogs Ernst von Sachsen-Gotha?) gewesen ist. Zu Königin Elisabeth II. von Großbritannien und Prinz Charles, Prince of Wales, die nicht nur vom Haus Hannover, sondern auch vom Haus Sachsen-Gotha abstammen, führt möglicherweise die Spur von Weishaupts verschwundenen Aufzeichnungen. Möglicherweise könnten die im Buckingham Palace zu London herrschenden Sachsen-Gothaer den historischen Streit lösen und können es dennoch nicht, weil sich aus diesen Aufzeichnungen ergeben würde, daß ihr Vorfahr am Sturz der Bourbonen maßgeblich beteiligt war.

Auf dem Wilhelmsbader Konvent gelang es den Illuminaten Weishaupts, sich unter den Geheimgesellschaften Europas führend zu etablieren. Die Illuminaten breiteten sich infolgedessen weiter stetig aus. Ein Grund für Weishaupts anfänglichen Erfolg mag gewesen sein, daß es ihm gelang, viele christliche Führer mit der Täuschung in den Orden zu locken, die Illuminaten seien eine christliche Organisation mit dem Zweck, die Welt zu vereinigen.

Auseinandersetzungen zwischen Weishaupt und Knigge waren jedoch bald für den inneren Auflösungsprozeß des Ordens ursächlich. Vor allem Weishaupts autoritärer Führungsstil stieß auf den Widerspruch Knigges, der Weishaupts »jesuitischen Charakter« kritisierte: »Sollte selbst Spartacus (so Weishaupts Ordenscode) ein verlarvter Jesuit seyn?« Der frühere Jesuitenzögling Weishaupt wiederum beschimpfte Knigge als heimlichen Katholiken.

Derweil hatten – zunächst unbemerkt von Weishaupt – verschiedene von Knigge angeworbene und in höhere Ränge beförderte Mitglieder im Windschatten dieses Streites eine gründliche Reform bzw. Überarbeitung des Systems und zugleich seine Ausweitung über die Grenzen des Reiches hinaus geplant. Diese Gruppe um Johann Joachim Christoph Bode und Herzog Ernst von Gotha erlangte während des Streites zwischen Weishaupt und Knigge die Führung des Ordens.

Im Dezember 1783 waren mehrere Münchener Mitglieder aus dem Illuminatenorden ausgetreten und griffen ihn nun publizistisch an. Die Schrift *Ueber Freymaurer. Erste Warnung* bildete den Auftakt einer Presseschlacht um die Illuminaten, deren erster Höhepunkt die Veröffentlichung von Originaldokumenten des Ordens darstellte und die in der Veröffentlichung von Schriften, die den Illuminaten die Verantwortung für die Französische Revolution anlasteten, ihren Höhepunkt fanden.

Im Juli 1784 hatte Bode nach der Rückkehr von seiner Inspektion der pfälzischen und rheinischen Ordensniederlassungen vorgeschlagen, das Illuminatenwesen in »praktische Maurerey« umzubenennen, und zwar im Gegensatz zur sogenannten »spekulativen Maurerei« nach englischem Vorbild. Es ging ihm in diesem Zusammenhang darum, den Illuminatenorden und die mit diesem verbundenen Freimaurerlogen zu einem wirksamen Instrument der gesellschaftlichen und politischen Reform weiterzuentwickeln. »Eine freie Elitegemeinschaft mit einem deistischen Humanitätsideal« sollte entstehen und Weishaupts Konzept einer langfristigen Unterwanderung von Staat, Kirche und Gesellschaft beschleunigt werden. Als Experimentierfeld bot sich die Pariser Eliteloge ›Les Amis Réunis‹ (›Die wiedervereinten Freunde‹) an. Diese Loge war nach der ungleich prominenteren ›Les Neuf Soeurs‹ (›Die neun Schwestern‹) die zweitgrößte Loge von Paris. Zeigten sich die ›Neuf Soeurs‹ mit ihren bekanntesten Mitgliedern Helvétius, Lalande, Benjamin Franklin und Voltaire als Forum der radikalen literarischen Aufklärung, so stellten die ›Amis Réunis‹ den Versammlungsort der Männer dar, die unterhalb der Ministerebene in der Verwaltung des Staates, der Finanzen und der Wirtschaft wie im militärischen Bereich die Schalthebel der Macht in Händen hatten.

Mit ihrem Edikt vom 22. Juni 1785 hatte die bayerische Regierung unterdessen den ersten Schritt zur Aufhebung und Verfolgung aller geheimen Gesellschaften getan. Mit ihrem Edikt vom 16. August 1785 verbot sie alle geheimen Gesellschaften in beiden Teilen des pfalz-bayerischen Kurfürstentums und begann mit der strafrechtlichen Verfolgung der Mitglieder. Hintergrund dieser harten Reaktion des Kurfürsten Karl Theodor war, daß dieser erfahren hatte, in welchem Ausmaß der Orden bereits in Staat und Gesellschaft eingedrungen war, zumal Weishaupts Plan einer allmählichen Unterwanderung in Bayern am weitesten fortgeschritten war: Illuminaten saßen in nahezu allen bayerischen Behörden, in der Armee, im Zensurkollegium, in der Presse sowie in mehreren Domkapiteln benachbarter Städte.

Mit kaiserlichem Handbillett vom 11. Dezember 1785 wurde die Freimaurerei in den habsburgischen Landen unter direkte Polizeiaufsicht gestellt: Die Zahl der Logen sowie die der Mitglieder wurde begrenzt, und die Logen mußten den Behörden ihre Listen vorlegen. Spätestens zu diesem Zeitpunkt stellte die Wiener Filiale des Illuminatenordens ihre Tätigkeit ein.

WEISHAUPT war bereits im Februar 1785 aus Ingolstadt geflohen und hielt sich die folgenden zwei Jahre in Regensburg auf, bis er im Herbst 1787 nach Gotha übersiedelte. Herzog ERNST VON SACHSEN-GOTHA, der Vorfahre von Königin ELISABETH II. und Prinz CHARLES, hatte den Ordensgründer, der von den bayerischen Behörden steckbrieflich gesucht wurde, mit dem Titel eines Hofrates versehen und ihn bei der gothaischen Gesandtschaft in Regensburg angestellt. Verschiedene Auslieferungsbegehren des pfalz-bayerischen Kurfürsten KARL THEODOR wies er zurück.

Im Oktober 1786, also mehr als zehn Jahre nach Gründung des Illuminatenordens, wurde bei Franz Xaver VON ZWACK, der rechten Hand WEISHAUPTS und Verfasser der Schrift *Geschichte des Illuminatenordens* eine Hausdurchsuchung durchgeführt. Es wurden Geheimdokumente des Ordens vorgefunden, die anschließend von der bayerischen Regierung unter dem Titel *Einige Originalschriften des Illuminatenordens, welche bey dem gewesenen Regierungsrath Zwack durch vorgenommene Hausvisitation zu Landshut den 11. und 12. Oktober 1786 vorgefunden wurden, Auf höchsten Befehl seiner Churfürstlichen Durchlaucht zum Druck befördert* zur Veröffentlichung gelangten. Kopien dieser Publikation wurden außerdem an alle Staats- und Kirchenoberhäupter in Europa versandt. Infolgedessen mußten die Illuminaten in den Untergrund gehen.

Die offizielle Auflösung durch Verbot des Kurfürsten KARL THEODOR beruhte vor allem auf einem außenpolitischen Vorgang. KARL THEODOR führte Verhandlungen mit Kaiser JOSEPH II. über den Tausch von Teilen Bayerns gegen die österreichischen Niederlande. Durch das Verbot des Illuminatenordens sahen sich die konservativen Kräfte darin bestätigt, daß es die Illuminaten auf die Zersetzung von Staat und Religion abgesehen hatten. Der Orden im WEISHAUPTschen Sinne fand schließlich sein Ende mit der von BODE angeregten Gründung einer Pariser Ordensdependance im Jahre 1787. Im September 1790 ging dann im Reich ein von BODE verfaßtes Schreiben der Gothaer Loge um, in dem sämtliche deutschen freimaurerischen Vereinigungen, gleich welchen Systems, zum Beitritt in den ›Bund der deutschen Freimaurerei‹ aufgefordert wurden. Dem neuen Bund traten mindestens zehn deutsche Logen bei. Im Sinne der »geheimen Weisheitsschule« WEISHAUPTS sollten junge, in der Regel unter

20jährige Männer parallel zu ihrer Ausbildung an Schule, Universität oder Akademie an die Ideologie des Bundes herangeführt werden, der auf diese Weise das ursprüngliche Illuminatenprojekt fortsetzen wollte, *nämlich die künftige Elite in den eigenen Einflußbereich zu ziehen.* Wie die überlieferten Materialien des ›Bundes der deutschen Freimaurerei‹ zeigen, sollte das Illuminatentum im Verbund mit einer dann erstmals radikal zu reformierenden Freimaurerei die konkrete Umformung von Staat und Gesellschaft zum Ziele haben. BODES Tod im Dezember 1793 beendete jedoch die Tätigkeit des ›Bundes der deutschen Freimaurerei‹. Erst nach einer gut zehnjährigen, insbesondere durch Krieg und Besetzung bedingten Unterbrechung wurde unter Beteiligung von HERDER und HUFELAND die Reform fortgesetzt: In gewandelter und auf rein freimaurerische Belange zugeschnittener Form wurde sie später in der sogenannten ›SCHRÖDERschen Logenreform‹ verwirklicht. Diese gilt bis heute in vielen in- und ausländischen Logen.

Der WEISHAUPTsche Illuminatenorden war eine Mischung aus Freimaurerloge und Jesuitenorden. Klemens VON NEUMAYER, seit 1783 Illuminat, beschreibt in seiner Autobiographie die von den Jesuiten übernommenen Strukturelemente wie folgt: »Der Illuminaten-Orden verlangte blinden Gehorsam der Untergebenen gegen ihre Obern. Jedes Mitglied mußte bei seiner Aufnahme alle seine persönlichen, Familien-, oeconomischen und politischen Verhältnisse in besonders vorgeschriebenen Tabellen zur Anzeige bringen und sogar eine ausführliche Geschichte seines bisherigen Lebens übergeben: eine Art fortgesetzter Beichte war in den monatlichen Quibus Licet verordnet; jedes Mitglied war zur Beobachtung der übrigen Mitglieder, selbst zu Denunciationen ihrer nächsten Obern in den Soli's und Uni's aufgefordert; jedem Mitgliede ward es zur Pflicht gemacht, Männer von Einfluß für den Orden zu gewinnen, und seinen eigenen Einfluß überall zum Besten des Ordens zu verwenden, u.s.w. . . Die Minervalen sollten Zöglinge, Schüler; die Freymaurer gebildete Weltleute, Geschäftsmänner; die Priester Gelehrte, Lehrer; die Regenten Vorsteher, Directoren, und endlich die Mitglieder der höhern Mysterien-Grade speculative Seher seyn, die, nachdem sie lange genug der Welt thätig genützt gehabt, nun sich in eine philosophische Ruhe zurückgezogen hätten.«

Adam WEISHAUPTS Idee war es, auf dem langen Marsch durch die Institutionen von ihm herangezogene und ausgebildete Leute in Stellungen zu bringen, die am Ende dem Orden die Übernahme von Staat, Kirche und der gesamten Gesellschaft gewährt hätten. Diese Unterwanderung gelang schon kurze Zeit nach der Gründung des Ordens, wie eine Untersuchung für München und Alt-Bayern zeigte. Auch anderenorts erreichte man solche Erfolge. Der ›Umsturz‹ der bestehenden Verhältnisse wurde als mögliche Lösung der als bedrückend empfundenen Verhältnisse untersucht, ohne allerdings im Gebiet des alten Reiches revolutionär gewirkt zu haben. Der WEISHAUPTsche Entwurf universeller Erziehung und Ausbildung wurde von PESTALOZZI und dann besonders von HUMBOLDT verwirklicht, allerdings mit der Maßgabe, daß die Zöglinge zu braven Staatsbürgern werden sollten und wurden.

Vorrangiges Ziel der Illuminaten war eine *Reform der Pädagogik und die Einflußnahme auf die Herrschenden durch die Besetzung von institutionellen Schlüsselpositionen.* Die Unterwanderungsstrategie nach dem von WEISHAUPT erfundenen ›Kaderprinzip‹ wurde in der Folge zum Handlungsprinzip für alle seit dem frühen 19. Jahrhundert agierenden Untergrundorganisationen. Der ›lange Marsch durch die Institutionen‹ war nicht zuletzt das (erfolgreiche) politische Motto der 68er um die Ex-Jusos Gerhard SCHRÖDER (SPD) und Rudolf SCHARPING (SPD), den Ex-Marxisten Otto SCHILY (SPD) oder den Ex-Straßenkämpfer Joschka FISCHER (Die Grünen). Für WEISHAUPT war indessen der erfolgreichste Versuch dieses ›Marsches durch die Institutionen‹ die Unterwanderung des Reichskammergerichts.

Entsprechend ihrer meritokratischen Ideologie kritisierten die Illuminaten die Macht des Adels und traten für die Herrschaft der intellektuellen Elite ein. WEISHAUPT forderte, daß der Orden unaufhörlich für den Tag arbeiten sollte, »an dem Prinzen und Nationen von der Erde verschwinden werden«. »Ja, eine Zeit wird kommen, wenn der Mensch kein anderes Gesetz mehr anerkennen wird als das große Buch der Natur; diese Offenbarung wird das Werk geheimer Gesellschaften sein, und dies ist eines unserer großen Mysterien« (so zitiert durch den Ex-Jesuiten und WEISHAUPT-Antipoden Abbé Augustin BARRUEL, *Mémoires pour servir à l'histoire du Jacobinisme*, Bd. III). Bei anderer Gelegenheit aber relativierte WEISHAUPT diese Forderung in nahezu prähegelianischer Dialektik: »Die Vereinigung der Menschen in Staaten«, so WEISHAUPT, »ist die Wiege und das Grab des Despotismus, sie ist auch zugleich das Grab und die Wiege der Freiheit.«

Die Beschleunigung des bürgerlichen Emanzipationsprozesses kann gemäß WEISHAUPT nur durch eine geheime Elite herbeigeführt werden, und nicht durch die Eigendynamik der gesellschaftlichen Kräfte.

In Anlehnung an Jean-Jacques ROUSSEAUS *Diskurs über die Ungleichheit* wird die Entstehung von Unfreiheit und sozialer Ungleichheit als Folge der Entstehung des Eigentums erklärt.

Eigentliche Ursache für die Aufgabe des glücklichen Naturzustands ist nach WEISHAUPT jedoch die mangelnde Beherrschung der menschlichen Leidenschaften und Bedürfnisse: »Die Geschichte des Menschengeschlechts ist die Geschichte seiner Bedürfnisse. . .; diese Entwicklung der Bedürfnisse ist die Geschichte der Vervollkommnung des ganzen Geschlechts.«

Die ungehemmte Bedürfnisbefriedigung bedarf der Herrschaft, umgekehrt macht sich die Herrschaft die Bedürfnisstruktur des Menschen zunutze: »Die Freyheit hat den Despotismus zur Welt gebracht, und der Despotismus führt wieder zur Freyheit«, so WEISHAUPT.

Neben der radikalen Leugnung von Autorität und Legitimation der überkommenen gesellschaftlichen Stände sowie der staatlich-absolutistischen und kirchlich-katholischen Ordnung stellte WEISHAUPT sein Konzept einer sich dynamisch entwickelnden Geschichte hin zum urdemokratisch-patriarchalisch verfaßten und aufgeklärten »Vernunftstaat« vor, wobei dieser Prozeß ausschließlich als Werk des Menschen, und nicht mehr als göttlicher Weltplan begriffen wurde.

Mit der Einbeziehung der wirtschaftlichen Verhältnisse schließlich zeigte sich WEISHAUPTS Theorie als umfassender Plan zur gesellschaftlichen, politischen und sozialen Neuordnung: Die vorherrschende wirtschaftliche Ungleichheit wurde als Hindernis für die Entwicklung geistiger und sittlicher Autonomie betrachtet, als Synonym für den Despotismus im Alltag. Die Zerschlagung der überkommenen Ordnung wurde als eine von mehreren Lösungsmöglichkeiten bewußt in Kauf genommen.

Herzog ERNST VON SACHSEN-GOTHA, Vorfahr von ELISABETH II. und Prinz CHARLES, betrachtete den Illuminatenorden, dem er 1783 beigetreten war, geradezu als Vehikel, die jedem Menschen angeborenen Freiheitsrechte in der Gesellschaft durchzusetzen. Der Beitritt regierender Fürsten zum Bund der Illuminaten führte für diese allerdings zu einem ›Zielkonflikt‹: einerseits Fürst mit Verantwortung gegenüber dem Staat, andererseits Illuminat und Gegner der überkommenen Ordnung zu sein. »Als Fürst stößt er mir vor den Kopf –

als Mensch gewinnt er aber ganz mein Herz«, schrieb Herzog ERNST VON SACHSEN-GOTHA, als er die *Höheren Mysterien* WEISHAUPTS gelesen hatte. Als Fürst müsse er sich gegen den Orden und seine weitere Ausbreitung wenden, als Mensch finde er aber die Äußerungen des Ordensgründers wahr und richtig. Ungeachtet seines Ranges als regierender Landesherr teilte er das Programm des Ordens, das längerfristig gerade die Abschaffung der Fürstenherrschaft zum Ziel hatte.

Der *Antijesuitismus* war schließlich ein weiteres zentrales Anliegen des Illuminatenordens. Der Vorwurf, daß die Freimaurerei eigentlich erst durch die Jesuiten entstanden sei, wurde erstmals im Jahr 1780 durch Johann Joachim Christoph BODE in seiner Schrift *Pflichtmäßige Bedenken zu dem Zirkulare des M.S.O. vom 19. September 1780* erhoben. Nach Christoph BODE war die Tempelrittermaurerei eine jesuitisch gelenkte Verbindung zur Rekatholisierung Großbritanniens unter der Herrschaft der Stuarts gewesen. Diese vor allem im Rahmen des Wilhelmsbader Konvents aktualisierte Komplott-Theorie greift dabei auf ältere Elemente antijesuitischer Propaganda zurück. In Frankreich zirkulierten bereits in den siebziger Jahren des 18. Jahrhunderts Gerüchte über eine jesuitische Unterwanderung der Freimaurerei. BODE hatte diese Gerüchte mit seiner Schrift *Essai sur l'origine de la Francmaçonnerie* weiter geschürt. Später behauptete BODE, »die französische Revolution sey durch Emissäre des aufgehobenen Jesuitenordens bewerkstelligt worden, um durch den Freyheitsschwindel die Fürsten und Aristokraten, die nie die Gegenwart mit der Vergangenheit vergleichen, allmählig an den Gedanken zu gewöhnen, daß nur die Herstellung der Jesuiten die Throne sicherstellen könne«.

In Deutschland wurde die sogenannte ›Krypto-Katholizismus-These‹ vor allem im Zusammenhang mit der ›Strikten Observanz‹ vertreten. Viele Merkmale der› Strikten Observanz‹ führten dazu, eine Verbindung zu den Jesuiten herzustellen, insbesondere die strenge Subordination, ihre religiösen Rituale und nicht zuletzt der katholische Orden der Tempelritter als ihre ideologische Legitimation.

Ein Vergleich von Templerorden und Jesuiten findet sich bereits in der 1725 anonym erschienenen antijesuitischen Schrift *Schreiben des letzten Heer-Meisters der ausgerotteten Tempel-Herren Jacob von Molay aus dem Reich der Todten, an den itzigen Hochwuerdigen Pater General der heil. Gesellschaft Jesu,* die Gleichheit des Ordens der Tempel-Herren mit dem Jesuiten-Orden u*nd des letztern besorgliche Fata betref-*

fend. Verstärkt wurde diese Tendenz durch die von Gottlob Franz Freiherr VON GUGOMOS auf dem Wiesbadener Konvent des Jahres 1776 (!) verbreitete These, daß IGNATIUS VON LOYOLA, der noch als Jude geborene Gründer des Jesuitenordens, einer der früheren Oberen der ›Strikten Observanz‹ gewesen sei. Auf dem Wilhelmsbader Konvent des Jahres 1782 wurde die Krypto-Katholizismus-Theorie bestätigt. Auch im Illuminatenorden wurde die These vertreten, daß »schon in England, besonders aber in Schottland die Freymaurerey von den Jesuiten zur Gründung einer Parthey gemißbraucht worden« sei. Die These einer jesuitischen Unterwanderung der Freimaurerei wurde auch anderweitig vertreten. ›Jesuit‹ oder ›Krypto-Katholik‹ wurde in den achtziger Jahren zum beliebtesten Schimpfwort zur Verunglimpfung des ideologischen und politischen Gegners. In seiner Abhandlung *Enthüllungen des Systems der Weltbürgerrepublik. In Briefen aus der Verlassenschaft eines Freymaurers. Wahrscheinlich manchem Leser um zwantzig Jahre zu spät publiziert* (Rom 1786) versuchte dagegen Ernst August Anton VON GÖCHHAUSEN eine eher untaugliche Verbindung zwischen Krypto-Katholizismus-Theorie und Illuminatenfurcht herzustellen, um so den Antijesuitismus zu diskreditieren: »Lassen Sie die Jesuiten, als geistlichen oder Priester-Orden gantz hinter sich liegen. Sie haben diese Livree abgelegt; ... Der Weltbürger-Rock ist das Gewand, das sie itzt tragen, und nie würkten sie sicherer, als eben da, wo man sich noch excullirte Trabanten und Sklaven eines fanatischen Oberpriesters hält, dem es nur darum zu thun wär, die gantze Christliche und nicht-Christliche Welt unter dem Staab der heiligen catholischen Kirche allein zu führen. Machen Sie nicht eine Albernheit! Legen Sie den theologischen Confessionsbegriff von Kirche ab. Dencken Sie sich bey der Kirche allzeit Rom; bey Rom den Sitz der Cäsarn, und der Universalmonarchie, bey Catholizism Cosmopolitism; bey Jesuiten Cosmopoliten, und bey Freymaurerey Jesuiterey. Das ist der rechte Schlüssel.«

BODE hätte den Kern der Jesuitenkritik kaum prägnanter ausdrükken können.

Die Radikalität von WEISHAUPTS Gesamtkonzept bildeten auch die gewichtigsten Punkte der Kritik, die nach 1789 im Wirken der Illuminaten die Hauptursachen der Französischen Revolution sahen. Die Gefahr dieses Konzepts bestand darin, daß, wenn man sich als Grundlage des Ganzen auf eine »spekulative Philosophie« stützte, wie sie in den *Höheren Mysterien* geboten wird, aus dem Ganzen sehr schnell eine Pseudoreligion (z. B. die kommunistische/sozialistische oder nationalsozialistische Ersatzreligion) mit extremsten Auswirkungen entstehen konnte. Wesentlich gewichtiger als der »Streit um die fürstlichen Mitglieder« war im Zeitalter des Absolutismus indessen die Kritik, daß eine geheime Gesellschaft vom Zuschnitt der Illuminaten einen »Staat im Staate« bilde. Johann Wolfgang VON GOETHE hatte im Jahre 1807 die Stellung der Staatsmacht dargelegt: »Die Freimaurerei macht durchaus *statum in statu*. Wo sie einmal eingeführt ist, wird das Gouvernement sie zu beherrschen und unschädlich zu machen suchen. Sie einzuführen, wo sie nicht war, ist niemals rätlich.«

Ausgangspunkt der konterrevolutionären These, daß nicht die Jesuiten oder die von ihnen unterwanderten Freimaurer, sondern vielmehr die Illuminaten für den Ausbruch der Französischen Revolution verantwortlich gewesen seien, war BODES Reise von Weimar nach Paris im Jahre 1787. BODE hatte diese Reise unternommen, um die französischen Freimaurer vor einer jesuitischen Unterwanderung zu warnen. Dieser Antijesuitismus BODES war es aber unter anderem, der seinerseits die konterrevolutionäre These von der revolutionären Verschwörung der Illuminaten begründete. Jakobinismus und Illuminatismus wurden zu konterrevolutionären Synonymen: »Ein Jakobiner ist nichts mehr und weniger als ein praktischer Illuminat nach dem im Baiernlande gebohrenen, und dort und anderwärts großgezogenen WEISHAUPT-KNIGGEschen Illuminaten-System.«

Zu den Hauptvertretern der konterrevolutionären Verschwörungsthese gehörte der französische Ex-Jesuit Augustin BARRUEL mit seiner im Jahre 1797 erschienenen Schrift *Mémoires pour servir à l'histoire du Jacobinisme*. Für BARRUEL waren die Illuminaten »nicht bloß gegen die Könige, sondern gegen jede Regierungsform, gegen jede bürgerliche Gesellschaft, und selbst gegen jede Art des Eigentums verschworen; [aus dieser] Coalition der Adepten der Anarchie entstanden die Klubs der Jakobiner«. In einem christlich-fundamentalistischen Exzeß wurde der »Illuminatenkodex« sogar in die Nähe Satans gerückt: »Wenn dieses Gesetz endlich in Erfüllung gegangen sein wird, so kann der letzte Spartacus aus seinem Heiligthum der Finsternis hervortreten und triumphierend am hellen Tag sich zeigen. Kein Reich, kein Gesetz wird mehr vorhanden sein... Der über die Nationen und ihren Gott, und über die bürgerliche Gesellschaft und über die Gesetze ausgesprochene Fluch wird unsere Altäre, unsere Paläste, unsere Städte, Monumente und Künste, und unsere Bauernhütten sogar in Asche verwandeln... Die Teufel werden aus der Hölle heraufsteigen, um dieses Machwerk des Illuminatenkodex zu betrachten; und der Satan wird sagen können: Da sind nun die Menschen wie ich sie haben wollte.«

Der Illuminatenorden wurde zu einem Gespenst: »L'ombre de l'Ordre défunt devint une sorte de spectre auquel les cerveaux faibles prêtèrent une réalité terrifiante.« (»Der Schatten des gestorbenen Ordens wurde zu einer Art Gespenst, dem die schwachen Geister eine schreckeneregende Wirklichkeit verliehen.«)

Für die Konterrevolutionäre, die wie Barruel, Robinson und Starck selbst der Freimaurerei angehört hatten, ergab sich folgende Kausalverknüpfung: Bode hatte auf Grund eines Beschlusses des Wilhelmsbader Konventes von 1782 das Illuminatentum nach Paris exportiert, die durch ihn »illuminierten« französischen Logen entzündeten dann im Juli 1789 die Französische Revolution, die zur Beseitigung der Monarchie und der Ermordung des Königs führte. Eindeutige Beweise (Urkunden/Zeugenaussagen) für diese These gibt es nicht, wenngleich einige Indizien durchaus für einen solchen Kausalverlauf sprechen. Beispielsweise brechen die im Nachlaß von Bode vorgefundenen Akten mit dem Jahresende 1787 ab. Da aus anderen Quellen herzuleiten ist, daß Bode sich ab 1788 weiterhin freimaurerisch-illuminatisch betätigte, kann durchaus spekuliert werden, daß entweder er selbst oder sein Erbe, der Herzog Ernst von Sachsen-Coburg, diesbezügliches Material gezielt vernichtet oder versteckt haben. Für den letzten Fall könnten sie sich heute durchaus im Besitz der ›Krone‹ befinden.

Die Verwicklung führender französischer Freimaurer in die revolutionären Aktionen seit dem 14. Juli 1789 ist im übrigen ohnehin unbestritten, und mehrere Mitglieder der ›Amis Réunis‹ fanden sich später in der Nationalversammlung oder bei den Girondisten. Die Teilnahme an ›radikalen‹ (jakobinischen) Aktivitäten läßt sich bei Personen aus dem Umkreis des Illuminatenordens auch bei einigen deutschen Mitgliedern nachweisen. Personelle Verbindungen einzelner Illuminaten und Philalethen zu den Revolutionären von 1789 gab es häufig, nur reichen diese allein nicht aus, um den letzten eindeutigen Beweis einer durch die Illuminaten Weishaupts initiierten Verschwörung gegen die französische Krone führen zu können.

Auf Grund der Aufzeichnungen BODES steht jedoch mindestens eines fest: Der Export des WEISHAUPTschen Systems nach Paris fand tatsächlich statt, die bloße Teilnahme von Illuminaten und Philalethen an den revolutionären Aktionen der ersten Stunde ist kaum zu bezweifeln.

Als John ROBINSON im Jahre 1798 seine Schrift *Proofs of a conspiracy against all the Religions and Governments of Europe, carried on in the secret meetings of Free Masons Illuminati and Reading Societies* (»Beweise einer Verschwörung gegen alle Religionen und Regierungen Europas, durchgeführt in geheimen Treffen der Freimaurer ›Illuminaten‹ und der ›Lesegesellschaften‹«) veröffentlichte, vertrat er darin, von einem protestantischen Standpunkt aus, nicht nur die These, daß die Illuminaten für die Französische Revolution ursächlich gewesen seien und die freimaurerischen Logen in den USA unterwandert hätten, sondern er warnte auch: »Das ausdrückliche Ziel des Ordens ist es, die Christenheit abzuschaffen und alle zivilen Regierungen zu stürzen.«

Johann August STARCK faßte im Jahre 1803 in seinem zweibändigen Werk *Der Triumph der Philosophie im Achtzehnten Jahrhundert* die konterrevolutionäre Verschwörungsthese wie folgt zusammen: »Durch den aus Deutschland nach Frankreich hinübergetragenen Illuminatismus, der den Jacobinismus gebahr, war die von den Philosophen angelegte Mine zum Ausbruch gebracht, und den amalgamierten Adepten der Philosophen- und Illuminaten-Conjuration hat Frankreich den Sturz des Thrones und der Altäre, die Vernichtung der Geistlichkeit und des Adels, seine democratische Republik, die Anarchie mit allen ihren Begleitern, die ungeheuren Pläne zur Entchristlichung und Republikanisierung der Welt und alle damit verbundenen Gräuel zu verdanken.«

WEISHAUPTS ›illuminierte‹ Ideologie, insbesondere

- Marsch durch die Institutionen (Unterwanderung von institutionellen Schlüsselpositionen),
- System einer Weltbürgerrepublik,
- Vereinigung aller Menschen,
- Abschaffung der Nationen,
- Abschaffung des Adels,
- Abschaffung des Eigentums,
- Dogma geheimer intellektueller Elitenbildung und -bündelung,
- Kritik an wirtschaftlicher Ungleichheit,

- Übernahme von Staat, Kirche und gesamter Gesellschaft,
- Reform der Pädagogik,
- Kaderprinzip,
- Kritik an der ungehemmten Bedürfnisbefriedigung,
- Leugnung von Autorität und Legitimation der (damaligen) gesellschaftlichen, staatlichen und kirchlichen Ordnung,
- ›Vernunftstaat‹,
- Antijesuitismus,

diente nachweislich als Vorlage für das *Kommunistische Manifest* von Karl MARX und Friedrich ENGELS und hat, statisch betrachtet, durchaus eine programmatische Nähe zur internationalistisch-sozialistischen/kommunistischen Ideologie, zur sogenannten ›Frankfurter Schule‹, von der später noch die Rede sein wird, oder zu den Lehren eines John DEWEY, der einst die fünf ROCKEFELLER-Brüder lehrte und dessen Philosophie anschließend von der Rockefeller-Stiftung mit großen Geldsummen gesponsert wurde. Aber Geschichte ist nicht statisch, und die in ihr jeweils obwaltenden Umstände entwickeln sich dynamisch weiter - ohne Ende.

Es ist ist auch unverkennbar, daß heute in Deutschland herrschende politische Satrapen der supranationalen Revolution ›den Marsch durch die Institutionen‹ systematisch angetreten haben, aber um welchen Preis, mit welchem Programm und zu welchem Ziel? Wenn es hypothetisch richtig ist, daß Supranationalismus zu weitaus schlimmeren feudalen Zuständen wie jenen zu WEISHAUPTS Zeiten, zu extremster wirtschaftlicher Ungleichheit, zur Umwelt- und Kulturzerstörung, zur Reduzierung des Menschen auf eine konsumierende, vegetierende Hülle führt und der Vatikan mit seinem jesuitischen Treibriemen heute mehr denn je eine der führenden Kräfte in der Bildung einer ›Weltregierung‹ ist, dann ist *nicht* zu fragen, wo die Illuminaten WEISHAUPT, BODE, KNIGGE und Herzog VON SACHSEN-COBURG in den Jahren 1776 bis 1786 standen, sondern, wo sie heute stehen würden.

Selbst wenn die ›Illuminaten der ersten Stunde‹ ideologisch oder gar konspirativ direkt für die Französische Revolution verantwortlich waren, dann brachte diese Revolution von 1789 - unter großen Opfern - nicht nur das antibiologische, antirevolutionäre Gleichheitsdogma und das weltfremde Verbrüderungsprinzip, sondern auch wunderbare Errungenschaften wie die Nation und die Befreiung vom Feudalismus (d. h. Volkssouveränität) - eben jene Errungenschaften, die heute von den supranationalen Zerstörern beseitigt werden. *Tempora mutantur.* Zeiten ändern sich eben und mit ihnen die Antworten auf geschichtliche Problemstellungen. Selbst wenn sich also die heute herrschenden ›Global Players‹, die sich in Organisationen wie dem ›Committee of 300‹, dem ›Council on Foreign Relations‹, der ›Trilateralen Kommission‹ und sonstigen supranationalen Geheimbündeleien zusammenfinden, im geheimen noch ideologisch auf die Ideologie des Illuminatenordens berufen würden, so wäre dies wohl nur hinsichtlich ihrer Weltausrichtung und der wirtschaftlichen Unterwanderung nationaler Institutionen nachvollziehbar. Im übrigen aber wären sie zynische Krypto-Illuminaten.

In der Literatur wird häufig die Ansicht vertreten, daß WEISHAUPT ein Agent der ROTHSCHILDS, Herrscher des späteren internationalen Bankimperiums, gewesen und die eigentliche Intitiative zur Gründung des Illuminatenordens von diesem ausgegangen sei. Sein Orden der ›Erleuchteten‹ sei fortan auch mit ihren Geldern finanziert worden. So behauptet etwa William CARR (*Pawns in the Game*), daß Mayer Amschel BAUER (Rothschild) bereits im Jahre 1773 zwölf wohlhabende und einflußreiche Männer nach Frankfurt am Main eingeladen habe. Der Zweck der Einladung sei es gewesen, diese davon zu überzeugen, gemeinsam ihre Ressourcen zu bündeln, um damit zunächst die ›Weltrevolutionsbewegungen‹ zu beherrschen und diese dann zu benutzen, um die absolute Kontrolle über Reichtum, Naturressourcen und ›Manpower‹ der gesamten Welt zu erlangen. William STILL (*The New World Order*) behauptet des weiteren, daß der Illuminatenorden ab 1782, nachdem sein Sitz in die deutsche ›Finanzhochburg‹ Frankfurt am Main verlegt worden sei, »von den Rothschilds kontrolliert wurde«.

Beweise für diese Behauptungen ließen sich nicht ermitteln. In diesem Zusammenhang ist zu bedenken, daß Mayer Amschel BAUER seinen ersten Münzladen erst im Jahre 1743 in Frankfurt am Main eröffnet hatte. WEISHAUPT bedurfte im übrigen auch kaum solcher Anstöße von dritter Seite; denn im Jahre 1776 war die Luft geradezu hysterisch geschwängert von Ideen einer ›Weltrepublik‹, eines ›Weltbürgertums‹ und einer ›Vereinigung aller Menschen‹.

Bereits 1767, also neun Jahre vor der Gründung des Illuminatenordens, war von François QUESNAY das Werk *Physiocratie, ou du gouvernement le plus avantageux au genre humain* erschienen, dem ein supranationales Wirtschaftssystem zugrunde liegt. Man müsse sich vorstellen, so QUESNAY, »die Kaufleute aller Nationen bildeten eine Handelsrepublik«. Auch sprach bereits QUESNAY erstmals den »fundamentalen Fehler« des damaligen Systems an, nämlich die Teilung der Gesellschaft in die untere produzierende und eine obere parasitierende Eigentümer-Klasse. Die Tatsache, daß sich diese Verhältnisse auch im supranationalen Rahmen und gegebenenfalls noch wesentlich ausgeprägter einstellen können, konnte freilich seinerzeit noch nicht erkannt werden.

Bereits nach dem Ende der Französischen Revolution (1799) erschienen dann auch die Werke von Jean-Baptiste SAY, der einem extremen Laissez-Faire und einer »Universalrepublik« als logische Konsequenz der allgemeinen Handelsfreiheit huldigte (*Traité d'économie politique* [1803], *Cours complet d'économie politique practique* [1829]).

Während oder unmittelbar nach der legalen Hoch-Zeit des Illuminatenordens, an deren Ende die Illuminaten durch BODE, dessen 1782 aufgelöste ›Strikte Observanz‹ noch im Jahre 1776 (!) mit der Loge ›Grand Orient de France‹ eine »Konkordanz« eingegangen war, einen signifikanten ideologischen Einfluß auf die französische Freimaurerei erlangt hatten, begab es sich, daß sich für jeweils geraume Zeit auch drei ›Gründungsväter‹ der USA in Paris aufhielten, und zwar Benjamin FRANKLIN, John ADAMS und Thomas JEFFERSON.

- Benjamin FRANKLIN war bereits im Jahre 1732 der freimaurerischen Loge von Philadelphia beigetreten und in den Jahren 1734 und 1749 ›Grand Master of Pennsylvania‹ gewesen. Im Jahre 1756 wurde er auch noch Mitglied der ›Royal Society‹. Von ihm stammt die freimaurerische Bibel *Constitutions (Konstitutionen)*, das erste freimaurerische Buch, das in den USA veröffentlicht wurde. Er war sowohl Mitunterzeichner der in Philadelphia verabschiedeten »Unabhängigkeitserklärung« (4. Juli 1776) als auch der US-Verfassung (21. Februar 1787). Im Jahre 1776 (!), also im Jahr der Gründung des Illuminatenordens und der Unterzeichnung der US-Unabhängigkeitserklärung, wurde er US-Gesandter am französischen Hof (›Commissioner to the French Court‹) und ab 1779 ›Minister am französischen Hof‹. Zwischen 1781 und 1783 vertrat er, unter anderen zusammen mit John ADAMS (siehe unten), die USA in den Pariser Friedensverhandlungen mit Großbritannien. Dort, in Paris, trat FRANKLIN zunächst der ebenfalls im Jahre 1776 gegründeten Freimaurerloge ›Neuf Soeurs‹ (›Neun Schwestern‹) bei, deren Mitglied seit dem 7. April 1778 auch der jesuitisch erzogene VOLTAIRE (geboren François Marie AROUET) war. Am 21. Mai 1779 wurde FRANKLIN deren Meister und im Jahre 1780 in diese Position wiedergewählt. 1782 wurde er auch noch Mitglied der ›Royal Lodge des Commandeurs du Temple à l'Ouest de Carcassonne‹.

Es kann danach wohl kaum einem vernünftigen Zweifel unterliegen, daß FRANKLIN während seiner freimaurerischen Tätigkeit in Paris ›illuminiert‹ wurde und in diesem illumniierten Zustand im Jahre 1785, dem Jahr des bayerischen Verbots des Illuminatenordens, wieder in die USA zurückkehrte.

- John ADAMS, der zweite US-Präsident (1797–1801), wurde erstmals im Jahre 1778 nach Paris gesandt, um dort Silas DEAN als Botschafter am französischen Hof abzulösen. Nach seiner Rückkehr in die USA (1779) hielt er sich dann in den Jahren 1781 bis 1783 nochmals in Paris auf, um, unter anderen zusammen mit Benjamin FRANKLIN (siehe oben), die USA auf den Pariser Friedensverhandlungen mit Großbritannien zu vertreten. Anders als FRANKLIN war er kein Freimaurer.

- Thomas JEFFERSON, der dritte US-Präsident (1801–1809), löste im Jahre 1785 Benjamin FRANKLIN als ›Minister am französischen Hof‹ ab, bis er im Jahre 1789 wieder in die USA zurückkehrte. JEFFERSON enthielt sich, soweit bekannt, in Paris jeder freimaurerischen Tätigkeit. Es gibt aber Indizien, daß JEFFERSON gegenüber dem Illuminatismus positiv eingestellt war. Als Thomas JEFFERSON den Band *Antisoziale Verschwörung* des gegen die Illuminaten gerichteten Buches *Mémoires pour servir à l'histoire du Jacobinisme* des Ex-Jesuiten Augustin BARRUEL gelesen hatte, bezeichnete er BARRUEL in einem Schreiben an James MADISON, selbst Freimaurer und Vater der US-Verfassung, als »verrückten Hund« und als »Bedlamite« (Bedlam war der Name eines Londener Irrenhauses) und trat den darin aufgestellten Thesen, WEISHAUPT verteidigend, entschieden entgegen. In diesem Schreiben vom 31. Januar 1800 an James MADISON heißt es unter anderem:

»I have lately by accident got a sight of a single volume (the 3d.) of the Abbe BARRUEL'S ›Antisocial conspiracy‹, which gives me the first idea I have ever had of what is meant by the Illuminatism against which ›illuminate MORSE‹ as he is now called, & his ecclesiastical & monarchical associates have been making such a hue and cry. BARRUEL's own parts of the book are perfectly the ravings of a Bedlamite. But he quotes largely from Wishaupt whom he considers as the founder of what he calls the order. As you may not have had an opportunity of forming a judgment of this cry of ›mad dog‹. . ., I will give you the idea I have formed from only an hour's reading of BARRUEL's quotations from him, . . . WISHAUPT seems to be an enthusiastic Philanthropist. He is among those (as you know the excellent PRICE and PRIESTLEY also are) who believe in the indefinite perfectibility of man. He thinks he may in time be rendered so perfect that he will be able to govern himself in every circumstance so as to injure none, to do all the good he can, to leave government no occasion to exercise their powers over him, & of course to render political government useless. This you know is GODWIN's doctrine [William GODWIN], and this is what ROBINSON, BARRUEL & MORSE had called a *conspiracy against all government.* WISHAUPT believes that to promote this perfection of the human character was the object of JESUS Christ. That his intention was simply to reinstate natural religion, & by diffusing the light of his morality, to teach us to govern ourselves. His precepts are the love of god & love of our neighbor. And by teaching innocence of conduct, he expected to place men in their natural state of liberty & equality. He says, no one ever laid a surer foundation for liberty than our grand master, JESUS of Nazareth. He believes the Free masons were originally possessed of the true principles & objects of Christianity, & have still preserved some of them by tradition, but much disfigured. The means he proposes to effect this improvement of human nature are to enlighten men, to correct their morals & inspire them with benevolence. Secure of our success, sais he, we abstain from violent commotions. . . As WISHAUPT lived under the tyranny of a despot & priests, he knew that caution was necessary even in spreading information, & the principles of pure morality. He proposed therefore to lead the Free masons to adopt this object & to make the objects of their institution the diffusion of science & virtue. . . ROBINSON('s), BARRUEL('s) & MORSE('s) . . . real fears are that the craft would be endangered by the spreading of information, reason, & natural morality among me . . . I believe you will think with me that if WISHAUPT had written here, where no secrecy is necessary in our endeavors to render men wise & virtuous, he would not have thought of any secret machinery for that purpose. As GODWIN, if he had written in Germany, might probably also have thought secrecy & mysticism prudent.«

Zu deutsch:

»Ich habe kürzlich zufällig Einblick in einen einzelnen Band (den dritten) von Abbé BARRUELS *Antisoziale Verschwörung* genommen, und er gewährt mir einen ersten ... Eindruck davon, was unter *Illuminatismus*, worüber der ›illuminierte MORSE‹, wie er inzwischen genannt wird, und seine kirchlichen und monarchistischen Verbündeten solchen Lärm schlagen, zu verstehen ist. BARRUELS diesbezügliche Auszüge seines Buches sind in jeder Hinsicht das irre Gerede eines Bedlamiten (Insasse des Londoner Irrenhauses ›Bedlam‹; der Verfasser). Er zitiert hauptsächlich von W(E)ISHAUPT, den er als Gründer dessen erachtet, was er den Orden nennt. Da Sie noch keine Gelegenheit gehabt haben mögen, sich ein eigenes Urteil über dieses Geschrei des ›verrückten Hundes‹. . . zu bilden, erläutere ich Ihnen hiermit meinen Eindruck, den ich auf Grund einer einstündigen Lektüre von BARRUELS Zitaten über jenen erhalten habe. W(E)ISHAUPT scheint ein enthusiastischer Menschenfreund zu sein. Er gehört zu jenen (zu denen, wie Sie wissen, auch die vorzüglichen PRICE und PRIESTLEY gehören), die an die grenzenlose Vervollkommnung des Menschen glauben. Er meint, daß er mit der Zeit so vollkommen werden wird, daß er sich unter allen Umständen selbst wird regieren können, und zwar in einer Art und Weise, daß er dadurch keine Dritten verletzt und er gleichzeitig alles an Gutem Mögliche tut, so daß der Regierung keine Möglichkeit verbleibt, ihre Macht über ihn auszuüben, und natürlich dadurch auch politisches Regieren überflüssig macht. Dies ist, wie Sie wissen, auch GODWINS Doktrin [William GODWIN], und dies ist, was ROBINSON, BARRUEL und MORSE als Verschwörung gegen alle Regierungen bezeichnen. W(E)ISHAUPT glaubt, daß es das Anliegen von JESUS CHRISTUS war, diese Vollkommenheit im menschlichen Charakter zu fördern, daß es schlicht seine Absicht war, wieder eine natürliche Religion dadurch einzusetzen, daß er das Licht der Sittlichkeit verbreitet, um uns zu lehren, uns selbst zu regieren. Seine Gebote sind die Liebe Gottes und unseres Nachbarn. Dadurch, daß er die Arglosigkeit im Verhalten lehrt, erwartet er, die Menschen in ihren natürlichen Zustand von Freiheit und Gleichheit zu versetzen. Er sagt, daß niemand jemals zuvor ein sichereres Fundament für Freiheit geschaffen habe als unser großer Meister JESUS von Nazareth. Er glaubt, daß die Freimaurer ursprünglich die wahren Prinzipien und Anschauungen des Christentums besaßen und manche davon in sehr deformierten Zustand überliefert worden seien. Die von ihm vorgeschlagenen Mittel zur Verbesserung der menschlichen Natur sind, die Menschen zu erleuchten, um ihre Sitten zu ändern und ihnen Wohlwollen einzuflößen. Zur Sicherstellung unseres Erfolges, sagt er, müssen wir uns jeder gewalttätigen Erhebung enthalten... Da W(E)ISHAUPT unter der Tyrannei eines Despoten und von Priestern lebte, wußte er darum, daß sogar beim Verbreiten von Informationen und der Prinzipien reiner Sittlichkeit Vorsicht geboten war. Er schlug daher den Freimaurern vor, seine Anschauung zu übernehmen und die Verbreitung von Wissenschaft und Tugend zum Gegenstand ihrer Institution zu machen... ROBINSONS, BARRUELS und MORSES wirkliche Sorge ist es, daß ihr Handwerk durch das Verbreiten von Informationen, Vernunft und natürlicher Sittlichkeit zwischen Menschen gefährdet wird... Ich glaube, Sie sind mit mir der Ansicht, daß, falls W(E)ISHAUPT hier geschrieben hätte, wo es keiner Geheimhaltung in unserem Bestreben, die Menschen weise und tugendhaft zu machen, bedarf, er an keinen geheimen Mechanismus gedacht hätte. Wie möglicherweise GODWIN umgekehrt, falls er in Deutschland geschrieben hätte, auch daran gedacht hätte, daß Geheimhaltung und Mystizismus klug seien.«

Der Inhalt dieses Schreibens, so irreführend und verharmlosend WEISHAUPTS Ideologie darin auch dargestellt werden mag, beweist eines eindeutig: Im Jahre 1800 wurde WEISHAUPT in allerhöchsten politischen Kreisen der USA nicht nur diskutiert, sondern mitunter auch positiv bewertet.

Es gab allerdings auch kritische Stimmen. Bereits am 19. Juli 1789 hatte David PAPPIN, der Präsident der Harvard-Universität, eine Warnung hinsichtlich des Einflusses der Illuminaten an alle Studenten gerichtet. In seiner Predigt vom 9. Mai 1798 hatte Pastor Jedehiah MORSE in Charleston, South Carolina, den JEFFERSON in seinem zuvor aufgeführten Schreiben vom 31. Januar 1800 neben den »verrückten Hund« BARRUEL gestellt hatte, wie folgt vor den Illuminaten gewarnt:

»Praktisch alle zivilen und kirchlichen Institutionen Europas wurden bereits von dieser schrecklichen Organisation in ihren Grundfesten erschüttert; die Französische Revolution kann zweifellos auf ihre Machenschaften zurückverfolgt werden; die Erfolge der französischen Armee sind in gleicher Weise erklärbar. Die Jakobiner sind nichts weniger als die offene Manifestation des verborgenen Systems der Illuminaten. Der Orden hat sich ausgebreitet, und seine Gesandten sind in Amerika am Werk.«

Später im selben Monat sagte Timothy DWIGHT, der Präsident der Yale-Universität, an der sich erst im Jahre 1832 der Illuminatenorden ›Skull and Bones‹ (siehe unten) etablierte, zu den Bürgern von New Haven folgendes: »Sollen unsere Söhne die Jünger von VOLTAIRE und MURAT oder unsere Töchter die Konkubinen der Illuminaten werden?«

Der erste US-Präsident George WASHINGTON, seinerseits selbst Freimaurer, warnte ebenfalls mehrfach vor den Illuminaten und hatte sich bereits in einem Brief vom 25. September 1798 an den Lutherischen Pastor G. W. SNYDER wie folgt geäußert: »Ich habe viel von den schändlichen und gefährlichen Plänen und Doktrinen der Illuminaten gehört. Es war nicht meine Absicht zu bezweifeln, daß die Doktrin der Illuminaten und die Prinzipien des Jakobinismus bereits in den Vereinigten Staaten verbreitet wurde.« (*The Writings of George Washington*, Bd. 20)

George WASHINGTON, der vor allem auch eine Unterwanderung der freimaurerischen Loge nach bayerischem Vorbild befürchtete, hatte recht. Bereits im Jahre 1784, vor dem bayerischen Verbot des Illuminatenordens und vor Verabschiedung der Verfassung am 21. Februar 1787, existierten fünfzehn Ostküsten-Logen des Illuminatenordens. Im Jahre 1785 hatte sich in New York City die ›Columbian Lodge‹ des Illuminatenordens, eine Vereinigung von Gewerkschaftern und politischen Aktivisten, in der auch Clinton ROOSEVELT, ein direkter Vorfahre des Krypto-Illuminaten Franklin D. ROOSEVELT, Mitglied war, gebildet. In seinem im Jahre 1841 erschienenen Buch *Science of Government Founded on Natural Law* bezeichnete sich ROOSEVELT und andere Mitglieder der Loge als »the enlightened ones«, also als »die Illuminierten«.

Clinton ROOSEVELTS Buch war ein ›Blueprint‹ zur Beseitigung der US-Verfassung, für die Sozialisierung des Landes auf der Grundlage der WEISHAUPTschen Prinzipien und für ein ›New Deal‹ (frei übersetzt: ›Neue Ordnung), die 92 Jahre später sein direkter Nachfahre und 32-Grad-Freimaurer Franklin D. ROOSEVELT, zusammen mit Henry MORGENTHAU Jr., einem der Väter des Holocausts an Millionen verhungerter Deutscher (siehe James BACQUE, *Other Losses* (dt., *Der geplante Tod*), sowie ders., *Crimes and Mercies: The Fate of German Civilians Under Allied Occupation 1945–1950*), in Kraft gesetzt hatte.

Im Jahre 1786 wurde eine Loge des Illuminatenordens in Portsmouth, Virginia, gegründet, deren Mitglied auch Thomas JEFFERSON gewesen sein soll. Sollte dies zutreffen, hatte er sein Schreiben vom 31. Januar 1800 an den Freimaurer James MADISON nicht nur als ›Sympathisant‹ der Illuminaten, sondern als deren Mitglied geschrieben, was die Verläßlichkeit seines Inhalts weiter herabsetzen würde. Im selben Jahr wurden noch 14 weitere Logen des Illuminatenordens in den 13 (Noch)Kolonien der ›Ostküste‹ gegründet.

***Fazit:** Nach 1785 mochten sich die Illuminaten in Europa in der Defensive und im Untergrund befunden haben, in den USA befanden sie sich nach dem bayerischen Modell auf dem Vormarsch durch die Institutionen.*

Der Text der US-Unabhängigkeitserklärung vom 4. Juli 1776 wurde von Thomas JEFFERSON, der einigen Indizien nach schon zu jener Zeit Freimaurer war, aufgesetzt. Zu den Mitgliedern des Kongreß-Komitees, die ihren Inhalt entworfen hatten, gehörten führend Benjamin FRANKLIN und John ADAMS (mindestens 16% der Unterzeichner der Unabhängigkeitserklärung und mindestens 33% der Unterzeichner der US-Verfassung waren mit absoluter Sicherheit Freimaurer).

Seit der Gründung des Illuminatenordens waren gerade erst zwei Monate vergangen, als der Hochfreimaurer Benjamin FRANKLIN, der Nicht-Freimaurer John ADAMS und der Vielleicht-Freimaurer Thomas JEFFERSON, also jene Gründungsväter der USA, die sich danach während der legalen Hoch-Zeit der Illuminaten im brodelnden vorrevolutionären Paris aufhielten, am späten Nachmittag des 4. Juli 1776, also unmittelbar nach Unterzeichnung der Unabhängigkeitserklärung, von dem ›Kontinental-Kongreß‹ beauftragt wurden, das ›Seal of the United States of America‹ (Siegel der USA) zu entwerfen. Am 20. August 1776 wurde der Entwurf dem Kongreß vorgelegt, worauf noch Änderungsanträge eingebracht wurden. Für mehr als dreieinhalb Jahre – FRANKLIN war bereits Meister der großen Pariser Freimaurerloge ›Neuf Soeurs‹ – geschah dann nichts. Am 25. März 1780 wurde der Bericht des ersten Komitees an ein neues Komitee, bestehend aus James LOVELL, John Morin SCOTT und William Churchill HOUSTON, abgegeben. Dieses wurde durch Francis HOPKINSON künstlerisch unterstützt. Am 10. oder 11. Mai 1780 wurde der neue Entwurf dem Kongreß vorgelegt, aber im Zuge der parlamentarischen Debatte wurde die Sache wieder an das Komitee zurückverwiesen. Weitere zwei Jahre vergingen. Im Frühjahr 1782, auch

John ADAMS lebte inzwischen in Paris, wurde ein drittes Komitee, bestehend aus Arthur MIDDLETON, John RUTLEDGE und Elias BOUDINOT unter Mitarbeit des jungen Anwalts und Freimaurers William BARTON A.M., beauftragt, worauf am 13. Juni 1782 auch deren Entwurf als nicht befriedigend abgelehnt wurde, mit der Folge, daß der Kongreß den Komiteebericht an Charles THOMASON, den ›Secretary of Congress‹, abgab. THOMASON erstellte aus allen vorausgegangenen Entwürfen einen weiteren Entwurf, legte diesen William BARTON vor, der am 19. Juni 1782 noch einige Änderungen empfahl. THOMASON schrieb unmittelbar darauf über Nacht seinen Bericht und unterbreitete ihn am nächsten Tage dem Kongreß. Der diesem Bericht zugrunde liegende Entwurf wurde vom Kongreß am 20. Juni 1782, fast sechs Jahre nach dem ersten Entwurf von FRANKLIN, ADAMS und JEFFERSON, angenommen. In diesem Bericht wird das ›Siegel der USA‹ wie folgt beschrieben:

- **ARMS:** Paleways of thirteen pieces, argent and gules; a chief, azure; the escutcheon on the breast of the American eagle displayed proper, holding in his dexter talon an olive branch, and in his sinister a bundle of thirteen arrows, all proper and in his beak a scroll, inscribed with the motto, ›**E PLURIBUS UNUM**‹.
- **CREST**: Over the head of the eagle, which appears above the escutcheon, a glory, or, breaking through a cloud, proper, and surrounding thirteen stars, forming a constellation, argent, on an azure field.
- **REVERSE:** A pyramid unfinished. In the zenith, an eye in a triangle, surrounded with a glory proper. Over the eye these words, ›**ANNUIT COEPTIS**‹. On the base of the pyramid the numerical letters **MDCCLXXVI** and underneath the following motto, ›**NOVUS ORDO SECLORUM**‹.«

  (deutsche Beschreibung: siehe unten)

Von denen, die im Laufe der Jahre mit dem Entwurf des Siegels befaßt wurden, waren vier Freimaurer, darunter insbesondere Benjamin FRANKLIN und William BARTON, der die abschließenden Änderungen vornahm. Es würde in dieser Hinsicht, aber auch im Hinblick auf die Gründungsväter und historischen Umstände der siebziger Jahre des 18. Jahrhunderts wohl kaum überraschen, wenn das ›Große Siegel‹ der USA mit freimaurerischer Symbolik ›überladen‹ wäre. Freimaurerische Rituale sind bekanntlich reich an Symbolen. Alltägliche Dinge haben für die Eingeweihten eine verborgene Bedeutung. Philosophisches Freimaurertum beruht auf Symbolen, die aus uralten Mysterien überliefert wurden, insbesondere aus der jüdischen Kabbala und aus Ritualen der mittelalterlichen Rosenkranz-Vereinigungen. Ein Freimaurer wird daher in dem ›Großen Siegel‹ der USA folgendes erkennen:

Auf der *Vorderseite* ist ein Adler, dessen linker Flügel (von vorn gesehen) **32** Federn hat. Die Zahl 32 entspricht dem gewöhnlichen 32. Grad des ›Schottischen Ritus‹ der Freimaurerei. Der rechte Flügel hat **33** Federn. Die Zahl 33 entspricht dem 33. Grad (für herausragende Dienste) des ›Schottischen Ritus‹. Die Anzahl **9** der Schwanzfedern entspricht der Zahl der Grade in dem Kapitel, dem Rat und der Befehlshaber des York-Ritus der Freimaurerei. Der freimaurerische ›Schottische Ritus‹ hat seinen Ursprung in Frankreich. Der York-Ritus wird dagegen mitunter auch der ›amerikanische Ritus‹ genannt. Die Tatsache, daß der Adler in dieser Weise ›gefedert‹ wurde, soll die Union der französischen und amerikanischen Freimaurer im vermeintlichen Kampf um Freiheit, Gleichheit und Brüderlichkeit symbolisieren. Die Gesamtzahl der Flügelfedern ist **65** (32+33). Diese Zahl entspricht per ›Gematria‹ (hebräisch: ›Gimatriyya‹) dem Wert des hebräischen Satzes »YAM YAWCHOD« (»In Einheit vereint«). Dieser Satz erscheint im Psalm 133 wie folgt: »Siehe, wie gut und lieblich ist es, wenn Brüder einträchtig beieinander sind« und wird im Ritual des ersten Grades der Freimaurerei benutzt. Der Strahlenkranz über dem Kopf des Adlers ist in **24** gleiche Teile unterteilt und erinnert an das freimaurerische Werkzeug der Lehre, die ebenfalls in 24 gleiche Teile unterteilt und für die Dienste, die er zu verrichten hat, symbolhaft ist. Die **5**zackigen Sterne erinnern an den freimaurerischen Feuerstern und die fünf Punkte der Kameradschaft. Die Sterne, die in der Weise angeordnet sind, daß sie überlappende gleichseitige Dreiecke und den Davidstern bilden, erinnert den Freimaurer an König Davids Traum, für seinen Gott einen Tempel errichtet zu haben, die Kameraden, die den entweihten Tempel wieder aufgebaut haben, und das Wiederfinden des verlorenen Wortes. Die goldenen, silbernen und azurblauen Farben repräsentieren die Sonne, die den Tag regiert, den Mond, der die Nacht regiert, und den Meister, der die Loge regiert. Desweiteren erinnert das Silber in Verbindung mit dem Buchstaben **G** auf einem azurblauen Grund und umgeben von einem Strahlenkranz an die besondere Art und Weise eines den Regeln entsprechend ausgestatteten Logenraums. Das Schild auf der Brust des

Adlers erinnert auf Grund seiner Farben Rot (Tapferkeit), Weiß (Reinheit) und Blau (Gerechtigkeit) an die freimaurerischen Kardinaltugenden. Der Wert dieser Farben entspricht per ›Gematria‹ (griechisch: ›Geomatria‹) der Zahl **103.** Diese Zahl wiederum entspricht dem Wert des hebräischen Satzes »EHBEN HA-ADAM« (»Der Stein Adams«) und deutet auf den perfekten Quaderstein der Freimaurerei hin. Die Zahl 103 entspricht auch dem Wert des Substantivs BONAIM, ein Rabbiner-Wort für ›Erbauer/ Maurer‹. Der Wert der Farben Rot, Weiß und Blau, Nationalfarben der USA und Frankreichs, entspricht dem Wert für den Namen ›Brüderlichkeit‹. Die entrollte Schriftrolle im Schnabel des Adlers mit den Worten »E Pluribus Unum« (»Von der Vielheit zur Einheit«) erinnert den Freimaurer an die Einheit, die aus vielen Logenmitgliedern Brüder gemacht hat.

- Auf der *Rückseite* befindet sich innerhalb eines Dreiecks das ›allsehende‹ Auge umgeben von einem Strahlenkranz. Neben der offensichtlich freimaurerischen Bedeutung dieser Zeichnung hat die Anordnung dieser Gegenstände den kabbalistischen Gesamtwert von 273 (70 + 3 + 200). Die Zahl 273 entspricht dem Wert des hebräischen Satzes »EHBEN MOSU HABONIM« («Der von den Erbauern zurückgewiesene Stein«), der allen königlichen Freimaurern geläufig ist. Die Zahl 273 entspricht auch dem Wert des hebräischen Eigennamens HIRAM ABIFF, des Namens des Architekten von Salomons Tempel und der Hauptperson in der Legende, die im ersten Grad der Meisterfreimaurer benutzt wird. Das Dreieck repräsentiert auch den obersten Stein der nicht fertiggestellten Pyramide und erinnert den Freimaurer an die Unsterblichkeit der Seele und daß er in alle Ewigkeit den obersten Stein seiner weltlichen Arbeit gemäß dem Entwurf auf dem Zeichenbrett des ›Obersten Architekten des Universums‹ wird vollenden müssen. Die nicht fertiggestellte Pyramide erinnert ferner daran, daß der Tempel nicht fertiggestellt wurde, weil der Meisterarchitekt tragisch niedergestreckt wurde.
- Der freimaurerische Betrachter erkennt auch, daß die Zahl **13** *auf beiden Seiten des Siegels* wiederholt symbolhaft benutzt wird:

- Das Hexagramm (sog. »Mogen David«) über dem Kopf des Adlers wird von **13** Sternen (Pentagrammen) gebildet.

- Das Brustschild des Adlers hat **13** Streifen.
- In seiner rechten Kralle des Adlers befindet sich ein Olivenzweig mit **13** Beeren.
- In der linken Kralle des Adlers befinden sich **13** Pfeile.
- In dem Olivenzweig befinden sich **13** Blätter.
- Die nicht fertiggestellte Pyramide hat **13** Stufen.
- Die Worte »Annuit Coeptis« (siehe unten) bestehen aus **13** Buchstaben.

Die Zahl 13 ist nicht nur die Anzahl der Kolonien, die sich mit Unterzeichnung der Unabhängigkeitserklärung zusammengefunden hatten, sie ist vor allem auch die mächtigste Zahl der Hexerei und eine Unglückszahl im christlichen Glauben. Das Hexagramm (Mogen David) ist seinerseits das ›böseste‹ Zeichen der Hexerei. 13 Hexen stehen im Pentagramm, der Mitte des fünfzackigen Sterns, wenn sie die Geister/Dämonen anrufen. JESUS hatte zwölf Jünger und war selbst der dreizehnte. In der Kabbala bedeutet die Zahl 13 die Transformation und Wiedergeburt (z.B. die Auferstehung JESU).

- Die römische Zahl **MDCCLXXVI** unterhalb der Pyramide ist **1776,** das Jahr der US-Unabhängigkeitserklärung, aber auch das Jahr der Gründung des WEISHAUPTschen Illuminatenordens.
- Die Worte »Annuit Coeptis« sind mit »ER wird unserer Unternehmung Erfolg bescheren« zu übersetzen, wobei ›ER‹ aus freimaurerischer Sicht der ›Oberste Architekt des Universums‹, ›Luzifer‹ (Gott des Lichtes und des Guten), ›Adonai‹ (Gott der Dunkelheit und des Bösen/hebräische Anrede für Jahwe) oder auch ›Jahbulon‹ ist, wobei ›Jahbulon‹ (auch Jaobulon) eine »Deität sui generis« (Gottheit eigener Art) ist, und zwar bestehend aus ›Jah‹ (für Jehova), ›Bul‹ (für den uralten dämonischen Gott Baal) und ›On‹ (für die ägyptische Gottheit Osiris). Jahbulon gibt Luzifer symbolisch die Macht über Jahwe. Aus christlicher Sicht ist ER der Teufel (›Luzifer‹); denn das Neue (christliche) Testament bezeichnet JESUS CHRISTUS als den »von den Erbauern zurückgewiesenen Stein« (Markus 12:10; Lukas 20:17). JESUS CHRISTUS, der Antipode des Teufels, den auf der Rückseite des US-Siegels fehlenden obersten Stein der Pyramide symbolisierend, wurde jedoch in diesem Siegel durch das freimaurerische ›allsehende Auge‹, seinerseits Luzifer symbolisierend, ersetzt. Mit Rücksicht darauf, daß die Symbole des Siegels eindeutig

freimaurerisch sind, sich viele Gründungsväter, darunter insbesondere auch FRANKLIN, ADAMS und JEFFERSON, erklärtenmaßen nicht zum christlichen Gott bekennen mochten und auch das sonstige Umfeld (z. B. die Armee) weitgehend freimaurerisch war, kommt es also auf den ideologischen Standpunkt des Betrachters an. Von daher ist also jede Übersetzung richtig. Es dürfte aber danach auch feststehen, das ›ER‹ nicht der christliche Gott ist und daß das Siegel der USA alles andere als ein christliches Symbol ist.

- Die Worte »Novus Ordo Seclorum« bedeuten wörtlich übersetzt »Neue Zeitenordnung«, die teleologisch richtigere Übersetzung aber ist »Neue Weltordnung«, mutmaßlich jene neue Weltordnung, die WEISHAUPT vor Verabschiedung der US-Unabhängigkeitserklärung gefordert hatte.

Die USA, die sich wie die Illuminaten WEISHAUPTS sowohl monarchistisch-feudalistischer Fremdherrschaft (Großbritanniens) als auch jedwedem Religions- und Kirchenmonopol widersetzten, befanden sich nicht nur dogmatisch, sondern auch terminologisch auf seiner Spur. Die Illuminaten, in Europa um 1800 in den Untergrund vertrieben und kaum noch mehr als eine geschichtliche Fußnote, hatten sich an der US-Ostküste bestens positioniert. Ging es ihnen in dieser Anfangsphase ihres US-Daseins vielleicht noch um die ›reine Lehre‹ (falls diese nicht von Anfang an ein Komplott zur Täuschung der Massen war), dann wurde diese in der geschichtlichen Folge sehr bald pervertiert (Josef STALIN: »Worte sind eine Sache, Taten eine andere«) und zu einem bloßen Mittel zur Erlangung politischer und wirtschaftlicher Macht umfunktioniert:

- Der Plan der Vereinigung aller Menschen wurde ersetzt durch den Plan der supranationalen Vereinigung von Hochfinanz und der transnationalen Monopole – gegen alle Menschen.
- Die Abschaffung der feudalistischen Herrschaft europäischer Monarchien wurde ersetzt oder ergänzt durch die Herrschaft des Feudalismus der supranationalen Hochfinanz und der transnationalen Monopole.
- Die supranationale römisch-katholische Kirche und ihr jesuitischer Treibriemen, gegen die WEISHAUPT und BODE kämpften, sind immer noch vorhanden, und zusätzlich wurden den Menschen zwischenzeitlich unter großen Opfern supranationale

Ersatzreligionen wie ›Liberalismus‹, ›Sozialismus‹ und ›Kommunismus‹ aufgehalst, die die Nationen, Zivilisationen und Kulturen zerstören.

- Die »Res Publica«, also die Sache der Menschen, wird immer noch mit Füßen getreten. Statt dessen wurden ihre scheinrepublikanischen Institutionen der ›Sache des großen Geldes‹ unterworfen.

Aus Illuminatismus wurde Krypto-Illuminatismus. Aus Illuminaten wurden Krypto-Illuminaten.

Das einzige, was in der geschichtlichen Abfolge von der Äußerlichkeit der WEISHAUPTschen Pläne tatsächlich übrigblieb, war das supranationale Moment und der ›Marsch durch die Institutionen‹, aber es war nicht, wie angedeutet, die ›Verbrüderung‹ neuer emanzipatorischer Kräfte des Volkes, die diesen Marsch von unten durch feudalistische Strukturen und Institutionen antraten, sondern es waren die alten parasitären Kräfte, die sich mit neureichen Emporkömmlingen verbrüderten, um das Rad der Geschichte von oben her wieder zurückzudrehen, allen voran die britische ›Krone‹ und ihre ›Prestige-Organisationen‹ der *higher circles.* Und wie zu allen Zeiten fanden sie dafür ihre willfährigen Lakaien, in Deutschland insbesondere das von IHNEN geduldete Parteienkartell.

Ausgehend von der US-Ostküste über den großen Teich nach Europa zurückkehrend, unterwanderten die von IHNEN geschaffenen krypto-illuminatischen Organisationen, von denen in der Folge noch ausführlich die Rede sein wird, die seit der Französischen Revolution entstandenen scheindemokratischen und -republikanischen Institutionen des Westens mit viel betrügerischem Wortgeklingel (›internationaler Frieden‹, ›internationale Armutsbekämpfung‹, ›Interdependenz‹, ›Toleranz‹ usw.) und machten sie sich zur Beute – gegen die Menschen. Gleichzeitig wurde den Menschen allmählich durch jene supranationalen politischen Organisationen (UNO, EU, NAFTA, NATO, WHO, IMF, Weltbank usw.) die Nation, das letzte Bollwerk gegen ihre totale Unterwerfung, geraubt – ein wahrhaft satanischer Plan.

Ein typischer Krypto-Illuminat der Ostküste war die Wall-Street-Marionette Woodrow WILSON, der 28. US-Präsident (1901–1919), der im Dienste der supranationalen Drahtzieher zwar noch daran scheiterte, den ›Völkerbund‹ zu etablieren, der aber maßgeblich dazu beitrug, der Welt das Federal-Reserve-System (siehe **B. X.**) aufzuhalsen. Ein anderer Krypto-Illuminat war der freimaurerische Hochmeister Franklin Delano ROOSEVELT, 32. US-Präsident (1933–1945) und direkter Nachfahre des New Yorker Illuminaten Clinton ROOSEVELT, der in seinem im Jahre 1841 erschienenen Buch *The Science of Government founded on Natural Law* einen detaillierten Plan für einen ›New Deal‹ (frei übersetzt: ›Neue Ordnung‹) entwickelt hatte, den Franklin Delano ROOSEVELT (FDR) 92 Jahre später durchführte – und damit scheiterte. Auch in anderer Hinsicht hatte er einen direkten Anschluß an die ›illuminierte‹ Gründungsphase der USA gesucht: Es war FDR, der veranlaßte, das freimaurerische ›Große Siegel‹ der USA auf die weiterhin im Umlauf befindliche 1-Dollar-Note zu setzen.

Franklin Delano ROOSEVELT war gewissermaßen in seiner Person und in seinen Handlungen so zwiespältig wie die Geschichte seiner Familie – hin und her gerissen zwischen Hochfinanz und MARX wie so viele der ›internationalistischen‹ Scharlatane unserer Tage. Die Wurzeln des ROOSEVELT-Clans steckten tief im ›Banking‹ und ›Big Business‹. ROOSEVELTS Urgroßvater hatte schon in den achtziger Jahren des 18. Jahrhunderts, also zur Hoch-Zeit der ›Ostküsten-Illuminaten‹, die Bank of New York gegründet. Über die Jahre waren seine Vorfahren James I. ROOSEVELT, Clinton ROOSEVELT, Theodore ROOSEVELT (23. Präsident: 1901–1909) und George E. ROOSEVELT tief in Hochfinanz und/oder Politik involviert gewesen. Auf der DELANO-Seite war sein Onkel Frederic DELANO Mitglied des Aufsichtsrats der ›Federal Reserve‹ und, unter WILSON, auch Vorsitzender des Völkerbund-Komitees gewesen. Im Jahre 1934 ernannte ihn FDR zum Vorsitzenden des immer noch berüchtigten ›National Resources Planning Board‹. Im Jahre 1936 wurde DELANO Vorsitzender des Aufsichtsrats der ›Federal Reserve Bank‹ in Richmond, Virginia. Franklin D. ROOSEVELT seinerseits hatte während der zwanziger Jahre 11 (elf) Wall- Street-Direktorenposten inne. Dazu Antony C. SUTTON in *Wall Street and FDR* (dt: *Roosevelt und die internationale Hochfinanz,* Tübingen 1990): »Indem er sich in diesen Direktorenposten und damit verbundenen Tätigkeiten versuchte, entdecken wir den Banker und Spekulanten ROOSEVELT, die zwei Tätigkeiten, die er während der Präsidentschaftswahl im Jahre 1932 nachdrücklich verurteilt hatte.« SUTTON spricht damit die schizophrene und opportunistische Heuchelei von typischen Eine-Welt-Aktivisten an, die wir gerade auch in Deutschland bei den Vertretern des herrschenden supranationalen Parteienkartells erkennen können. Die Art und

Weise, wie FDR zum Präsidenten gewählt wurde, war ein ›Virtual Re-Run‹ der erfolgreichen Kampagnen von Woodrow WILSON – beide hatten dieselben Drehbuchautoren, dieselben finanziellen Unterstützer und dieselben Ratgeber, angefangen mit Edward Mandell HOUSE, auf den später noch ausführlich eingegangen werden wird (siehe **B. XIV**.: ›Committee of 300‹), bis hin zu Bernhard BARUCH und dem Rabbi Stephen WISE.

In den zwölf Jahren seiner Regentschaft hinterließ ROOSEVELT, einerseits Wall-Street-Mann und andererseits STALIN-Bewunderer, mit seinem sozialistischen ›New Deal‹ ein Werk der Zerstörung. Gottfried HABERLER, Wirtschaftsprofessor an der Harvard-Universität, Präsident der ›American Economic Association‹ und einer der weltweit führenden Wissenschaftler auf dem Gebiet wirtschaftlicher Depressionen, nannte das Scheitern von FDRs ›New Deal‹ ein politisches Desaster, das »in anderen Ländern keine Parallelen« habe. Dagegen schrieb Merle THORPE, ein FDR-Unterstützer im Jahre 1934: »Wir haben ganz oder teilweise acht der zehn Punkte des *Kommunistischen Manifestes* von 1848 legalisiert und in mancher Hinsicht besser als in Rußland durchgeführt.« THORPE sprach damit die historische Verbindung zwischen WEISHAUPTS Schriften und der im Jahre 1848 erschienenen Schrift *Das Kommunistische Manifest* von Karl MARX/ Friedrich ENGELS an. Zu dieser Verbindung teilten Karl MARX und Friedrich ENGELS in dem Vorwort der Ausgabe des Jahres 1872 folgendes mit:

»The Communist League (formerly called the ›League of Just Men‹). . . wich could only be a secret one. . . commissioned the undersigned (Karl MARX and Friedrich ENGELS), at the Congress held in London in November 1847, to draw up for publication a detailed theoretical and practical program of the party. Such was the origin of the following Manifesto, the manuscript of which travelled to London to be printed a few weeks before the February revolution.«

Zu deutsch:

»Der Kommunistische Bund (früher ›Bund der Gerechten‹). . ., der nur ein geheimer sein konnte,. . . beauftragte die Unterzeichneten (Karl MARX und Friedrich ENGELS) auf dem im November 1847 in London abgehaltenen Kongreß, zum Zwecke der Veröffentlichung ein detailliertes theoretisches und praktisches Programm der Partei zu entwerfen. Dies war der Ursprung des folgenden Manifestes, dessen Manuskript nach London gesandt wurde, damit es wenige Wochen vor der Februarrevolution gedruckt würde.«

Der in dem Vorwort erwähnte ›Bund der Gerechten‹, der im Jahre 1836 entstand, war eine radikale Absplitterung des im Jahre 1834 gegründeten ›Bundes der Geächteten‹, einer Nachfolgeorganisation des ›Ordens der Illuminaten‹. Im Jahre 1840 siedelte der ›Bund der Gerechten‹ nach London über, wo Karl MARX und Friedrich ENGELS erstmals im Jahre 1845 mit ihm in Kontakt kamen. Dort in London wurde er im Jahre 1847 in den ›Kommunistischen Bund‹ (›Communist League‹) umbenannt. Das *Kommunistische Manifest* war im wesentlichen eine modernisierte und komprimierte Fassung der revolutionären Prinzipien und Pläne, die schon 70 Jahre zuvor von Adam WEISHAUPT formuliert worden waren.

Franklin Delano ROOSEVELT seinerseits hatte lange nach der zweiten Phase des ›New Deal‹ seine ideologische Verbindung zu WEISHAUPT und damit zu seinem direkten Vorfahren Clinton ROOSEVELT verschlüsselt offenbart. In einer Ansprache vom 11. November 1940 zum ›Armistice Day‹ (heute: ›Veterans Day‹) sagte er am ›Grab des unbekannten Soldaten‹:

»... thousand years ago, with the crusades, the feudal system, the guilds, the kings and the renaissance, that Age which immediately preceded our own was born and grew and flourished... Toward its close, however, the appearance of tiny movements in tiny places, led by tiny people, forecast the next vast step forward – the era of 1776 – the Age in which, thank God, we still live. Those beginnings originated, it is true, in the old world – among the philosophers, among the seekers of many kinds of freedom forbidden by those who governed.«

Zu deutsch:

»... vor tausend Jahren, während der Kreuzzüge, des Feudalsystems, der Gilden, der Könige und der Renaissance, wurde das unmittelbar unserem eigenen vorausgegangene Zeitalter geboren und wuchs und florierte... Gegen dessen Ende jedoch kündigte das Erscheinen von kleinen Bewegungen in kleinen Orten, geführt von kleinen Leuten, den nächsten großen Schritt in die Zukunft an – die Ära von 1776 –, das Zeitalter, in dem wir Gott sei Dank noch leben. Es ist wahr, daß die Anfänge in der Alten Welt begannen – unter Philosophen, unter Suchern verschiedener Freiheiten, die von jenen, die seinerzeit regierten, verboten worden waren.«

Als die maßgebliche, heute an der US-Ostküste bestehende kryptoilluminatische Zwischenstufe, gewissermaßen eine ›Recruiting-Unit‹ (Rekrutierungs-Einheit) im Verhältnis zu den später behandelten

Organisationen, wird häufig der im Jahre 1832/33 an der Yale-Universität in New Haven (Connecticut) gegründete Orden ›Chapter 322‹ (›Kapitel 322‹) genannt, deren Spitze der ›Order of the Quest‹ (auch: ›Jason-Society‹) ist. Diese ›Ostküsten‹-Geheimgesellschaft von sogenannten WASPs (›White Anglo-Saxon Protestants‹), die auch als ›The Order of Skull and Bones‹ bezeichnet wird, soll aus einem deutschen Orden hervorgegangen sein, dem William Huntington RUSSELL, einer der Mitgründer, angehört haben soll, als dieser in den Jahren 1831/32 in Deutschland studierte. Die Zahl ›32-2‹ soll für das Gründungsjahr '32 und das 2. Kapitel (›Chapter‹) dieses deutschen, namentlich nie erwähnten Ordens stehen. Im ›*sanctum sanctorium*‹ des ›Chapter 322‹ (›Tomb‹), dem Logenraum 322, befänden sich auf den Gewölbewänden deutschsprachige Inschriften wie »Wer war der Thor, wer Weiser, wer Bettler oder Kaiser« und »Ob arm, ob reich, im Tode gleich«.

Da das Zeichen des Ordens der *Totenkopf mit darunter gekreuzten Knochen* ist (deshalb: ›Skull and Bones›), hat ein gewisser Ron ROSENBAUM (sic!) deshalb im *Esquire Magazine* (September 1977) versucht, den Orden mit der Thule-Gesellschaft in Verbindung zu bringen. Aus ›Skull and Bones‹ (›Totenkopf und Knochen‹) wurde ›Brotherhood of Death‹ (›Bruderschaft des Todes‹).

Es ist indessen davon auszugehen, daß dergleichen eher Ablenkungsmanöver sind; denn alle Indizien sprechen dafür, daß der Orden eine konterrevolutionäre Unternehmung (im Verhältnis zum US-Revolutionskrieg) von amerikanischen Anglophilen ist und diese ihrerseits engstens mit der Britischen Krone verbunden sind, die wiederum eine führende Stellung in den später behandelten neofeudalistischen Organisationen der supranationalen Zerstörung innehat. Das Ordenszeichen hat also keine *Thule*- oder gar *SS*-Bezüge, sondern ist vielmehr die alte RUSSELL-Piraten-Flagge; denn der geschichtliche Hintergrund von ›Skull and Bones‹ ist die Geschichte von Opium und britischem ›Empire‹. Samuel RUSSELL, der zweite Neffe des Ordensgründers William Huntington RUSSELL, hatte im Jahre 1823 ›Russell and Company‹ gegründet. Das Geschäft dieser Gesellschaft war es, Opium in der Türkei zu erwerben und es unter dem bewaffneten Schutz der britischen Armee nach China zu schmuggeln. Unter RUSSELS Partnern war auch ein gewisser Warren DELANO Jr., der die Geschäfte von Russell & Co. in Kanton leitete. Warren DELANO Jr. war der Großvater von Franklin Delano ROOSEVELT, dem vorerwähnten Krypto-Illuminaten.

Mitglieder von ›Skull and Bones‹ waren Personen, deren Familien in den später behandelten Organisationen maßgebliche Rollen spielten, darunter die ROCKEFELLER-Familie mit Percy Avery ROCKEFELLER (Jahrgang 1900), Henry Pomeroy DAVISON Jr. (Jahrgang 1920) und die BUSH-Familie mit Prescott Sheldon BUSH (Jahrgang 1917), George Herbert Walker BUSH (Jahrgang 1948) und George W. (›Dub-Ya‹) BUSH (Jahrgang 1968).

Als Percy Avery ROCKEFELLER (Jahrgang 1900) aus dem Clan von David und John ROCKEFELLER im Jahre 1932 vor den Untersuchungsausschuß für Aktienhandel des US-Senats zitiert wurde, um sich gegen den Vorwurf zu verteidigen, er habe künstlich den Aktienmarkt heruntergetrieben, um dann zu billigeren Preisen wieder zurückzukaufen, ließ er sich dahingehend ein, daß seine ›Skull and Bones-Brüder‹ schnell Millionen benötigten, um über die Depression zu kommen, und deshalb habe er die Aktien zu jedem am Markt erzielbaren Preis verkaufen müssen. Dem Ausschuß genügte diese Einlassung.

Die Familie BUSH ist eine der im ›Skull and Bones‹-Orden vorherrschenden Familien. Der Orden ist gewissermaßen der politische Unterbau dieser Familie. Von George Herbert Walker BUSH, 41. US-Präsident (1989–1993), Mitglied der Trilateralen Kommission, des CFR und der Bilderberger, stammen folgende Sätze:

- »Out of these troubled times, our fifth objective - a new world order - can emerge. . . We are now in sight of a United Nations that performs as envisioned by its founders.« (11. September 1990)

Zu deutsch:

»Aus diesen schwierigen Zeiten heraus kann, das ist unser fünftes Ziel - die Neue Weltordnung erwachsen - . . . Wir haben jetzt eine UNO im Visier, die so arbeitet, wie es sich ihre Gründer (d. h. CFR/ROCKEFELLER, siehe unten) vorgestellt haben.«

- »The United Nations can help bring about an new day,. . . a new world order, and a long era of peace.« (1. Oktober 1990)

Zu deutsch:

»Die UNO kann dabei helfen, einen neuen Tag. . ., eine Neue Weltordnung und eine lange Ära des Friedens zu bringen.«

Die schwachsinnigen Rituale von ›Skull and Bones‹ wurden zuletzt einmal wieder im Jahre **2001** aufgedeckt. Unter dem Titel »Bizarre secrets of Bush club exposed« berichtete Philip Delves BROUGHTON in der *Daily Telegraph*-Ausgabe vom 25. April 2001, wie George W. (›Dub-Ya‹) BUSH, der 43. US-Präsident, einen Umhang tragend, im ›Tomb‹ (›Grab‹/›Gruft‹), einem finsteren Gotik-Gebäude der Universität Yale, mit einer Nachtsichtkamera aufgenommen worden war und einem neu eingeweihten Mitglied drohte: »Ich werde Dich töten, wie ich AL GORE getötet habe!« Man sah die neu Eingeweihten knien und Schädel zu Füßen der Mitglieder küssen, während sie mit sexuellen Beschimpfungen und Rufen »Run Neophytes« (»Lauft, Neulinge!«) bombardiert wurden. Die Gruppe der Neueingeweihten stimmte dann in den ›Skull and Bones‹-Gesang ein, der seit der Gründung des Ordens im Jahre 1856 Teil des Rituals ist: »The Hangman Equals Death/The Devil Equals Death/Death Equals Death« (»Der Henker ist der Tod/Der Teufel ist der Tod/Der Tod ist der Tod«). Während des Einweihungsrituals unterziehen sich die neuen Mitglieder dem symbolischen Durchschneiden ihrer Kehlen und legen sich dann nackt in einen Sarg, um dort liegend von ihren persönlichsten und sexuellen Erlebnissen zu berichten, und zwar mit dem Ziel, auf diese Weise ein Band des Geheimnisses mit den anderen Mitgliedern zu knüpfen. Nachdem die neuen Mitglieder rituell als ›Barbaren‹ gestorben sind, verlassen sie den Sarg und sind als Mitglieder des Ordens neu geboren.

Man erinnere sich schließlich: Während seines Wahlkampfes machte eben dieser George **W**. BUSH mit dem Zeigefinger und dem Ringfinger ständig das **W**-Zeichen für sein »Middle-Initial«, den Buchstaben »**W**« (›Double-U‹ oder ›Dub-ya‹). Der Normalbürger hatte damit allenfalls das ›V‹-Zeichen CHURCHILLS assoziiert. Der freimaurerische Krypto-Illuminat aber sah etwas völlig Anderes: Das ›**W**‹ ist der **23.** Buchstabe im Alphabet. Die Zahl 23 ihrerseits ist **die** Zahl der Illuminaten WEISHAUPTS.

II. Vatikan

Anders als die jüdische Religion, die eine typische Stammesreligion des von Jahwe auserwählten Volkes ist, hat die christliche Ideologie einen supranationalen und egalitären Anspruch (»Et unum sint!«; »Und sie mögen eins sein!«). Keine der vielen christlichen Kirchen aber vertritt den Supranationalismus dieser Religion entschiedener und militanter als die im Vatikan ansässige ›römisch-katholische‹ Kirche, die wegen ihrer spezifischen Riten und Gebräuche von anderen Vertretern dieser Religion als bloßer Kult abgetan wird. Der ideologische Anspruch des Vatikans ist supranational. Dies ergibt sich schon aus dem Namen der dort verwalteten Religion; denn ›katholisch‹ ist ein Synonym für ›universal‹.

Nach der traditionellen römisch-katholischen Ideologie ist die Nation eher ein fossiles Relikt, wenigstens aber in ihrer Unabhängigkeit einzuschränken. Die Entwicklung einer »internationalen Ordnung« (Pius XII., Botschaft, *Un'ora grave,* 24. August 1939) ist geradezu ein Glaubensbekenntnis dieser Religion.

Im *Summi Pontificatus* faßte **Pius XII.** (1939–1958) die Stellung des Vatikans unter anderem wie folgt zusammen:

> »...die menschliche Rasse ist zum Nutzen aller Nationen durch wechselseitige Bande zu einer großen Gemeinschaft moralisch und juristisch miteinander verknüpft, die von speziellen Gesetzen, die ihre Einheit schützen und ihre Wohlfahrt fördern, geregelt wird«... »der Anspruch des Staates auf absolute Macht steht in offenem Gegensatz zu diesem natürlichen Weg«. (Pius XII., Enzyklika, *Summi Pontificatus,* 20. Oktober 1939)

Schon für Pius XII. gibt es also die Einheit der »menschlichen Rasse«, die sich in einer ›supranationalen Gemeinschaft‹ zusammenfindet. Hier bereits finden sich die ersten eher noch vagen Andeutungen der Eine-Welt-Doktrin und der Bezug auf eine imaginäre, tatsächlich nicht bestehende ›internationale Gemeinschaft‹, ein Lieblingsbegriff des De-Molay-Freimaurers Bill Clinton.

Pius XII. ermutigte ausdrücklich zur Errichtung von internationalen Strukturen (vgl. Gabriel Matagrin, »La légitimité de la guerre d'après les textes pontificaux«, in *Lumière et vie,* 7, 56 – Juli 1958). Die Gründung der UNO wurde von ihm in höchsten Tönen als ein Weg in die richtige Richtung gepriesen (vgl. z.B. Pius XII., Botschaft,

Negli ultimi sei anni, 24. Dezember 1945). Der Papst befürwortete außerdem ausdrücklich die Schaffung eines internationalen Strafgesetzbuches.

Johannes XXIII. (1958–1963) ging hinsichtlich der supranationalen Doktrin noch einen Schritt weiter als Pius XII. Erstmalig wurde durch ihn nicht nur der potemkinsche Begriff der ›internationalen Gemeinschaft‹ benutzt, sondern die Notwendigkeit einer ›Weltregierung‹ beschworen. Er äußert seine Überzeugung, daß das damals noch intaktere System souveräner Staaten nicht in der Lage sei, internationale Spannungen zu lösen, mehr noch, die Souveränität einer Nation an sich werde für die Autoritätsausübung im Rahmen der ›internationalen Gemeinschaft‹ ein Problem schaffen. Eine ›effektive Autorität‹ (sprich: Regierung) im Rahmen der ›internationalen Gemeinschaft‹ werde aber dringend benötigt und müsse unverzüglich etabliert werden. (vgl. dazu mit weiteren Hinweisen: Brian M. Kane, *Just War and The Common Good*)

Paul VI. (1963 - 1978) bezeichnete die UNO als »obligatorischen Weg der modernen Zivilisation« (Paul VI., Botschaft, *Au moment de prendre,* 4. Oktober 1965). Er erachtete sogar den Einsatz von Gewalt als positives Element bei der Errichtung einer »kooperativen internationalen Gesellschaft«. Der Einsatz von Gewalt, sagte er im Jahre 1970 in einem Schreiben an UN-Generalsekretär U Thant, müsse immer im Zusammenhang mit der »internationalen Gemeinschaft« (statt: Gemeinschaft der Nationen; der Verfasser) gesehen werden (Paul VI., Botschaft, *Au moment,* 4. Oktober 1970).

In häufigen Ansprachen vor dem NATO-Defense-College (NATO-Verteidigungs-Kolleg) rechtfertigte er wiederholt den Einsatz von Gewalt zum Zweck der Entwicklung einer »gerechten internationalen Gemeinschaft«. Bereits hier wird durch den Vatikan die Rechtfertigungsgrundlage für den späteren Überfall der NATO Clintons, Blairs und Schröders auf Jugoslawien im Namen eines »humanistischen Interventionismus« gerechtfertigt (vgl. schon E. Aroneanu, »La guerre internationale d'intervention pour cause d'humanité«, in *Revue Internationale de Droit Pénal* 2 [1948], S. 173–244).

Paul VI. sah in der NATO eine Bewegung zur Errichtung einer internationalen Gemeinschaft. Wie Johannes XXIII. erachtete Paul VI. die Existenz einer »Weltregierung« zur Vermeidung von Krieg und »zur Lösung komplexer sozialer Probleme« für unerläßlich und befürwortete mehr Macht für die UNO, da er davon ausging, daß sich die UNO am ehesten zu einer Weltregierung fortentwickeln könne (PAUL VI., Botschaft, *The organization of*, 11. Juli 1963; AAS 55 [1963]: 653)

Während seines gesamten Pontifikats war er ein entschiedener Befürworter einer starken Rolle der UNO im Rahmen der ›internationalen Gemeinschaft‹. Im Jahre 1965 drängte er in seiner wohl bekanntesten Rede vor der UNO-Vollversammlung deren Mitgliedstaaten dazu, eine Weltregierung zu bilden. Die Mission der UNO würde, so agumentierte er, »unvermeidlich« zu der Konsequenz führen, daß eine solche Gewalt notwendig sei, und er fragte dann wörtlich:

»Gibt es irgend jemanden, der nicht die Notwendigkeit erkennt, daß man Schritt für Schritt zur Errichtung einer Weltautorität (sprich: Weltregierung) gelangen muß, die sowohl auf politischer wie auch auf juristischer Ebene wirksam handeln kann?« (PAUL VI., Botschaft, *Au moment de prendre*, 4. Oktober 1965, 6)

Die jesuitisch-zelotenhafte Weltfremdheit dieser supranationalen Päpste ist wohl am ehesten mit der Realitätsferne der Marxisten und Leninisten zu vergleichen; denn das innerste, wenngleich auch verschüttete Bedürfnis des Menschen geht nach Artgemeinschaft, Identität und artverwandter Nähe.

Am 20. Oktober 1978 wurde der Pole Karol WOJTYLA, Erzbischof von Krakau, zum Papst gewählt. WOJTYLA nannte sich Papst JOHANNES PAUL II. und war der erste nichtitalienische Papst in fünf Jahrhunderten. Erst mit ihm gelangte ein wenig mehr Realitätssinn in den Vatikan. Zwar gab es auch bei ihm die schon traditionellen, von der üblichen Phraseologie begleiteten Ergebenheitsadressen vor der UNO, d. h. seine Ansprachen vom 2. Oktober 1979 und 5. Oktober 1995, aber gerade in der letzten Rede läßt sich sein weniger gestörtes Verhältnis zur Nation als Hort von »Identität und Überleben« und als »Gegengewicht zur Tendenz der Uniformität« (Nr. 7) ausmachen. Anthropologisch gebe es, so sagte er, nicht nur das Bedürfnis nach Nation, sondern insbesondere auch »Rechte der Nationen« (Nr. 8). Dazu gehöre

- das Recht auf Existenz,
- »wahre« Freiheit,

- Selbstbestimmung,
- eigene Sprache,
- eigene Kultur,
- »geistige« Souveränität.

Diese Kollektivrechte, so die Rettungsklausel, hätten selbstverständlich ihre Grenzen in den Rechten anderer Nationen.

Dem individualistisch ausgerichteten ORWELLschen Leerbegriff der ›internationalen Gemeinschaft‹ aller Menschen stellt JOHANNES PAUL II., ohne diesen aufzugeben, den eher prosaischen, wenngleich kaum weniger unrealistischen Begriff der »Familie der Nationen« (Nr. 14) gegenüber, damit suggerierend, daß sich Palästinenser und Juden, Schweden und Ruander, Japaner und Inder usw. als Teil ein und derselben Familie verstehen sollten. Es ist das übliche ideologisch verklärte Denken.

Im übrigen befürwortet auch JOHANNES PAUL II. hinsichtlich der europäischen Nationen besondere Souveränitätseinschränkungen, die äußerlich aber weniger als Kniefall vor einer ›Weltregierung‹, sondern eher als Unterordnung unter die europäische Zentralregierung eines wiedererrichteten, dem Vatikan hörigen ›Heiligen Römischen Reichs‹ zu verstehen sind. »JOHANNES PAUL II. begreift seine missionarische Sendung zwar durchaus als ein globales Anliegen«, schreibt Gordon URQUHART in seinem Buch *Im Namen des Papstes*, doch spiele Europa eine besondere Rolle. »Hier steht die neue Evangelisierung nicht nur für eine Wiedergeburt christlicher Werte, sondern auch für die Wiedererrichtung eines Christentums wie in der Blütezeit des Heiligen Römischen Reiches«; unter dem Banner des Katholizismus soll ein vereintes Europa »vom Atlantik zum Ural« entstehen. Dies verkündete Papst JOHANNES PAUL II. in seiner ersten Enzyklika *Redemptor hominis* (»Erlöser des Menschen«). Im weiteren Verlauf des Jahrzehnts lief seine »Zivilisation der Liebe«, so URQUHART, »immer klarer auf die Restaurierung einer mittelalterlichen Vorstellung vom europäischen Kontinent hinaus«. Konkret heißt dies, daß für JOHANNES PAUL II. weniger die ›Weltregierungs‹-Pläne seiner unmittelbaren Vorgänger JOHANNES XXIII. und PAUL VI., sondern eher die mittelalterlichen Vorstellungen GREGORS VII. (1073–85) und INNOZENZ' III. (1198–1216) im Vordergrund stehen, möglicherweise auch nur, um über diesen (Um-)Weg eine pragmatischere Annäherung an das ›Weltregierungs‹-Dogma seiner Vorgänger zu suchen. So erklärte Bischof Paul-Josef CORDES im März

1987, daß diese mittelalterlichen Perioden eine »extrem hohe Bedeutung« für die heutige Situation der Kirche hätten.

Zur Durchsetzung seiner Ziele stehen dem Vatikan insbesondere folgende Bewegungen zur Seite:

- ›**Focolare Movimento**‹, gegründet 1943 von Chiara LUBICH in Trient (in 1500 Diözesen in 180 Ländern aktiv, mit 80 000 festen Mitgliedern),
- ›**Comunione e Liberazione**‹, gegründet in Italien Anfang der siebziger Jahre als konservative studentische Gegenströmung zu den Protestbewegungen (sie sind wegen ihres aggressiven und fundamentalistischen Eintretens und wegen ihrer Papsthörigkeit mit diversen Spottnamen wie ›Wojtylas Lakaien‹ oder ›Gottes Stalinisten‹ belegt worden),
- ›**Neokatechumenaten**‹, gegründet 1964 von dem Spanier Kiko ARGUELLO in Madrid (aktiv in 600 Diözesen, zählen etwa 10 000 Gemeinschaften in 3000 Pfarrbezirken),
- ›**Opus Dei**‹, gegründet 1928 von dem Spanier Josémaria Escrivá DE BALAGUER, der schon wenige Jahre nach seinem Tod (1975) von Papst PAUL JOHANNES II. am 17. Mai 1992 in Rom heiliggesprochen wurde. Das ehemals führende britische Mitglied des Opus Dei, der Priester Vladimir FELZMAN berichtete zum Opus Dei: »Leute in hohen Positionen in Rom formulierten mit großer Überzeugungskraft, Opus Dei ist von Gott erwählt worden, die Kirche zu retten. Und sehr wichtige Leute im Opus Dei sagen heute offen, in 20, 30 Jahren wird das einzige, was von der Kirche bleibt, Opus Dei sein.« Nicht einmal die Kongregationen der römischen Kurie besitzen heute gegenüber ›Opus Dei‹ Weisungsbefugnis. Matthias METTNER (*Die katholische Mafia*) schreibt über Opus Dei: »Im Opus Dei als Institution kann ich keine echt religiösen und ethischen Ziele erkennen, sondern nur den Verfall an den ›Primat der Macht‹. An einem Zuwachs an sozialer Gerechtigkeit, an der Ausschaltung von Ungleichheit und Unterdrückung, an dem Recht auf Leben für alle Menschen ist dieses pseudoreligiöse System grundsätzlich nicht interessiert. . . Mit zwielichtigen, skandalösen Machenschaften und finanziellen Operationen, mit Cover-Agent-Strategien und einem weltweiten Netz von Tarnorganisationen in allen gesellschaftlichen Bereichen trachten die Mitglieder des Opus Dei danach, den Reichtum und die Macht des

›Werkes Gottes‹ zu mehren.« Für Giuseppe D'ALEMA ist das Opus Dei eine okkulte Macht, die sich mit dem neoliberalistischen Denken verbunden hat. Für den supranationalen Neoliberalismus aber gibt es nur die spontan von der Marktökonomie geschaffene Ordnung – und die Demokratie, als Feind dieser Ordnung. Führende ideologische Vertreter dieser Lehre sind bekanntlich Milton FRIEDMAN und George SOROS. Nach Vladimir FELZMANN, dem ehemals führenden Mitglied des Opus Dei, zielt dessen gesellschaftliche Strategie vornehmlich auf die Eliten, die Führungskräfte in Politik, Wissenschaft, Industrie, Medien und Bildungsinstitutionen.

Das von einem Spanier gegründete ›Opus Dei‹ des Vatikans zielt also nach Bekundung von Vladimir FELZMANN auf genau dieselben Gruppen wie auch die ›Bilderberger‹, ROCKEFELLERS ›Trilaterale Kommission‹, der ›Council on Foreign Relations‹ oder der ›Appeal of Conscience‹ des Rabbiners Arthur SCHNEIER.

Ein äußerlicher Beweis für die heutige strategische Annäherung von Vatikan und ›Krone‹ ist nicht zuletzt auch die Verleihung des Karlspreises. KARL DER GROSSE (742–814), der in der Aachener Pfalzkapelle beigesetzt wurde, gilt als Gründer des ›Heiligen Römischen Reiches‹, dem sowohl Papst JOHANNES PAUL II. als auch führende Krypto-Illuminaten nachzutrauern scheinen. CAROLUS MAGNUS wurde am 15. 12. 800 in der Peterskirche zu Rom von Papst LEO III. zum römischen Kaiser gekrönt. Er war ein Kaiser von des Papstes Gnaden; denn es war eben dieser LEO III., der KARL die Kaiserkrone mit der Formel »Romanum gubernans Imperium« aufgesetzt hatte.

Den Stiftern dieses Preises geht es allem Anschein nach vor allem darum, die nach dem Dreißigjährigen Krieg errungenen Ideale des Westfälischen Friedens von 1648, nämlich insbesondere den souveränen Nationalstaat, wieder rückgängig zu machen. Die Karlspreisverleihung ist eine zutiefst antideutsche Veranstaltung, auf der nicht nur ein Europa unter dem römisch-katholischen Banner, sondern zwangsläufig auch KARLS Blutaten an den germanischen Sachsen gefeiert wird. Von daher ist es nicht unpassend, daß im Jahre 1950 der erste Karlspreisträger der ›Kosmopolit‹ und ›Weltbürger‹ Richard Nikolaus Graf COUDENHOVE-KALERGI war. Dieser hatte in der *Wiener Freimaurerzeitung* Nr. 9/10 des Jahres 1923 folgendes geschrieben: »Der kommende Mensch der Zukunft wird ein Mischling sein. Für Paneuropa wünsche ich mir eine eurasisch-negroide Zukunftsrasse ... Die Führer sollen die Juden stellen, denn eine gütige Vorsehung hat Europa mit den Juden eine neue Adelsrasse von Geistesgnaden geschenkt.« JOHANNES PAUL II., der als 12jähriger Karol WOJTYLA in den frühen dreißiger Jahren häufig die Synagoge seiner Heimatstadt Wadowice aufsuchte, hat seinerseits den Katholiken wie folgt die ›Leviten‹ gelesen: »Christen müssen lernen, die Juden als ihre älteren Brüder zu betrachten.«

Vergleicht man schließlich die Karlspreisträger mit denen der Stiftung ›Appeal of Conscience‹ des Rabbis Arthur SCHNEIER, dann fällt auf, das die Preisträger häufig identisch sind. Preisträger beider supranationaler Veranstaltungen sind der ›Weltstaatsmann‹ und der ›Kriegsverbrechen‹ beschuldigte Henry KISSINGER, der Super-›Weltstaatsmann‹ Václav HAVEL und der spanische König Juan CARLOS, der sich zuletzt (mit Erfolg) insbesondere dadurch hervorgetan hatte, Bill (a.k.a. ›Slick Willy‹) CLINTON (CFR, Trilaterale Kommission, De-Molay, Rhodes) davon zu überzeugen, den flüchtigen, der Großbetrügerei beschuldigten Marc RICH zu verzeihen. ›Slick Willy‹ seinerseits wurde im Jahre 2000 der Karlspreis verliehen. Stinkt dies nicht alles entsetzlich zum germanischen Himmel?

III. Council on Foreign Relations

Die überragende Organisation zur Vorbereitung der Gründung der UNO ist der ›Council on Foreign Relations‹ (CFR), der im Jahre 1919 gebildet wurde. Professor Carroll QUIGLEY, Bill CLINTONS Mentor und früheres CFR-Mitglied, stellte in seinem berühmten Buch *Tragedy and Hope*« (›Tragödie und Hoffnung‹) unter anderem folgendes zum CFR fest: »Der CFR ist der amerikanische Zweig einer Gesellschaft, die in England ihren Ursprung hatte und die der Ansicht ist, daß nationale Grenzen getilgt werden und eine Eine-Welt-Regierung etabliert werden sollten.«

Das Handbuch des CFR aus dem Jahre 1936 dokumentiert die Gründung der Organisation wie folgt: Am 30. Mai 1919 trafen sich mehrere führende Mitglieder der Delegationen der Pariser Friedenskonferenz im Hotel Majestic in Paris, um eine internationale Gruppe einzusetzen, die ihre jeweiligen Regierungen in internationalen Angelegenheiten beraten sollte. Die USA waren vertreten durch General Tasker H. BLISS, Colonel Edward Mandell HOUSE, Whitney H. SHEPARDSON, Dr. James T. SHOTWELL und Prof. Archibald COOLIDGE. Großbritannien war inoffiziell vertreten durch Lord Robert CECIL, Lionel CURTIS, Lord Eustace PERCY und Harold TEMPERLY. In dieser Sitzung wurde beschlossen, die vorgeschlagene Organisation als ›Institute for International Affairs‹ (›Institut für Internationale Angelegenheiten‹) zu bezeichnen.

Auf einem Treffen vom 5. Juni 1919 beschlossen die Planer, daß es das beste sei, getrennte Organisationen, die miteinander kooperieren, zu bilden. Als Folge dessen wurde der ›Council on Foreign Relations‹ mit Hauptsitz in New York und einer Schwesterorganisation, dem ›Royal Institute of International Affairs‹ (RIIA) in London, ebenfalls bekannt als ›Chatham House Study Group‹ oder kurz ›Chatham House‹, gegründet. Eine Unterorganisation, das ›Institut für Pazifische Beziehungen‹, wurde eingerichtet, um ausschließlich fernöstliche Angelegenheiten zu behandeln. Andere Organisationen wurden in Hamburg und Paris gebildet, wobei die Hamburger Zweigstelle ›Institut für Auswärtige Politik‹ (heute: ›Deutsche Gesellschaft für Auswärtige Politik‹[DGAP]) und die Pariser Niederlassung ›Centre d'études de politique étrangère‹ genannt wurden.

Der ›Council on Foreign Relations‹ wurde offiziell nicht vor dem 29. Juli 1921 in Kraft gesetzt. Das Geld für die Gründung des CFR kam von J. P. MORGAN, Bernard BARUCH, Otto KAHN, Jacob SCHIFF, Paul WARBURG und John Davison ROCKEFELLER, um die wichtigsten Geldgeber zu nennen. Mit Ausnahme von John D. ROCKEFELLER waren es dieselben Krypto-Illuminaten, die auch an der Gründung der Federal Reserve Bank unter Federführung von Paul WARBURG maßgeblich beteiligt waren, und Jacob SCHIFF war bekanntlich der Hauptfinanzier der bolschewistischen Revolution, angeführt von dem früheren New Yorker Reporter Leon BRONSTEIN alias Leo TROTZKI. Der MORGAN-Clan ist wiederum zusammen mit dem BUSH-Clan in dem Yale-Orden ›Skull and Bones‹ führend vertreten. Carroll QUIGLEY stellte unter anderem folgendes zu diesem Clan fest: »Die Gruppe, die in den USA in den Jahren 1880 bis 1930 völlig von J. P. MORGAN & Co. beherrscht wurde (danach übernahmen die ROCKEFELLERS die Führungsrolle) war kosmopolitisch, anglophil, internationalistisch, Ivy League, Ostküste, hoch-episkopalisch und in der europäischen Kultur verankert.« Diese internationalen Banker, so vermerkt QUIGLEY, befanden sich »nahe bei den Regierungen und waren insbesondere mit Fragen von Regierungskrediten, einschließlich ausländischer Regierungskredite, beschäftigt... Da sie selbst Kreditgeber von Regierungen waren, folgte daraus ein originäres Interesse an Regierungsschulden und Kreditinstrumenten, insbesondere Obligationen (*bonds*)«. Sie waren »fast in gleicher Weise der Geheimhaltung und der geheimen Anwendung finanziellen Einflusses im politischen Leben ergeben«. Einer der Schlüsselsätze in diesem Zusammenhang ist: »... nahe bei den Regierungen«. Dieser Clan hat seinen fortbestehenden priviligierten Status nicht durch den Wettbewerb des Marktes, sondern letztlich durch politische und finanzielle Macht erlangt. Wie vermerkte doch einst John D. ROCKEFELLER Sen.: »Competition is a sin!« (»Wettbewerb ist eine Sünde!«)

Als geistiger Urheber des ›Council on Foreign Relations‹ gilt jedoch Edward Mandell HOUSE (vgl. auch **B. XIV**.: ›Committee of 300‹), Chef-Berater des Krypto-Illuminaten Woodrow WILSON. Tatsächlich war HOUSE mehr als nur ein Berater des Präsidenten, er beherrschte diesen. Er war WILSONS Alter-Ego und wurde während der WILSON-Ära (1913 bis 1921) als mächtigste Person der USA angesehen. HOUSE war ein Marxist, dessen Ziel es war, die Vereinigten Staaten einem supranationalen Sozialismus zuzuführen. In seinem im Jahre 1912 veröffentlichten Buch *Philip Dru: Administrator* schrieb HOUSE, daß er »für den Sozialismus, wie Karl MARX ihn sich erträumt hat, arbeitet«. In diesem Buch unterbreitet er einen Plan für die Eroberung der USA, in diesem Zusammenhang darlegend, wie sowohl die Demokratische Partei als auch die Republikanische Partei kontrolliert werden würden, um sie als Werkzeuge für die Etablierung einer sozialistischen Regierung zu benutzen.

Sofort nach seiner Errichtung im Jahre 1921 begann der CFR damit, Personen von Macht und Einfluß zu umwerben. Im Jahre 1940 erlangten Mitglieder des CFR zum ersten Mal durch den Krypto-Illuminaten Franklin D. ROOSEVELT, der im Verhältnis zu dem berüchtigten Henry MORGENTHAU Jr. kaum weniger eine Marionette war wie zuvor Woodrow WILSON im Verhältnis zu Edward Mandell HOUSE, einen dominierenden Einfluß auf das State Department (US-Außenministerium). Dieser beherrschende Einfluß verstärkte sich danach ständig weiter.

In den Jahren 1944 und 1948 war der republikanische Präsidentschaftskandidat Thomas DEWEY ein CFR-Mitglied. In späteren Jahren waren sowohl die Republikaner EISENHOWER und NIXON als auch die Demokraten STEVENSON, KENNEDY, HUMPHREY und MCGOVERN Mitglieder des CFR. Das amerikanische Volk glaubt, daß es in Präsidentschaftswahlen eine (gewisse) Wahl habe. Dies ist in den USA noch absurder als in Deutschland. Tatsächlich hatte es seit mehr als einem halben Jahrhundert nur noch die Wahl zwischen verschiedenen Mitgliedern des CFR und der Trilateralen Kommission. CFR-Mitglieder beherrschen nicht nur die US-Regierung, sondern auch die akademische Welt, die größten US-Unternehmen, riesige steuerfreie Stiftungen, Gewerkschaften, das Militär (vgl. **Anhang I.**) und fast jeden Bereich des amerikanischen Lebens, obwohl die meisten Amerikaner noch nie etwas vom ›Council on Foreign Relations‹ gehört haben. »Praktisch jeder Rechtsanwalt, Banker, Professor, Journalist und Bürokrat, der während der letzten sechs Präsidentschaften – von Franklin ROOSEVELT bis Richard NIXON – irgendeinen Einfluß auf die amerikanische Politik des Auswärtigen hatte, hat einige Zeit im ›Harold PRATT House‹ (d. h. CFR-Zentrale) verbracht, einer vierstöckigen ›Mansion‹ an der Ecke von ›Park Avenue‹ und 68. Straße, die vor 26 Jahren von Herrn PRATTS Witwe [einer Erbin des ROCKERFELLERschen ›Standard-Oil‹-Vermögens; der Verfasser] dem Council on Foreign Relations, Inc. gespendet worden war«, vermerkte John Franklin CAMBELL bereits am 20. September 1971 in einem Artikel des *New York Magazine*. Und Barry GOLDWATER stellt in seinem Buch

With No Apologies folgendes fest: »Ist es nicht merkwürdig, daß diese Männer rein zufällig sowohl CFR-Mitglieder als auch Aufsichtsräte der ›Federal Reserve Bank‹ sind, jener Bank, die in absolutistischer Weise das Geld und die Zinssätze dieses großen Landes ohne jeden Nutzen für den Kongreß kontrolliert, die sich im Privateigentum befindet und die absolut nichts mit den Vereinigten Staaten von Amerika zu tun hat?«

Der mächtigste Mann des CFR seit 1970 war David ROCKEFELLER, zunächst als Vorstandsvorsitzender (1970–1985) und heute noch als Vorsitzender ehrenhalber. Während dieser Zeit war er auch Vorstandsvorsitzender der ›Chase Manhattan Bank‹, einer der Hauptaktionäre der New Yorker Federal Reserve Bank. Auch nach seinem baldigen biologischen Ausscheiden ist die fast monarchische Erbfolge gesichert: David Jr., John D. IV und Rogman C. ROCKEFELLER sind heutige Mitglieder des ›Council on Foreign Relations‹. Institutionelles Mitglied des ›Council on Foreign Relations‹ ist/war unter anderen auch ›Mercedes-Benz of North America Inc.‹. Jürgen SCHREMPP, der Vorstandsvorsitzende der DaimlerChrysler AG, hat in der Vergangenheit wiederholt betont, daß DaimlerChrysler praktisch kein deutsches Unternehmen mehr sei.

Konteradmiral Chester WARD, sechzehn Jahre lang CFR-Mitglied, warnte das amerikanische Volk: »Die mächtigste Clique in diesen elitären Gruppen hat ein gemeinsames Ziel: Sie will die Souveränität und die nationale Unabhängigkeit der Vereinigten Staaten beseitigen.«

Der Kongreßabgeordnete John R. RARICK warnte: »Der ›Council on Foreign Relations‹, einer Eine-Welt-Regierung verpflichtet, finanziert durch eine Anzahl der größten steuerbefreiten Stiftungen, Macht und Einfluß über unser Leben auf den Gebieten Finanzen, Handel, Arbeit, Militär, Erziehung und Massenmedien ausübend, sollte jedem Amerikaner bekannt sein, der um eine gute Regierung und die Bewahrung und Verteidigung der Verfassung... besorgt ist... Die Nachrichtenmedien, die gewöhnlich so aggressiv in ihren Enthüllungen sind, um unser Volk zu informieren, schweigen verdächtig, wenn es um den CFR, seine Mitglieder und seine Aktivitäten geht. Und ich bin der Ansicht, daß nur wenige Universitätsstudenten und Examinierte auch nur je von dem ›Council on Foreign Relations‹ gehört haben. Der CFR ist das politische ›Establishment‹. Er hat nicht nur Einfluß und Macht in entscheidenden Schlüsselpositionen auf der höchsten Stufe der Regierung, um von dort aus

Druck nach unten auszuüben, er finanziert und benutzt auch Individuen und Gruppen, um Druck von unten zu erzeugen und auf diese Weise die auf hoher Ebene gemachten Entscheidungen, die darauf abzielen, die Vereinigten Staaten von einer souveränen konstitutionellen Republik in einen dienenden Mitgliedsstaat einer Eine-Welt-Diktatur zu verwandeln, zu rechtfertigen.«

Die Art und Weise, wie es zur neuen Weltordnung kommen sollte, wurde im April 1974 von Richard GARDNER in der CFR-Zeitschrift *Foreign Affairs* dargestellt. Die »neue Weltordnung« müsse eher von unten als von der Spitze her entstehen. Es müsse aussahen wie eine »große donnernde verworrene Konfusion«.

Der innerste Kreis des CFR und der ›Trilateralen Kommission‹ (siehe **B.V.**) wird durch den freimaurerischen Orden ›Skull and Bones‹ (siehe **B.I.**), dem auch die US-Präsidenten George BUSH Sen. und George W. BUSH angehören, gebildet.

Einer der Gründe, warum in der Öffentlichkeit und in den Medien so wenig vom ›Council on Foreign Relations‹ zu hören ist, liegt darin, daß er auf Grund seiner Satzung und deren Ausführungsbestimmungen als Quasi-Geheimorganisation angelegt ist. In Artikel II der Satzung heißt es zum Beispiel, daß jede Offenlegung, Publikation oder eine vergleichbare Handlung hinsichtlich des Ablaufs von Ratsversammlungen oder der Eigenschaft von Erklärungen, die in diesen Versammlungen abgegeben werden, zur Beendigung oder Suspendierung der Mitgliedschaft führen können. Seite 182 des CFR-Geschäftsberichts des Jahres 1990 führt dazu weiter aus, daß es nicht mit der Mitgliedschaft in der Organisation vereinbar sei,

- »(i) die Ausführungen eines Sprechers in einer Zeitung zu veröffentlichen,
- (ii) sie im Fernsehen oder im Radio, auf einer Rednertribüne oder im Klassenraum zu wiederholen, oder
- (iii) im Falle der Verbreitung in einem Mitteilungsblatt eines Unternehmens oder einer Regierungsstelle über ein Memorandum von begrenztem Umlauf hinauszugehen. . . Einem Teilnehmer eines Treffens [der Organisation; der Verfasser] ist es verboten, wissentlich eine solche Erklärung an einen Zeitungsreporter oder an eine andere Person, die sie wahrscheinlich in einem öffentlichen Medium verbreiten wird, weiterzugeben. Das Wesen dieser Regel. . . ist einfach: Teilnehmer an einer Ratssitzung sollen keine Erklärung an ein Umfeld weiterleiten, in

dem es ein erhebliches Risiko gibt, daß sie sofort in einem weiteren Rahmen verbreitet und veröffentlicht wird.«

Der ›Council on Foreign Relations‹ war, wie bereits erwähnt, für die Illuminaten eine wichtige strategische Vorstufe dafür, daß die USA nicht nochmals ihre Mitgliedschaft, wie zuvor hinsichtlich des Völkerbundes, zu einer supranationalen Organisation verweigern würden. Durch die enge Verflechtung des CFR mit dem US-Außenministerium war es dem ›Council on Foreign Relations‹ gelungen, die UN-Gründung zu verwirklichen. Insbesondere das ›Post War Foreign Policy Committee‹ wurde als Planungskommission für die Vereinten Nationen und ihre *Charta* mißbraucht. Jedes der Mitglieder dieses staatlichen Komitees war zugleich auch Mitglied des ›Council on Foreign Relations‹ oder wurde von diesem kontrolliert.

Auf der Gründungskonferenz der UNO im Jahre 1945 waren insgesamt 47 Mitglieder der US-Delegation gleichzeitig auch CFR-Mitglieder, darunter auch Nelson ROCKEFELLER. Auch Alger HISS, Generalsekretär der UNO-Gründungskonferenz und Hochverräter, war CFR-Mitglied. Die Illuminaten taten jedoch noch mehr, damit die USA nicht auch der UNO, wie zuvor dem Völkerbund, fernbleiben würden. Dieses Mal wurde als UN-Standort die ›Welthauptstadt‹ New York ausgewählt; denn man spekulierte erfolgreich, daß der Widerstand des amerikanischen Volkes dann geringer sein werde. Tatsächlich aber wurde der Boden, auf dem das UNO-Gebäude dann später errichtet wurde, von John D. ROCKEFELLER Jr. sogar ›gespendet‹. Seine Spende sollte später reiche Früchte tragen.

Die UNO ist nicht nur nach den Plänen des Vatikans die ›natürliche‹ *erste Stufe* zur Weltregierung. Mit ihrer Gründung hatte auch der ›Council on Foreign Relations‹ sein erstes Hauptziel erreicht. Die *zweite Stufe* im Plan der supranationalen Revolution war die regionale Verschmelzung von Nationen zu größeren wirtschaftlichen und anschließend politischen Einheiten (z.B. EU [siehe **B.VIII.**], NAFTA [siehe **IX.**]), die dann auf der *dritten Stufe* weiter verschmolzen werden (z. B. TAFTA [›Transatlantic Free Trade Agreement‹]; vgl. **Anhang VIII.**). Auf dieser dritten Stufe verlieren später auch diese größeren Einheiten ihre politische Selbständigkeit und Souveränität und werden zu bloßen ›Verwaltungsbezirken‹. Die Krypto-Illuminaten sind in ihrem Plan zur Etablierung der zweiten Stufe bereits weit fortgeschritten. Für den späteren ›Verwaltungsbezirk EU‹ sind insbesondere die ›Bilderberger‹ (siehe **B. IV.**) zuständig, eine Schwester-Organisation des ›Council on Foreign Relations‹.

Der Bilderberger und Fiat-Magnat Giovanni AGNELLI brachte es auf den Punkt: »Die europäische Integration ist unser Ziel, und wo die Politiker versagten, werden wir Industriellen erfolgreich sein.« Und George MCGHEE, der frühere US-Botschafter in Westdeutschland, offenbarte, daß »der Vertrag von Rom, der den gemeinsamen Markt schaffte, auf den Bilderberger-Treffen genährt wurde«.

Aus dem Ziel der letztendlichen Schaffung einer Weltregierung hat der erste Vorsitzende der Bilderberger, Prinz BERNHARD DER NIEDERLANDE (siehe **B. IV**.), dessen Familie die Hauptaktionärin der ›Royal Dutch Shell Oil Company‹ (siehe **Anhang VI.**) ist/war, kein Hehl gemacht: »Es ist schwierig, die im Nationalismus aufgewachsenen Völker umzuerziehen und sie an die Idee zu gewöhnen, ihre Souveränität an übernationale Organisationen abzutreten.«

Auch eine Reihe bundesdeutscher Spitzenpolitiker und Manager haben vor dem ›Council on Foreign Relations‹ in den vergangenen Jahrzehnten gesprochen, so beispielsweise Helmut KOHL, Klaus KINKEL, Willy BRANDT, Fritz ERLER, Heinrich VON BRENTANO, Hermann Josef ABS, Fritz BERG, Theodor HEUSS und Erich OLLENHAUER. Die CFR-Mitglieder und die zu Gesprächsrunden eingeladenen Gäste werden dazu angehalten, Verschwiegenheit über die ›Off-the-Record‹-Versammlungen zu wahren, so daß nur wenige Informationen darüber nach außen dringen. Entscheidungsprozesse und -strukturen bleiben daher weitestgehend im Hintergrund. In dem 1960 erschienenen Buch *Die Notwendigkeit der Auswahl* schrieb der spätere Außenminister der USA, Henry KISSINGER (siehe **B. XIV**.; ›Committee of 300‹), daß der CFR ihm die erste Gelegenheit bot, »systematisch über die Probleme der Außenpolitik zu arbeiten. Meine Beziehungen zu ihm blieben eng, und meine Bewunderung für ihn hat sich, wenn überhaupt, nur vergrößert. Die Kombination aus praktischer Erfahrung und dem wissenschaftlichen Niveau in seinen Studiengruppen ist, nach meiner Ansicht, einzigartig«.

IV. Bilderberger

Der Initiator der ›Bilderberger‹, einer turnusmäßig stattfindenden Geheimveranstaltung nicht gewählter bzw. (dafür) mit keinem Mandat ausgestatteter supranationaler Profiteure und Ideologen, war der Pole und Jesuit Joseph Hieronim RETINGER (1888–1960). Denis HEALEY (*The Time of my Life*) schildert RETINGERS Person wie folgt: »Er war ein kleiner zusammengeschrumpfter Mann mit einer ›pince-nez‹ in einem runzeligen braunen Gesicht. . . durch Kinderlähmung verkrüppelt.« Und seine Persönlichkeit wird von Alden HATCH (*H.R.H. Prince Bernhard of the Netherlands: An authorized Biography*) so wiedergegeben: »C. D. JACKSON [Sonderberater für psychologische Kriegführung von US-Präsident EISENHOWER und Leiter des CIA-finanzierten ›Radio Free Europe‹; der Verfasser] sagt, er sei eine Art graue Eminenz, ein TALLEYRAND ohne Portfolio. [...] JACKSON, der oft mit RETINGER aneinandergeriet, sagte, er war ›ein schwieriger Mensch, der ... häufig seine Absichten mit sehr hinterlistigen Mitteln durchsetzte‹.« RETINGER hatte, wie C. D. JACKSON es nannte, »einen eingebauten Instinkt für Intrige« und eine leidenschaftliche Liebe für Polen. Seine »jesuitische Überzeugung« brachte ihn dazu, »daß der Zweck die Mittel heilige. [...] Während des Ersten Weltkrieges machten RETINGERS Machenschaften zugunsten eines freien Polens ihn einzigartig unpopulär. Die ›Mittelmächte‹ setzten ein Kopfgeld auf ihn aus, die Alliierten verbannten ihn aus ihren Ländern, und die Vereinigten Staaten warfen ihn ins Gefängnis«.

Der in Krakau gebürtige RETINGER emigrierte nach dem Ersten Weltkrieg nach England und arbeitete als Sekretär von Joseph CONRAD, einem anderen Exil-Polen. Dort machte er auch die Bekanntschaft Lord Arthur BALFOURS (siehe **B. XIV.** ; ›Committee of 300‹).

RETINGER wird allgemein als polnischer Agent des Vatikans angesehen, der als Verbindungsmann zwischen dem Papst und dem Jesuitenorden handelte. Während des Zweiten Weltkrieges stand RETINGER in engem politischen Kontakt zu General Wladyslaw SIKORSKI, dem ›Premierminister‹ der in London angesiedelten polnischen Exilregierung und Oberbefehlshaber der polnischen Truppen. Der bei einem mysteriösen Flugzeugabsturz getötete Wladyslaw SIKORSKI, Joseph RETINGER, Karol WOJTYLA (alias Papst JOHANNES PAUL II.) und Zbigniew BRZEZINSKI (erster Vorsitzender von ROCKEFELLERS

›Trilateraler Kommission‹) bildeten in der Geschichte der supranationalen Bewegung eine mächtige polnische Achse, die, gewollt oder ungewollt, wesentlich dazu beitrug, Deutschland global einzubinden und vor allem dessen berechtigte Forderungen nach Rückgabe der von Polen okkupierten Ostgebiete bis heute im Keim zu erstikken.

In London arbeitete RETINGER als Verbindungsmann zu den anderen Exilregierungen und organisierte regelmäßige Tagungen zwischen den Außenministern der kontinental-europäischen Staaten. In diesen Konferenzen, die zwischen Oktober 1942 und August 1944 stattfanden, wurde das Nachkriegs-Zollabkommen zwischen den Benelux-Staaten geboren, der Prototyp für die spätere EU. RETINGERS spektakulärste Tat im Krieg war eine geheime Mission für die S.O.E. (die streng geheime ›Special Operations Executive‹) im August 1944, als er im Alter von 56 Jahren mit dem Fallschirm westlich von Warschau über dem von den Deutschen besetzten Gebiet absprang und den polnischen Partisanen mehrere Millionen US-Dollar überbrachte. Damit sicherte er der polnischen Exilregierung eine regierungstreue Truppe, die die Sowjets daran hindern sollte, nach dem deutschen Rückzug in Warschau ein kommunistisches Regime einzusetzen.

Nach dem Krieg legte RETINGER während einer Konferenz im Chatham House (›Royal Institute of International Affairs‹) am 8. Mai 1946 seine Haltung hinsichtlich einer europäischen Einigung wie folgt dar:

»The end of the period during which the white man spread his activities over the whole globe saw the continent itself undergoing a process of internal disruption... there are no big powers left in Continental Europe... (whose) inhabitants after all, represent the most valuable human element in the world.«

Zu deutsch:

»Am Ende des Zeitalters, in dem der weiße Mann seine Aktivitäten über die ganze Welt ausbreitete, erlebte der Kontinent selbst einen Prozeß innerer Zerwürfnisse... es gibt keine großen Mächte mehr in Kontinentaleuropa..., (dessen) Einwohner dennoch das wertvollste menschliche Element der Welt sind.«

Die Europäer, so der Pole RETINGER, hätten sowohl HITLERS ›Neue Ordnung‹ als auch den Kommunismus abgelehnt; aber die dauerhafte Lösung für die europäische Schwäche sei es, sich hin zu einer föderalen Union von nachbarschaftlich verbundenen europäischen Staaten zu bewegen, in der die Staaten Teile ihrer Souveränität aufgeben. Zu diesem Zeitpunkt war RETINGER Generalsekretär der unter der Leitung des belgischen Premierministers Paul VAN ZEELAND stehenden ›Economic League for European Cooperation‹ (ELEC), aus der später die ›Europäische Bewegung‹ hervorging. Bald nach seiner Londoner Rede machte RETINGER die Bekanntschaft von W. Averell HARRIMAN (siehe **B.XIV**.; ›Committee of 300‹), dem US-Botschafter in England, der für ihn im Juli 1948 einen USA-Aufenthalt arrangierte, um sich die Unterstützung der ›Neuen Welt‹ für die ELEC zu sichern.

Nach seinem USA-Aufenthalt würdigte RETINGER diesen wie folgt:

»I found in America an unanimous approval for our ideas among financiers, businessmen and politicians. Mr. LEFFINGWELL, senior partner in J. P. Morgan's (bank), Nelson and David ROCKEFELLER, Alfred SLOAN (chair of General Motors), Charless HOOK, President of the American Rolling Mills Company, Sir William WISEMAN (British SIS, partner in Kuhn Loeb (New York investment bank), George FRANKLIN and especially my old friend Adolf BERLE Jr. (CFR), were all in favour, and Berle agreed to lead the American section. John Foster DULLES also agreed to help.« (RETINGERS Sekretär John POMIAN, *Rudolf Retinger: Memoires of an eminence grise*)

Zu deutsch:

»Ich fand in Amerika unter Finanziers, Geschäftsleuten und Politikern uneingeschränkte Zustimmung für unsere Ideen. Herr LEFFINGWELL, Anteilseigner von J. P. MORGAN's (Bank), Nelson und David ROCKEFELLER, Alfred SLOAN (Vorstandsvorsitzender von General Motors), Charless HOOK, Präsident von American Rolling Mills Company, Sir William WISEMAN (British SIS), Anteilseigner von Kuhn Loeb (New York Investmentbank), George FRANKLIN und insbesondere mein alter Freund Adolf BERLE Jr. (CFR) waren alle dafür, und BERLE erklärte sich bereit, die amerikanische Sektion zu leiten. John Foster DULLES willigte ebenfalls ein zu helfen.« (RETINGERS Sekretär John POMIAN, *Rudolf Retinger: Memoires of an eminence grise*).

Als Ergebnis dieser US-Reise wurde am 29. März 1949 zu Ehren von Winston CHURCHILL (siehe **B.XIV**.; ›Committee of 300‹) das ›American Committee on United Europe‹ (›Amerikanisches Komitee für ein Vereinigtes Europa‹), kurz: A.C.U.E., gegründet. Erster Vorsitzender des A.C.U.E. war William DONOVAN, früherer Direktor des berüchtigten OSS (›Office of Strategic Services‹). Stellvertretender Vorsitzender war CIA-Direktor Allen DULLES, Sekretär war George FRANKLIN, Direktor des ›Council on Foreign Relations‹.

Kurz nach seiner offiziellen Gründung begann das Komitee, Gelder an die Brüsseler Zentrale der ›Europäischen Bewegung‹ (Generalsekretär: Joseph Hieronim RETINGER) zu überweisen. Die meisten Gelder kamen aus einer Geheimkasse des US-Außenministeriums (Robert ERINGER, *The Global Manipulators: Covert Power Groups of the West*).

Im Jahre 1952 bat Josef RETINGER seinen Freund Paul RIJKENS, Vorstandsvorsitzender von Unilever (siehe **Anhang VI**.), Vorstandsmitglied der Rotterdam Bank und vormaliger Berater der in London im Exil tätigen niederländischen Regierung, ihm einen Termin bei Prinz BERNHARD DER NIEDERLANDE zu verschaffen, um sich dessen Unterstützung für seinen Plan zur Gründung der späteren ›Bilderberger‹ einzuholen. Der spontan positiv reagierende Prinz, so Alden HATCH (aaO.), habe sich dennoch beim belgischen Premierminister Paul VAN ZEELAND, der zu jenem Zeitpunkt Präsident des OEEC war, rückversichern wollen. Auch dieser sei – angesichts des damaligen Anti-Amerikanismus in Europa – der Ansicht gewesen, daß »etwas getan werde müsse, und zwar schnell«.

Die Schwierigkeit lag darin, wer die Führungsrolle der supranationalen Geheimveranstaltung übernehmen konnte, ohne Argwohn zu beschwören. RETINGER wollte Prinz BERNHARD DER NIEDERLANDE; er war politisch interessiert, unterstützte den europäischen Einigungsprozeß, war allseits geschätzt und in den USA sehr populär. RETINGER bekam seinen Prinzen.

Die ›Bilderberger‹ tagten erstmals im Mai 1954 im Hotel de Bilderberg in Oosterbeek, Holland, unter der Leitung von Prinz BERNHARD DER NIEDERLANDE, der auch Eigentümer des Hotels war. Sie wurden von den Brüdern David und Laurens ROCKEFELLER anfinanziert.

Von Anbeginn an wurden die Bilderberger von einer kleinen Kerngruppe organisiert. Im Jahre 1956 wurde ein ›Lenkungsausschuß‹, der sogenannte ›Inner Circle‹, geschaffen, der Prinz BERNHARD bei den Vorbereitungen zu weiteren Bilderberger-Konferenzen unterstützen sollte. Bei diesem Gremium handelt es sich nicht um einen gewählten Ausschuß. Die Mitglieder werden vom Vorsitzenden der

Konferenz ernannt, und nach Rücksprache mit diesen Mitgliedern werden die Teilnehmer an der jeweils stattfindenden Konferenz ausgewählt. Da die Mitglieder des Lenkungsausschusses ihren Berufen nachzukommen haben, finden zwischen den jährlichen großen Bilderberger-Konferenzen Zusammenkünfte des ›Inner Circle‹ nur zu wichtigen Anlässen statt. Die ständige Kerngruppe besteht aus dem Vorsitzenden der Konferenz, dem ehrenamtlichen amerikanischen Generalsekretär, dem ehrenamtlichen europäischen und auch für Kanada zuständigen Generalsekretär, dem europäischen wie amerikanischen Sekretariat sowie dem ehrenamtlichen Leiter für Finanzen.

Prinz BERNHARD führte bis zu seiner Verwicklung in den Lockheed Bestechungsskandal (vgl. **B. XIV**.; ›Committee of 300‹) den Vorsitz. Wie alle Bilderberger-Aktivitäten wurde BERNHARDS peinliche Verwicklung äußerst diskret gehandhabt, mit der Folge, daß das für den 22. bis 25. April 1976 angesetzte Treffen in Hot Springs, Virginia, abgesagt wurde, um der öffentlichen Aufmerksamkeit durch seinen Vorsitz zu entgehen. BERNHARD legte im August desselben Jahres sein Amt nieder. Im April 1977 wurden die Tagungen, nun unter dem Vorsitz von Lord HOME OF THE HIRSEL wieder aufgenommen. Dieser wurde im Jahre 1980 von Ex-Bundespräsident Walter SCHEEL (*»Hoch auf dem gelben Wagen«*) abgelöst, der seinerseits im Jahre 1985 den Vorsitz an Lord ROLL OF IPSEN, Präsident der S.G. Warburg Group, abgab. Ab 1989 hatte dann Lord Peter CARRINGTON den Vorsitz inne. CARRINGTON soll außerdem Mitglied des ›Order of the Garter‹, des Kerns des ›Committee of 300‹ (siehe **B. XI**.; ›Committee of 300‹), und des ›Order of Osiris‹ sein.

Paul VAN ZEELAND (Premierminister von Belgien) und Paul RIJKENS (Vorsitzender der Fa. Unilever/ Niederlande) waren von Anbeginn an involviert.

In der Vorbereitungsphase zur ersten großen Bilderberger-Konferenz (29.–31. Mai 1954) bildeten Max BRAUER (Oberbürgermeister von Hamburg), Hugh GAITSKELL (Mitglied des britischen Unterhauses), Alcide de GASPERI (italienisches Parlamentsmitglied), Sir Colin GUBBINS (Generalmajor/UK), Ole Bjørn KRAFT (Außenminister von Dänemark), Guy MOLLET (Mitglied der französischen Nationalversammlung), Rudolf MÜLLER (Rechtsanwalt/Frankfurt am Main), Antoine PINAY (Premierminister von Frankreich), Panayotis PIPINELIS (früherer Außenminister Griechenlands) und Pietro QUARONI (italalienischer Botschafter in Frankreich) die europäische Kerngruppe.

Am 25. September 1952 traf sich diese europäische Kerngruppe erstmals in Paris. Erste Überlegungen zum US-Pendant der Gruppe wurden vorgenommen und von der Gruppe erarbeitet. Charles D. JACKSON (Berater des US-Präsidenten), John S. COLEMAN (Präsident der Burroughs Corporation, Detroit), Joseph E. JOHNSON (Carnegie Endowment for International Peace), Dean RUSK (Direktor der Rokkefeller Foundation), David ROCKEFELLER (Vize-Präsident der Chase National Bank) und H. J. HEINZ II. (Präsident der H. J. Heinz Corporation) bildeten später die US-Kerngruppe.

Max BRAUER und Rudolf MÜLLER übernahmen die Aufgabe, für die Bundesrepublik Deutschland sieben Personen für die Teilnahme an der ersten »vertraulichen Tagung« zu benennen, bei der es »sich nicht um eine Organisation oder um eine mit der Europa-Bewegung oder sonstigen überstaatlichen Organisationen rivalisierende Angelegenheit« handeln sollte.

Anfang Mai 1954 konnten die personellen Fragen abgeschlossen werden, so daß die letzten Wochen vor dem Treffen nochmals intensiv zur inhaltlichen Vorbereitung genutzt wurden. Am Nachmittag des 28. Mai 1954 trafen sich die Mitglieder der Gruppe im Soestdyke Palace zu letzten abschließenden Besprechungen. Als die Konferenz am folgenden Morgen um 10 Uhr durch Prinz BERNHARD eröffnet wurde, war die Popularität der Vereinigten Staaten in Europa am Tiefstpunkt angelangt: Mit dem deutschstämmigen US-Präsidenten Dwight D. EISENHOWER saß ein Soldat im Weißen Haus, die US-Regierung war zum ersten Mal seit 20 Jahren in den Händen der konservativen Republikaner, und Senator Joseph MCCARTHY machte Jagd auf die »kommunistischen Hollywood-Juden«.

Auf der Tagung des Treffens wurden die Standpunkte gegenüber dem »Kommunismus und der Sowjetunion«, »den Kolonien und ihren Bevölkerungen«, »den Wirtschaftspolitiken und ihren Problemen« sowie zum Thema »europäische Integration und Europäische Verteidigungsgemeinschaft« thematisiert – Politikbereiche, die auch in den Folgejahren Schwerpunkte waren. Es sollten für diese Themenbereiche »keine Lösungen erarbeitet« werden, sondern vielmehr zunächst »versucht werden, die öffentliche Meinung in den jeweils eigenen Ländern so nah wie möglich an diejenige der anderen Länder der westlichen Allianz anzugleichen« (*»try to move public opinion in their own countries as close as possible to that of the other countries of the Western Alliance«*).

Teilnehmer an den geheimen supranationalen Bilderberger-Konferenzen kommen aus den Bereichen Politik, Industrie, Internationale Organisationen, Militär, Gewerkschaften, Universitäten, Medien, Geheimdienste und der Hochfinanz sowie dem Hochadel (insbesondere britisches und holländisches Königshaus). Beispielsweise nahm Prinz CHARLES (siehe **B XIV.**, ›Committee of 300‹) an der Bilderberger-Konferenz des Jahres 1986 in Schottland teil. Die Teilnehmer kommen nicht in ihrer offiziellen Funktion zu den Konferenzen, wenngleich ihre Anwesenheit häufig aus öffentlichen Kassen finanziert wird. Über die sachlichen Inhalte der Konferenzen wird strikte Geheimhaltung bewahrt, alle Papiere, die im Zusammenhang mit der Konferenz entstehen, werden streng vertraulich behandelt, die Presse ist von den Konferenzen ausgeschlossen.

Den Medien wird nach jedem Treffen eine kurze Mitteilung übersandt, in der jedoch weder inhaltliche Details genannt werden noch alle Teilnehmer aufgeführt werden. Bilderberger-Konferenzen kennen keine strikten Regeln. Die Konferenzen, von denen jede vierte in Nordamerika abgehalten wird, finden in der Regel in abgelegenen Hotels statt, um sowohl die Sicherheit zu garantieren als auch Vertraulichkeit zu fördern. Die Themen beschäftigen sich vornehmlich mit politischen, ökonomischen und militärischen Fragen.

Nach jeder Konferenz bekommt jeder gegenwärtige sowie alle früheren Teilnehmer ein Protokoll des Treffens zugesandt. Seit 1961 erhalten die Teilnehmer zusätzlich eine erläuternde Schrift, um das Bild einer solchen Konferenz zu vervollständigen. Diese Papiere sind besonders vertraulich zu behandeln.

Im Jahre 1956 wurde ein Lenkungsausschuß eingesetzt. Zeitweise hatten zum Beispiel auch Hilmar KOPPER (Deutsche Bank AG, Frankfurt am Main) und Christoph BERTRAM (*Die Zeit*, Hamburg) für die Bundesrepublik Deutschland dieses Amt inne. Die Mitglieder des Lenkungsausschusses können jeder Konferenz und jedem sonstigen Treffen beiwohnen. Im Jahre 1959 wurde ein Beratungsausschuß eingesetzt. Er trifft sich immer dann, »wenn für notwendig empfunden«, und zwar meistens im Soestdijk Palace, dem Stammsitz von Prinz BERNHARD DER NIEDERLANDE. Das Sekretariat hat heute einen Sitz in der ›Welthauptstadt‹ New York City und einen weiteren in Amsterdam.

Etwa ein Drittel der Teilnehmer der Bilderberger-Konferenzen sind Politiker und Staatsmänner, rund »ein Viertel bis ein Fünftel sind Geschäftsleute, der Rest setzt sich aus Fachleuten, Intellektuellen, Gewerkschaftern, Diplomaten und Meinungsführern, wie zum Beispiel Vertretern der Medien, zusammen«.

Egon BAHR beschreibt in seiner Autobiographie *Zu meiner Zeit* die Zusammensetzung realistischer, wenn er ausführt: »Wenn Tausende von Milliarden Dollar in Gewicht von Zentnern zu rechnen wären, dann würde der Fußboden einsturzgefährdet sein, auf dem sich die Herren ROCKEFELLER, AGNELLI, FORD, ROTHSCHILD, HEINZ, kleinere Millionäre wie Wolff VON AMERONGEN, Herren der Banken, Minister, Präsidenten und sonstige Koryphäen bewegten, die etwas zu sagen haben, dank ihrer Stellung oder ihres Gehirns.« Der langjährige Sekretär RETINGERS, John POMIAN (*Josef Retinger: Memoires of an eminence grise*), stellte fest, »(daß) die allesentscheidende Auswahl der Teilnehmer während der ersten drei bis vier Jahre eine delikate und schwierige Aufgabe war. Dies galt vor allem hinsichtlich der Politiker. Es war nicht einfach, Personen in Spitzenpositionen zur Teilnahme zu bewegen. . . RETINGER zeigte großes Geschick und eine unheimliche Fähigkeit, Personen auszusuchen, welche einige Jahre später Spitzenpositionen in ihren Ländern antraten. . . Heute gibt es nur wenige Schlüsselpersonen innerhalb der Regierungen auf beiden Seiten des Atlantiks, die nicht zumindest eine Konferenz besucht haben, . . . jeder Teilnehmer ist geschmeichelt, eine Einladung zu erhalten«.

Fritz ERLER (SPD) formulierte in seiner Einladung an den damaligen Vizekanzler der Bundesrepublik Österreich, Bruno PITTERMANN, wie eine Bilderberger-Konferenz organisiert und gehandhabt wird: »Im Steering Committee war man bei seiner letzten Sitzung in Rom, an der ich teilgenommen habe, der Meinung, daß Österreich nicht nur durch den vorgeschlagenen Journalisten PORTITSCH vertreten sein sollte. Ich bin daher gebeten worden, Dich zu fragen, ob Du bereit wärest, an dieser Konferenz, die einen persönlichen Charakter ohne Publizität hat und also eine völlig ungezwungene und daher wertvolle Aussprache sichert, teilzunehmen. Man war übereinstimmend der Meinung, daß Deine Teilnahme wegen Deiner staatlichen und politischen Funktion für die Konferenz besonders wichtig wäre. Dennoch würdest Du dort in keiner Weise die SPÖ oder gar die Bundesrepublik Österreich binden, sondern nur Deine persönliche Meinung sagen. Es wird auch niemand später für das zitiert, was er dort gesagt hat. Dieser Brauch hat sich sehr bewährt. Bei der beschränkten Teilnehmerzahl ging man davon aus, daß Österreich einen Teilnehmer entsenden würde (Die Bundesrepublik Deutschland z.B. fünf). Um nun doch einen zweiten österreichischen Teilnehmer in Deiner Person einladen zu können, ohne die ›Quoten‹ für andere Länder erhöhen zu müssen, war man der Meinung, daß Du in Deiner Eigenschaft als Präsident der Sozialistischen Internationale eingeladen würdest. Es ist ständige Praxis der Bilderberger-Konferenz, aus dem internationalen Bereich wegen der speziellen Erfahrungen Persönlichkeiten einzuladen, die dann nicht als Angehörige eines bestimmten Landes gezählt werden.«

Innerhalb der Europäischen Gemeinschaft/Europäischen Union (siehe **B.VIII.**) spielten Bilderberger Schlüsselrollen. Auch der erste Präsident der EEC, Walter HALLSTEIN, Karlspreisträger des Jahres 1961 (siehe **Anhang V.**), war Teilnehmer der Bilderberger.

Der Biograph von PRINZ BERNHARD, das ehemalige Steering-Committee-Mitglied George MCGHEE, äußerte sich zu der Bedeutung der Bilderberger-Konferenzen wie folgt: »Ich glaube sagen zu können, daß die Römischen Verträge [1957], welche den Gemeinsamen Markt einleiteten, auf diesen Tagungen geboren wurden.« In der Tat bestätigt eine genauere Analyse der Daten der Bilderberger-Konferenzen bis zur Unterzeichnung der »Römischen Verträge« am 25. März 1957 diese Behauptung; denn vor diesem Datum fanden bereits insgesamt fünf (5) Konferenzen statt, und zwar im Mai 1954 (Oosterbeek/Niederlande), im März 1955 (Barbizon/Frankreich), im September 1955 (Garmisch/Deutschland), im Mai 1956 (Fredensborg/Dänemark) und im Februar 1957 (St. Simon's Island/USA). Gerade die letzte Veranstaltung auf St. Simon's Island im US-Bundesstaat Georgia im Februar 1957, also nur einen Monat vor Unterzeichnung der »Römischen Verträge«, soll im Hinblick auf die Zerstörung der europäischen Nationalstaaten einen ähnlichen Charakter gehabt haben wie im Jahre 1908 das konspirative Treffen auf Jekyll Island, einer anderen Insel Georgias, das zur Gründung des ›Federal-Reserve-Systems‹, einer anderen wichtigen Institution des Krypto-Illuminatentums, führte (vgl. A. K. CHESTERTON, *Prince Bernhard's Secret Society*; siehe **B.X.**, ›Federal Reserve‹).

Wie die ›Trilaterale Kommission‹, der ›Council on Foreign Relations‹ und andere supranationale Organisationen versuchen auch die ›Bilderberger‹, die Probleme, denen sich der Turbokapitalismus gegenübersieht, zu lösen – auf welche Weise auch immer. RETINGER formulierte dies einmal wie folgt: »Es war nie beabsichtigt, irgendwelche direkten Aktivitäten zu betreiben, allerdings führten einige der entwickelten Ideen zu konkreten Aktionen, von denen keine in direktem Zusammenhang mit Bilderberg stand. [...] Es kann angenommen werden, daß diejenigen, die über Probleme, welche die Interessen der USA, Kanada und West-Europa betreffen, entscheiden, sich bestimmt an die vertrauliche und freundschaftliche Atmosphäre von Bilderberg erinnerten und durch die Diskussionen, an denen sie teilnahmen, beeinflußt wurden.«

Hauptziel der Bilderberger ist es, wie es Prinz BERNHARD einmal selbst formulierte, eine Weltregierung und eine globale Armee durch die UNO einzusetzen. Nach den ersten Treffen im Jahre 1954 spielten die Bilderberger eine wesentliche Rolle in der Schaffung der Europäischen Gemeinschaft (heute Europäische Union) sowie eines »atlantischen Konsenses«.

John POMIAN (*Josef Retinger: Memoires of an eminence grise*), Bilderberger-Insider und Ex-Sekretär RETINGERS, bekundete, daß es »heute nur wenige Regierungsmitglieder beiderseits des Atlantiks gäbe, die nicht mindestens an einem Treffen teilgenommen haben«. Diese Regierungsmitglieder hatten freilich kein demokratisches Mandat, an Machenschaften zur Auflösung nationaler Gemeinschaften und Abschaffung nationaler Währungen teilzunehmen.

Es fällt auf, daß häufig eine Mehrfachmitgliedschaft in verschiedenen Organisationen besteht. Ex-Bundeskanzler Helmut SCHMIDT (SPD), Mitherausgeber der ›liberalen‹ Wochenzeitschrift *Die Zeit*, ist/war zum Beispiel ›Bilderberg‹-Teilnehmer (**Anhang III**) sowie Mitglied der ›Trilateralen Kommission‹ (**Anhang II**) und des hiesigen CFR-Ablegers (›Deutsche Gesellschaft für Auswärtige Politik‹ [DGAP], **Anhang IV**). Gleiches gilt für Otto Graf LAMBSDORFF (FDP). Die CFR-Außenstelle ›DGAP‹ in der Berliner Rauchstraße dürfte wohl eine der widerwärtigsten Beischlafstationen zwischen supranationalem Monopolkapital bzw. transnationaler Hochfinanz und Politik (vgl. **Anhang IV**) sein.

Helmut KOHL (CDU) ist/war ›Bilderberg‹-Teilnehmer, Mitglied der DGAP, höchster Preisträger der jüdischen Loge B'nai-B'rith und COUDENHOVE-KALERGI-Preisträger.

Von Willy BRANDT, Bilderberger und Mitglied des ›Committee of 300‹ (siehe **B. XIV**.), stammt das Buch *Nord-Süd, ein Überlebensproblem*, das eine Weltregierung durch die UNO (bis zum Jahr 2000) beschreibt, getreu der ROCKEFELLERschen und ROTHSCHILDschen Losung.

Als die frühere Hausfrau Birgit BREUEL von Ernst ALBRECHT (CDU) zur niedersächsischen Wirtschaftsministerin ernannt wurde, fragten viele Niedersachsen nach ihren fachlichen Meriten. Was zu jenem

Zeitpunkt nicht allgemein bekannt war: Birgit BREUELS Vater, der Bankier Alwin MÜNCHMEYER, war ›Trilateralist‹. Als spätere Treuhand-Chefin war dann Birgit BREUEL selbst ›Bilderberg‹-Teilnehmerin und betrieb in der Ex-DDR eine häufig kritisierte Zerschlagungspolitik, von der es heißt, daß ihr ermordeter Vorgänger ROHWEDDER sie nicht mehr mittragen wollte. In ähnlicher Weise wie ROHWEDDER mag auch der ermordete Alfred HERRHAUSEN, früherer Vorstandssprecher der Deutschen Bank, ›gestört‹ haben, als er zum Beispiel einen Schuldenerlaß für die Entwicklungsländer und einen Wirtschaftsaufbauplan für den Osten Europas vorschlug, alles Maßnahmen, die die Stärkung der nationalen Unabhängigkeit der Begünstigten und damit die Hintertreibung des Plans zur Errichtung einer ›Eine-Welt-Regierung‹ bedeutet hätten.

Besonders bezeichnend ist, daß auch Verteidigungsminister in den Organisationen vertreten sind/waren, Hans APEL (SPD) in der CFR-Außenstelle (**Anhang IV**), Gerhard STOLTENBERG (CDU) und Volker RÜHE (CDU) bei den Bilderbergern (**Anhang III**), der Trilateralen Kommission (**Anhang II**) und der CFR-Filiale (**Anhang IV**).

Obwohl diese Zustände ›in unterrichteten Kreisen‹ allgemein bekannt sind, wird in den Medien darüber nicht oder nur äußerst verklausuliert berichtet. So wird beispielsweise Helmut SCHMIDT nicht als ›Bilderberger‹ und ›Trilateralist‹ bezeichnet, sondern man benutzt den Code-Begriff ›Weltökonom‹, damit nicht nur den Gegensatz zum Nationalökonomen andeutend.

Gerhard SCHRÖDER (SPD) ließ sich im Jahre 2000 sogar von dem Rabbiner Arthur SCHREIER bzw. der von diesem gegründeten Stiftung (sic!) ›Appeal of Conscience‹ als ›Weltstaatsmann‹ auszeichnen, wobei der ROCKEFELLER-Adlatus Henry KISSINGER, der verschiedener »Kriegsverbrechen« beschuldigt wird (Christopher HITCHENS, *The Trial of Henry Kissinger;* dt: *Die Akte Kissinger*), die Laudatio hielt. Geflissentlich bedankte sich der ›Weltstaatsmann‹ SCHRÖDER danach mit der Versicherung, daß die Bundesregierung alles unternehmen werde, um den »Rechtsextremismus« und die dahinter stehenden Geisteshaltungen »einer Minderheit« zu bekämpfen.

Über die Rolle, die diese Bilderberger-Konferenzen haben, kann sicherlich gestritten werden. Gewiß handelt es sich um keine ›Weltregierung‹, wie dies einige Verschwörungstheoretiker sehen wollen, genausowenig aber handelt es sich nicht nur um einen bloßen Debattierclub; denn Vertreter der größten supranationalen Konzerne und Banken treffen sich hier mit den bedeutendsten nationalen

Politikern, die in der verfaßten und real existierenden ›repräsentativen‹ Demokratie ohnehin schon keine (direkten) ›Volksvertreter‹ sind. Die Bilderberger selbst haben zwar keine Exekutive, kein ausführendes Organ, ihnen stehen aber dennoch mächtige transnationale und nationale Instrumente zur Verfügung, um ihre *Interessen* in angemessener Form zu ›koordinieren‹ - unter Umgehung der nationalen Parlamente und Völker. Wie alle anderen Organisationen und Geheimnis›krämereien‹ der Krypto-Illuminaten sind die Bilderberger vor allem ein Demokratie- und Gleichheitsproblem. Mangels basisdemokratischer Strukturen auf Bundes- und Länderebene ist die Stimme des einzelnen Volksangehörigen in einer mittelbaren Demokratie ohnehin schwach. Diese Schwäche wird durch die subversiven supranationalen Prestigeorganisationen noch erhöht. Es entsteht ein das Gleichheitsprinzip (Art. 3 GG) verletzendes Zweiklassensystem, in dem alle Gewalt weniger vom Volke als vom ›großen Gelde‹ ausgeht. Der natürliche Demokratieprozeß wird umgekehrt: Neofeudalistische Minderheiten der ›monopolkapitalistischen Internationale‹ beherrschen nationale Volksmehrheiten und verhindern deren natürliches Recht auf Volksgemeinschaft.

V. Trilaterale Kommission

Im Jahre 1973 schuf David ROCKEFELLER eine weitere CFR-Schwesterorganisation, die ›Trilaterale Kommission‹. Alle acht amerikanischen Vertreter in dem Gründungstreffen der Kommission, das auf dem ROCKEFELLER-Anwesen stattfand, waren Mitglieder des Council on Foreign Relations. Wie dieses ist auch die ›Trilaterale Kommission‹ in New York ansässig. Anders aber als der CFR kommen die Kommissionsmitglieder nicht nur aus den USA, sondern aus Nordamerika, Europa und dem ›Pazifischen Asien‹, und zwar nach Selbstmitteilung der ›Trilateralen Kommission‹ (www.trilateral.org/memb.htm) aus

- Kanada, Mexiko, USA (Nordamerika),
- Belgien, Zypern, Dänemark, Deutschland, Estland, Finnland, Frankreich, Griechenland, Großbritannien, Irland, Italien, Norwegen, Polen, Portugal, Slowenien, Spanien, Schweden, Niederlande, Österreich, Tschechische Republik (Europa) und
- Australien, Indonesien, Japan, Korea, Malaysia, Neuseeland, Philippinen, Singapur, Thailand (Pazifisches Asien),

also den *drei* (noch) größten ökonomischen Regionen (›Königreiche‹) der Welt. Ein weiterer Unterschied ist, daß die ›Trilaterale Kommission‹ wesentlich weniger Mitglieder als der CFR hat. Der ›Council on Foreign Relations‹ zählt ungefähr 2500 Mitglieder, die ›Trilaterale Kommission‹ hatte zum 22. September 2001 nur etwa 374, davon 107 aus Nordamerika, 150 aus Europa und 117 aus Asien. Der Vorsitzende dieser Kommission war zwischen 1977 und 1991 David ROCKEFELLER, der Gründer, der weiterhin (Stand: 22. September 2001) auch Ehrenvorsitzender ist.

Vorsitzender der Europäischen Sektion war zwischen 1992 und 2001 Otto Graf LAMBSDORFF (FDP), der in den siebziger Jahren in die sogenannte ›Parteispendenaffäre‹ involviert war. Mitte der siebziger Jahre verkaufte der FLICK-Konzern Daimler-Benz-Aktien. Der Gewinn aus dem Verkauf war grundsätzlich steuerpflichtig, es sei denn, das Unternehmen würde den Gewinn reinvestieren und die Reinvestition wäre »volkswirtschaftlich besonders förderungswürdig« (§ 6b EStG). FLICKS Reinvestitionen hatten kaum volkswirtschaftlichen Nutzen. Dennoch wurde beim Bundeswirtschaftsministerium, dessen Behördenleiter Hans Friedrichs (FDP) und sein Nachfolger Otto Graf Lambsdorff (FDP) waren, eine Steuerbefreiung gemäß § 6b EStG beantragt. Die jeweiligen Anträge wurden genehmigt. ›Normalerweise‹ hätte es damit sein Bewenden gehabt, aber die ›Schmiere‹ lief dieses Mal nicht normal. 1983 wurde durch die Bonner Staatsanwaltschaft gegen beide Minister und den ehemaligen Flick-Manager Eberhard von Brauchitsch wegen des Verdachts der Bestechung und Steuerhinterziehung Anklage erhoben. Die Flick-Spendenaffäre weitete sich anschließend zu einer Parteispendenaffäre aus, nachdem sich herausstellte, daß CDU, CSU, SPD und FDP in großem Umfang Spenden aus der Industrie erhalten hatten. Der Versuch der christlich-liberalen Koalition, Spender und Parteifunktionäre per Gesetz nachträglich zu amnestieren, scheiterte im Mai 1984 aufgrund öffentlichen Widerstandes. Im Verlauf der Flick-Spendenaffäre trat Trilateralist Otto Graf Lambsdorff als Wirtschaftsminister zurück.

Der Prozeß vor dem Bonner Landgericht endete im Februar 1987 mit der Verurteilung der Angeklagten (Otto Graf Lambsdorff, Hans Friedrichs, Eberhard von Brauchitsch) wegen Steuerhinterziehung, nicht aber wegen Bestechlichkeit (§ 332 StGB). Die Volksseele kochte über den Teilfreispruch nur kurz. Auch die Parteien des Systems hatten nur vorübergehenden Schaden erlitten; denn ihr Verhalten war im Grunde systemimmanent gewesen. Systemwidrig war nur, daß die Sache ans Licht geraten war. Unser trilateralistischer Held war bereits im Jahre 1988 wieder FDP-Vorsitzender. Am 9. November 2000 reihte er sich dann sogar in den »Aufstand der (selbsternannten) Anständigen« gegen ›rechts‹ ein. Mit ihm zusammen nahmen auch andere namhafte Vertreter der deutschen Wirtschaft an diesem Aufstand gegen die ›rechten‹ Zeitgeiststörer teil, die es gewagt hatten, sich statt für importierte Inder für deutsche Kinder einzusetzen. Die Krypto-Illuminaten freilich brauchen unter den obwaltenden und von ihnen selbst geschaffenen Bedingungen die Inder zur Sicherung optimaler Kapitalverwertungsbedingungen, wie sie zu anderen Zeiten den Opportunitätsnutzen des kommunistischen oder nationalsozialistischen Systems profitabel umzusetzen verstanden. Es haben sich zwischenzeitlich lediglich die gesellschaftlichen Voraussetzungen für die optimale Profitmaximierung verändert. War es unter der NS-Herrschaft der profitable Einsatz von Sklavenarbeit, ist es im supranationalistischen Zeitalter der importierte Inder oder der nach Indien exportierte Arbeitsplatz. In der *Welt am Sonntag* vom 5. November 2000, einige Tage vor dem »Aufstand der Anständigen«, verriet sich der Graf. In einem Artikel unter dem Titel »Wirtschaft braucht Freiheit und Toleranz« nörgelte er, daß »Rechtsextremismus« für die Marktwirtschaft schädlich sei; denn »rechte Gewalt schreckt ausländische Unternehmen und ihre Mitarbeiter davon ab, sich in Deutschland zu engagieren«. Wir wußten es eigentlich schon immer: Für die genannten Kreise ist »Anständigkeit« vor allem ein utilitaristisches Prinzip, eine Funktion optimaler Profitmaximierung, und »Ausländerfeindlichkeit« ist vor allem ein Kapitalverwertungshindernis. Krypto-Illuminatismus pur!

Im Jahre 2001 wurde Otto Graf LAMBSDORFF als Vorsitzender der Sektion Europa von Peter SUTHERLAND (BP Amoco, Goldman Sachs International, Ex-Mitglied der Europäischen Kommission, Ex-GATT [siehe **B.XI.1.**]-Direktor) abgelöst. Am 22. September 2001 waren deutsche Mitglieder im Exekutivausschuß (›Executive Committee‹) Michael FUCHS (Impex Electronic) und Norbert WIECZOREK (SPD). Zu den sonstigen Mitgliedern per 1. März 1998 und früher wird auf den **Anhang II.** verwiesen.

Die ideologischen Grundlagen der ›Trilateralen Kommission‹ beruhen auf dem Buch *Between Two Ages* (*Zwischen zwei Zeitaltern*) des polnischen US-Amerikaners Zbigniew BRZEZINSKI, der im Jahr 2001 noch Mitglied des ›Executive Committee‹ war. In seinem Buch huldigt BRZEZINSKI, dessen Denken fast übereinstimmend mit dem des CFR-Vordenkers Edward Mandell HOUSE (siehe **B. B.XIV**.; Edward M. HOUSE) ist, dem Marxismus, erklärt die Vereinigten Staaten für überholt und befürwortet die Etablierung einer Eine-Welt-Regierung. »Marxismus ist gleichzeitig ein Sieg des äußerlichen, tätigen Menschen über den inneren, passiven Menschen und ein Sieg der Vernunft über den Glauben«, verkündete er. Und weiter: »Marxismus wurde auf der Ebene des Volkes in Form des Kommunismus verbreitet und repräsentiert einen wesentlichen Fortschritt des Menschen, seine Beziehung zu seiner Welt konzeptionell zu erfassen.« Und schließlich: »Marxismus hat den besten verfügbaren Einblick in die zeitgenössische Realität gebracht.«

BRZEZINSKI unterließ es freilich zu erwähnen, daß allein im zwanzigsten Jahrhundert ungefähr 100 Millionen Menschen unter dem Marxismus in Form des Kommunismus ermordet worden sind und daß er eine weitere Milliarde Menschen versklavte.

Zbigniew BRZEZINSKIS *Between Two Ages* erschien im Jahre 1970, während er in New York City als Professor tätig war. David ROCKEFELLER las dieses Buch und gründete dann im Jahre 1973 die ›Trilaterale Kommission‹.

Im Jahre 1973 wurde auch Jimmy CARTER, der spätere Präsident der USA, ein Student BRZEZINSKIS und Gründungsmitglied der ›Trilateralen Kommission‹. Am 21. März 1978 erschien in der *New York Times* ein Artikel, der die enge Beziehung zwischen Zbigniew BRZEZINSKI und Präsident CARTER wie folgt beschrieb: »Die zwei Männer begegneten sich zum ersten Mal vor vier Jahren, als Mr. BRZEZINSKI Direktor der Trilateralen Kommission war. . ., und er (BRZEZINSKI) besaß die Voraussicht, den damals noch unbekannten ehemaligen Gouverneur von Georgia zu fragen, der Kommission beizutreten. Ihre anfängliche Lehrer-Student Beziehung erblühte während des Wahlkampfes, und es scheint, daß sie inzwischen noch enger zusammengewachsen sind.«

Während des Wahlkampfes im Jahre 1976 versicherte CARTER immer wieder der Nation, daß er diese von den Establishment-Insidern befreien werde, sobald er Präsident geworden sei. Als er dann aber das Amt innehatte, besetzte er unverzüglich seine Regierung mit Mitgliedern des CFR (insgesamt 284) und der ›Trilateralen Kommission‹. Beginnend mit Jimmy CARTER, haben seitdem alle US-Präsidenten ihre Regierungen fast ausschließlich mit Mitgliedern des ›Council on Foreign Relations‹ und/oder der ›Trilateralen Kommission‹ besetzt.

David ROCKEFELLER beauftragte Zbigniew BRZEZINSKI, den späteren nationalen Sicherheitsberater in der CARTER-Regierung, mit dem Entwurf der Satzung der Kommission. BRZEZINSKI wurde auch deren erster Direktor (1973–1976). In seinem Buch *Between Two Ages* forderte BRZEZINSKI ein neues internationales Geldsystem und bereitete den Leser auf die Anerkennung eines globalen Steuersystems vor. Wie sein Co-Krypto-Illuminat Aurilio PECCEI vom ›Club of Rome‹ (siehe **XIII.**) favorisiert allem Anschein nach auch BRZEZINSKI den französischen Jesuiten TEILHARD DE CHARDIN, dessen okkulte Ideen und Schriften einen nachhaltigen Einfluß auf die ›New-Age-Bewegung‹ ausgeübt haben. Die meisten französischen Mitglieder der ›Trilateralen Kommission‹ sollen gleichzeitig auch Mitglieder der freimaurerischen Loge ›Grand Orient‹ sein.

Ende der siebziger/Anfang der achtziger Jahre konnte der überragende Einfluß des ›Council on Foreign Relations‹ und der ›Trilateralen Kommission‹ nicht mehr vor der amerikanischen Öffentlichkeit geheimgehalten werden. Kongreßabgeordnete wie der bereits erwähnte und unter mysteriösen Umständen tödlich verunglückte Larry McDonalds nahmen sich dieser Organisation an.

Mit Beschluß Nr. 19 vom 3. April 1985 forderte das Abgeordnetenhaus von Indiana eine eingehende Untersuchung der ›Trilateralen Kommission‹ und des ›Council on Foreign Relations‹. Der Kongreß, den der mehrfache Präsidentschaftskandidat Pat Buchanan (›Republicans‹/›Reform Party‹) als »zionistisch unterwandert« bezeichnete, reagierte jedoch nicht. Seit dem mysteriösen Tod des Kongreßabgeordneten McDonalds war es vor allen Dingen Senator Jesse Helms, der immer wieder die ›Trilaterale Kommission‹ und den ›Council on Foreign Relations‹ kritisierte. In seiner berühmten Rede vom 15. Dezember 1987 vor dem Senat führte er unter anderem folgendes aus:

»Diese Kampagne gegen das amerikanische Volk, gegen traditionelle amerikanische Kultur und Werte ist eine systematische psychologische Kriegführung... Private Organisationen wie der ›Council on Foreign Relations‹, das ›Royal Institute of International Affairs‹, die ›Trilaterale Kommission‹, die ›Dartmouth-Conference‹, das ›Aspen Institute for Humanistic Studies‹, das ›Atlantic Institute‹ und die ›Bilderberger-Gruppe‹ dienen dazu, die Pläne für eine sogenannte neue Weltordnung in mächtigen Unternehmens-, Finanz-, Universitäts- und Verwaltungskreisen zu verbreiten und zu koordinieren... Die psychologische Kampagne... ist das Werk von Gruppen innerhalb des Ostküstenestablishments, jener formlosen Verschmelzung von Reichtum und gesellschaftlichen Verbindungen, deren Macht in der Kontrolle über unser Finanzsystem und über einen großen Teil unseres industriellen Sektors begründet ist. Das Hauptinstrument dieser Kontrolle über die amerikanische Wirtschaft und das Geldwesen ist das Federal Reserve System. Die Politik des industriellen Sektors, vor allem die der multinationalen Unternehmen, wird im Wege der Kreditvergabe und durch große Aktienanteile, die durch die Treuhand-Abteilung der Banken gehalten werden, bestimmt. Jeder, der mit der amerikanischen Geschichte und besonders mit der amerikanischen Wirtschaftsgeschichte vertraut ist, kann die Kontrolle, die die Wall Street über das Außenministerium und über den CIA auszuüben scheint, nicht übersehen... Der Einfluß von Establishment-Insidern über unsere Außenpolitik ist eine Tatsache unseres Lebens geworden. Dieser Einfluß steht im Gegensatz zu den langfristigen nationalen Sicherheitsinteressen unserer Nation... Der heutige Standpunkt des ›Establishments‹ wird Globalismus genannt... In der globalen Sichtweise haben Nationen und nationale Grenzen keine Bedeutung. Politische Philosophien und politische Prinzipien werden relativiert. Selbst Verfassungen sind unwichtig angesichts dieser Machtausübung. Freiheit und Tyrannei werden weder als notwendigerweise gut noch schlecht gesehen und sind sicherlich keine Komponente der Politik mehr... Das einzige, was für diesen Club wichtig ist, ist die Maximierung ihrer Profite als Folge dessen, was am besten als Finanzkapitalismus beschrieben werden kann, ein System, das auf den zwei Säulen Schulden und Monopol basiert. Dies ist kein wirklicher Kapitalismus, es ist der Weg in die wirtschaftliche Konzentration und in die politische Sklaverei.«

VI. UNO

Die Schaffung der ›Vereinten Nationen‹ im Jahre 1945 war, wie gezeigt (siehe **B. III.**), vor allem das Werk des ›Council on Foreign Relations‹ (CFR). Wie das US-Staatssiegel (siehe **B. I.**) verrät auch das UN-Emblem seine freimaurerische Herkunft. Die 33 Gradfelder des Globus der UNO stellen die 33 Grade des ›Schottischen Ritus‹ der Freimaurerei dar. Die 13 links und rechts neben dem Globus befindlichen Ähren symbolisieren die wichtigste Zahl der Freimaurerei.

Bereits im Jahre 1915 hatte LENIN die »Vereinigten Staaten der Welt« vorgeschlagen.

Im Jahre 1936 benutzte das offizielle Programm der Kommunistischen Internationale den Ausdruck »Weltunion der sozialistischen Sowjetrepubliken«.

Im Jahre 1932 schrieb William Z. FOSTER, Vorsitzender der Kommunistischen Partei der USA, in seinem Buch *Toward Soviet America:* »Die kommunistische Welt wird eine vereinigte, organisierte Welt sein. Das ökonomische System wird eine einzige große Organisation auf der Grundlage des Prinzips, das jetzt in der UdSSR geplant und vollzogen wird, sein.«

Im Jahre 1942 schrieb Earl BROWDER, Generalsekretär der Kommunistischen Partei der USA, in seinem Buch *Victory and After*, daß »die amerikanischen Kommunisten voller Energie und unermüdlich dafür arbeiten, die Fundamente für die Vereinten Nationen, von deren baldiger Existenz wir überzeugt sind, zu legen... Die Sowjetunion ist ein wesentlicher Teil der Vereinten Nationen«.

Kurz nach der Gründung der UNO, im März 1946, verkündete der Diktator und Massenmörder Josef STALIN, zu dessen Bewunderern insbesondere der Krypto-Illuminat Franklin Delano ROOSEVELT gehörte, folgendes: »Ich messe der UNO große Bedeutung zu, da sie ein wichtiges Instrument für die Bewahrung des Friedens und der internationalen Sicherheit ist.«

Joseph Z. KORNFEDER, ein anderes führendes Mitglied der Kommunistischen Partei der USA, enthüllte im Jahre 1955: »Ich brauche kein Mitglied des UN-Sekretariats zu sein, um zu wissen, daß der UNO-Entwurf kommunistischer Natur ist... Vom Standpunkt ihrer Hauptarchitekten, die sich in Dumbarton Oaks und Bretton Woods (siehe **B.XI.**) trafen und die solche meisterhaften Agenten wie Alger HISS, Harry Dexter WHITE, Lauchlin CURRIE und andere einschlossen, war und ist die UNO kein Fehlschlag. Sie und die Drahtzieher hinter ihnen haben niemals beabsichtigt, die UNO zu einer friedenserhaltenden Organisation zu machen. Was sie tatsächlich beabsichtigten, war ein phantastisches und kolossales trojanisches Pferd, unter dessen Flügeln kleinere Agenturen effektiver operieren konnten. Und sie erreichten dies sogar über alle Erwartungen hinaus. . . Die innere, durch Kommunisten entworfene Ausgestaltung der UNO ist ein Muster für soziologische Eroberung, ein Muster, das darauf abzielt, dem Zweck der kommunistischen Durchdringung des Westens zu dienen. Es ist genial und trügerisch.«

Joseph Z. KORNFEDER brachte die Sache auf den Punkt, als er meinte, in der UNO einen kommunistischen Entwurf und ein Muster für soziologische Eroberung zu erkennen. Viele amerikanische Staatsbürger, die überzeugte Sowjetagenten waren, operierten auf höchster Ebene in der US-Regierung und waren maßgeblich an der Gründung der UNO und an der UN-Satzung beteiligt.

Hohe Mitglieder des Außenministeriums und des Finanzministeriums, die Schlüsselfiguren in der Planung der UNO waren und später als Sowjetagenten enttarnt wurden, sind in alphabetischer Reihenfolge unter anderen folgende Personen:

Soloman ADLER, Virginius Frank COE, Lawrence DUGGAN, Noel FIELD, Harold GLASSER, Alger HISS, Irving KAPLAN, Victor PERLO, Abraham G. SILVERMAN, Nathan G. SILVERMASTER, William H. TAYLOR, William L. ULMAN, John Carter VINCENT, Henry Julian WADLEIGH, David WEINTRAUB, Harry Dexter WHITE.

Der erste Generalsekretär der Vereinten Nationen auf der Gründungskonferenz der Organisation war Alger HISS, ein sowjetischer Agent, wie selbst der ehemalige Verteidigungsminister des CLINTON-Kabinetts, William S. COHEN (CFR/TK), in *Meet the Press* im März 1997 eingeräumt hat. Alger HISS, der sich tatsächlich im anderen Lager befand, war es, der den US-Präsidenten Franklin D. ROOSEVELT auf die Konferenz von Jalta begleitete, wo er dem sterbenden Präsidenten als »führender Spezialist für internationale Organisationen diente«.

Es war auf der Konferenz von Jalta im Februar 1945, als der sterbende ROOSEVELT zustimmte, den Sowjets drei Stimmen in der UN-Generalversammlung zu gewähren, während die USA, sein eigenes Land, nur eine Stimme erhielt. HISS war in Jalta für seine sowjetischen Auftraggeber äußerst nützlich. Seine wichtigste Rolle sollte er, das CFR-Mitglied, allerdings noch spielen: Auf der Gründungskonferenz der UNO in San Francisco war Alger HISS seinen Herren, einerseits dem ›Council on Foreign Relations‹ und der diesen kontrollierenden ROCKEFELLER-Familie und andererseits den Sowjetführern, besonders dienlich. Als amtierender Generalsekretär war Alger HISS der Hauptplaner und Manager der Konferenz. HISS war auch Mitglied des Lenkungs- und Exekutivausschusses, der die UN-Satzung abschließend betreute. Und es war Alger HISS, der am Ende der Konferenz diese neue Satzung persönlich nach Washington zur Ratifikation durch den Senat brachte.

Der erste Generalsekretär der UNO war der norwegische Sozialist Trygve LIE, ein hochrangiges Mitglied der sozialdemokratischen Arbeitspartei von Norwegen, ein Ableger der frühen ›Kommunistischen Internationale‹, der die Sowjetunion nahezu in jeder Beziehung unterstützte. Die Sowjetunion war es auch, die dann die Wahl Trygve LIES zum UN-Generalsekretär durchsetzte. Nach seiner Wahl war es vor allem Trygve LIE, der, wohl kaum ohne Absegnung der ROCKEFELLERS, forderte, die USA zum Standort der neugegründeten UNO zu machen. Die Gründe dafür lagen auf der Hand: Würde man die USA und insbesondere ihre ›Ostküste‹ zum Hauptsitz der neugegründeten UNO machen, dann gab es einerseits bessere psychologische Möglichkeiten, den Widerstand im amerikanischen Volk gegen eine solche subversive Organisation zu brechen. Andererseits hatte man die Möglichkeit, die vom CFR kontrollierten Medien zu nutzen, um nicht nur gegen das amerikanische Volk, sondern gegen die gesamte Weltöffentlichkeit einen Propagandafeldzug für die ›Neue Weltordnung‹ und eine Weltregierung zu lancieren. Man wollte schließlich nicht noch einmal das Risiko eingehen, wie zuvor beim Versuch der Gründung einer ›League of Nations‹ (Völkerbund), gegen den Widerstand des amerikanischen Volkes die Ratifizierung des UNO-Gesetzes im amerikanischen Kongreß durchsetzen zu müssen.

Nachdem der Beschluß gefaßt war, den Hauptsitz der UNO in New York einzurichten, ging es darum, den geeigneten Standort zu beschaffen. Und wieder führte der Weg über die ROCKEFELLER-Familie. Durch Vermittlung des New Yorker Bürgermeisters William O'DWYER befanden sich Trygve LIE und eine von ihm handverlesene Gruppe sehr schnell in geheimen Verhandlungen mit den ROK-

KEFELLER-Brüdern und deren Vater John D. ROCKEFELLER Jr. (1874–1960). Ohne viel Aufhebens stellten diese dann 8,5 Millionen US-Dollar zur Verfügung, um das Grundstück, auf dem sich auch heute noch die UNO-Zentrale befindet, zu erwerben.

In Moskau und anderen Orten ist der Kommunismus gefallen, allem Anschein aber nicht in der UNO-Zentrale von New York. Noch am 24. Oktober 1991 erschien im *Wall Street Journal* ein Artikel von Amety SHLAES, der darauf hinwies, daß das UN-Generalsekretariat immer noch von Altkommunisten und Dritte-Welt-Marxisten dominiert werde. Viele von denen, die im Sekretariat oder in seinem Umfeld arbeiteten, argumentierten, daß der Kommunismus ein Vermächtnis hinterlassen habe... (Dieses Vermächtnis) wirke wie der »Stachel eines Skorpions«, habe ihm ein UN-Mitarbeiter gesagt. »Der Skorpion, der Ostblock-Sozialismus, stirbt, aber der Stachel bleibt giftig und streckt neue Opfer nieder.« Amety SHLAES berichtete, daß »Westler«, die in der UNO arbeiteten,... sich von der »kommunistischen Mafia« umringt fühlten. Die Tatsache, daß dieser Artikel im *Wall Street Journal* erscheinen konnte, ist um so erstaunlicher, wenn man bedenkt, welche Kapitalinteressen hinter diesem Blatt stehen.

»Bis vor kurzem wurde die UNO auch in besonderem Maße von der Dritte-Welt-›Aristokratie‹ beeinflußt, jenen, deren Familien in ihren eigenen Gesellschaften durch Mittel verschiedener Art Reichtum und Prestige erworben hatten, oft ohne jeden Verdienst und ohne Einkommensteuern zahlen zu müssen. Zu diesem unverdienten Elitismus füge man ein nordeuropäisches Element, das gegenüber Bürokratien vertrauensselig ist. Das Ergebnis ist ein luxuriöses Luftschloß, in dem Formalitäten und Rituale vorherrschen und Phraseologie unerfreuliche Wahrheiten vor Ort verschleiern«, schreibt Robert D. KAPLAN in seinem 2000 erschienenen Buch *The Coming Anarchy: Shattering the Dream of the Post Cold War*. Und er schlägt deshalb vor, diesem eitlen Dritte-Welt-Theater dadurch ein Ende zu setzen, daß die USA die UNO auf stillem und kaltem Wege übernehmen, um sie »zu einem transparenten Multiplikator amerikanischer und westlicher Macht« zu machen. Die amerikanische und westliche Macht aber ist bereits in dem ›Committee of 300‹, ROCKEFELLERS ›Trilateraler Kommission‹, den ›Bilderbergern‹ und dem ›Council on Foreign Relations‹ konzentriert. Die ihnen aus dem Ruder gelaufene UNO würde also, falls eine stille Übernahme gelänge, nur an die zurückfallen, die sie für ihre Zwecke einst geschaffen haben.

Der ›Council on Foreign Relations‹ hatte die UNO als Zwischenstufe zur Weltregierung geschaffen. Sie war, wie Joseph KORNFEDER betonte, ein trojanisches Pferd zur soziologischen Unterwanderung des Westens. Erklärte UNO-Prinzipien wie »Souveräne Gleichheit aller Staaten«, »Politische Unabhängigkeit«, »Selbstbestimmung der Völker« und »Nichteinmischung in die inneren Angelegenheiten«, so wie sie in der »UN-Millennium-Declaration« vom 6. September 2000 nochmals betont wurden, sind, wie wir wissen, nur bloße Lippenbekenntnisse zur Verschleierung des wahren Programms.

Der Vatikan hätte wohl kaum die UNO bereits vor Jahrzehnten als zukünftige Weltregierung gefordert (siehe **B. II.**), wenn die Karten nicht zu jenem Zeitpunkt schon entsprechend verteilt gewesen wären. Auf einem ganz anderen Blatt steht freilich, ob die UNO im heutigen Zustand für irgend etwas, geschweige denn für eine Weltregierung, zu gebrauchen ist und ob man gerade plant, falls eine stille Übernahme gemäß dem KAPLAN-Vorschlag scheitert, ersatzweise ein anderes ›Sprungbrett‹ für die Weltregierung, etwa die NATO (siehe **VII.**), zu installieren.

Während der Vatikan sowie die im Rahmen dieses Buches vorgestellte ›World Constitution and Parliament Association‹ (siehe **XII.**) und vergleichbare Organisationen (zum Beispiel ›World Federalist Association‹, ›Association of World Citizens‹, ›World Association for World Federation‹ usw.) die Errichtung einer Weltregierung offen verfolgen, wäre, wie dargelegt, ein entsprechendes Vorgehen durch die UNO ein Satzungsverstoß.

In CFR-Kreisen haben die vom Vatikan unterstützten Forderungen nach Errichtung einer Weltregierung weiterhin höchsten Vorrang. CFR-Mitglieder sind praktisch in allen Vereinigungen vertreten, die die Weltregierung offen propagieren und hinsichtlich derer es in den meisten Fällen eindeutige Indizien gibt, daß es sich um CFR-Stellvertreterorganisationen handelt. Gerade weil die UNO, ohne nicht satzungswidrig zu handeln, die Weltregierung nicht offen fordern kann, und der CFR, das ›ROCKEFELLER-Ministerium des Äußeren‹, nicht ständig der kritischen Beobachtung der Öffentlichkeit ausgesetzt werden darf, mußten Schein-, Tarn- und Stellvertreterorganisationen etabliert werden, um sowohl von der UNO als auch von dem CFR abzulenken.

Einige Zitate von CFR-Mitgliedern oder ROCKEFELLER-Günstlingen zur Errichtung einer Weltregierung seien in diesem Zusammenhang wiedergegeben:

- Im Herbst 1945, unmittelbar nach der UNO-Gründungskonferenz in San Francisco, kamen mehrere ›Wissenschaftler‹ an der mit ROCKEFELLER-Geldern gesponserten Universität von Chicago zusammen und gründeten unter der Führung von Robert Maynard HUTCHINS, dem Kanzler der Universität von Chicago, ein Komitee zur Abfassung eines Entwurfs für eine »Weltverfassung«. Im Jahre 1948 wurde dieser Entwurf vom universitätseigenen Verlag veröffentlicht. Der Hauptautor des Entwurfs war der Generalsekretär dieses Komitees, G. A. BORGHESE. Auf der Grundlage dieses Entwurfs führte der Senator von Idaho, Glenn TAYLOR, eine Vorlage in den US-Senat mit dem Antrag ein, »die gegenwärtige Satzung der Vereinten Nationen soll geändert werden, um eine echte Weltregierungsverfassung zu verabschieden«. Dieser Antrag wurde nochmals im Jahre 1950 dem Senat vorgelegt.
- Das CFR-Mitglied John Foster DULLES, der der erste Außenminister EISENHOWERS werden sollte, schrieb im selben Jahr in seinem Buch *War or Peace* (*Krieg oder Frieden*): »Die Vereinten Nationen sind nicht die letzte Stufe in der Entwicklung der Weltordnung.« DULLES war Mitglied der UN-Gründungskonferenz und hatte in die ROCKEFELLER-Familie eingeheiratet.
- Ebenfalls im Jahre 1950 bekundete das CFR-Mitglied James P. WARBURG vor dem Senatsunterausschuß für ausländische Beziehungen: »Wir werden eine Weltregierung haben, ob wir es mögen oder nicht. Die einzige Frage ist, ob die Weltregierung durch Übereinstimmung oder durch Zwang herbeigeführt werden wird.«
- Derselbe James P. WARBURG schrieb in seinem 1959 erschienenen Buch *The West in Crisis* (*Die Krise des Westens*) folgendes: »Wir leben in einer gefährlichen Periode des Übergangs von einer Ära des vollständig souveränen Nationalstaates in eine Ära der Weltregierung.«
- Im Jahre 1960 autorisierte das CFR-Mitglied Elmo ROPER die Verbreitung eines Pamphlets mit dem Titel *The Goal is Government of All the World* (*Das Ziel ist eine Regierung der gesamten Welt*).

Unmittelbar nach dem Zweiten Weltkrieg hatte die Forderung nach Einführung einer Weltregierung ihre Abschreckungswirkung verloren. Der Schrecken des Krieges dagegen hatte die Menschen so gefügig gemacht, daß sie selbst politische Forderungen nach der

Zerstörung ihrer eigenen Nationen, Völker und Zivilisationen zu akzeptieren bereit schienen. Der Wind drehte sich jedoch bis zum Angriff auf das New Yorker World Trade Center (11. September 2001). Die Welt hatte, auch wenn es immer wieder regionale Kriege gab, in der letzten Hälfte des letzten Jahrhunderts mehr Frieden erfahren als in seiner ersten Hälfte. In den Jahren nach dem Zusammenbruch der Sowjetunion hatte es eher einen entgegengesetzten Trend gegeben, nämlich die Renationalisierung und damit Redemokratisierung alter ethnischer Gemeinschaften. Nur die EU, ein anderes Lieblingsspielzeug des ›Council on Foreign Relations‹, durchbricht diesen Trend auf Renationalisierung.

Die Forderung nach einer Weltregierung ist in Zeiten, in denen die Menschen wieder zu ihren Wurzeln zurückkehren, eher absurd. Dies hat man auch bei den Organisationen des Krypto-Illuminatentums verstanden und die Sprache, nicht aber das Ziel, geändert. An die Stelle der Forderung nach einer Weltregierung ist aus taktischen Gründen vorübergehend die politische Desavouierung der Nationen getreten. Daran lassen sich die Krypto-Illuminaten heute unschwer erkennen. So sagte zum Beispiel Nelson Aldrich ROCKEFELLER (1908–1979) im Jahre 1962 im Rahmen seiner Vorlesung an der Harvard-Universität, daß »der Nationalstaat... so anachronistisch zu sein scheint, wie der griechische Stadtstaat es in der Antike geworden ist«. Seine Vorlesungen wurden im Jahre 1964 unter dem Titel *Die Zukunft des Föderalismus* veröffentlicht. In diesen Veröffentlichungen warnt ROCKEFELLER abermals vor dem »Fieber des Nationalismus« und erklärt, daß »der Nationalstaat immer weniger in der Lage ist, internationale politische Aufgaben zu erfüllen... Alles dies... zwingt uns, energisch dem wahren ›Gebäude einer neuen Weltordnung‹ entgegenzugehen«.

Ähnliches vernahmen wir von Hans Dietrich GENSCHER, dem früheren Außenminister der Bundesrepublik Deutschland, am 12. Juli 1991 in Lissabon, als er »zur Zukunft Europas« erklärte: »Die Wege führen nicht zurück zum Nationalstaat der Vergangenheit... Im Grunde geht es darum, eine Weltordnung des Friedens zu konstruieren, in der die Vereinigten Nationen endlich eine zentrale Rolle spielen müssen, so wie es in ihrer Satzung vorgesehen ist.« Hans Dietrich GENSCHER ist/war Mitglied der CFR-Unterorganisation ›Deutsche Gesellschaft für Auswärtige Politik‹ (siehe **Anhang IV.**) und, wie Gerhard SCHRÖDER, ›Weltstaatsmann‹-Preisträger des ›Appeal of Conscience‹ des Rabbis Arthur SCHNEIER.

Auch vom früheren Präsidenten der Bundesrepublik Deutschland Roman HERZOG waren ähnliche verbale Angriffe gegen den Nationalstaat zu vernehmen (siehe **D.**). Und die ›Grünen‹ stoßen in das gleiche Horn. In einer von Hilary F. FRENCH verfaßten Studie des ›Worldwatch-Institutes‹ mit dem Titel *After the Earth Summet: The Future of Environmental Governance* wird ausgeführt: »Nationale Souveränität, die Macht eines Landes, Ereignisse innerhalb seines Territoriums zu kontrollieren, hat viel von ihrer Bedeutung in der heutigen Welt verloren, in der Grenzen ständig von Umweltverschmutzung, internationalem Handel, Kapitalfluß und Flüchtlingen durchbrochen werden.« Dies ist ohne Zweifel der Originalton der CFR-Organisation ›Club of Rome‹ (siehe **XIII.**), so wie er auch in dem Horror-Pamphlet *Global 2000* unter der Kommission des CFR-/TK-Mitglieds Jimmy CARTER zum Ausdruck kam.

Die Feinde der Nationen haben erkannt, daß in Friedenszeiten der *politische* Kampf gegen den Nationalstaat nicht zu gewinnen ist; denn dieser ist das natürliche Haus eines Volkes. Deshalb führen sie ihren antinationalen Kampf, solange sie nicht irgendwo wieder einen Krieg anzetteln oder einen bestehenden Krieg für eigene Zwekke nutzen können, mit ökonomischen Mitteln. Der unregulierte, transnationale Handel, so ihre durchaus realistische Spekulation, wird irgendwann die Welt in chaotische Zustände führen, die Kriegszuständen gleichen, und die Völker der Welt wieder für die selbstzerstörerische Verlockungen der Beseitigung der Nationalstaaten im Rahmen einer neuen Weltordnung gefügig machen.

Der heutige supranationale Umsturz ist vor allem eine *ökonomische* Revolution des transnationalen Monopolkapitals und der internationalen Hochfinanz. Diese Revolution wurde in den frühen Jahren des Zweiten Weltkrieges in der Wirtschafts- und Finanzgruppe des ›Council on Foreign Relations‹ formuliert und im Juli 1944 auf der Konferenz von Bretton Woods, New Hampshire, unter maßgeblicher Führung von Henry MORGENTHAU Jr. in Kraft gesetzt (vgl. dazu **B. XI.**).

Seit dem Jahre 1996 ist der Ghanaer Kofi ANNAN Generalsekretär der UNO. Der Afrikaner ist ein typischer UN-Bürokrat, der seit 1962 seine gesamte Karriere in der UNO absolviert hat. Nach ihm wurde die sogenannte ›ANNAN-Doktrin‹ benannt, wonach »aus humanitären Gründen« zivile Konflikte innerhalb eines souveränen Landes durch militärische UN-Interventionen beendet werden können.

Am 12. Oktober 2001 erhielten er und die UNO zu gleichen Teilen den Friedensnobelpreis. Zur Begründung wurde von den Krypto-Illuminaten des Friedensnobelpreiskomitees ausgeführt, daß Kofi ANNAN »klar gemacht« habe, »daß Souveränität kein Schutzschild sein kann, hinter dem Mitgliedsstaaten ihre Rechtsbrüche verbergen« könnten. Im übrigen, so das Komitee, sei »der einzig begehbare Weg zu globalem Frieden und Zusammenarbeit der über die Vereinten Nationen«.

Das Friedensnobelpreiskomitee, das zu anderer Zeit auch Henry KISSINGER (siehe **B.XIV.**) oder Willy BRANDT (siehe **B.XIV.**) mit dem Preis des früheren schwedischen Dynamiterfinders und -herstellers Alfred NOBEL prämierte, ist geschichtlich eng mit der UNO verbunden. Aktivitäten mit UN-Bezug wurden immer wieder mit Friedensnobelpreisen prämiert:

- 1945: Cordell HULL, der frühere US-Außenminister, als einer der UN-Initiatoren.
- 1950: Ralph BUNCHE, UN-Vermittler des Waffenstillstandes zwischen Israel und den arabischen Staaten.
- 1954: UN-Flüchtlingskommissariat.
- 1957: Lester B. PEARSON, der im Jahr 1956 einen Waffenstillstand im Nahen Osten vermittelte und für den UN-Beschluß über die UN-Eingreiftruppe zur Überwachung des Suez-Kanals Pate stand.
- 1961: UN-Generalseketär Dag HAMMARSKJØLD.
- 1965: UN-Children's Emergency Fund.
- 1969: International Labour Organisation.
- 1981: UN-Flüchtlingskommissariat (zum zweiten Mal nach 1954).
- 1988: UN-›Friedenerhaltungskräfte‹.
- 2001: UN und Kofi ANNAN.

Die fast schon ständige Verbindung mit der supranationalen UNO und deren wiederholte direkte oder indirekte Prämierung widersprechen eher dem Willen Alfred NOBELS. Nach Maßgabe seines Testaments vom 27. September 1895 soll der Friedensnobelpreis an solche Personen vergeben werden, »who shall have done the most or best works for fraternity among nations«. Danach soll also die Förderung der Brüderschaft zwischen Nationen, nicht aber deren allmähliche Beseitigung durch immer mehr supranationale Organisationen mit immer mehr Kompetenzen prämiiert werden.

Kofi ANNAN ist mit der Schwedin Nane LAGERGREN verheiratet. Diese wiederum ist eine Nichte von Raoul WALLENBERG. WALLENBERG geriet in sowjetische Gefangenschaft, nachdem er nach jüdischen Angaben im Jahre 1944 100 000 ungarische Juden vor den ›Nazis‹ rettete. In Budapest richtete er »sichere Häuser« ein, die unter dem diplomatischen Schutz der schwedischen Regierung standen. Von den Außenfassaden dieser Häuser wehten die Fahne mit dem Davidstern und die schwedische Flagge Seite an Seite.

VII. NATO

In seinem Buch *The Coming Anarchy: Shattering the Dream of the Post Cold War* bezeichnet Robert D. KAPLAN die ›neue‹ NATO als eine »Variation des Heiligen Römischen Reiches«. Er hätte so unrecht nicht, wenn man denen folgt, die die US-Politik, beherrscht vom ›Council on Foreign Relations‹ und der ›Trilateralen Kommission‹, nur als Reflex der Vorgaben des Vatikans und der ›Krone‹ verstehen.

Die ursprüngliche Funktion der NATO war die Territorialverteidigung der Mitgliedstaaten. Die NATO war genauso wie ihr einstiger Gegenpart, der Warschauer Pakt, als kollektives Verteidigungsbündnis im Rahmen des Art. 51 der UN-Charta gegründet worden. Von Anfang an war der Schutz der Mitgliedstaaten vor einem bewaffneten Angriff des Hauptgegners im sogenannten Kalten Krieg die zentrale Aufgabe des Bündnisses (Art. 5 NATO-Vertrag). Art. 5 des NATO-Vertrags sagt eindeutig: »Die Parteien vereinbaren, daß ein bewaffneter *Angriff* gegen eine oder mehrere von ihnen in Europa oder Nordamerika als ein Angriff gegen sie alle angesehen wird; sie vereinbaren daher, daß im Falle eines solchen Angriffes jede von ihnen in Ausübung des in Art. 51 der UN-Charta anerkannten Rechts der individuellen oder kollektiven *Selbstverteidigung* der Partei oder Parteien, die angegriffen werden, Beistand leistet, indem jede von ihnen unverzüglich für sich und im Zusammenwirken mit den anderen Parteien die Maßnahmen, einschließlich der Anwendung von Waffengewalt, trifft, die sie für erforderlich erachtet, um die Sicherheit des nordatlantischen Gebietes wiederherzustellen und zu erhalten.«

In Ergänzung dazu bestimmt Art. 53 der UN-Charta: »Ohne Ermächtigung des Sicherheitsrates dürfen Zwangsmaßnahmen aufgrund regionaler Abmachungen oder seiner regionalen Einrichtungen nicht ergriffen werden.«

Die Verpflichtung zur friedlichen Streitbeilegung und der Verzicht auf jegliche Gewaltandrohung und Gewaltanwendung (Art. 1 NATO-Vertrag) sowie das Bekenntnis zur Förderung der »Voraussetzungen für die innere Festigkeit und das Wohlergehen« der eigenen Gesellschaften und zur Beseitigung der »Gegensätze in ihrer internationalen Wirtschaft« (Art. 2 NATO-Vertrag) sind Aufgaben, die sich bereits aus der UN-Charta ergeben. Sie stellen gleichsam die Bedingung und Garantie für den Zusammenhalt der Bündnispartner dar, um ihren Verteidigungsauftrag möglichst effektiv erfüllen zu können. Diese Aufgabenstellung hat Außenwirkung über die Bündnisgrenzen nur insoweit, als sie die Binnenstruktur des Bündnisses garantiert, um die Verteidigungskraft zu stärken. Ein gesellschaftlicher »Missionsauftrag« derart, daß der direkte Gegner oder auch andere Staaten zu einer mit diesem Gesellschaftsverständnis vereinbaren Ordnung gebracht werden sollen, war damit nicht verbunden. Soweit es um die Aufgaben im Rahmen der internationalen Beziehungen geht, ist allein der militärische Verteidigungsauftrag gemeint, d. h. die politische oder militärische Reaktion auf einen bewaffneten Angriff auf das Bündnisgebiet im Sinne des Art. 6 des NATO-Vertrags. Die mehrfache Bezugnahme in Art. 5 und 6 des NATO-Vertrags auf den »bewaffneten Angriff«, die Erwähnung von Art. 51 der UN-Charta und die genaue Umschreibung des geschützten Gebietes lassen keinen Zweifel daran, daß die Aufgaben der NATO sich auf die Territorialverteidigung beschränken. Die Beschränkung der Verteidigung auf bewaffnete Aggressionsakte schließt ferner solche bewaffneten Angriffe aus, die sich nicht gegen einen NATO-Staat richten. Gegenüber militärischen Auseinandersetzungen von Drittstaaten ohne Bedrohung des Bündnisgebietes oder Bürgerkriegen außerhalb des Bündnisgebietes besteht *kein* kollektives Verteidigungsrecht, selbst wenn die ökonomischen oder politischen Auswirkungen eines solchen Krieges den NATO-Staat - schwer treffen. Dies galt schon zu Zeiten so, als der ursprüngliche Gegner des Bündnisses, die Sowjetunion und ihre Satellitenstaaten, noch existierten. Ein Aufstand in diesen Staaten des Warschauer Pakts oder die militärische Aggression eines Staates gegen einen anderen des Warschauer Pakts (z. B. Ungarn-Aufstand 1956) gab der NATO kein Recht, mit Waffengewalt einzugreifen. Dieser strikt defensive Kern der NATO hat sich auch nicht nach dem Untergang des ursprünglichen Feindes gewandelt. Die Qualifizierung der NATO als reinenTerritorialverteidigungsbündnisses wird des weiteren durch die Tatsache unterstrichen, daß die NATO keine unter Art. 52 der UN-Charta einzuordnende »regionale Abmachung oder Einrichtung zur Behandlung der die Wahrung des Weltfriedens und der internationalen Sicherheit betreffenden Angelegenheit« ist.

Während die kollektiven Verteidigungsbündnisse (NATO, WEU usw.) formalrechtlich unter Art. 51 (Kapitel VII) der UN-Charta einzuordnen sind, fallen regionale Abmachungen [z. B. ›Organisation Afrikanischer Einheit‹ (OAU), ›Organisation amerikanischer Staaten‹ (OAS), ›Arabische Liga‹ (AL) usw.] unter Art. 52 (Kapitel VIII) der UN-Charta.

Schon 1956 hatte selbst der damalige US-Außenminister, CFR-Mitglied John F. DULLES, festgestellt, daß die NATO keine regionale Abmachung sei und keine Möglichkeit zur Streitbeilegung unter den Mitgliedern habe. Damit knüpfte er an den Konsens der Staaten auf der Konferenz von San Francisco 1945 an, wonach ein militärisches Bündnis ganz offensichtlich keine regionale Abmachung im Sinne der UN-Charta sei. Die Gründungsstaaten der NATO achteten selbst darauf, nicht als regionale Einrichtung gemäß Art. 52 der UN-Charta eingestuft zu werden, um nicht der Kontrolle durch den Sicherheitsrat gemäß Art. 53 der UN-Charta und der erweiterten Informationspflicht gemäß Art. 54 der UN-Charta zu unterliegen.

Die NATO ist historisch und vertraglich nur ein Verteidigungsbündnis. Außer der Verteidigung des durch den NATO-Vertrag genau definierten Gebiets (Art. 5, 6 NATO-Vertrag) stehen ihr keine weiteren Funktionen zu, weder über die geographischen Grenzen ihres Bündnisgebietes noch inhaltlich über die Territorialverteidigung hinaus. Selbst der ›Weltökonom‹ Helmut SCHMIDT hat dies bestätigt: »Die heutige Debatte über die zukünftigen Aufgaben unserer Allianz geht also – zumal von amerikanischer Seite – über die vertraglichen Definitionen hinaus. Wenngleich nicht vom Vertragstext gedeckt, kann man sich gleichwohl gut vorstellen, daß das Bündnis im Einvernehmen der Bündnispartner in fremde Kriege, die indirekt oder unmittelbar die Bündnispartner gefährden, eingreift oder sie präventiv verhindert. . . Dazu aber wäre eine ratifizierungsbedürftige Ergänzung des Nordatlantikvertrages erforderlich«. (Helmut SCHMIDT, »Das atlantische Bündnis im 21. Jahrhundert«, in: *Jubiläumssonderausgabe 50 Jahre NATO,* April 1999)

Mit der Auflösung der Sowjetunion und dem Niedergang des ›real existierenden Sozialismus‹ in ihren früheren Satellitenstaaten gab es kaum noch etwas zu verteidigen. Die ›raison d'être‹ (Daseinsgrund) der NATO war untergegangen. Wie bei anderen Auslaufmodellen des supranationalen Netzwerkes (IMF, Weltbank) mußte daher eine neue Existenzberechtigung geschaffen werden. Aus einer nationalen Verteidigungsarmee, immer noch unter dem Etikettenschwindel Bundes›*wehr*‹ marschierend, könnte eine Söldnertruppe zukünftiger Interventionskriege der Krypto-Illuminaten werden.

Die erste strategische Neuorientierung begann mit dem NATO-Gipfel vom 6. Juli 1990 in London und wurde ein Jahr später auf der NATO-Tagung vom 7./8. November 1991 in Rom formuliert. Ihr Inhalt war eine neue »Bedrohungsanalyse«, die die Gefahren nicht mehr im Osten durch den Warschauer Pakt ausmachte, sondern »global« in der Gefährdung des Zugangs zu lebenswichtigen Ressourcen, in der unkontrollierten Proliferation von Massenvernichtungsmitteln und der weltweiten Zunahme des Terrorismus sah. Deswegen wurde schon damals eine vollständige Umstrukturierung der NATO-Armeen gefordert, um auf die zu erwartenden Krisen mit einem Höchstmaß an Flexibilität und Mobilität antworten zu können. Zum ersten Mal wurde auf die Krisenbewältigung als neue Aufgabe neben der Territorialverteidigung ausdrücklich hingewiesen:

- »Die militärische Dimension unseres Bündnisses bleibt ein wesentlicher Faktor. Neu ist jedoch, daß mehr als je zuvor diese Dimension einem breit angelegten Sicherheitskonzept dienen wird... Unsere Streitkräfte werden sich ihren neuen Aufgaben anpassen... Sie werden so strukturiert, daß sie sowohl zur Krisenbewältigung als auch zur Verteidigung in der Lage sind.«
- Für einen Erfolg der Bündnispolitik sei »ein von der politischen Führung des Bündnisses festzulegender kohärenter Ansatz erforderlich, wobei sie nach Bedarf die geeigneten Krisenbewältigungsmaßnahmen aus einer Palette politischer und sonstiger Optionen, darunter auch aus dem militärischen Bereich, auswählt und koordiniert«.

Dazu kam schon ein halbes Jahr später auf der Ministerratstagung vom 4. Juni 1992 in Oslo das ›Angebot‹, militärische Maßnahmen aufgrund eines Mandats der KSZE oder der UNO durchzuführen, welches die NATO erstmalig mit der Seeüberwachung des Waffen- und Handelsembargos gegen Jugoslawien einen Monat später wahrnahm.

Diese neue Marschrichtung wurde auf der NATO-Gipfelkonferenz vom 11. Juni 1994 in Brüssel bekräftigt: »In der Wahrnehmung unserer gemeinsamen transatlantischen Sicherheitserfordernisse wird die NATO zunehmend aufgefordert werden, Aufträge durchzuführen, zusätzlich zur traditionellen zusätzlichen Aufgabe der kollektiven Verteidigung ihrer Mitglieder, die eine Kernfunktion bleibt. Wir bekräftigen unser Angebot, von Fall zu Fall in Übereinstimmung mit unseren eigenen Verfahren friedenswahrende und *andere Operationen* unter der Autorität des UN-Sicherheitsrates oder der Verantwortung der KSZE zu unterstützen.« (*Bulletin* Nr. 3 der Bundesregierung v. 17. Januar 1994) Schon am 9. August 1993 hatte der Nordatlantikrat beschlossen, auf der Grundlage der Resolution 836 des UN-Sicherheitsrats vom 4. Juni 1993 ›UNPROFOR‹ mit Lufteinsätzen gegen mögliche Angriffe zu schützen, wobei der erste Einsatz durch den UN-Generalsekretär zu genehmigen war.

Die neue Strategie wurde schon frühzeitig für die Bundes›*wehr*‹ übernommen und in den *Verteidigungspolitischen Richtlinien* (VPR) des Bundesverteidigungsministeriums vom 26. November 1992 festgehalten. Dort wurden die vitalen deutschen Sicherheitsinteressen definiert und mit der neuen strategischen Ausrichtung der Bundeswehr unter anderem in folgenden Punkten verbunden:

- »Vorbeugung, Eindämmung und Beendigung von Krisen und Konflikten, die Deutschlands Unversehrtheit und Stabilität beeinträchtigen können. . .
- Vertiefung und Erweiterung der europäischen Integration einschließlich der Entwicklung einer europäischen Verteidigungsidentität. . .
- Festigung und Ausbau einer global und regional wirksamen Sicherheitsstruktur komplementärer Organisationen. . .
- Aufrechterhaltung des freien Welthandels und des ungehinderten Zugangs zu Märkten und Rohstoffen in aller Welt. . .
- Einflußnahme auf die internationalen Institutionen und Prozesse im Sinne unserer Interessen und gegründet auf unsere Wirtschaftskraft, unseren militärischen Beitrag und vor allem unsere Glaubwürdigkeit als stabile, handlungsfähige Demokratie.«

Damit waren bereits wesentliche Elemente der grundsätzlichen Umorientierung der NATO-Strategie von der Territorialverteidigung des Bündnisgebietes zur *supranationalen* Krisenbewältigung (insbesondere Bewältigung von ›Interessenkrisen‹ [z. B. Ölversorgung] des transnationalen Monopolkapitals) getan, die im Weißbuch der Bundes›wehr‹ von 1994 einer breiteren Öffentlichkeit vorgestellt wurde (vgl. M. Berndt, *Deutsche Militärpolitik in der »neuen Weltunordnung«*).

William (›Bill‹) Jefferson Clinton hatte am 26. September 1994 in seiner Rede vor der UN-Vollversammlung unmißverständlich angekündigt, daß die USA im Falle der »Bedrohung ihrer nationalen Sicherheitsinteressen« (*sic!*) auch ohne Beteiligung von UNO und NATO Gewalt anwenden würden: »Wenn unsere nationalen Sicherheitsinteressen [darunter fällt für die USA insbesondere auch die Ölversorgung] bedroht sind, werden wir handeln – gemeinsam mit anderen, wenn wir können, aber allein, wenn wir müssen. Wir werden auf Diplomatie setzen, wenn wir können, aber auf Gewalt, wenn wir müssen.«

Dagegen hieß es im Weißbuch von 1994 noch wie folgt: »Konfliktverhütung und Krisenbewältigung im erweiterten geographischen Umfeld unter einem völkerrechtlich legitimierenden Mandat müssen im Vordergrund der Sicherheitsvorsorge stehen.« Und Volker RÜHE (CDU), Mitglied des deutschen CFR-Ablegers, hatte noch in seiner Rede vom 4. Februar 1995 auf der 32. Konferenz für Sicherheitspolitik unter den Kriterien für einen Einsatz der Bundeswehr ausgeführt: »Zentrale Bedingungen für den Einsatz der Streitkräfte ist seine völkerrechtliche Legitimität. Ein Mandat der Vereinten Nationen ist Voraussetzung«, dabei unterschlagend, ob er ein Mandat der UN-Vollversammlung, des UN-Sicherheitsrats oder des UN-Generalsekretärs für erforderlich hielt.

Die rechtliche Grundlage für sogenannte ›Out-of-Area‹-Kampfeinsätze der Bundes›*wehr*‹, also solche, die außerhalb des Gebietes der EU und der NATO liegen, bildet ein Urteil des Bundesverfassungsgerichts vom 12. Juli 1994, wonach militärische Kampfeinsätze der Bundes›*wehr*‹ im Rahmen von NATO, WEU und UNO zulässig sind, wenn der Bundestag diesen mit einfacher Mehrheit zustimmt. Das Presse- und Informationsamt der Bundesregierung vertrieb noch bis zum Frühjahr 1999 eine Broschüre mit dem Titel *Deutschland und die Vereinten Nationen*, in der es, bezugnehmend auf dieses Urteil, zu möglichen Auslandseinsätzen der Bundeswehr heißt: »Das Bundesverfassungsgericht hat mit seinem Urteil vom 12. Juli 1994 Klarheit über Auslandseinsätze der Bundeswehr geschaffen. Danach können bewaffnete deutsche Streitkräfte an internationalen Friedensmissionen teilnehmen, wenn diese im Rahmen und nach den Regeln eines Systems gegenseitiger kollektiver Sicherheit im Sinne des Artikels 24 Grundgesetz stattfinden. Diese Voraussetzungen liegen z.B. vor, wenn die Bundeswehr an einer Friedensmission der Vereinten Nationen oder der NATO unter einem UN-Mandat teilnimmt.«

Die Umsetzung der neuen Rechtslage erfolgte erstmals im Jahre 1995 auf dem Kriegsschauplatz Bosnien: In der Diskussion um einen möglichen Abzug der UNPROFOR-Schutztruppen (Blauhelme) aus Bosnien bot die Bundesregierung der NATO im Februar 1995 die Entsendung von 1870 Bundeswehrsoldaten zur Sicherung des Abzugs an, obgleich von der Bundesregierung bis Ende 1994 noch verlautbart worden war, keine deutschen Soldaten in Gebiete zu entsenden, »in denen die deutsche Wehrmacht im Zweiten Weltkrieg Verbrechen« begangen hatte.

Im Juli 1997 hatten die Staats- und Regierungschefs des Bündnisses auf ihrem Madrider Gipfeltreffen den Auftrag zur »Aktualisierung« des Strategischen Konzeptes erteilt. Die ersten inhaltlichen Vorstellungen wurden Anfang 1998 in der ›Policy Coordination Group‹ unter Leitung des beigeordneten NATO-Generalsekretärs für Verteidigungsplanung, des Briten Anthony CRAGG, entwickelt.

Im Jahre 1998 war der zweite Interventionskrieg gegen den Irak längst vorprogrammiert. Das Land gehörte vor dem ersten ›humanitären Einsatz‹ der Amerikaner und Briten mit einem vorbildlichen Bildungs- und Gesundheitswesen zu den fortschrittlichsten, am wenigsten fundamentalistischen Staaten der arabischen Hemisphäre. Während und nach der ersten ›Friedensmission‹ der supranationalistischen Interventionalisten und den danach einsetzenden Sanktionen und Blockaden starben etwa 800 000 irakische Menschen, darunter 320 000 Kinder unter 5 Jahren. Noch heute, im Jahre 2001, hungern infolgedessen etwa eine Million (1 000 000) irakische Kinder. Die US-Amerikaner im Verbund mit Israel verfuhren mit dem Irak so, wie sie nach dem Zweiten Weltkrieg mit Deutschland verfuhren: In einer Verbrecheraktion ohnegleichen verursachten sie unter der Federführung von Henry C. MORGENTHAU jr. in den ersten fünf Nachkriegsjahren durch gezielte Verhungerung und Vertreibung den Tod von mehr als neun Millionen (9 000 0000) Deutschen (James BACQUE, *Der geplante Tod* sowie *Crimes and Mercies*).

Der Irak wurde in seiner gesamten demographischen, infrastrukturellen, sozialen und wirtschaftlichen Entwicklung um Jahrzehnte zurückgeworfen – wie dies US-Außenminister James BAKER seinem irakischen Amtskollegen Tariq AZIZ vor dem Bombardement auch angedroht hatte: »Wir werden Sie in das vorindustrielle Zeitalter zurückbomben!« Der ›Weltstaatsmann‹ Gerhard SCHRÖDER appellierte »mit großem Ernst« an die Bagdader Führung, die UN-Resolutionen zu erfüllen und die Kooperation mit den Abrüstungsinspektoren der Vereinten Nationen wiederaufzunehmen. Die Wahrheit ist freilich, daß vom Irak zu jenem Zeitpunkt keine aktuelle militärische Bedrohung für die Nachbarstaaten (einschließlich Israels) ausging, weil nach dem Ergebnis der Untersuchungen der beauftragten UN-Inspektoren das irakische Potential an Massenvernichtungswaffen weitgehend zerstört und die Möglichkeit der Verschleierung gering war. Daraufhin drängte Washington, den Bericht der Inspektoren zu ändern, weil nach dem Eingeständnis von Brent SCOWCROFT, nationalem Sicherheitsberater des US-Präsidenten George BUSH Sen. (›Skull and Bones‹, ›Trilaterale Kommission‹ ›Council on Foreign Relations‹), »der wahre Grund für den Krieg natürlich das Öl« gewesen sei. In diesem Zusammenhang wird daran erinnert, daß sich ein Großteil der antiamerikanischen Rhetorik des Osama BIN LADEN stets auf die »Vergewaltigung« und »Plünderung« des Mittleren Osten durch die USA bezog, die sich dabei monarchistischer parasitärer *›puppet regimes‹* wie Saudi-Arabien, Kuweit oder Jordanien bediene.

Auf der anderen Seite ergab eine kürzliche Studie des ›Center for Strategic and International Studies‹, daß die Welt in den nächsten zwanzig Jahren in zunehmendem Maße von der Ölversorgung des Mittleren Ostens abhängig sein wird. Danach werden die ölreichen Nationen des Persischen Golfes in den nächsten zwanzig Jahren ihre Ölförderung um fast 80 % steigern müssen, um den steigenden Nachfragebedarf, der insbesondere aus China und Indien komme, befriedigen zu können. Das Potential für Terrorismus, für Versorgungsunterbrechungen und Krieg werde hoch bleiben, so die Studie. Letzteres, so ist hinzuzufügen, gilt erst recht nach Einführung der aggressiven neuen NATO-Doktrin.

Was für den Irak galt, traf für den Kosovo in gleicher Weise zu; denn das Amselfeld im Kosovo gehört mit seinen Bodenschätzen zu den reichsten Gebieten Europas. Neben großen Blei- und Zinkvorkommen machen es vor allem große Erdgasvorkommen, beträchtliche Erdölressourcen und das größte Steinkohlenlager in Europa für die ›Friedenskämpfer‹ und ›humanistischen Zerstörer‹ interessant.

Jugoslawien hatte weder ein NATO-Mitglied noch irgendeinen anderen Staat angegriffen. In Bürgerkriegen aber ist allen Staaten nach dem geltenden Völkerrecht strikte Neutralität gegenüber den Konfliktparteien aufgegeben. Nur der UN-Sicherheitsrat kann gemäß Art. 39 und 42 der UN-Charta in derartigen Situationen eingreifen. Deshalb war auch der Versuch des internationalistischen Ex-Bundespräsidenten Roman Herzog, über ein »Nothilferecht für die Kosovo-Albaner« das kollektive Verteidigungsrecht nach Art. 51 der UN-Charta zu aktivieren, untauglich. Art. 51 der UN-Charta war schon deshalb nicht anwendbar, weil der Sicherheitsrat in dieser Angelegenheit längst tätig geworden war und sich in zwei Entschließungen ausdrücklich vorbehalten hatte, weiter tätig zu werden. Versuche Rußlands, den Sicherheitsrat wieder einzuschalten, waren jedoch vor allem am Widerstand der USA und Großbritanniens gescheitert.

Dennoch erklärte Ex-Bundesaußenminister Kinkel (FDP) am 13./14. Oktober 1998 in der *Frankfurter Allgemeinen Zeitung* mit kaum zu überbietender Chuzpe: »Im Lichte des Unvermögens des Sicherheitsrates, seinem Gewaltmonopol bei dieser besonderen notstandsähnlichen Situation gerecht zu werden, fußt die Rechtsgrundlage angesichts der humanitären Krise im Kosovo auf Sinn und Logik der Sicherheitsratsresolutionen 1160 und 1199 in Verbindung mit dem Gesichtspunkt der humanitären Intervention und einem Mindeststandard in Europa für die Einhaltung der Menschenrechte, *dem wir die Qualität eines sich entwickelnden regionalen Völkerrechts* beimessen. Dies ist ein Fall, in dem das Völkerrecht ein militärisches Tätigwerden zur Abwendung einer unmittelbar bevorstehenden humanitären Katastrophe, nachdem alle zivilen Mittel erschöpft sind, ausnahmsweise erlaubt.«

Unabhhängig davon, daß »Sinn und Logik« gerade nicht für ein militärisches Tätigwerden, sondern für weitere friedliche diplomatische und politische Vermittlungen sprachen, war diese Erklärung in mehrfacher Hinsicht rechtlich falsch:

- Die UN-Sicherheitsrats-Resolutionen 1160 und 1199 enthalten keine Ermächtigung zum Einsatz militärischer Gewalt gemäß Art. 42 oder Art. 53 der UN-Charta. Art. 53 der UN-Charta bestimmt diesbezüglich ausdrücklich: »Ohne Ermächtigung des Sicherheitsrates dürfen Zwangsmaßnahmen aufgrund regionaler Abmachungen oder seiner regionalen Einrichtungen nicht ergriffen werden.« Der Ausnahmefall des Art. 51 der UN-Charta, der die Notwehr und Nothilfe zugunsten eines angegriffenen Staates rechtfertigt, lag nicht vor, da keiner der NATO-Staaten militärisch angegriffen worden war; kein angegriffener Staat hat um Nothilfe gebeten. Folglich haben die entsprechenden

Bemühungen der USA im Sicherheitsrat auch nicht die erforderliche Zustimmung gefunden.

- Auch unter dem Gesichtspunkt der »humanitären Intervention« kann ein Militärschlag nicht gestützt werden. Dem strikten völkerrechtlichen Gewaltverbot des Art. 2 Ziff. 4 der UN-Charta unterliegt ›jede‹ Art der Anwendung von Waffengewalt gegen einen anderen Staat, sofern in der UN-Satzung keine rechtfertigende Ausnahme vorhanden ist. Als völkerrechtlicher Rechtfertigungsgrund für einen nach der UN-Satzung zulässigen Gewalteinsatz kommt bei schwerwiegenden Menschenrechtsverletzungen nur eine ausdrückliche Ermächtigung durch den UN-Sicherheitsrat gem. Art. 42 oder Art. 53 der UN-Charta in Betracht. Auch das »Selbstverteidigungsrecht« gegen einen »bewaffneten Angriff« auf einen anderen Staat nach Art. 51 der UN-Charta greift nicht.
- Der Schutz der Menschenrechte ist kein »sich entwickelndes regionales Völkerrecht«, das in Abweichung von der UN-Charta eine militärische Intervention erlauben würde.
- Die Teilnahme der Bundeswehr am militärischen Angriff auf Jugoslawien stellt einen schwerwiegenden Bruch des der deutschen Teilvereinigung zugrunde liegenden »Zwei-Plus-Vier-Vertrages« (»Deutschlandvertrag«) vom 12. September 1990 dar. In Art. 2 dieses Vertrages ist festgelegt, »daß das vereinte Deutschland keine seiner Waffen jemals einsetzen wird, es sei denn in Übereinstimmung mit seiner Verfassung und der Charta der Vereinten Nationen«.
- Das Bundesverfassungsgericht hatte in seinem sogenannten »Out-of-Area-Urteil« vom 12. Juli 1994 herausgestellt, daß die Bundesrepublik Deutschland gemäß Art. 24 Abs. 2 GG einem »System gegenseitiger kollektiver Sicherheit« beitreten dürfe. Danach sind nur solche Einsätze der Bundeswehr erlaubt, »die im Rahmen und nach den Regeln des Systems stattfinden«. Im übrigen verbietet Art. 26 Abs. 1 GG Angriffskriege mit folgendem Wortlaut: »Handlungen, die geeignet sind und in der Absicht vorgenommen werden, das friedliche Zusammenleben der Völker zu stören, insbesondere die Führung eines Angriffskrieges vorzubereiten, sind verfassungswidrig. Sie sind unter Strafe zu stellen.« Die Strafandrohung ergibt sich aus § 80 StGB: »Wer einen Angriffskrieg, an dem die Bundesrepublik Deutschland beteiligt sein soll, vorbereitet und dadurch die Gefahr ei-

> nes Krieges für die Bundesrepublik Deutschland herbeiführt, wird mit lebenslanger Freiheitsstrafe oder mit Freiheitsstrafe nicht unter 10 Jahren bestraft.« Art. 87a Abs. 2 GG lautet: »Außer zur Verteidigung dürfen die Streitkräfte nur eingesetzt werden, soweit dieses Grundgesetz es ausdrücklich zuläßt.«

Der ›Weltstaatsmann‹ Gerhard SCHRÖDER verkündete trotz dieser eindeutigen Rechtslage am 26. März 1999 vor dem Bundestag: »Das Bündnis war zu diesem Schritt gezwungen, um weitere schwere und systematische Verletzungen der Menschenrechte im Kosovo zu unterbinden und um eine humanitäre Katastrophe dort zu verhindern.« Selbst der ›Weltökonom‹ Helmut SCHMIDT (SPD) gab dagegegen in einer Schweizer Wochenzeitung zu: »Gegängelt von den USA, haben wir das internationale Recht und die Charta der Vereinten Nationen mißachtet.«

Auf dem Gipfeltreffen des Nordatlantikrates zum 50. Jahrestag der NATO am 23. und 24. April 1999 in Washington D.C. nahmen die teilnehmenden Staats- und Regierungschefs eine Erklärung an, mit der sie ein »Neues Strategisches Konzept« der NATO billigten. Wie es in der begleitenden Erklärung aus Washington heißt, legten sie damit »den Kurs der NATO für das 21. Jahrhundert fest, . . . um das ganze Spektrum der Bündnisaufgaben des 21. Jahrhunderts erfüllen zu können«. Das »Neue Strategische Konzept« enthält drei für dieses Verfahren wesentliche Momente:

- Erweiterung der Kernfunktion der NATO,
- »Kriseneinsatz« auch ohne UNO-Mandat und
- Festschreibung der Option des nuklearen Ersteinsatzes.

Ausgehend vom unveränderten Zweck, »die Freiheit und Sicherheit aller ihrer Mitglieder mit politischen und militärischen Mitteln zu gewährleisten«, betont das Konzept gleich zu Beginn die Neuartigkeit der sicherheitspolitischen Herausforderungen, die eine Anpassung der NATO-Strategie und des Instrumentariums erfordere: »In den letzten zehn Jahren sind jedoch auch komplexe neue Risiken für euro-atlantischen Frieden und Stabilität aufgetreten, einschließlich Unterdrückung, ethnischer Konflikte, wirtschaftlicher Not, des Zusammenbruchs politischer Ordnungen sowie der Verbreitung von Massenvernichtungswaffen. [...] Zu diesen Risiken gehören Ungewißheit und Instabilität im und um den euro-atlantischen Raum sowie die mögliche Entstehung nationaler Krisen an der Peripherie des Bündnisses, die sich rasch entwickeln könnten.

Einige Länder im und um den euro-atlantischen Raum sehen sich ernsten wirtschaftlichen, sozialen und politischen Schwierigkeiten gegenüber. Ethnische und religiöse Rivalitäten, Gebietsstreitigkeiten, unzureichende oder fehlgeschlagene Reformbemühungen, die Verletzungen von Menschenrechten und die Auflösung von Staaten können zu lokaler und selbst regionaler Instabilität führen. Die daraus resultierenden Spannungen können zu Krisen führen, die die euro-atlantische Stabilität berühren, sowie zu menschlichem Leid und bewaffneten Konflikten. Solche Konflikte könnten, indem sie auf benachbarte Staaten einschließlich NATO-Staaten übergreifen oder in anderer Weise, auch die Sicherheit des Bündnisses oder anderer Staaten berühren. [...] Sicherheitsinteressen des Bündnisses können von anderen Risiken umfassenderer Natur berührt werden, einschließlich Akte des Terrorismus, der Sabotage und des organisierten Verbrechens sowie der Unterbrechung der Zufuhr lebenswichtiger Ressourcen.«

Zur Bewältigung dieser neuen Aufgaben stellt das Konzept neben die klassischen Aufgaben der Abschreckung und Verteidigung das neue Konzept der ›Krisenbewältigung‹: Die NATO »steht bereit, von Fall zu Fall und im Konsens, im Einklang mit Artikel 7 des Washingtoner Vertrags zu wirksamer Konfliktverhütung beizutragen und sich bei der Krisenbewältigung aktiv einzusetzen, einschließlich durch Krisenreaktionseinsätze«.

Intervenierende Krisenbewältigung ohne Vorliegen eines Verteidigungsfalles ist freilich das Gegenteil des in Art. 5 des NATO-Vertrages umschriebenen Verteidigungseinsatzes. Deshalb betont das Konzept an verschiedenen Stellen ausdrücklich, daß die Krisenreaktionskräfte ein *zusätzliches* militärisches Mittel darstellen, die von Art. 5 des NATO-Vertrags gedeckt sind: »Militärische Fähigkeiten, die für das gesamte Spektrum vorhersehbarer Umstände wirksam sind, stellen auch die Grundlage für die Fähigkeit des Bündnisses dar, durch *nicht unter Artikel 5 fallende Krisenreaktionseinsätze zur Konfliktverhütung und Krisenbewältigung* beizutragen.«

Das Wesentliche an der neuen NATO-Strategie läßt sich wie folgt zusammenfassen:

Die NATO erhöhte paradoxerweise in Zeiten abnehmenden Bedrohungspotentials ihre Eingriffsoptionen, um, wie sie vorgibt, mit der »Globalisierung« ihres inhaltlichen wie geographischen Handlungsrahmens auf die veränderten weltpolitischen Rahmenbedingungen zu antworten. Zum einen könne sie sich nicht mehr auf die

Verteidigung der territorialen Integrität ihrer Mitgliedstaaten beschränken, sondern müsse sich ihrer strategischen, politischen und ökonomischen Interessen annehmen, die durch Krisen in weit entfernten Regionen gefährdet werden können. Mit anderen Worten: von der militärischen Territorialverteidigung zur militärischen Interessenwahrnehmung, wie es die frühere US-Außenministerin Madeleine ALBRIGHT auf den Ministertreffen im NATO-Rahmen wiederholt deutlich machte.

»Globale« Interessenwahrnehmung hat zur Folge, daß der militärische Aktionsradius nicht auf das Bündnisgebiet beschränkt bleiben kann. Der Begriff ›euro-atlantisch‹ ist dabei nur eine geographisch unzureichende Terminologie. Er wurde bewußt so unbestimmt gehalten, um über das eigentliche Bündnisgebiet des NATO-Vertrages beliebig hinausgehen zu können; denn in einer grundlegend veränderten Weltordnung bedürfe es dieses unbestimmten Sicherheits- und Verteidigungsbegriffs, um die Existenzberechtigung (*sic!*) der NATO zu wahren. Die Gefährdung der Sicherheit der Mitgliedstaaten durch politische, soziale, ökonomische oder kriminelle Ereignisse sei nicht mehr an die engen geographischen Rahmen des Bündnisgebietes zu binden, wenn der Sicherheitsbegriff von der territorialen Integrität der Staaten gelöst und auf die ökonomische, soziale und politische Bewegungsfreiheit und Krisensicherheit ausgedehnt werde. Die soziale Kapazität, d. h. die Sicherheit einer Volkswirtschaft, könne durch die Blockade lebenswichtiger Ressourcen (*sic!*) stärker gefährdet sein als durch die Nachbarschaft hochgerüsteter Staaten (siehe Irak).

Das Scheitern der Verhandlungen von Rambouillet und Paris und die eskalierende Krise in Jugoslawien ließen die NATO bereits Anfang 1999 intervenieren, obwohl die »Neue Strategie« erst im April verabschiedet wurde. Die militärische Intervention in Jugoslawien war nicht die Antwort auf einen Angriff dieses Landes, sondern die Einmischung in dessen innere Angelegenheiten. Bis zu den Angriffen der NATO handelte es sich um einen inneren Bürgerkriegskonflikt, in dem Jugoslawien weiterhin die Staatsgewalt ausübte. Auch eine zeitweise Besetzung kleinerer Landesteile durch die UCK änderte an dieser Lage nichts. Da weder Art. 5 des Nordatlantikvertrages noch Art. 39, 42 bzw. 51 der UN-Charta eine Rechtsgrundlage für die Einmischung in die inneren Angelegenheiten eines ›souveränen‹ Landes boten, war zwangsläufig zu entscheiden, ob für derartige über den Verteidigungsfall hinausgehende Krisenoperationen die UNO rechtlich zuständig war. Der militärische Einsatz im Kosovo war bewußt und ausdrücklich ohne ein UN-Mandat erfolgt. Frankreich bestand zwar bei militärischen Einsätzen der NATO in regionalen Krisen auf einem Mandat des UN-Sicherheitsrats oder der OSZE, doch die Mehrzahl der Mitgliedstaaten unter Führung der USA sah darin eine zu starke Beschränkung der Handlungsmöglichkeiten der NATO, weil ein Mandat des UNO-Sicherheitsrats gemäß Art. 39 in Verbindung mit Art. 42 der UNO-Charta voraussichtlich am Veto der beiden ständigen Mitglieder Rußland und der Volksrepublik China gescheitert wäre. Die NATO stellte daher den geplanten Einsatz erst gar nicht im UNO-Sicherheitsrat zur Abstimmung.

Spätestens danach stand fest, daß die NATO auch in Zukunft ihre militärischen Einsatzoptionen nicht von einem UNO-Mandat abhängig machen würde. Nachdem die einzelnen Mitgliedstaaten im Oktober 1998 der »*Activation Order*« des ›NATO-Rates für militärische Einsätze‹ zugestimmt hatten (13. Bundestag mit Beschluß vom 16. Oktober 1998), war davon auszugehen, daß diese Entscheidung als Muster für die neue Strategie gelten werde: »Die NATO wird sich in ihrem neuen Strategischen Konzept nicht auf Formulierungen festlegen, die eine Einschränkung der militärischen Handlungsfreiheit des Bündnisses – sei es durch den Sicherheitsrat der Vereinten Nationen oder durch die OSZE – bedeuten würden.«

Damit hatte sich die NATO praktisch vom Völkerrecht verabschiedet. Die NATO hat sich für die Krypto-Illuminaten inzwischen ohnehin als wesentlich effektiver und leichter zu ›handhaben‹ erwiesen, so daß in letzter Zeit immer wieder spekuliert wurde, ob sie – statt der (mit dem Vetorecht ›belasteten‹) UNO – das Fundament der durch die Krypto-Illuminaten immer dringlicher geforderten ›Weltregierung‹ sein werde. Zur Rechtfertigung für die Verletzung des Völkerrechts nach dem Motto »Mit der UNO, wenn möglich, ohne die UNO, wenn nötig« wurden absurderweise angebliche Mängel dieses Rechts und eine angeblich für innerstaatliche Konflikte bestehende Rechtslücke in der UNO-Charta vorgeschoben, im übrigen aber gebe es aus humanitären Gründen unabdingbare Handlungsnotwendigkeiten. Nach dem utilitaristischen Prinzip ist für die NATO Recht, was für die NATO nützlich ist.

Schließlich wurde in Zeiten *ab*nehmender Spannungen die Option des nuklearen Ersteinsatzes festgeschrieben, die zwar immer schon ein fester Bestandteil gewesen war, jedoch durch den Wegfall des ursprünglichen Gegners in die Diskussion geraten war. »Nukleare Streitkräfte werden weiterhin eine wesentliche Rolle spielen, indem sie dafür sorgen, daß ein Angreifer im Ungewissen darüber bleibt, wie die Bündnispartner auf einen militärischen Angriff reagieren würden.« Obwohl nicht ausdrücklich angesprochen, sollen Nuklearwaffen auch gegen konventionelle Angriffe eingesetzt werden können (sogenannter »Ersteinsatz«). Dies war immer ein Element der NATO-Strategie und hat durch das neue Strategiekonzept keine Änderung erfahren. Auf der NATO-Ratstagung des Jahres 1996 in Brüssel hatten die Verteidigungsminister beschlossen: »Von neuen Mitgliedern, die in jeder Beziehung Vollmitglieder der Allianz sein werden, wird erwartet, daß sie das Konzept der Abschreckung sowie die essentielle Rolle unterstützen, die die Nuklearwaffen in der Allianzstrategie spielen.«

Die Bundesregierung hatte schon vorher den Verzicht auf die Möglichkeit eines Ersteinsatzes von Nuklearwaffen als Aushöhlung der Kriegsverhütungsstrategie bezeichnet. Das »Neue Strategische Konzept« erweiterte die Tradition der atlantischen Nuklearpolitik um die Möglichkeit, daß die Ersteinsatz-Option jetzt auch in einem Szenario der Konfliktverhütung und Krisenbewältigung wahrgenommen werden kann, das heißt, nach der neuen NATO-Doktrin ist es *auch* gerechtfertigt, im Falle einer inneren ›Krisensituation‹ in Rußland mit Nuklearwaffen einzugreifen – ein geradezu beispielloser Wahnsinn. Zwar könnte die von einem anderen Drittstaat (z.B. Rußland) ausgelöste Krisensituation, etwa die Unterbindung der Öl- oder Gasversorgung, wirtschaftlicher Boykott oder Sabotageakte, gegebenenfalls zwar als unzulässige und rechtswidrige Gewalt gegen einen Mitgliedstaat der NATO beurteilt werden, einen »bewaffneten Angriff« im Sinne des Art. 5 des NATO-Vertrags stellt sie aber gewiß nicht dar.

Das neue aggressive Bedrohungspotential der NATO besteht jedoch nicht nur im Verhältnis zu Nicht-Mitgliedstaaten, es ist vor allem auch ein ›Knüppel-aus-dem-Sack‹ gegen die eigenen Mitglieder, deren Völker es wagen würden, eine ›nationale‹ Regierung an ihre Spitze zu wählen. Diesen Nationen, die von ihrem anti-supranationalen Selbstverständnis und der Verachtung für die eigentlichen Drahtzieher hinter den supranationalen Organisationen her kaum NATO-Mitglieder bleiben könnten, wird mit der neuen Doktrin unmißverständlich zu verstehen gegeben, daß die ›Neue NATO‹ jede nationale Emanzipation eines solchen Ex-Mitgliedes als ›Krisenfall‹, d. h. nuklearen Angriffsfall, verstehen könnte. Diese ›Bedrohung nach innen‹ ist kein Nebeneffekt des »Neuen Strategischen Konzeptes«, sie ist der Haupteffekt. Dies gilt vor allem für ein national erwachtes Deutschland.

Das »Neue Strategische Konzept« war der Endpunkt einer knapp zehnjährigen Strategiediskussion und Neudefinition der NATO. Dieser Prozeß kam mit den Washingtoner Beschlüssen vom 23./24. April 1999 zum Abschluß. »Mit ihm werden Auftrag und Selbstverständnis der Allianz bis weit ins nächste Jahrhundert festgelegt«, so Bundesverteidigungsminister SCHARPING am 22. April 1999 in der 35. Sitzung des Deutschen Bundestages. Die Staats- und Regierungschefs des NATO-Bündnisses haben mit der Verabschiedung des »Neuen Strategischen Konzepts« nunmehr verbindlich erklärt, daß

- ihre Staaten in Zukunft neben die Territorialverteidigung nach Art. 5 des Nordatlantikvertrags die Krisenbewältigung mit militärischen Mitteln auch außerhalb des Bündnisgebietes als zentrale Aufgabe des Bündnisses stellen,
- sie diese Aufgabe notfalls auch ohne ein völkerrechtliches Mandat der UNO gem. Art. 39 in Verbindung mit Art. 42 der UN-Charta erfüllen werden und
- sie dabei den Ersteinsatz von Nuklearwaffen in Erwägung ziehen werden.

Nach den Verlautbarungen auf der NATO-Gipfelkonferenz vom 23./24. April 1999 maßt sich die NATO nunmehr auch an, unter bestimmten Umständen ohne UN-Mandat einen Aggressionskrieg in »Krisengebieten« zu führen. Die NATO hatte in ihrem Gründungsvertrag ursprünglich nichts von dem angelegt, was mit der neuen Strategie nun zum neuen Vertragszweck gemacht werden soll. Die Krisenbewältigung im »euro-atlantischen« Raum ist nicht umsonst zutreffend als »Interessenverteidigung« bezeichnet worden, weil sie mit der Territorialverteidigung gemäß Art. 5 des NATO-Vertrags unvereinbar ist. Für eine solche aggressive Interessenverteidigung aber wäre, unabhängig von den selbstmörderischen politischen Implikationen (siehe oben), eine Ratifikation nach Art. 11, 14 WVK notwendig gewesen.

Die neue Doktrin »UN-Mandat, wenn möglich, ohne Mandat, wenn nötig« ist eine neue Entwicklung, die in den verschiedenen Strategieerklärungen seit 1991 nicht erwähnt worden ist. In allen drei Fällen des vom Bundesverfassungsgericht am 12. Juli 1994 positiv entschiedenen »Out-of-Area-Einsatzes« der Bundeswehr lag ein explizites Mandat des UN-Sicherheitsrates vor. Nach dem zwingenden Gewaltverbot in Art. 2 Ziff. 4 der UN-Charta kommen völkerrechtlich nur zwei Grundlagen für ein militärisches Eingreifen gegen einen anderen Staat in Betracht, und zwar

- individuelle oder kollektive Selbstverteidigung gegen einen rechtswidrigen bewaffneten Angriff gemäß Art. 51 der UN-Charta oder
- im Rahmen einer Zwangsmaßnahme der UNO auf der Grundlage der Artikel 39, 42 der UN-Charta oder mit der Ermächtigung gemäß Art. 43 oder 48 der UN-Charta.

Einsätze zur »Krisenbewältigung« sollen aber laut »Neuem Strategischem Konzept« gerade neben und außerhalb von Einsätzen nach Art. 5 des NATO-Vertrags vorgenommen werden. Da Art. 5 des NATO-Vertrags rechtlich nur eine Konkretisierung des Art. 51 der UN-Charta ist, kommt eine Selbstverteidigung schon *ex lege* (nach dem Gesetz) nicht in Betracht. Eine ausdehnende Interpretation dahingehend, daß interne Vorgänge (etwa Bürgerkrieg, Verletzung der sogenannten Menschenrechte, Minderheitenschutz) einem Angriff gleichgestellt werden, wird im Völkerrecht nicht vertreten. Gerade in Bürgerkriegen ist allen Staaten nach dem geltenden Völkerrecht strikte Neutralität gegenüber den Konfliktparteien aufgegeben. Nur der UN-Sicherheitsrat kann in derartigen Situationen eingreifen (Art. 39, 42 UN-Charta). Versuche, für den Kosovo-Einsatz das kollektive Verteidigungsrecht über ein »Nothilferecht für die Kosovo-Albaner« zu begründen, waren untauglich, weil Völker oder Minderheiten keine Völkerrechtssubjekte im Sinne des des Art. 51 UN-Charta sind (vgl. O. Kimminich, »Der Mythos der humanitären Intervention«, in: *Archiv für Völkerrecht,* Nr. 33).

Die juristische Begründungsnot führte unmittelbar zur ›Ideologie der Menschenrechte‹. So führte die Bundesregierung in der Begründung ihres völkerrechtswidrigen Beschlußantrages vom 12. Oktober 1999 unter anderem aus: »Die Bundesrepublik Jugoslawien hat die dringlichen Forderungen der Internationalen Gemeinschaft trotz der auf Kapitel VII der UN-Charta gestützten Resolutionen des UN-Sicherheitsrats 1160 vom 31. März 1998 und 1199 vom 23. September 1998 noch nicht erfüllt. .. Die Resolution 1199 des UN-Sicherheitsrats stellt unmißverständlich fest, daß das Ausmaß der Verschlechterung der Lage im Kosovo eine ernsthafte Bedrohung für Frieden und Sicherheit in der Region darstellt. Der NATO-Generalsekretär erklärt, daß unter diesen außergewöhnlichen Umständen der gegenwärtigen Krisenlage im Kosovo, wie sie in der Resolution des UN-Sicherheitsrats 1199 beschrieben ist, die Drohung mit und gegebenenfalls der Einsatz von Gewalt gerechtfertigt ist. Die Bundesregierung teilt diese Rechtsauffassung mit allen anderen 15 NATO-Mitgliedstaaten. Das Bündnis hat entschieden, den Eintritt einer humanitären Notlage durch den Einsatz von Streitkräften abzuwenden.«

Da es keine juristische Rechtfertigung für die opportunistische Völkerrechtsverletzung der NATO geben würde, mußte die völlig abgetakelte ideologische Rechtfertigung der sogenannten ›humanitären Intervention‹ herhalten. Dieses *praeter legem* (neben dem Gesetz) gebildete Rechtsinstitut ist indessen ein Rückfall in die Zeiten des *ius ad bellum* (Rechts auf Krieg). Sie stammt noch aus der Zeit des Umbruchs vom klassischen zum modernen Völkerrecht. Freilich hinderte dies die USA nicht, selbst ihre Invasion Grenadas im Jahre 1983 als ›humanitäre Intervention‹ zu rechtfertigen. Dieser ›Super‹macht ist keine noch so absurde opportunistische Rechtfertigung zu billig. Die ›humanistische Intervention‹ war stets die Spielwiese der Ideologen, auf der sie sich ohne jede Verbindlichkeit in freier Willkür austoben können.

Unter ›humanitärer Intervention‹ wird der Einsatz bewaffneter Gewalt zur Verhinderung und Beseitigung blutiger Unterdrückung und massiver Menschenrechtsverletzungen in einem Drittstaat verstanden. Interventionen, wie zum Beispiel die völkerrechtswidrige Einrichtung der Flugverbotszonen über dem Irak und dessen ständige Bombardierung, die CLINTONschen Angriffe auf eine Pharmafabrik im Sudan oder ein Camp in Afghanistan, die erneute Bombardierung Bagdads im Dezember 1998, die Bombardierung Jugoslawiens seit März 1999 und die Einrichtung einer Schutzzone im Nordirak haben der Diskussion um die ›humanitäre Intervention‹ zu einer unrühmlichen Neuauflage verholfen. Versuche, die ›humanitäre Intervention‹ als dritte Ausnahme vom zwingenden Gewaltverbot des Art. 2 Ziff. 4 der UN-Charta über Völkergewohnheitsrecht durchzusetzen, waren bereits im klassischen Völkerrecht äußerst umstritten. Vor allem die angelsächsischen Autoren, deren ›siegreiche‹ Väter auch schon in Nürnberg ohne jede Rechtsgrundlage über Deutschland zu Gericht saßen, bildeten den Kern der Befürworter der humanitären Intervention, indem sie Recht durch imperialistische Ideologie ersetzten: »Wenn eine Regierung, obgleich vollkommen in den Grenzen ihrer souveränen Rechte handelnd, die Rechte der Menschlichkeit verletzt, sei es durch Exzesse der Ungerechtigkeit und Grausamkeit, die zutiefst unsere Sitten und unsere Zivilisation verletzen, so gibt es ein legitimes Interventionsrecht.« (M. E. ARNTZ, *Revue de Droit International* VIII [1876], S. 673)

Die Konstruktion einer rechtsfreien und dennoch höherrangigen Moral- und Sittenordnung widerspricht dagegen der positivistischen kontinentaleuropäischen Rechtstradition. In dieser Tradition ist die Souveränität der Staaten stets höherrangig gegenüber sogenannten Menschenrechtsverletzungen. Insbesondere die Gefahr der willkürlichen Definition und des Mißbrauchs des humanitären Arguments ist in dieser Tradition ein zentrales Argument (vgl. A. PAUER, *Die humanitäre Intervention. Militärische und wirtschaftliche Zwangsmaßnahmen zur Gewährleistung der Menschenrechte*). Diese Gefahr ist es auch, die die Diskussion um die ›humanitäre Intervention‹ im modernen Völkerrecht der UNO nach 1945 mitbestimmt hat. Nach Maßgabe des im »BRIAND-KELLOGG-Pakt« von 1928 beschlossenen und in der UN-Charta kodifizierten Kriegs- und Gewaltverbots darf aus Gründen allseitiger Rechtssicherheit dieses nur in den genau definierten Fällen der Art. 51 und 39 in Verbindung mit Art. 42 der UN-Charta durchbrochen werden; denn wie würde wohl die krypto-illuminatische NATO und ihre Menschenrechts-Heuchler reagieren, wenn zum Beispiel Rußland militärisch in der Türkei intervenieren würde, um gegen die ständigen türkischen Menschenrechtsverletzungen und Vertreibungen an den Kurden vorzugehen, die – gemessen an den für Jugoslawien angelegten Maßstäben – schon lange den Charakter eines Völkermordes angenommen haben? Würde das kriegerische, seine wirtschaftlichen Interessen absichernde Krypto-Illuminatentum den Einwand Rußlands akzeptieren, daß der UN-Sicherheitsrat auf Grund des Bestehens eines Vetorechts handlungsunfähig sei und deshalb Rußland zugunsten der Kurden zu einer ›humanitären Intervention‹ berechtigt sei? Mitnichten!

Durch die UN-Charta wurde das Kriegsverbot zu einem *generellen Gewaltverbot* erweitert (Art. 2 Ziff. 4 der UN-Charta) und dadurch jeglicher Einmischung in die inneren Angelegenheiten souveräner Staaten die rechtliche Legitimation entzogen (Art. 2 Ziff. 7 der UN-Charta).

Spätestens seit Anfang der siebziger Jahre bestand völkerrechtlich am absoluten Verbot einer militärischen Intervention, aus welchen Gründen auch immer, kein Zweifel mehr. In der UN-Deklaration über die »Grundprinzipien des Völkerrechts« heißt es dazu: »Jeder Staat hat die Pflicht, in seinen internationalen Beziehungen jede gegen die territoriale Unversehrtheit oder die politische Unabhängigkeit eines Staates gerichtete oder sonst mit den Zielen der Vereinten Nationen unvereinbare Androhung oder Anwendung von Gewalt zu unterlassen. Eine solche Androhung oder Anwendung von Gewalt stellt eine Verletzung des Völkerrechts und der Charta der Vereinten Nationen dar und darf niemals als Mittel zur Beilegung internationaler Streitfragen angewandt werden. Ein Angriffskrieg stellt ein Verbrechen gegen den Frieden dar, das die Verantwortlichkeit auf Grund des Völkerrechts nach sich zieht.« (»Deklaration über die Prinzipien des Völkerrechts betreffend die freundschaftlichen Beziehungen und die Zusammenarbeit zwischen den Staaten in Übereinstimmung mit der Charta der Vereinten Nationen«, Resolution der UN-Generalversammlung 2625 (XXV) v. 24. 10. 1970, auch »Friendly-Relations-Declaration« (»Prinzipien-Deklaration«).

In Art. 103 der UN-Charta ist darüber hinaus folgendes festgelegt: »Widersprechen sich die Verpflichtungen von Mitgliedern der Vereinten Nationen aus dieser Charta und ihre Verpflichtungen aus anderen internationalen Übereinkünften, so haben die Verpflichtungen aus dieser Charta Vorrang.« Tritt also das Gewaltverbot in Konkurrenz zu einer Verpflichtung aus einer Menschenrechtskonvention, so hat das Gewaltverbot Vorrang. Dies ergibt sich im übrigen auch aus der Prinzipiendeklaration von 1970, an deren Spitze das Gewaltverbot sowie die Unabhängigkeit und Souveränität der Staaten stehen (vgl. N. Paech/G. Stuby, *Machtpolitik und Völkerrecht in den internationalen Beziehungen*).

Angesichts der raschen Veränderung der weltpolitischen Gegebenheiten ist überhaupt nicht absehbar, welche langfristigen Risiken sich durch die Umsetzung des völkerrechtswidrigen »Neuen Strategischen Konzepts« der NATO für Deutschland ergeben werden. Die UN-Vollversammlung hat sich in Gegenwart des ›Weltstaatsmanns‹ Schröder noch in ihrer Milleniums-Erklärung wiederholt zum Selbstbestimmungsrecht der Völker bekannt. Das aus der Charta des Völkerbundes übernommene Bekenntnis zum »Selbstbestimmungsrecht der Völker« (Artikel 1 Absatz 2 der UN-Charta) wird dahingehend ausgelegt, »daß es nicht für ethnische Minderheiten in souveränen Staaten gilt«. Erst mit dem Fall der Berliner Mauer im Jahre 1989 und dem darauffolgenden Auseinanderbrechen des Ostblocks ergab sich eine dramatische Änderung der De-Facto-Verhältnisse. Nun wagten es einige früher durch künstliche Zwangsgebilde unterdrückte Völker, die in ›souveränen Staaten‹ lebten, sich gegen diese Regel aufzulehnen, unter ihnen die Esten, Letten, Litauer, Weißrussen und Ukrainer der ehemaligen Sowjetunion sowie Slowaken, Slowenen und Kroaten. Sie alle begehrten gegen den supranationalen multikulturellen Zeitgeist der gleichgeschalteten Ideologie des Krypto-Illuminatentums auf; denn deren Doktrin ist *nicht* das Selbstbestimmungsrecht der Völker, sondern das *supranationale multikulturelle Dorf*. Jedes Unabhängigkeitsstreben einer ethnischen Minderheit, die diese Doktrin konterkariert, bedeutete die Wiedergeburt ethnisch homogener Nationalstaaten.

Ganz wieder die alten Juso-Haudegen, schürten in Deutschland die Supranationalisten SCHRÖDER, SCHARPING und Konsorten, diese nationale Renaissance wie der Teufel das Weihwasser fürchtend, mit verlogenen Kampfbegriffen wie ›Ausrottung‹, ›Genozid‹, ›Konzentrationslager‹ und ›Vernichtungsfeldzug‹ eine antiserbische Pogrom- und Haßstimmung, die sogar GOEBBELS alle Ehre gemacht hätte.

Die durch die gleichgeschalteten Massenmedien aufgepeitschte Stimmung war derart massiv, daß es – außer einigen ›linken‹ und ›rechten‹ Intellektuellen – kaum jemanden gab, der es wagte, dieser massiven Volksverhetzung gegen die Serben und dem schizophrenen Versuch, das bereits vor zwei Generationen untergegangene Dritte Reich auf diese Weise noch im nachhinein besiegen zu müssen, entgegenzutreten. Es wäre in diesem Zusammenhang wohl auch falsch anzunehmen, daß der ›grüne‹ Ungarn-Deutsche Joschka FISCHER sich erst als Außenminister zum Militaristen mutierte. Ganz im Gegenteil: FISCHER schien geradezu in seinem Element zu sein. So wie FISCHER, der wackere Straßenrevoluzzer und Kämpfer für den freien Beischlaf an Gymnasien, früher mit Pflastersteinen in den Frankfurter Straßen gegen Polizisten ›Randale‹ machte, standen ihm jetzt andere Waffen zur Verfügung.

Gleichzeitig wurde das deutsche Volk durch eine große Koalition der angemaßten ›Anständigen‹ in einem Psychoterror ohnegleichen systematisch auf Krieg vorbereitet. Der ›Deutsche Bundeswehrverband‹ (DBwV) betrieb derweil Verbalabsicherung. In der üblichen Phraseologie der supranationalen, multikulturellen Denkungsart entäußerte er sich unter anderen folgender Leitsätze:

- »Der DBwV hält an seiner Auffassung fest, daß die Vereinten Nationen in die Lage versetzt werden müssen, sowohl zwischen- als auch innerstaatliche Konflikte im Sinne einer wirksamen politischen *Krisenprävention* verhindern bzw. lösen zu können. Wo innerstaatliche Konflikte Formen eines Bürgerkrieges annehmen, der zu Massenvertreibung, Massenvernichtung und Terror führt, müssen die UN dem Schutz von Menschenrechten den Vorrang vor dem Nichteinmischungsprinzip einräumen.
- Die Tatsache, daß die UN derzeit nicht in der Lage sind, Konflikten der beschriebenen Art wirksam zu begegnen (wie es sich z.B. bei den gescheiterten Blauhelmoperationen in Somalia und Bosnien gezeigt hat), kann und darf nicht dazu führen, daß *zivilisierte Nationen* der organisierten Mißachtung von Menschenrechten tatenlos zusehen. *Unsere eigene deutsche Geschichte* lehrt uns, wie wenig eine Appeasement-Politik geeignet ist, *menschenverachtende* Diktaturen rechtzeitig zu stoppen.
- Der DBwV hat keinen Zweifel daran, daß der Einsatz der NATO verfassungs- und völkerrechtlich legitimiert ist. . . Deutsche Soldaten handeln rechtmäßig, wenn sie die ihnen erteilten Einsatzbefehle ausführen. Die Luftschläge sind weder ein Angriffskrieg im Sinne des Grundgesetzes, noch sind sie mit flächendeckenden Bombardements gegen die Zivilbevölkerung in vergangenen Luftkriegen vergleichbar. Insbesondere würden zum Angriffskrieg die politische Absicht und die Mittel gehören, einen raumgreifenden Eroberungsfeldzug zu führen.
- Der Einsatz der NATO war und ist auch notwendig. Nicht die NATO hat einen Krieg begonnen, sondern MILOSEVIC hat einen blutigen Bürgerkrieg gegen die kosovo-albanische Bevölkerung geführt. . . Während der Verhandlungen von Rambouillet hat er seine Endlösung des Kosovo-Problems vorbereitet. Deshalb ist das Vorgehen der NATO nicht Aggression gegen einen souveränen Staat, sondern *humanitäre Nothilfe* für entrechtete und in Lebensgefahr befindliche Menschen.«

Tatsächlich aber war der NATO-Überfall auf Jugoslawien und die vorausgegangene Drohung mit ihm nicht nur ein völkerrechtswidriger Aggressionsakt gegenüber dieser Nation, sondern nach Nürnberger Maßstäben und dem auf der UNO-Staatenkonferenz in Rom am 17. Juli 1998 mit der Stimme Deutschlands verabschiedeten Statut zum Internationalen Strafgerichtshof (ICC) ein *Völkerrechtsverbrechen*. Jugoslawien seinerseits hatte jedes Recht, sein Selbstverteidigungsrecht aus Art. 51 der UN-Charta wahrzunehmen. Auch hätte es völkerrechtskonform die militärische Hilfe von Drittstaaten, etwa Rußland, in Anspruch nehmen können. Mit anderen Worten: Es kann keinem vernünftigen Zweifel unterliegen, daß die Krypto-Illuminaten mit dem Angriff auf Jugoslawien Kriegsverbrechen realisiert haben und deren Hauptverantwortliche sich dafür eigentlich vor dem Internationalen Strafgerichtshof in Den Haag als Kriegsverbrecher zu verantworten hätten. Die Tatsache, daß von den Hauptakteuren nur der Übeltäter MILOSEVIC inzwischen in Den Haag einsitzt, aber es seinen Antipoden im ›Westen‹ immer noch erlaubt ist, frei herumzulaufen, gibt jenen Recht, die dieses Gericht als bloßen ›Kangaroo-Court der Stärkeren‹ bezeichnen.

Was veranlaßte letztlich die NATO, einen so eindeutig völkerrechtswidrigen Krieg gegen einen europäischen Staat durchzuführen? US-Präsident CLINTON, vom US-Kongreß gefragt, warum er denn gerade im Kosovo eingreife, und nicht in Kaschmir oder Tibet, antwortete: »Weil wir im Kosovo andere Interessen haben!« *Damn right!* Es geht vor allem um die Neuordnung des Staatengefüges auf dem Balkan. In den Augen der NATO war Jugoslawien immer noch zu groß, um ein Gleichgewicht auf dem balkanischen Flickenteppich zu gewährleisten. Deshalb gilt noch lange nicht für Jugoslawien, was dem strategisch äußerst wichtigen NATO-Partner Türkei billig ist. Es ist das alte verlogene Spiel.

Verbal unternahm man gleichzeitig alle möglichen Bocksprünge, um den völkerrechtswidrigen Angriffskrieg nicht als solchen erscheinen zu lassen. Im Neusprech der Rechtsbrecher wurde der Krieg zu einer ›Krisenintervention‹, einem ›humanitären Einsatz‹, einer ›Friedensmission‹ oder schlicht ›Peacekeeping‹. Die wie üblich gleichgeschaltete Presse stimmte ein: »Durch die konsequente deutsche Beteiligung an den Operationen des Bündnisses« sei »der Stellenwert Deutschlands innerhalb der NATO gestiegen. Wer mitkämpft, kann auch mitreden«, so *Die Welt* im perfiden Hurra-Stil.

Wahr ist, daß die in der NATO organisierten Militärmächte mitten im Frieden und ohne Kriegserklärung einen souveränen Staat überfielen, der es gewagt hatte, gegen einen auf seinem Staatsgebiet »marodierenden Freischärlerhaufen konkurrierender maoistischer Sekten, (der) innerhalb von zwei Jahren eine schlagkräftige Terrorarmee werden konnte« (*Konkret*), vorzugehen.

Wenn Völkermord, Vertreibung und Folter tatsächlich der Maßstab militärischer Einsätze gegen andere Völker und Länder wären, dann müßte die NATO konsequenterweise auch China und die Türkei bombardieren, was freilich ›opportunistisch‹ unterlassen wird.

Die neue NWO-NATO hat sich von ihrer kurzfristigen Orientierungslosigkeit (Verlust des Feindbildes zu Beginn der neunziger Jahre) erholt und ist heute zur Erfüllungsgehilfin der Interessen der Krypto-Illuminaten, d. h. Absicherung deren wirtschaftlicher und politischer Weltherrschaftsposition, verkommen. Die supranationalen Ziele der NATO sind mit den Profit- und Machtinteressen des supranationalen Establishments deckungsgleich. Es geht nicht nur um den Aufbau einer Weltarmee für die aus ihrer Sicht überfällige Weltregierung, sondern auch um den sicheren Zugang zu den Rohstoffen Rußlands und der umliegenden Ölregionen. Die NATO-Präsenz auf dem Balkan soll insbesondere die Öl-Interessen der Rockefeller & Co. (ExxonMobil, Chevron usw.) durchsetzen und (möglichst mit dem im Gleichschritt marschierenden Rußland) den freien Zugang zum Kaukasus herstellen. Im Kapitel 8 der »Verteidigungspolitischen Richtlinien« des Bundesverteidigungsministeriums vom 26. November 1992 ist entsprechend die allgemeine Zielrichtung wie folgt definiert: »Aufrechterhaltung des freien Welthandels und des ungehinderten Zugangs zu Märkten und Rohstoffen in aller Welt im Rahmen einer gerechten Weltwirtschaftsordnung.«

Der Neuformulierung der Sicherheitsinteressen entspricht der Wandel der Bundes›*wehr*‹ zur Bundes›*kehr*‹. Die deutsche Armee wird zum Kehrbesen für die Interessen der Krypto-Illuminaten gemacht. Krieg wird zu einer normalen Kategorie im Spektrum der Möglichkeiten von Krisenbewältigung, wobei die Krise insbesondere auch die eigene Interessenkrise ist.

Die Baumeister der ›Neuen Weltordnung‹ ließen Industrie und Infrastruktur Jugoslawiens zerstören, um nach bewährtem Muster vom Wiederaufbau profitieren zu können. So paradox ein solches Vorgehen klingen mag, es entspricht der Logik des supranationalen Kapitalismus: In den kapitalistischen Kernländern besteht enormer Kapitalüberschuß. Unsummen von Kapital können gar nicht profitträchtig genug verwertet werden. In diesen historischen Situationen war seit jeher der ›Doppelschlag‹ der Krypto-Illuminaten das probate Mittel: Verdiene an der Zerstörung und am Wiederaufbau! Krieg beschert der Rüstungsindustrie Milliardenumsätze, und Kapitalvernichtung durch Militäreinsätze schafft neue Möglichkeiten zur Anlage des Kapitalüberschusses, wobei sich das angegriffene Land - gewissermaßen als willkommene Nebenwirkung - hoch verschulden muß.

Neben den Kriegsgewinnen und der Eroberung beziehungsweise Absicherung wirtschaftlicher Ressourcen gibt es jedoch noch einen weiteren Effekt: Die NATO zerstört häufig homogene ethnische Nationen und Völker und entläßt sie anschließend, wehrlos und am Boden liegend, in den multikulturellen Völkermord; denn gerade Multikulturalismus erzeugt dauerhafte innere Spannungen, die jederzeit von den Krypto-Illuminaten genutzt werden können, um das Land nach Bedarf zu destabilisieren und es dann abermals unter dem Vorwand ›Krisenbewältigung‹ zu überfallen.

General Wesley CLARK, früherer Kommandeur der NATO-Truppen in Europa und CLINTON-Spezi aus ›Little-Rock-Zeiten‹, entfuhr dazu am 24. April 1999 im CNN folgendes: »In einem modernen Europa ist kein Platz für ›ethnisch reine‹ Staaten oder Völker. Das ist eine falsche Idee aus dem 19. Jahrhundert. Wenn wir ein modernes Europa in das 21. Jahrhundert hinüberretten wollen, dann werden wir dies mit multi-ethnischen Staaten vollziehen.«

Und für diejenigen, die es immer noch nicht wahrhaben wollen, gab ein hochrangiger Beamter des US-Außenministeriums gegenüber der amerikanischen Zeitung *Spotlight* ohne Scham das hochgesteckte Endziel wie folgt zu: »Es ist wichtig, die NATO von den Einschränkungen ihrer eigenen Grundsätze zu befreien, damit der Plan zu einer Weltregierung einen Schritt weiter vorangetrieben werden kann. [...] Obwohl es gegen die Statuten der NATO verstößt, kann die NATO jetzt auf der ganzen Welt jeden Staat angreifen. Damit hat sich die Rolle der NATO als UN-Weltarmee gefestigt.«

Das ehemals nordatlantische Verteidigungsbündnis ist zu einem bloßen Interventionsvehikel in Diensten der Interessen der Krypto-Illuminaten verkommen, das alle freiheitsliebenden Völker bedroht - unabhängig von ihrem Kulturerbe oder ihrer geographischen Lage. Die neue NATO-Doktrin ist ein Freibrief zur weltweiten Einmischung, an deren Ende eine neue Weltordnung stehen wird.

Wegen der Beistandsverpflichtung gemäß Art. 5 des NATO-Vertrags wurde die Tendenz dieser Doktrin durch die sogenannte ›Bush-Doktrin‹, die US-Präsident George W. Bush nach dem 11. September 2001 in Gegenwart seines britischen ›Freundes‹ Tony Blair verkündete, weiter verschärft. Nach dieser Doktrin,

- werden die USA gegen jeden (Individuum, Organisation oder Staat) unter Maßgabe »globaler Reichweite« (*»of global reach«*) militärisch vorgehen, der Terrorismus betreibt oder unterstützt,
- gilt jeder Staat, der die USA dabei nicht unterstützt, als Feind (»Wer nicht für uns ist, ist gegen uns«),
- gilt jeder als Terrorist, der einem Terroristen Unterschlupf gewährt.

Die Impliktionen dieser Doktrin sind nicht nur für potentielle ›Terroristen‹, sondern auf Grund der Beistandsverpflichtung gemäß Art. 5 des NATO-Vertrags auch für die ›Verbündeten‹ der USA äußerst weitreichend. Danach bestimmt die ›Supermacht‹ USA,

- wer ›Terrorist‹ mit »globaler Reichweite« ist,
- welcher Beitrag zur Terrorabwehr noch dazu qualifiziert, nicht als Feind der ständig kriegführenden ›Supermacht‹ einklassifiziert zu werden,
- was als ›Unterschlupfgewähren‹ ausgelegt wird.

Beruhend auf der neuen Bush-Doktrin, *die keine Neutralität erlaubt,* trommelten bereits Ende Oktober 2001 eine Vielzahl von ›Falken‹ beider US-Häuser, wieder einmal den Irak anzugreifen, obwohl zu jenem Zeitpunkt keineswegs erwiesen war, daß diese Nation ›Staatsterrorismus‹ mit globaler Reichweise betreibt. Reicht es beispielsweise nach der neuen Doktrin bereits aus, daß ein Staat Motiv, Mittel und Gelegenheit hat, Terror gegen die USA zu betreiben oder zu unterstützen? Wenn ja, dann qualifiziert sich eine Vielzahl von Staaten und Organisationen für ihre potentielle Vernichtung durch USA/NATO, darunter insbesondere auch Israel.

Die Bush-Doktrin hat die Welt nicht sicherer gemacht. Im Gegenteil: Das ›Skull and Bones‹-Mitglied George W. Bush, der SDI wiederbeleben und ABN aufkündigen möchte, bleibt der Tradition seines Landes als internationaler ›Bully‹ treu. Obwohl die USA sich selbst als eine »friedensliebende Nation« bezeichnen, befinden sie sich fast ständig im Kriegszustand. In den mehr als 200 Jahren ihres Bestehens waren sie, wie gesagt, in 16 Kriege verwickelt. Etwa 200mal griffen sie militärisch in andere Länder ein, um diesen *ihren*

Willen aufzuzwingen, also etwa einmal pro Jahr ihrer Existenz.

Es ist abzuwarten, ob die BUSH/BLAIR-Doktrin dasselbe geschichtliche ›Stehvermögen‹ wie die sogenannte ›MONROE-Doktrin‹ des Jahres 1823 (Nord- und Südamerika gehören zum Einflußbereich der USA, aus dem sich europäische Mächte herauszuhalten haben) und die sogenannte ›TRUMAN-Doktrin‹ des Jahres 1947 (US-Beistand hinsichtlich der Abwehr kommunistischer Bedrohung) haben wird.

NATO-Vorsitzender ist derzeit (Oktober 2001) Ihrer Königin Lord George ROBERTSON, ehemaliges Mitglied des ›Royal Institute of International Affairs‹ (›Chatham House‹), der britisch-monarchistischen Mutterorganisation des ›Council of Foreign Relations‹ (siehe **B.III.**) und der ›Deutschen Gesellschaft für Auswärtige Politik‹ (siehe **Anhang IV.**). Im Jahr 1997 wurde er zum Mitglied von ›Her Majesty's Privy Council‹ ernannt. Sein Vorgänger war Ihrer Königin Lord Peter CARRINGTON, Vorsitzender des ›Royal Institute of International Affairs‹, Knight of the Garter, Bilderberger-Vorsitzender und ›Associate‹ von Kissinger & Associates (siehe **B.XIV.**; Henry KISSINGER).

VIII. Europäische Union

In Zeiten renationalisierter Staaten früherer Zwangsgebilde (Sowjetunion, Jugoslawien, Tschechoslowakei) ist es für die Krypto-Illuminaten um so wichtiger, daß wenigstens eines ihrer Lieblingsspielzeuge, die Europäische Union, nicht scheitern wird. Sie brauchen die Europäische Union als Versuchslabor für die Weltunion. Sie brauchen die europäische Einheitswährung Euro als Versuchsballon für den Erddollar. Sie brauchen die europäische Zentralbank als Vorstufe zur Weltzentralbank, die, wie die Federal Reserve Bank, von mächtigen privaten Anteilseignern gehalten werden wird.

Der Franzose Jean MONNET, Karlspreisträger, wird von den EU-Anhängern als der Vater dieser ›institutionellen Idiotie‹ gefeiert. Jean Omar Marie Gabriele MONNET wurde in Cognac als Sohn eines Cognac-Händlers geboren. Im Alter von zwanzig Jahren wurde er im Jahre 1910 von seinem Vater nach Kanada gesandt, um dort neue Märkte für das Familienunternehmen zu erschließen. Er gewann Anschluß an die Hudson's Bay Company und an die New Yorker Tochtergesellschaft des Bankhauses Lazard Frères (siehe **B. XIV**.), das seinerzeit von André MEYER geführt wurde, der auch im Vorstand von ROCKEFELLERS Chase Manhattan Bank war. Ziemlich schnell gelang es MONNET, sich über diesen Zugang zu hohen ›WASP‹ (›White Anglo-Saxon Protestants‹) zu verschaffen und über diese in das Establishment der US-›Ostküste‹ vorzudringen. Er war unter anderem ein Ratgeber im Komitee zur Vorbereitung des Knebelungsvertrags von Versailles und wurde in diesem Zusammenhang in den geschlossenen Kreis von Krypto-Illuminaten um Edward Mandell HOUSE (siehe **B.XIV**.) eingeführt. Diese Eine-Welt-Clique, die den Interessen des ROTHSCHILD-WARBURG-ROCKEFELLER-Kartells verpflichtet war, plante zu jenem Zeitpunkt den Völkerbund, der in seiner Vorbereitungsphase zu einem wesentlichen Teil mit ROCKEFELLER-Geldern finanziert wurde. Jean MONNET wurde in diese Planung einbezogen und später stellvertretender Generalsekretär des Völkerbundes. Im Jahre 1925 wechselte MONNET nach New York, neben London ein Zentrum des Krypto-Illuminatentums. Dort wurde er Partner in der Blair Foreign Corporation, einer New Yorker Bank, die im und durch den Ersten Weltkrieg hohe Gewinne gemacht hatte. Zu diesem Zeitpunkt war MONNET längst vom Krypto-Illuminatentum vereinnahmt worden.

Derweil war ein anderer Krypto-Illuminat bereits eifrig tätig, die europäischen Nationalstaaten zu beseitigen. *Pan-Europa* hieß das 1923 erschienene Buch des Hochgradfreimaurers und Karlspreisträgers (im Jahre 1950) Richard Nikolaus Graf COUDENHOVE-KALERGI. In der Wiener *Freimaurerzeitung* Nr. 9/10 jenes Jahres schrieb der in Tokio geborene ›Kosmopolit‹ und ›Weltbürger‹ COUDENHOVE-KALERGI: »Der kommende Mensch der Zukunft wird ein Mischling sein. Für Paneuropa wünsche ich mir eine eurasisch-negroide Zukunftsrasse. . . Die Führer sollen die Juden stellen, denn eine gütige Vorsehung hat Europa mit den Juden eine neue Adelsrasse von Geistesgnaden geschenkt.« Der Verfasser dieser Worte war selber ein eurasischer Mischling. Drei Jahre später organisierte der Freimaurer COUDENHOVE-KALERGI seinen ersten paneuropäischen Kongreß in Wien. Am Ende der zwanziger Jahre operierten Nebenstellen der paneuropäischen Union auf dem gesamten Kontinent. COUDENHOVE-KALERGI gewann sehr schnell die Unterstützung und die Patronage des ROCKEFELLER-Clans. Einer der wichtigsten Schüler von COUDENHOVE-KALERGI war Aristide BRIAND, der zwischen 1909 und 1930 insgesamt elfmal sozialistischer Premierminister und zwölfmal Außenminister Frankreichs war. Schon im Jahre 1930 enthüllte BRIAND einen Plan für eine »Europäische Union«, und zwar als regionale supranationale Union innerhalb des Völkerbundes. Auch Winston CHURCHILL, ein anderer Karlspreisträger, schrieb bereits am 15. Februar 1930 in der *Saturday Evening Post* einen Artikel mit der Überschrift »The United States of Europe«.

Im Jahre 1940 floh COUDENHOVE-KALERGI in die Vereinigten Staaten und arbeitete dort mit CFR-Mitgliedern und Günstlingen des Ostküstenestablishments zusammen. Unter ihnen war Nicolas Murray BUTLER, Präsident der Columbia-Universität, Stephen DUGGAN, Gründer und erster Präsident des internationalen Instituts für Erziehung, einer CFR-Propagandaorganisation, und William C. BULLITT, US-Botschafter in der Sowjetunion und in Frankreich.

Mit dem Kriegseintritt der USA wurden die politischen Vorstellungen COUDENHOVE-KALERGIS vom OSS (›Office of Strategic Services‹), dem Vorgänger des CIA (›Central Intelligence Agency‹), angenommen. Der OSS seinerseits war mit Hilfe des britischen MI6 (heute SIS [›Secret Intelligence Service‹]) und SOE geschaffen worden. Sein erster Direktor war General William (›Wild Bill‹) DONOVAN. Dieser erkannte das Potential des Spionagedienstes des Vatikans und bildete eine Allianz mit einem gewissen Pater Felix MORLION,

Gründer des ›Europäisch-Katholischen Spionagedienstes‹, genannt ›Pro Deo‹ (siehe **B. II.**), der unter DONOVANS ›Anregung‹ seinen Sitz von Lissabon nach New York City verlegte, wo dann das OSS dessen Finanzierung übernahm. Nach der ›Befreiung‹ Roms wurde dann ›Pro Deo‹ in den Vatikan verlegt, von wo aus anschließend zum Schaden Deutschlands eine enge Zusammenarbeit mit ›deutschen‹ Jesuiten erfolgte.

In seiner berühmten Züricher Rede rief der Krypto-Illuminat Winston CHURCHILL (siehe **B.XIV**.) im Jahre 1946 die dezimierte »Jugend Europas« auf, sie möge »eine Art Vereinigte Staaten von Europa errichten«. Die Rede hatte CHURCHILL mit einem in den USA lehrenden Geschichtsprofessor erarbeitet, der auch eine gesamteuropäische Verfassung entwarf und der gerade eine Konferenz vorbereitete, aus der die parlamentarische Versammlung des Europarates hervorgehen sollte. Sein Name: Richard Nikolaus Graf COUDENHOVE-KALERGI. Der zeitweilige Zionist und Freimaurer Winston CHURCHILL war es dann auch, der die »Vereinigte Europa-Bewegung« auf ihrem Kongreß in Den Haag im Mai 1948 anführte. Hier, auf dieser von Freimaurern und Zionisten beherrschten Konferenz, wurde vor aller Weltöffentlichkeit beschlossen, daß die politische Union kein Selbstzweck, sondern nur Mittel zum Zweck ist, über diese Union die Weltunion zu erreichen. In der Entschließung Nr. 7 zur politischen Union Europas heißt es wörtlich: »Die Schaffung eines geeinten Europas muß als wesentlicher Schritt zur Schaffung einer geeinten Welt angesehen werden.«

Ohne dieses Hintergrundwissen über die Drahtzieher des Kongresses war es allein dieser Beschluß, der Insidern den Blick hinter die Kulissen erlaubte. Die Europäische Union war für die MONNETS, COUDENHOVE-KALERGIS, CHURCHILLS (siehe **B. XIV**.), MITTERRANDS (siehe **B. XIV**.), VON HABSBURGS, KOHLS (siehe **B. XIV.**) usw. nie das Ziel, sondern immer nur der Weg. Generationen junger Menschen, die idealistisch meinten, ihre Nation für das – unrealistische – Ziel einer europäischen Vereinigung aufgeben zu müssen, wurden so getäuscht.

Auch der sogenannte ›MARSHALL-Plan‹ war tatsächlich kein Plan des Generals George C. MARSHALL, sondern ein Plan, der auf eine Zusammenarbeit zwischen Jean MONNET und dem ›Council on Foreign Relations‹ (CFR) zurückgeht. In ihrem Buch *Imperial Brain Trust* berichten Laurence SHOUP und William MINTER: »In den Jahren 1946–1947 leitete der Rechtsanwalt Charles M. SPOFFORD eine (CFR-Studien-)Gruppe zum Wiederaufbau Westeuropas mit dem Bankier David ROCKEFELLER als Sekretär; in den Jahren 1947–1948 wurde diese Gruppe in ›MARSHALL-Plan‹ umbenannt.« Von diesem Plan profitierten nicht nur die Empfängerländer, sondern auch US-Unternehmen, die auf die eine oder andere Weise im CFR vertreten waren, unter anderen ›Anderson, Clayton & Co.‹, ›General Motors‹ und ›Ford Motor Company‹. Dem US-Kongreß wurde das ›European Recovery Program‹ (ERP), so der offizielle Name des MARSHALL-Plans, in der Weise vom CFR ›verkauft‹, daß diese US-Hilfe benötigt werde, um Westeuropa vor der Bedrohung durch den Kommunismus zu schützen. Die Rechnung der Illuminaten ging auf. John J. McCLOY, der nach dem Krieg für die USA als Hoher Kommissar für Deutschland diente und in den Jahren 1953–1970 sogar Vorsitzender des CFR unter David ROCKEFELLER wurde, bemerkte zu der Taktik: »Die Leute saßen aufrecht und hörten zu, als die sowjetische Bedrohung erwähnt wurde.« Die Taktik war deshalb so infam und durchsichtig, weil dieselben Kräfte, deren Vorgänger die bolschewistische Revolution finanziert und später viele sowjetische Spione in der US-Regierung untergebracht hatten, jetzt plötzlich die antikommunistische Keule schwangen.

Mit dem ERP hatten europäische Sozialisten und Eine-Welt-Revolutionäre ein Instrument geschaffen, das sie in die Lage versetzte, europäischen Regierungen nationale Souveränitätsrechte gegen ökonomische Unterstützung abzuschachern. Die Spekulation der Krypto-Illuminaten ging wieder auf. Die europäischen Regierungen, die vom MARSHALL-Plan ökonomisch profitierten, erwiesen sich als käuflich. Dabei hätte eines feststehen müssen: Kein Preis ist es wert, auf nationale Souveränitätsrechte, die Demokratie, Freiheit und soziale Wohlfahrt eines Volkes sichern, zu verzichten.

Von Anfang an war es der Hauptzweck des ERP-Programms, die europäischen Nationalstaaten durch Degradierung ihrer nationalen Regierungen auf die Stufe regionaler Regierungen zu entmachten. Nicht jede Methode des Programms zur Überwindung der europäischen Nationalstaaten war indessen so hinterlistig und subtil angelegt wie der ›MARSHALL-Plan‹. Bereits am 21. März 1947 hatten die Senatoren William FULBRIGHT und Elbert D. THOMAS dem Kongreß folgenden Beschlußantrag unterbreitet: »Der Senat möge beschließen, daß der Kongreß die Schaffung der Vereinigten Staaten von Europa favorisiert.« Die CFR-Medien machten für den Antrag der Krypto-Illuminaten FULBRIGHT und THOMAS mobil. *Life* (heute

AOL-TimeWarner), das Magazin des CFR-Mitglieds Henry LUCE, trommelte schon vor Einbringung des Beschlußantrags in seiner Ausgabe vom 17. März 1947: »Unsere Politik sollte es sein, den Nationen von Europa zu helfen, sich (zu einem Bundesstaat) zu föderalisieren, wie unsere Staaten sich im Jahre 1787 föderalisiert haben.«

Die *Washington Post* von Eugene MAYER, CFR-Mitglied und früherer Partner des Bankhauses Lazard Frères, schrieb: »Europa benötigt verzweifelt eine effektive Form einer politischen und wirtschaftlichen Föderation.«

Und in der *New York Times*, dem einflußreichsten Organ des Krypto-Illuminatentums, hieß es am 18. April 1947: »Aber es ist nur zu wahr. . ., daß Europa sich entweder föderieren oder zugrunde gehen muß.«

Der *St. Louis Post Dispatch* schrieb am 16. März 1947, daß die Vereinigung »für Europa ein Fall von Anschluß oder Tod ist«. Die klugen Norweger können darüber nur lachen. . .

Der erste konkrete Schritt zur Zerstörung der europäischen Nationalstaaten war die Gründung der Europäischen Gemeinschaft für Kohle und Stahl. Der Historiker des ›Council on Foreign Relations‹, Carroll QUIGLEY, schrieb darüber: »Dies war wahrhaftig eine revolutionäre Organisation, da sie souveräne Machtbefugnisse erhielt, und zwar einschließlich der Macht, unabhängig von existierenden Nationalstaaten Steuern zu erheben.« In seinem im Jahre 1966 erschienenen Buch *Tragedy and Hope* (›Tragödie und Hoffnung‹) kritisierte QUIGLEY dazu: »Diese supranationale Institution hatte das Recht, Preise zu kontrollieren, Investitionen zu kanalisieren, Steuern zu erheben, Kohle und Stahl zuzuteilen. . . Ihre Macht, Steuern für eigene Zwecke erheben zu können, indem sie jede produzierte Tonne besteuerte, machte sie von den nationalen Regierungen unabhängig. Mehr noch, ihre Entscheidungen waren bindend und konnten durch Mehrheitsentscheid ohne Erfordernis der Einstimmigkeit, wie es in den meisten internationalen Organisationen souveräner Staaten üblich ist, herbeigeführt werden.«

Der nächste Schritt zur Zerstörung nationaler Gemeinschaften erfolgte am 25. März 1957, als die sechs Nationen, die sich bereits der Europäischen Gemeinschaft für Kohle und Stahl unterworfen hatten, die zwei Verträge von Rom (siehe **B. IV.**: ›Bilderberger‹) unterzeichneten. Diese Verträge schufen die Europäische Wirtschaftsgemeinschaft (EWG) und die Europäische Gemeinschaft für Atomenergie (Euratom). Alle drei Gemeinschaften, die Europäische Gemeinschaft für Kohle und Stahl, die Europäische Wirtschaftsgemeinschaft und die Europäische Gemeinschaft für Atomenergie, bildeten die Europäische Gemeinschaft (EG). Auf diese Weise wurden die europäischen Völker, deren Regierungen sich am Komplott der Krypto-Illuminaten beteiligten, Schritt für Schritt entmachtet.

Und der Prozeß geht weiter: Die Einschmelzung Europas darf nicht vor den Toren des Ostens haltmachen; denn es geht nicht um Europa, sondern um die Welt. Mehr und mehr wird für jedermann deutlich, daß das Programm des ›Council on Foreign Relations‹, der ›Trilateralen Kommission‹ und der ›Bilderberger‹, um nur einige Organisationen der supranationalen Revolution der megareichen Profiteure zu nennen, fast identisch ist mit dem marxistisch-leninistischen Programm zur Zerstörung der Nationalstaaten. Nochmals sei daher, weil sie über alle Maßen aufschlußreich ist, die Erklärung des ›Weltstaatsmannes‹ Hans Dietrich GENSCHER (FDP) vom 12. Juli 1991 zitiert: »Der Weg führt nicht zurück zum Nationalstaat der Vergangenheit... Im Grunde geht es darum, eine ›neue Weltordnung‹ des Friedens zu konstruieren, in der die Vereinten Nationen endlich die zentrale Rolle spielen müssen, die ihnen von ihrer Satzung zugewiesen wird.«

Die Maastricht-EU wird ein supranationaler, bürokratischer Staat sein. Er wird die Säulen, auf denen Europa ruht, nämlich ihre Nationen, zerstören. Er wird die Identitäten der Völker vernichten und selbst die Reste ihrer verbliebenen Unabhängigkeit beseitigen. Die EU wird alte europäische Nationen in ein künstliches Gebilde zwingen, das gerade in Form der Sowjetunion, Jugoslawiens und der Tschechoslowakei gescheitert ist.

Die Europäische Union wurde *im geheimen* auf Grund alter freimaurerischer Pläne (siehe **B.XIV**.: François MITTERRAND/›Priorat von Zion‹) gebildet. Claude CHEYSSON, der frühere französische Außenminister und Mitglied der Europäischen Kommission (1985–1989), beschrieb den Mechanismus in einem Interview mit der Zeitung *Le Figaro* vom 7. Mai 1994. Er entblödete sich in diesem Zusammenhang nicht, geradezu prahlerisch einzugestehen, daß die Europäische Union auf demokratischem Wege nicht hätte erreicht werden können und daß die gegenwärtigen Probleme, den Plan der Krypto-Illuminaten zu Ende zu führen, darin begründet lägen, daß man fehlerhafterweise eine öffentliche Debatte über die Vor- und Nachteile des Vertrages von Maastricht erlaubt habe.

Die britische Zeitung *The Guardian* klagte vor dem Europäischen Gerichtshof in Luxemburg gegen die Geheimhaltung, mit der europäische Entscheidungen zustande kommen. Prozeßbevollmächtigte des Europäischen Ministerrates erwiderten, daß es »kein Prinzip des Unionsrechts gäbe, das den Bürgern erlaube, EU-Dokumente einzusehen«. Durch diese WEISHAUPTsche Geheimhaltungspolitik wurde stetig hinter den Kulissen nationale Macht abgebaut und an die demokratisch nichtlegitimierte Bürokratie der Europäischen Kommission überführt. Der Europäischen Kommission wurde das Monopol eingeräumt, neue Initiativen für die Entwicklung der Europäischen Union einzubringen. Jacques DELORS, der frühere Präsident der Kommission, erklärte einmal, daß in Zukunft 80 Prozent aller Gesetze, die ökonomische, soziale und fiskalische Angelegenheiten betreffen, in Brüssel zustande kämen, gestützt auf Initiativen der Kommission.

Statt Stärkung der Regionen und Erhöhung der Anteile *direkter Demokratie* in diesen Regionen findet gerade der entgegengesetzte Prozeß statt, die totale Zentralisierung der Politik in Brüssel. Das für europäische Nationen und Völker fatale Dilemma ist, daß beide Parteien, die das Europäische ›Parlament‹ beherrschen, nämlich Sozialisten und Christsoziale‹, die Vision eines supranationalen, zentralen europäischen Einheitsstaates vertreten. Diese lächerliche Karikatur eines Parlaments dient im Grunde nur dazu, die Geheimpolitik der EU-Kommission zu sanktionieren. In Deutschland wird die völkerfeindliche Geheimpolitik der Kommission von allen Parteien des Systems gedeckt. Die CDU, ideologisch eingebunden in eine universalistische Religion, hat sie alle im Schlepptau. Im September 1994 veröffentlichte diese Partei ihre entlarvenden *Reflections on European Policy*. Darin vertritt sie unverblümt einen integrierten europäischen Einheitsstaat. Das Europäische Parlament solle gleiche Befugnisse erhalten wie die dann zu Regionalparlamenten herabgestuften früheren Nationalparlamente. Der Ministerrat solle ähnlich dem Bundesrat eine zweite Kammer werden. Die Kommission, die schon heute für viele Schandtaten gegen die europäischen Völker verantwortlich ist, würde die offizielle europäische Regierung werden. Das ideologische Fundament des europäischen Zentralstaats sei die Doktrin des supranationalen freien Marktes. Seine spätere Expansion würde Nationen Zentral- und Osteuropas einschließen.

Das CDU-Papier könnte auch von einem Strategen wie CLAUSEWITZ sein; denn im Atomzeitalter werden Nationen und Völker nicht mehr militärisch erobert und liquidiert, sondern wirtschaftlich versklavt.

Die Vereinigung Europas ist nicht das Ende eines Prozesses, sondern nur eine Zwischenstufe im Plan des Krypto-Illuminatentums. Das, was immer angestrebt wurde, die Kontrolle des gesamten Planeten, rückt stetig näher. Und wieder ist es das Geld, das, wie jetzt die osteuropäischen Staaten, immer mehr Nationen in das Netzwerk der supranationalen Spinne treibt.

IX. NAFTA

Das im Jahre 1994 zwischen den USA, Kanada und Mexiko in Kraft getretene Freihandelsabkommen ist das »North American Free Trade Agreement« (NAFTA). Am 18. Juli 1993 schrieb Ex-Außenminister Henry KISSINGER (siehe **B. XVI.**) in der *Los Angeles Times* über das NAFTA folgendes: »Das, was der Kongreß vor sich haben wird, ist kein konventionelles Handelsabkommen, sondern die Architektur eines neuen internationalen Systems. . ., ein erster Schritt in Richtung einer neuen Weltordnung.« US-Präsident George BUSH Sen. (›Skull and Bones‹) hatte den Vertrag bereits am 12. August 1992 unterzeichnet.

Bis kurz vor dessen Ratifizierung durch den Kongreß (17. November 1993) schien es, daß sich auf Grund der ablehnenden Stimmung in der US-Öffentlichkeit eine Parlamentsmehrheit dagegen aussprechen werde. In nahezu letzter Minute gelang dem De-Molay-Freimaurer William (Bill) Jefferson CLINTON, der sowohl ROCKEFELLERS ›Council on Foreign Relations‹ als auch seiner ›Trilateralen Kommission‹ angehört(e), zwölf Abgeordnete zur Änderung ihres angekündigten Stimmverhaltens zu ›bewegen‹, indem ihnen *›perks‹* (›Vorteile‹) in Milliardenhöhe versprochen wurden. Ralph NADER, früherer Vertreter der Verbraucherschutzbewegung und Präsidentschaftskandidat der US-›Grünen‹, wies nach, daß unter den ›Vorteilen‹ an verschiedene Abgeordnete unter anderen folgende waren:

- sechs C-17-Transportflugzeuge,
- Rücknahme von bereits im Gesetzgebungsverfahren befindlichen Zigarettensteuern für North Carolina,
- Aussetzung eines geplanten Verbotes, Gemüse mit krebserzeugendem, die Ozonschicht zerstörenden Methylbromid zu bespritzen,
- Hinauszögern der Säuberung des Hafens von Boston,
- Gelder für neue Brücken, Handelszentren, Flugzeugträger und sonstiges.

Obwohl der Kongreß auf Grund des Eingriffs schließlich den Vertrag ratifizierte, war es für die amerikanische Öffentlichkeit ein weiteres Anschauungsbeispiel dafür, wie nachhaltig in den USA der ›demokratische‹ Prozeß gestört ist.

Das NAFTA soll nur die Vorstufe für ein ›Free Trade Agreement of the Americas‹ (FTAA), also eine Freihandelszone für den gesamten amerikanischen Kontinent sein (siehe **Anhang VIII**). Diese wiederum soll nach dem Willen der Drahtzieher der supranationalen Revolution dann mit der EU zum TAFTA (›Transatlantic Free Trade Agreement‹) zusammengeschmolzen werden. Ein Restproblem wäre danach ›nur‹ noch der eurasische und asiatische Raum, derweil Afrika seiner Selbstzerstörung überlassen wird.

Das NAFTA hat erstmalig eine neue nordamerikanische Freihandelskommission geschaffen, die umfassende Rechte hat, das Freihandelsabkommen auszulegen und anzuwenden sowie allgemeine Rechtsverordnungen und Anwendungsrichtlinien für den Handel und die ökonomische Entwicklung Nordamerikas in Kraft zu setzen. Sie verfügt über mächtige Vollstreckungsmechanismen und operiert wie eine Regierung, allerdings, wie die WHO (siehe **B. XI. 2.**), weitgehend *im geheimen* und ohne demokratische Rechenschaftspflicht. Es wurden Schiedsgremien eingerichtet, die mit willfährigen Technokraten besetzt sind, bemitleidenswerte Marionetten des Systems, die jedoch auf bestimmten Gebieten mehr Macht innehaben als gewählte Politiker nationaler Regierungen.

Ohne ausdrückliche Einladung haben weder Vertreter von Arbeit, Umwelt oder Kultur eine Möglichkeit, auf die Meinungsbildung dieser Marionettengremien einzuwirken. Sie beraten *im geheimen.* Nur die endgültig getroffene Entscheidung, also das *fait accompli,* wird veröffentlicht.

Die Kommission wurde mit mächtigen Mitteln ausgestattet, die nationale und regionale Regierungen davon abhalten sollen, Schutzgesetze und -maßnahmen gegen die neue NAFTA-›Regierung‹ durchzusetzen. Supranationalen Monopolisten wurde das Recht eingeräumt, nationale und regionale Gesetzgebung vor dem neu geschaffenen ›International Center for the Settlement of Investment Disputes‹ und damit auch bereits vorhandene Schutzgesetze anzugreifen. Mit dem NAFTA unvereinbare Aktivitäten nationaler und regionaler Regierungen können der Kommission direkt als Beschwerde unterbreitet werden, die ihrerseits dann gegen diese Regierungen mit Sanktionen vorgehen kann, seien es Strafzahlungen oder sonstige Handelsauflagen. Beispiel: Ein Mitgliedsland kann gegen ein anderes Mitgliedsland Beschwerde führen, daß seine Umwelt- oder Verbraucherschutzgesetze nicht den NAFTA-Regeln entsprechen. Praktisch kommt dies vor allem den supranationalen

Monopolunternehmen der USA zugute. Da deren Regierung gewissermaßen nur die *Kulisse* für die Schattenregierung des US-Ostküstenestablishments ist (siehe C.), hat dieses sich damit ein perfektes Werkzeug verschafft, zum Beispiel kanadische Gesetze zum Schutz von Kultur, Natur und Verbrauchern auszuhebeln und die Nivellierungswalze in Gang zu setzen.

- Das NAFTA hat hinsichtlich der Beschwerde unfairer Handelspraktiken nationale Gerichte verdrängt. Eine solche Beschwerde kann nur von NAFTA-Schiedsgremien verfolgt werden, deren Entscheidungen vor nationalen Gerichten nicht mehr angreifbar sind.
- Das NAFTA ermöglicht es supranationalen Monopolisten, sich frei auf den Gebieten der Mitgliedstaaten auszubreiten. Diese grenzenlose Freiheit umfaßt die Befreiung von nationalen Leistungsauflagen oder die Freiheit, Profite uneingeschränkt außer Landes zu schaffen.
- Das NAFTA befreit die supranationalen Monopolisten von der Auflage, ihre Unternehmungen auf die spezifischen Bedürfnisse der Nationen einzustellen oder ihnen Rechenschaft abzulegen. Jene können jetzt in einem politikfreien Raum ohne Handelshemmnisse und -zölle operieren. Sie sind völlig frei in ihren Entscheidungen hinsichtlich des Standortes ihrer Produktionsstätten, des Umfangs ihrer Forschung und ihrer Investitionen, der Anschaffung von Vorräten, des Schließens von Produktionsstätten, und zwar ohne jede Form der Rücksichtnahme auf die sozialen und sonstigen Belange von Gemeinschaften und der in ihnen lebenden Menschen.
- Das NAFTA öffnet die nationalen Telekommunikations- und Datenübertragungsmärkte und liefert sie den supranationalen US-Monopolen, allen voran AOL-Time Warner, wehrlos aus.
- Das NAFTA hat US-Unternehmen erstmals die Möglichkeit verschafft, ausländische Regierungen vor dem NAFTA-Schiedsgericht zu verklagen, falls diese Regierung ein Gesetz oder eine Maßnahme in Kraft setzt, wodurch die Gewinne oder der Ruf eines Unternehmens berührt werden, und zwar selbst dann, wenn ein Gesetz im Wege eines demokratischen Gesetzgebungsverfahrens zustande kam und Umwelt-, Sozial-, Gesundheits- oder Sicherheitsmaßnahmen betrifft (sog. ›investor State clause‹; Chapter 11).

Es gibt inzwischen einige Chapter-11-Angelegenheiten. Der erste Fall wurde von der ›Ethyl Corp.‹ in Virginia (USA) gegen Kanada angestrengt, als diese Nation einen grenzüberschreitenden Verkauf von MMT, das der kanadische Premierminister Jean CHRÉTIEN als gefährliches ›Neurotoxin‹ bezeichnete, gesetzlich untersagt hatte. Die Ethyl Corp. verklagte Kanada in Höhe von 350 Millionen Dollar wegen zukünftigen Gewinnverlustes. Statt die Sache vom NAFTA-Schiedsgericht entscheiden zu lassen, wo man ein Unterliegen befürchtete, hob Kanada das Importverbot im Juli 1998 auf, zahlte der Ethyl Corp. noch zusätzlich 20 Millionen Dollar für ihre ›Probleme‹ und entschuldigte sich darüber hinaus noch schriftlich, daß es keine wissenschaftlichen Belege dafür gebe, daß MMT eine Gefahr für die menschliche Gesundheit oder die Umwelt bedeute.

Der erste das Wasser betreffende Chapter-11-Prozeß wurde im Herbst 1998 von der ›Sun Belt Water Inc.‹ in Santa Barbara (USA) angestrengt. Wieder wurde Kanada zur Kasse gebeten, weil die Provinzregierung von British Columbia (Kanada) es im Jahre 1991 untersagt hatte, nicht abgefülltes Wasser zu exportieren. Dadurch seien ihr, ›Sun Belt Water Inc.‹, Gewinne aus einem vorher abgeschlossenen Importvertrag entgangen. Obwohl das Vertragsverhältnis von Sun Belt Water Inc. mit einem kanadischen Unternehmen namens ›Snowcap‹ und nicht mit der Provinz von British Columbia bestand, machte ›Sun Belt Water Inc.‹ geltend, daß das Exportverbot den NAFTA-Regeln widerspreche, und verklagte Kanada zu einem Schadensersatz in Höhe von 400 Millionen Dollar. Die klagende Gesellschaft hatte erkannt, daß das NAFTA ihr das Recht einräumte, die kanadische Regierungspolitik mitzubestimmen. »Durch das NAFTA sind wir an der nationalen Wasserpolitik Kanadas beteiligt worden«, erklärte der Vorstandsvorsitzende des klagenden US-Unternehmens. Verrückte neue Weltordnung! Im Schatten vom NAFTA steht die Masse der werktätigen Bevölkerung der Mitgliedsnationen. Eine Studie des angesehenen ›Economic Policy Institute‹ kam zu dem Ergebnis, daß durch das NAFTA etwa 900 000 Arbeitsplätze verlorengegangen sind und die Löhne weiter sinken werden.

In der durch das NAFTA geschaffenen ›Win-Or-Die‹-Realität werden nur noch die Unternehmen überleben, die aufhören, in nationalen Kategorien zu denken, und ständig auf dem Sprung sind, zu immer größeren Monopolen zu verschmelzen, um auf diese Weise die sich selbst regulierenden Kräfte eines funktionierenden Marktes zu zerstören.

Das NAFTA ist wie alle anderen Organisationen der supranationalen Zerstörer aber vor allem ein Demokratieproblem. Sobald die Interessen der Krypto-Illuminaten von nationalen Interessen abgekoppelt sind, werden nationale Regierungen daran gehindert, gemeinschaftsverpflichtetes Handeln durchzusetzen. Eine neue Form des Feudalismus ist so entstanden. Die supranationalen Feudalherren beuten immer dreister und ungehinderter die menschlichen Produktivkräfte dieser Welt aus, ohne auf deren ethnische, kulturelle und zivilisatorische Bindungen noch Rücksicht nehmen zu müssen.

Die Völker dieser Welt müssen ihre Nationen zurückerobern:

- Handel darf nur in einem Rahmen getätigt werden, der die Verbesserung der ökonomischen, sozialen und ökologischen Bedingungen der Nationen gewährleistet.
- Demokratisch gewählte Regierungen, nicht die Führungsetagen supranationaler Monopolunternehmen oder transnationaler Hochfinanz, müssen wieder den Umfang und die Zielsetzung des internationalen Handels bestimmen. Nationen dürfen in der Wahl ihrer Gesetze zum Schutz von Kultur, Natur, Ethnizität und Sozialgemeinschaft nicht eingeschränkt werden.
- Nivellierende Produktstandards müssen gebannt werden, um die rasch voranschreitende Zerstörung der Produktvielfalt aufzuhalten.
- Internationale Handelsbeziehungen müssen öffentlicher Rechenschaftspflicht und Mitwirkung unterliegen.

X. Federal Reserve

Die ›Federal Reserve Bank‹ (Fed) ist die im Jahre 1913 geschaffene Zentralbank der USA. Deren Gründung würde sich später im Vorfeld der Errichtung der UNO als ein nützliches Vehikel für die Krypto-Illuminaten erweisen. Im Gegensatz zu den Verhältnissen in Deutschland aber ist die US-Zentralbank keine öffentlich-rechtliche Einrichtung, sondern eine Gesellschaft privaten Rechts.

Vor dem Jahre 1913 gab es in den USA bereits die ›Bank of the United States‹ (1816 bis 1836), aber Präsident Andrew JACKSON legte am 10. Juli 1832 sein Veto gegen die Erneuerung der im Jahre 1836 ausgelaufenen Lizenz dieser Zentralbank ein, weil er meinte, die von den ROTHSCHILDS beherrschte Bank werde die Nation bedrohen. Er schrieb dazu: »Die kühnen Versuche, die die gegenwärtige Bank unternommen hat, um die Regierung zu kontrollieren, das Elend, das von ihr mutwillig herbeigeführt wurde, . . . ist nur eine Vorahnung des Schicksals, das das amerikanische Volk erwarten würde, sollte es durch Täuschung zu der Fortsetzung dieser Institution *oder einer entsprechenden Einrichtung* verführt werden.«

Im Jahre 1835, nachdem sein Veto bereits drei Jahre zurücklag, brachte JACKSON nochmals seine Abscheu gegenüber den internationalen Bankern zum Ausdruck: »Ihr seid eine Höhle von Giftschlangen. Ich beabsichtige, Euch in die Flucht zu schlagen, und bei Gott, ich werde Euch in die Flucht schlagen. Wenn das Volk nur die himmelschreiende Ungerechtigkeit unseres Geld- und Banksystems verstehen würde, dann gäbe es noch vor dem Morgengrauen eine Revolution«. (Archibald E. ROBERT, *Bulletin-Committee to Restore the Constitution*)

Daraufhin erfolgte ein erfolgloses Attentat auf JACKSON, worauf er zu seinem Vizepräsidenten Martin VAN BUREN sagte: »Die Bank, Herr VAN BUREN, versucht mich zu töten.« (Arthur M. SCHLESINGER Jr., *The Age of Jackson*)

Nach dem Ende der ›Bank of the United States‹ vergingen siebzig Jahre, bis die ROTHSCHILDS unter ihrem Agenten Paul WARBURG wieder kurz davor waren, das JACKSONsche Veto des Jahres 1832 aufzuheben. Paul WARBURG, der bereits im Jahre 1903 in der *New York Times Annual Financial Review* einen Artikel mit dem Titel »A Plan for a Modified Bank« (»Ein Plan für eine veränderte Bank«)

veröffentlicht hatte, war mit der Tochter von Solomon LOEB, dem Mitinhaber der New Yorker Investmentbank (Gegensatz: ›Commercial Bank‹) ›Kuhn, Loeb & Co.‹, verheiratet. Eine im Jahre 1907 kulminierende Serie von Bankzusammenbrüchen und -krisen zu Anfang des Jahrhunderts (insbesondere der Bankrott der ›Knickerbocker Trust Co.‹ und die Krise der ›Trust Company of America‹), verursachte in der Bevölkerung eine Panik, die von Woodrow WILSON und den hinter ihm wirkenden Kräften benutzt wurde, das ›Federal Reserve System‹ zu etablieren. Der Kongreßabgeordnete Charles A. LINDBERGH, der Held des berühmten Non-Stop-Transatlantikfluges der ›Spririt of St. Louis‹, ging sogar so weit festzustellen: »Der ›Moneytrust‹ verursachte die Panik von 1907 und zwang den Kongreß dadurch, eine ›National Monetary Commission‹ zu schaffen«.

Im November 1910 bestieg der Vorsitzende des Finanzausschusses des US-Senats Nelson ALDRICH, dessen Tochter mit John Davison ROCKEFELLER verheiratet und dessen Enkel Nelson Aldrich ROKKEFELLER war, einen Privatzug in Hoboken, New Jersey. Sein Ziel war Jekyll Island im US-Staat Georgia und dort ein privater Jagd-Club von J. P. MORGAN, dem ROTHSCHILD-Agenten für den Süden der USA. Im Zug befanden sich sechs weitere Männer, und zwar

- Benjamin STRONG, Präsident von MORGANS ›Banker Trust Company‹ (heute: Deutsche Bank AG),
- Charles NORTON, Präsident von MORGANS ›First National Bank of New York‹,
- Henry P. DAVISON, Partner von J. P. MORGAN (Henry P. DAVISON Jr.: ›Skull and Bones‹-Jahrgang 1920)
- Frank VANDERLIP, Präsident von KUHN-LOEBS ›National City Bank of New York‹,
- A. Piatt ANDREW, Stellvertretender US-Schatzminister,
- Paul WARBURG.
  (Frank VANDERLIP, »Farm Boy to Financier«, in *Saturday Evening Post* vom 9. Februar 1935)

Zu dem *geheimen* zehntägigen Treffen äußerte sich später der ebenfalls anwesende Mitverschwörer Frank VANDERLIP (siehe oben) in der *Saturday Evening Post* vom 9. Februar 1935 wie folgt: »Ich glaube nicht, daß es eine Übertreibung wäre, von unserer geheimen Expedition nach Jekyll Island als der Begebenheit zu sprechen, die zum tatsächlichen Konzept des ›Federal Reserve Systems‹ führte.«

Ziel dieses Vorhabens war es, eine Privatbank zu gründen, die die nationale Währung kontrollieren würde. Die konkrete Herausforderung war es, den Volksvertretern dieses Komplott ›zu verkaufen‹. Sobald die Krypto-Illuminaten Jekyll Island verlassen hatten, begannen sie mit einer gigantischen Werbekampagne. Sie schufen einen ›Erziehungsfonds‹ von 5 Millionen Dollar, um Professoren an ausgewählten Universitäten zu ›schmieren‹, damit sich diese über die geplante Zentralbank positiv äußern. Woodrow WILSON, der zu jener Zeit an der Universität von Princeton lehrte, war einer der ersten, der in ihr Horn blies. Ihr erster Versuch, bekannt als »ALDRICH-Gesetz« (»ALDRICH Bill«) schlug fehl und wurde sehr bald von einigen wachen Politikern als ›Banker's Bill‹ entlarvt. Der Kongreßabgeordnete Charles A. LINDBERGH sagte während der Kongreßdebatte: »Der ALDRICH-Plan ist ein Wall-Street-Plan. Er bedeutet eine weitere Panik, um die Menschen einzuschüchtern. ALDRICH, der durch die Regierung bezahlt wird, um das Volk zu repräsentieren, schlägt statt dessen einen Plan für die ›Trusts‹ vor.«

Zur Vermeidung einer weiteren Niederlage beschloß man eine Hinterlist: Der neue Gesetzesvorschlag würde den Namen »Federal Reserve Act« erhalten, um dessen wirkliche Natur zu verbergen. Es gab nur ein Problem: Der im Amt befindliche US-Präsident William TAFT hatte klargestellt, daß er gegen ein solches Gesetz sein Veto einlegen werde. Deshalb mußte sichergestellt werden, daß er nicht wiedergewählt würde. Da Theodore (›Teddy‹) ROOSEVELT, ihr Mann aus dem krypto-illuminierten ROOSEVELT-Clan, nicht die ›Primaries‹ (Vorwahlen) in der Republikanischen Partei für sich hatte entscheiden können, schwenkten sie zu ihrem Mann bei den Demokraten um. Dieser Mann war der Krypto-Illuminat Woodrow WILSON.

Sie versprachen WILSON, ihn in seinem Präsidentschaftswahlkampf zu unterstützen. Dieser verpflichtete sich im Gegenzug, das Gesetz als Präsident zu unterzeichnen. So werden in den USA noch heute Gesetze gemacht! Nachdem Woodrow WILSON zum Präsidentschaftskandidaten der Demokratischen Partei nominiert worden war, wurde die »ALDRICH Bill« in seinem Wahlprogramm verworfen. Die Demokratische Partei täuschte dem Volk vor, daß es keine Zentralbank geben werde, falls und während sie an der Macht sei. Es gab allerdings immer noch ein Problem: Umfragen ergaben, daß WILSON die Wahl in einem Zweier-Wahlkampf verlieren werde. Deshalb veranlaßte man ›Teddy‹ ROOSEVELT, die Republikanische Partei zu verlassen, und gründete kurzfristig die Progressive Party (»Bull Moose«), um mit ›Teddy‹ ROOSEVELT als Präsidentschaftkandidaten dieser neuen Partei die Stimmen des republikanischen Lagers nach der Methode CLINTON/PEROT/BUSH Sen. zu spalten. Der Coup gelang: Woodrow WILSON wurde gewählt.

Das »Federal-Reserve-Gesetz« wurde anschließend bis zum 22. Dezember 1913 zurückgehalten, bevor es im Repräsentantenhaus und im Senat eingebracht wurde. Am 22. Dezember 1913 um 23.00 Uhr wurde es dann verabschiedet. Viele der Abgeordneten und Senatoren, vermeintliche Diener ihres Volkes, hatten sich der Abstimmung ›wohlweislich‹ entzogen. Es war schließlich Weihnachten. Dagegen hatte noch am Morgen dieses Tages der Kongreßabgeordnete Charles A. LINDBERGH, der dagegen stimmte, wie folgt gewarnt:

»Dieses Gesetz etabliert den gigantischsten Trust der Welt. Wenn der Präsident dieses Gesetz unterzeichnet, wird die *unsichtbare Regierung* der Geldmacht legalisiert werden. . . Durch das Bankgesetz wird das schlimmste gesetzliche Verbrechen aller Zeiten verübt werden. Dieser himmelschreiende Akt von Verrat wurde in einem langen und bitteren Streit zwischen europäischen *Geldwechslern* und ehrlichen Politikern ausgetragen.«

Das Gesetz wurde von Woodrow WILSON, dem neuen Präsidenten der ›Geldwechsler‹, noch am 23. Dezember 1913 unterzeichnet. LINDBERGH bemerkte zum Abstimmungsverhalten der Kongreßabgeordneten und Senatoren: ». . .indem sie mit den (Bank) Interessen abgestimmt haben, um das Volk auszubeuten, ist ihre Wiederwahl sicherer, als wenn sie dem Volk, von dem sie gewählt wurden, gedient hätten. Dadurch, daß sie sich mit den Ausbeutern verbunden haben, sind ihre Wahlkampfausgaben bereits bezahlt, die Unterstützung der ›Maschinen‹ und der Monopolpresse ist gesichert, und, falls sie dennoch verlieren sollten, werden sie von ihnen in eine Position bestellt werden, die gleich oder sogar besser sein wird.« (Charles A. LINDBERGH sen., *Lindbergh on the Federal Reserve*)

Die Gründung der Federal Reserve war verfassungsmäßig bedenklich; denn in Artikel I, Abschnitt 8, Absatz 5 der US-Verfassung heißt es wie folgt: »The Congress shall have the Power to borrow money on the credit of the United States. . . and to coin money, regulate the value thereof, and of foreign coin, and fix the Standard of Weights and Measures.« (auf deutsch: »Der Kongreß soll die Macht haben, Geld auf Kredit der Vereinigten Staaten zu borgen,

. . . Geld zu drucken, dessen Wert zu regeln und den ausländischer Währungen und die Standards von Gewichten und Maßen festzulegen.« Nach Maßgabe des »National Recovery Act« kann der Kongreß diese Macht nicht delegieren, was mit dem »Federal Reserve Act« aber geschehen war.

Die Verfassungsmäßigkeit des legislativen Coups war freilich die geringste Sorge der siegreichen Akteure gewesen. Durch das Gesetz hatten sie ein gemischtes zweistufiges System geschaffen, das einerseits aus zwölf regionalen, privatrechtlich organisierten Federal Reserve Banken (Boston, New York, Philadelphia, Cleveland, Richmond, Atlanta, Chicago, St. Louis, Minneapolis, Kansas City, Dallas, San Francisco), darunter die ›Federal Reserve Bank of New York‹ federführend, und andererseits aus einem öffentlich-rechtlich geregelten, vom US-Präsidenten ernannten und durch den US-Senat genehmigten siebenköpfigen ›Federal Reserve Board‹ unter ihrem Vorsitzenden (heute: Alan GREENSPAN [CFR- und TK-Mitglied]) besteht. Der ›Federal Reserve Board‹ zusammen mit dem ›Federal Open Market Committee‹ (FOMC) kontrolliert das System. Das FOMC seinerseits besteht aus dem ›Board‹, dem Präsidenten der New York Fed und vier Präsidenten der sonstigen regionalen Fed-Banken, also praktisch ein System inzestöser Selbstkontrolle. Durch das ›Federal Reserve Board‹ wird unter anderen die sogenannte ›Prime Rate‹, der kurzfristige Zinssatz für Kredite an Banken, festgesetzt, der im Wege des ›*ripple effect*‹ (›Welleneffekts‹) supranationale Auswirkungen hat.

Im Jahre 1991 erschien ein Buch von Gary KAH mit dem Titel *En Route to Global Occupation* (›Auf dem Weg zur globalen Besatzung‹), in dem dieser behauptete, daß die »Class-A-shareholders« (»A-Klasse-Aktionäre«) der ›Federal Reserve Bank of New York‹ folgende Banken seien:

- ROTHSCHILD-Banken in London und Paris,
- Banken der Lazard Frères in Paris,
- Banken des Israel Moses SEIFF in Italien,
- Warburg Bank in Hamburg und Amsterdam,
- Investmentbank der Lehman Brothers in New York,
- Investmentbank Kuhn, Loeb & Co. in New York,
- Chase Manhattan Bank in New York (Hauptaktionär: David ROCKEFELLER),
- Investmentbank Goldman & Sachs in New York.

Diese Banken würden letztlich das Geldsystem der USA beherrschen.

Diese Behauptung wurde anschließend, obwohl alle Indizien dagegen sprachen, von Thomas SCHAUF (*The Federal Reserve*), Peter KERSHAW (*Economic Solutions*) und Jan VAN HELSING (*Geheimgesellschaften und ihre Macht im 20. Jahrhundert*) wiederholt. Letzteres in Deutschland erschienene Buch wurde von den in Deutschlands Amtsstuben und Gerichtssälen nicht auszurottenden Schreibtischtätern *beschlagnahmt* und dadurch auch verhindert, daß eine seriöse öffentliche Diskussion darüber erfolgen konnte.

Dabei hätte bereits ein erster Blick genügt, um die unwahren Behauptungen von KAH & Co. zu widerlegen; denn hinsichtlich der Aktien der ›Federal Reserve Bank of New York‹ gibt es keine Klassenunterschiede (sondern nur hinsichtlich der »Direktoren der Federal Reserve Bank«, 12 USCA § 282). Darüber hinaus können rechtlich nur inländische ›Commercial Banks‹ sowie ›S&L‹s (›Saving & Loan‹) mit Sitz in New York und nicht sogenannte ›Investment Banks‹ Aktionäre der ›Federal Reserve Bank of New York‹ sein, letzteres insbesondere eine Auswirkung des sog. »Glass-Stegall-Act«.

Von der Liste der KAH & Co. gab es daher nur *eine* Institution, die rechtlich überhaupt als Aktionär der ›Federal Reserve Bank of New York‹ in Betracht kam, und zwar David ROCKEFELLERS ›Chase Manhattan Bank‹. Alle anderen Institute waren entweder ausländischer Herkunft oder ›Investment Banks‹ (›Lehman Brothers‹, ›Kuhn, Loeb & Co.‹ und ›Goldman & Sachs‹).

Im übrigen sind die ›Commercial Banks‹ und ›S&L‹s mit Sitz in New York (etwa 1000) zwar entsprechend ihrer Kapitalausstattung an der New York Fed beteiligt, sie haben aber dennoch *rechtlich* nur jeweils eine Stimme. Dies heißt natürlich nicht, daß jede Stimme *faktisch* auch dasselbe Gewicht hat. Das Gegenteil dürfte richtig sein.

Ferner behaupten KAH & Co., daß die Gewinne des Federal Reserve Systems (im Jahr 1999: 26,2 Milliarden US $) über Dividenden an die von ihnen fälschlicherweise so bezeichneten ›Class-A-Aktionäre‹ der New York Fed ausgeschüttet würden. Auch dies ist unsinnig. Zum einen müßten, selbst wenn es diese Aktionäre überhaupt gäbe, dann zunächst die Gewinne des Systems an die New York Fed ›umgeleitet‹ werden, zum anderen aber wurden statistisch gesehen die Gewinne des Systems jährlich zu durchschnittlich etwa 95 % an die ›US Treasury‹ (US-Schatzamt) abgeführt.

Die Tatsache, daß die Behauptungen von KAH & Co. zum Federal

Reserve System im wesentlichen falsch sind, heißt jedoch nicht, daß die Krypto-Illuminaten nicht in der Lage wären, das Federal Reserve System *auf andere Weise* für ihre Zwecke zu nutzen. Es sind jedoch die üblichen Seilschaften, es ist der übliche Gestank.

In Wirklichkleit ist die New York Fed im Federal Reserve System eindeutig *prima inter pares;* denn sie ist sowohl hinsichtlich der Bilanz-Aktiva als auch bezüglich des Aktivitätsvolumens die bei weitem größte der Regionalbanken des Systems. Ihr Präsident sitzt, wie erwähnt, im FOMC. Nach einem Bericht dieser New York Fed waren ihre acht größten Mitgliedsbanken am 30. Juni 1997 folgende:

- Chase Manhattan Bank
- Citibank
- Morgan Guaranty Trust Company
- Fleet Bank
- Bankers Trust
- Bank of New York
- Marine Midland Bank
- Summit Bank.

Seitdem fusionierte unter anderen ROCKEFELLERS ›Chase Manhattan Bank‹, die im Jahre 1996 bereits die ›Chemical Bank‹ erworben hatte, im Jahre 2000 mit ›J. P. Morgan & Co. Inc‹. (jetzt: ›JPMorganChase‹), aus ›Citibank‹ wurde nach dem Erwerb von ›Associated First‹ die ›Citigroup‹, und die ›Deutsche Bank AG‹ erwarb ›Bankers Trust‹. Die Chase Manhattan Bank/JPMorganChase, die Citibank/Citigroup, J. P. Morgan und Bankers Trust sind/waren andererseits alle *›corporate members‹* (›institutionelle Mitglieder‹) des ›Council on Foreign Relations‹ (CFR). Darüber hinaus sind/waren ihre leitenden Angestellten stets auch persönlich CFR-Mitglieder (vgl. **Anhang I Tabelle IV**).

Der ROCKEFELLER-Clan und der MORGAN-Clan gehören, wie bereits dargelegt wurde, zu den Hochmeistern des Krypto-Illuminatentums. Seit langem ist niemand mehr US-Präsident geworden, der nicht Mitglied in ihrem ›Council on Foreign Relations‹ und/oder David ROCKEFELLERS ›Trilateraler Kommission‹ war. Der US-Präsident wiederum ist es, der die Mitglieder des ›Federal Reserve Board‹, eines der Kontrollorgane des Systems, benennt. Im anderen Kontrollorgan, dem ›Federal Open Market Committee‹ (FOMC), sitzt der Präsident der New York Fed. . . Wie gesagt, es ist der übliche Gestank der US-›Demokratie‹. Die ROCKEFELLERS ihrerseits seien, so heißt es, auf ewige Zeiten den ROTHSCHILDS verpflichtet; denn jene seien es gewesen, die anfänglich durch die ›National City Bank‹ in Cleveland den unaufhaltsamen Aufstieg von John D. ROCKEFELLER Sen. zum Ölmonopolisten (Standard Oil; heute: ExxonMobil) finanziert hätten.

Der Krypto-Illuminat Woodrow WILSON gab im übrigen lange nach seiner Unterzeichnung des »Federal-Reserve-Act« vor, diese Unterschrift bereut zu haben:

»I am a most unhappy man. I have unwittingly ruined my country. A great industrial nation is controlled by its system of credit. Our system of credit is concentrated. The growth of the nation, therefore, and all our activities are in the hands of a few men. We have come to be one of the worst ruled, one of the most completely controlled and dominated Governments in the civilized world, no longer a Government by free opinion, no longer a Government by conviction and the vote of the majority, but a Government by the opinion and duress of a small group of dominant men.«

Zu deutsch:

»Ich bin der unglücklichste Mann. Ich habe unwissentlich mein Land ruiniert. Eine große Industrienation wird durch ihr Kreditsystem kontrolliert. Unser Kreditsystem ist konzentriert. Das Wachstum der Nation und alle ihre Aktivitäten sind daher in den Händen einiger weniger Männer. Wir sind dahin gekommen, eine der am schlechtesten regierten, am umfassendsten kontrollierten und beherrschten Regierungen in der zivilisierten Welt zu sein, nicht länger eine Regierung der freien Meinung, nicht länger eine Regierung auf der Grundlage von Überzeugung und Mehrheitsvotum, sondern eine Regierung, die auf der Meinung und Nötigung durch eine kleine Gruppe herrschender Männer beruht.«

Und bei anderer Gelegenheit:

»Some of the biggest men in the United States in the field of commerce and manufacture are afraid of something. They know that there is a power somewhere so organized, so subtile, so watchful, so interlocked, so complete, so pervasive, that they had better not to speak above their breath when they speak in condemnation of it.« (Woodrow WILSON, *The New Freedom*, zitiert in: Archibald E. ROBERTS, *Bulletin-Committee to Restore the Constitution*)

Zu deutsch:

»Einige der größten Männer der Vereinigten Staaten auf dem Gebiet des Handels und der Produktion haben Angst vor etwas. Sie wissen, daß es dort irgendwo eine Macht gibt, so organisiert, so raffiniert, so wachsam, so in sich verflochten, so vollständig, so durchdringlich, daß sie besser nur flüstern, wenn sie sie verurteilen.« (Woodrow WILSON, *The New Freedom*, zitiert in: Archibald E. ROBERTS, *Bulletin-Committee to Restore the Constitution*)

Seit der Gründung des Federal Reserve Systems gab es immer wieder Versuche, es wieder zu beseitigen.

Am 23. Mai 1933, also zwanzig Jahre nach Verabschiedung des »Federal-Reserve-Act«, brachte der Kongreßabgeordete Louis M. MCFADDEN, langjähriger Vorsitzender des ›Bank- und Währungsausschusses‹ (›Banking and Currency Committee‹), im Kongreß den Antrag ein, ein Impeachment-Verfahren gegen die Vorstandsmitglieder der ›Federal Reserve Bank‹, den ›Controller of the Currency‹ und den ›Secretary of United States Treasury‹ wegen Verschwörung, Betrug und Verrat im US-Kongreß einzuleiten. Der Antrag wurde durch Auszüge aus mehreren der Reden unterlegt, die Louis M. MCFADDEN im Plenum des Repräsentantenhauses gehalten hatte. Seine Reden zur ›Fed‹ sind, obwohl allem heutigen Anschein nach inhaltlich nicht immer zutreffend, Dokumente von großer demokratischer Zivilcourage. Sie haben auszugsweise folgenden Inhalt:

»Herr Vorsitzender, wir haben in diesem Land eine der korruptesten Institutionen, die die Welt je erfahren hat. Ich beziehe mich auf den ›Federal Reserve Board‹ und die ›Federal Reserve Banks‹, nachfolgend als ›Fed‹ bezeichnet. Die Fed hat die Regierung der Vereinigten Staaten und das Volk der Vereinigten Staaten um genug Geld betrogen, um die Schulden der Nation auszugleichen. Die Plünderungen und der Frevel der Fed haben genug gekostet, um die Schulden der Nation mehrmals zu bezahlen... Diese satanische Institution hat die Menschen der Vereinigten Staaten verarmt und ruiniert, hat sich selbst und praktisch unsere Regierung in den Bankrott getrieben... Viele Menschen denken, daß die Federal Reserve Banken Institutionen der US-Regierung seien. Sie sind private Monopole, die dem Volk der Vereinigten Staaten zu ihrem eigenen Vorteil und dem Vorteil ihrer ausländischen Kunden nachstellen, es sind ausländische und inländische Spekulanten und Schwindler sowie reiche und raubende Geldverleiher. Unter dieser dunklen Bande von Finanzpiraten sind jene, die eines Mannes Kehle durchtrennen würden, um auch nur einen Dollar seinen Taschen zu entnehmen, dann jene, die Geld in die Staaten senden, um Stimmen zur Kontrolle unserer gesetzgebenden Körperschaften zu kaufen, dann jene, die ausländische Propaganda mit dem Ziel betreiben, uns mittels Betruges zu veranlassen, ihnen neue Konzessionen zu gewähren, die ihnen dann erlauben würden, die Vergangenheit zu verdunkeln, um dann abermals einen gigantischen Zug des Verbrechens in Gang zu setzen... Diese zwölf privaten Kreditmonopole haben sich durch europäische Banker diesem Land betrügerisch und illoyal angehängt und unsere Gastfreundschaft damit bezahlt, daß sie unsere Institutionen unterwanderten. Diese Banker nahmen Geld von diesem Land, um damit den Krieg zwischen Japan und Rußland zu finanzieren. Sie schufen in Rußland mit unserem Geld eine Schreckensherrschaft, um den Krieg voranzubringen. Sie zettelten einen Separatfrieden zwischen Deutschland und Rußland an und trieben auf diese Weise einen Keil zwischen die Alliierten des Weltkrieges. Sie finanzierten TROTZKIS Überfahrt von New York nach Rußland, damit er bei der Zerstörung des russischen Reiches helfen konnte. Sie haben die russische Revolution geschürt und angestiftet, sie stellten TROTZKI eine große Summe amerikanischer Dollars in eine ihrer Zweigstellen in Schweden zur Verfügung, so daß durch ihn russische Heime gründlich zerstört werden konnten und russische Kinder weit von ihren natürlichen Beschützern landeten... Die WILSON-Regierung, die unter der Vormundschaft jener finsteren Wall-Street-Figuren hinter Colonel HOUSE stand, hat hier in unserem freien Land die wurmzerfressene monarchische Institution der ›Bank des Königs‹ errichtet, um uns von oben bis unten und von der Wiege bis zum Grab zu kontrollieren... Wir müssen die Reserven unserer Nationalbanken unserem Volk zuführen, das sie verdient und produziert hat und dem diese Reserven und die Banken, die zu deren Auslieferung an räuberische Interessen gezwungen wurden, gehören... Sie eignen sich den öffentlichen Kredit der Regierung der Vereinigten Staaten an und machen damit Profit... Die Regierung und das Volk der Vereinigten Staaten wurde von Luxus-Schwindlern hereingelegt. Sie sind mit dem Kredit und der Unterschrift dieser Regierung zu den Schwindlern und Spekulanten aller Nationen hausieren gegangen. Das passiert, wenn ein Land seine Verfassung aufgibt und seine

Währungshoheit privaten Interessen ausliefert... Werden Sie diese Diebe einfach so davonkommen lassen? Gibt es ein Gesetz für den Plünderer, der mit seiner Limousine vor dem Schatzamt der Vereinigten Staaten vorfährt, und ein anderes für den Veteran der Vereinigten Staaten, der auf dem Boden eines verwahrlosten Hauses am Rande Washingtons schläft?... Herr Vorsitzender, als die Fed verabschiedet wurde, erkannte das Volk der Vereinigten Staaten nicht, daß... dieses Land seine finanzielle Macht einem ›internationalen Superstaat‹ übertragen würde, einem Superstaat, der von internationalen Bankiers im Zusammenwirken mit internationalen Industriellen kontrolliert wird, um die Welt zu ihrem eigenen Vergnügen zu versklaven... Die Plünderung der Vereinigten Staaten durch die Fed ist das größte Verbrechen der Geschichte... Herr Vorsitzender, die Fed hat angeboten, die *britischen* Forderungen in voller Höhe von der amerikanischen Öffentlichkeit durch List und Korruption zu kassieren, falls *Großbritannien* dabei hilft, seine Verbrechen zu verbergen. Die Briten beschützen ihre Agenten, die Fed, weil sie nicht wollen, daß ihr räuberisches System zerstört wird. Sie wollen es zu ihrem Nutzen fortführen! In diesem Sinne ist Großbritannien zur finanziellen Geliebten der Welt geworden. Es hat die Position zurückgewonnen, die es vor dem Weltkrieg innehatte. Während einiger Jahre war es der stille Partner der Fed... Im Verborgenen haben die räuberischen internationalen Bankiers insgeheim die Schulden der Fed auf das Schatzamt des Volkes und von diesem auf das Volk selbst übertragen... ROOSEVELT tat, was die internationalen Banker ihm befahlen... Täuschen Sie sich nicht selbst, Herr Vorsitzender, oder erlauben Sie es sich nicht, von anderen in dem Glauben getäuscht zu werden, daß ROOSEVELTS Diktatur in irgendeiner Weise beabsichtigt, dem Volk der Vereinigten Staaten zu nützen: Er ist bereit, über der gestrichelten Linie zu unterzeichnen! ROOSEVELT befahl dem Volk, sein Gold privaten Interessen zu übergeben... ROOSEVELT hat sich den Wucherern verschrieben. Er willigte ein, die Korrupten und Unehrlichen auf Kosten des Volkes der Vereinigten Staaten zu retten. Er machte sich die Verwirrung und Ermüdung des Volkes zu Nutzen und verbreitete ein Schleppnetz über die Vereinigten Staaten, um alles von Wert, was noch übrig war, zu kassieren. Er machte für die internationalen Banker einen großen Fang... Ich bin mir der internationalen Banker sehr bewußt, die mit ihren Limousinen vor dem Schatzamt der Vereinigten Staaten vorfahren und auf die Mitglieder des Kongresses mit

Hohn niederblicken, weil wir für sowenig arbeiten, während sie Millionen pro Jahr verdienen. Der Unterschied ist nur, daß wir es verdienen oder versuchen, es zu verdienen, während sie den größten Teil ihrer Einnahmen stehlen.«

Louis T. McFadden starb am 3. Oktober 1936. Als Todesursache wurde »plötzlicher Tod infolge Herzversagens« angegeben. *Pelley's Weekly* schrieb am 14. Oktober 1936: »Jetzt, da dieser amerikanische Patriot von echtem Schrot und Korn dahingegangen ist, kann offengelegt werden, daß nicht lange nach seinen öffentlichen Äußerungen gegen die besitzergreifende Machtelite unter seinen Vertrauten bekannt wurde, daß er zwei Mordanschläge erlitten hatte. Der erste Anschlag kam in Form von zwei Revolverschüssen, die auf ihn aus dem Hinterhalt abgegeben wurden, als er gerade vor einem der Hotels der Hauptstadt aus einem Taxi ausstieg. Glücklicherweise verfehlten die Kugeln ihr Ziel und schlugen in die Karosserie des Taxis ein. Das zweite Mal wurde er schwer krank, nachdem er an einem Essen auf einem politischen Bankett in Washington teilgenommen hatte. Sein Leben konnte nur durch die Anwesenheit eines befreundeten Arztes gerettet werden, der der Krankheit, die im nachhinein als Vergiftung bezeichnet wurde, mit einem sofortigen Auspumpen des Magens und einer Notfallbehandlung begegnete.«

XI. Bretton-Woods-Organisationen

Die Geburtsstunde der supranationalen Marktwirtschaft, deren zerstörerische Kräfte erst im Wege eines Synergieeffektes den Erfolg der Krypto-Illuminaten möglich machen (siehe: **A.**: Vorwort), liegt mehr als ein halbes Jahrhundert zurück. Der entscheidende Augenblick war die berüchtigte Konferenz von Bretton Woods vom 1. bis 22. Juli 1944.

Der ideologische Einpeitscher auf der Eröffnungssitzung war das Alter-Ego von US-Präsident Franklin D. ROOSEVELT, der ›US-Secretary of the Treasury‹ Henry C. MORGENTHAU Jr., der bei anderer Gelegenheit die Totalagrarisierung Deutschlands forderte und dafür mitverantwortlich war, daß in den ersten fünf Nachkriegsjahren über neun Millionen (9 000 000) Deutsche durch Aushungerung und Vertreibung systematisch den Tod fanden (James BACQUE, *Der geplante Tod* sowie *Crimes and Mercies*).

Im Gegensatz zur christlichen Religion propagierte Henry MORGENTHAU Jr. die Totalausrichtung des Menschen auf das Materielle. Er lockte die Teilnehmer damit, das »elementare ökonomische Axiom. . . , daß Wohlstand keine festen Grenzen hat«, zu umarmen. Wohlstand sei »keine endliche Substanz, die durch Teilung abnimmt«.

Die irrationalen Verheißungen MORGENTHAUS auf unbegrenzten Wohlstand wirkten vor Kriegsende auf die Teilnehmer wie eine Droge. Durch die gezielte Verabreichung dieser Droge gelang es ihm, einige absurde ökonomische Thesen zu institutionalisieren, die seit Bretton Woods das ideologische Gerüst der supranationalen Zerstörung geworden sind.

Es sind vor allem zwei der den MORGENTHAU-Thesen zugrunde liegenden Hypothesen, die einfachsten Gesetzen der Logik widersprechen, und zwar daß

- es in einer endlichen Welt ein unendliches Wohlstandspotential gebe, und
- von Wirtschaftswachstum und unreguliertem Welthandel alle profitieren würden.

Am Ende der Konferenz von Bretton Woods war das Fundament für GATT (›General Agreement on Tariffs and Trade‹) gelegt. Der Internationale Währungsfonds (IWF) sowie die Weltbank wurden gegründet, also jene ›drei Säulen« des supranationalen Geldsystems, die später gemeinsam die institutionelle Speerspitze der zivilisatorisch-kulturellen Zerstörung bilden würden.

Durch »strukturelle Anpassungsprogramme«, wie diese neokolonialistischen Zerstörungsprogramme verschleiernd bezeichnet wurden, haben der IWF und die Weltbank die Nationen gezwungen, ihre Grenzen zu öffnen und ihre Volkswirtschaften von einer mannigfaltigen Produktion der lokalen Selbstversorgung in eine exportorientierte Produktion des supranationalen Marktes umzuwandeln. Handelsabkommen wie GATT verstärkten diesen Druck, indem sie einerseits mehr und mehr freien Waren- und Kapitalfluß erlaubten und andererseits die nationalen Kontrollen transnationaler Gesellschaften ständig verringert wurden. »Regierungen sollten sich so wenig wie möglich in den Handel einmischen«, sagte Peter SUTHERLAND, früherer GATT-Direktor und Vorsitzender der europäischen Sektion von ROCKEFELLERS »Trilateraler Kommission« (siehe **B.V.**), am 3. März 1994 im Rahmen einer Rede in New York City, einer der momentanen Hauptstädte des Krypto-Illuminatentums. Das *Wall Street Journal*, neben der *New York Times* das wichtigste Verlautbarungsorgan des US-Ostküstenestablishments, war noch direkter. Nachdem GATT unterzeichnet worden war, kommentierte das *WSJ*: »Der Hauptzweck von GATT ist, die Regierung aus dem Weg zu räumen, so daß Unternehmen Rechtsordnungen (d. h. nationale Grenzen) einfach überwinden können.«

In der Philosophie der Krypto-Illuminaten ist der Globus nur ein gemeinsamer Markt von Arbeit und Kapital. Nationale Gesetze, die ökonomisches Allgemeinwohl, demokratische Mitbestimmung, Gesundheit und Sicherheit der Bürger sowie ökologieverträglichen Ressourcenverbrauch regeln, sind nur Hindernisse im Schlaraffenland des unbegrenzten Profits. Mannigfaltigkeit der Kulturen, Vielfalt der Meinungen als wesentlicher Bestandteil wahrer Demokratie und Verschiedenheit der ethnischen Identität der Völker sind für sie Mauern, die es niederzureißen gilt.

Das GATT besteht nicht nur in der Überwindung nationaler Grenzen und Rechtsordnungen, die transnationalen Monopolisten werden vor allem auch in die Lage versetzt, nicht nur sich selbst, sondern mehr und mehr den gesamten Handel zu kontrollieren, also gerade die Funktionen zu übernehmen, deren die nationalen Regierungen beraubt wurden. Dies aber ist der Weg in die absolute Plutokratie, in einen Totalitarismus, der in etwa so aussehen könnte, wie ihn Aldous HUXLEY in dem Vorwort zu seinem Buch *Schöne neue Welt* beschreibt:

»Es gibt natürlich keinen Grund, warum der neue Totalitarismus dem alten gleichen sollte. . . Ein wirklich effizienter totalitärer Staat wäre ein solcher, in dem die allmächtige politische Klasse und ihre Verwaltungsarmee eine Bevölkerung von Sklaven kontrollieren würde, die nicht gezwungen werden müßten, weil sie ihre Knechtschaft lieben.«

Im supranationalen System ist es der Konsum, der die entmündigten Völker ihre Knechtschaft lieben machen soll. Das GATT beraubt die Völker tatsächlich ihres Schutzes gegen die Übermacht des transnationalen, unregulierten Kapitals. Die Regulierung des Handels zum Schutze von Umwelt, Gesundheit oder zu anderen sozialen Zwecken wird auf ein Minimum eingeschränkt, die Rechte der arbeitenden Bevölkerung einschließlich des Verbots von Kinderarbeit werden eher als störendes Hindernis im supranationalen Handel vernachlässigt. Auf der anderen Seite wird das Recht des transnationalen Monopolkapitals, in jedem Mitgliedsland des GATT frei zu investieren, gestärkt.

Mit anderen Worten: Die Schwachen werden noch schwächer gemacht, ihnen werden selbst die rudimentären demokratischen ›Als-Ob-Rechte‹, die sie sich teilweise über Jahrhunderte erfochten hatten, wieder abgenommen, und die ohnehin Starken werden weiter gestärkt. Dies gilt vor allem seit den GATT-Verhandlungen im Rahmen der Uruguay-Runde im Jahre 1986.

1. GATT

Das **GATT**, die erste Bretton-Woods-Säule, ist technisch gesehen keine Organisation, sondern ein Vertragswerk über den Welthandel. Praktisch der gesamte Handel zwischen Ländern der ›freien Welt‹ wird durch die Unterzeichner der GATT-Abkommen beherrscht. Dies entspricht etwa 90 Prozent des gesamten Welthandels. Das GATT-Vertragswerk wird durch drei fundamentale Prinzipien bestimmt:

- Das erste GATT-Prinzip ist das der ›*Nichtdiskriminierung*‹, wonach grundsätzlich ein Beitrittsland seine Freiheit aufgibt, die Importe von Unternehmen einer Nation gegenüber den Importen von Unternehmen einer anderen Nation zu diskriminieren.

- Das zweite wesentliche GATT-Prinzip ist das der ›*Reziprozität*‹. Danach kann ein Mitgliedsland, das seine Importzölle gegenüber einem anderen Mitgliedsland vermindert, von diesem fordern, dasselbe zu tun. Die anderen GATT-Mitglieder sind dann gezwungen, dieselben Konzessionen einzugehen, wodurch eine Spirale des Abbaus von nationalen Schutzmechanismen geschaffen wird.
- Das dritte GATT-Prinzip ist jenes der ›*Transparenz*‹, das die Nationen zwingt, nichttarifliche Handelsbarrieren wie zum Beispiel Importquoten durch Importzölle zu ersetzen, da diese leichter zu überwachen sind, was wiederum hinsichtlich des von GATT vorgesehenen Abbaus nationaler Schutzmaßnahmen von überragender Bedeutung ist.

Durch das GATT wurden international verbindliche Regeln geschaffen, inwieweit ›unabhängige‹ Länder in den Handel eingreifen können. Nach den Regeln der Welthandelsorganisation (siehe unten), der GATT-Ausführungsorganisation, sind nationale Gesetze untersagt, die bedeutende Subventionen für Energieeinsparung, Selbstversorgungslandwirtschaft und umwelterhaltende Technologien regeln. Selbst Maßnahmen, die unterhalb der Schwelle »bedeutende Subventionen« liegen, dürfen nur so geregelt werden, daß sie die »am wenigsten handelseinschränkenden« Maßnahmen sind, und zwar unabhängig davon, ob sie politisch sinnvoll oder machbar sind. In diesem Zusammenhang könnte zum Beispiel ein Gesetz, das den Export roher Baumstämme verbietet, um die Abforstung der Wälder zu verlangsamen, untersagt sein, weil es den Handel in hohem Maße einschränkt.

Die Regel des GATT, wonach allen Unternehmen der Mitgliedstaaten gleiche Behandlung gewährt werden muß, hat zum Beispiel zur Konsequenz, daß nationale Regierungen solche Unternehmen, die seit jeher mit einer Region oder einer Gemeinschaft verbunden sind, nicht mehr bevorzugt im Rahmen der Vergabe staatlicher Aufträge behandeln dürfen, ein weiteres Mittel zur Zerschlagung lokaler Gemeinschaftsstrukturen.

Darüber hinaus wurden auch nichttarifliche nationale und lokale Handelshindernisse (sprich: Schutzmaßnahmen) durch die Einführung industriespezifischer internationaler Standards weitgehend blockiert. Jede Mitgliedsnation hat diese Standards einzuhalten, um nicht als ›illegales Handelshindernis‹ beurteilt zu werden. Der daraus resultierende Mechanismus ist folgender: Europäische Krypto-Illuminaten greifen amerikanische Schutzgesetze an, japanische Krypto-Illuminaten greifen europäische Schutzgesetze an, und amerikanische Krypto-Illuminaten greifen japanische Schutzgesetze an. Die Völker aber werden immer schutzloser.

Von Anfang bis Ende waren alle Freihandelsabkommen so geplant, daß die von ihnen betroffenen Völker von jeder Mitsprache ausgeschlossen werden. Die Handelsvereinbarungen wurden *im geheimen* ausgehandelt. Durch eine Vielzahl von Unterbrechungen während der achtjährigen Uruguay-Runde zogen sich regelmäßig kleine, in Diensten der supranationalen Revolution stehende Cliquen der mächtigsten Industrienationen in ›grüne Räume‹ zurück, machten dort den ›Deal‹ unter sich aus, um ihn dann den anderen, schwächeren Mitgliedstaaten aufzuzwingen. Auf US-amerikanischer Seite brüsteten sich supranationale Revolutionäre wie Pfizer, IBM, DuPont (siehe **B. XIV.**) und General Electric wegen ihrer »engen Verbindung mit den US-Handelsbeauftragten und dem Handelsministerium«, die dem von ihnen gebildeten ›Intellectual Property Committee‹ (IPC) ermöglicht habe, die Vorschläge und Verhandlungspositionen der USA zu bestimmen.

Auch nach den abgeschlossenen GATT-Verhandlungen wurde die *Geheimhaltung* fortgesetzt. Kopien des GATT-Textes waren selbst in englisch lange Zeit nicht erhältlich, die japanische Übersetzung erschien erst mit mehrjährigem Verzug und nur wenige Tage vor der Ratifizierung durch die japanische Diet. Parlamente anderer Staaten ratifizierten sogar, ohne daß eine Übersetzung in ihre jeweilige Nationalsprache existierte. Selbst wenn aber eine solche Übersetzung vorgelegen hätte, war der GATT-Text so undurchsichtig und komplex abgefaßt worden, daß die intellektuelle Mittelmäßigkeit in den Marionettenparlamenten der Mitgliedstaaten den wahren teuflischen Mechanismus kaum erkannte und hilflos den die Ratifizierung begleitenden Propagandakampagnen der supranationalen Revolution unterlegen war. Parlamente wurden degradiert zu reinen Ja-Sager-Automaten ähnlich jenen absurden Institutionen, die uns aus der kommunistischen Zeit noch hinreichend bekannt sind.

Trotz aller Geheimhaltungs-, Verschleierungs- und Vernebelungstaktiken der supranationalen Akteure gab es in den USA und anderen Ländern massive Widerstände von Bürgerorganisationen gegen das GATT. In den USA, wo Meinungsumfragen stets eine mehrheitliche Ablehnung der Bürger ergaben und praktisch alle Bürgerorganisationen dagegen Sturm liefen, wurde das GATT dennoch ratifiziert. Auf den Philippinen hatte sich die katholische Kirche der Opposition gegen das GATT angeschlossen, aber der philippinische Senat ratifizierte dennoch. In Spanien mußte die Abstimmung wegen anhaltender massiver öffentlicher Opposition immer wieder hinausgeschoben werden und wurde schließlich, indem die Federal-Reserve-Methode angewandt wurde (siehe **B. X.**), in einer Nacht-und-Nebel-Aktion an Heiligabend durch ein Rumpfparlament ›abgesegnet‹. In Belgien verschafften sich aufgebrachte Bürger Zutritt zum Parlament und mußten von der Polizei entfernt werden, bevor die Ja-Sager dem ›Council on Foreign Relations‹ und anderen ROKKEFELLER-Organisationen gefällig werden konnten.

Das GATT ist auch aus ökologischer Sicht abzulehnen. Es ist ökologisch nicht vertretbar, ›Wirtschaftswachstum‹ undifferenziert nach dem Gießkannenprinzip zu fördern. Allgemein steht die Zunahme von Wirtschaftstätigkeit und wirtschaftlicher Produktion in einem Zielkonflikt zum Umweltschutz. Entwicklungsländer mit großem Bevölkerungswachstum und unterentwickelter Industrie- und Infrastruktur brauchen zwar ein Wachstum ihrer wirtschaftlichen Tätigkeit, wenn sie ihre Bevölkerungen nicht in bodenloses Elend fallen lassen wollen, anders stellt sich das Problem jedoch für die hochindustrialisierten Länder des Nordens dar. Dort ist allenfalls Bevölkerungswachstum noch durch den Import Landfremder auszumachen. In der industrialisierten Welt müßte ohne diesen unnatürlichen Import die Losung daher nicht ›Wachstum‹, sondern ›Stabilität‹ heißen. Andererseits wird selbst von GATT-Befürwortern zugegeben, daß die GATT-›Wachstumsimpulse‹ vor allem in den hochindustrialisierten Staaten erzielt werden. Für die Entwicklungsländer fallen allenfalls einige Brosamen ab. Das GATT ist also ein Instrument dafür, daß die Kluft zwischen den eher verschwenderischen materiellen Verhältnissen in den Industrieländern des Nordens und der Armut in den Entwicklungsgebieten des Südens eher noch vertieft wird, mit allen wirtschaftlich und politisch nachteiligen Folgen wie *verstärkter Migration von Süden nach Norden,* Bevölkerungskonzentrationen, *Überfremdung*, Entwurzelung und Umweltzerstörung.

Die weitere Anheizung des Wachstums von Bevölkerung und Wirtschaftstätigkeit in den ohnehin hochindustrialisierten Staaten des Nordens ist aber nicht der einzige ökologische Nachteil, der durch das GATT verursacht wird. Ein vermeintlicher Vorteil vom GATT, so heißt es, sei die internationale Arbeitsteilung und die Spezialisierung der Nationen in der Art ihrer Wirtschaftstätigkeit. Daraus soll sich angeblich eine größere ökonomische Effizienz ergeben. Die internationale Entmischung der verschiedenen Wirtschaftszweige werde dadurch gefördert werden. In dieser Logik würde eine Welt entstehen, in der die USA Hollywood-Filme, die Deutschen Automobile, die Schweizer Uhren, die Japaner Unterhaltungselektronik, die Franzosen Frauenmode, die Italiener Herrenmode, die Chinesen Textilien, die Russen Panzer, die Brasilianer Kaffee, die Nigerianer Erdnüsse, die Inder Baumwolle und die Kanadier nur noch Weizen produzieren. Unabhängig von den wirtschaftlichen und politischen Nachteilen wird auf diese Weise die Entstehung geographischer, regionaler und nationaler Monokulturen begünstigt.

Eine weitere ökologisch schwerwiegende Folge einer solchen Politik ist das Anschwellen der Warentransportströme. Es besteht die Gefahr der Verschmutzung der Weltmeere durch Schiffstransporte von Erdöl, giftigen Chemikalien und Halbfabrikaten sowie der Erdatmosphäre durch einen wachsenden Luftfrachtverkehr. Die größte ökologische Gefahr besteht jedoch darin, daß mit solchen internationalen Abkommen nationale Umweltschutzgesetze abgeschwächt werden. Umweltschutzmaßnahmen werden mit dem »erpresserischen« Argument unterlassen, daß man sonst »auf dem Weltmarkt nicht mehr wettbewerbsfähig« sei und daß für den Fall hoher Umweltschutzkosten der wirtschaftliche Druck zur Auslagerung von Industriebetrieben steige und damit Arbeitslosigkeit drohe. Catch 22! Die supranationale Clique hat uns, den Völkern, vorgemacht, wie durch internationale Abkommen jede unbequeme nationale Gesetzgebung unterwandert und in ihrer Wirksamkeit außer Kraft gesetzt werden kann.

2. Welthandelsorganisation (WHO)

Die **Welthandelsorganisation (WHO)** ist die GATT-›Ausführungsorganisation‹.

Das Streitschlichtungssystem der WHO ist ein Mechanismus, der die Kontrolle über nationale ›demokratische‹ Regierungen sichern soll. Die WHO hat sowohl die legislative als auch die judikative Macht, solche nationalen Gesetze als ›*trade restrictive*‹ (›handelseinschränkend‹) anzugreifen, die nach ihrer Ansicht im Widerspruch zu den WHO-Regeln stehen.

Streitigkeiten werden nicht demokratisch durch gewählte Abgeordnete oder nationale Gerichte entschieden, sondern durch *geheime*, von Außenhandelsbürokraten besetzte Dreier-Gremien. Die Entscheidung des Gremiums ergeht mit dem Ziel weltweiter Konformität. Eine Nation, die es unterläßt, sich dem Konformitätszwang dieser Entscheidung zu beugen, sieht sich andauernden Handelssanktionen und Strafen ausgesetzt. Nur nationale Mitglieder können an dem geheimen Prozeß der Streitschlichtung teilnehmen, nicht jedoch Regierungsmitglieder von Bundesstaaten oder sonstigen Gebietskörperschaften. Hinsichtlich der Entscheidungsgremien gilt nicht der Grundsatz der Unparteilichkeit oder das Verbot des Interessenkonflikts. Alle Dokumente, Abschriften und Verfahrensunterlagen sind *geheim*. Medien und Bürger sind von dem Verfahren ausgeschlossen. Es gibt keine Möglichkeit, die Entscheidung dieser geheimen Gremien anzufechten oder sie im nachhinein der Öffentlichkeit bekannt zu machen. Die WHO-Vorschriften stellen darüber hinaus sicher, daß die Schiedsgremien fast nur von Personen besetzt sind, die dem transnationalen Handel gegenüber positiv eingestellt sind.

Die Regeln der WHO, die keine Minimalanforderungen für Umweltschutz, Arbeitsrechte, Sozialprogramme und kulturelle Diversität enthalten, sind bereits wiederholt benutzt worden, um nationale Schutzgesetze zu beseitigen. Vor einigen Jahren wurden beispielsweise US-Gesetze, die die bedrohten asiatischen Seeschildkröten vor Garnelennetzen und Delphine vor Schleppnetzen schützen sollten, durch die WHO beseitigt. Und mit jeder umweltbetreffenden WHO-Entscheidung werden auf Grund des ›Case-Law‹-Effekts nationale Umweltgesetze immer mehr abgeschwächt. Renato RUGGIERO, der frühere WHO-Generalsekretär, hat eingeräumt, daß die Umweltstandards der WHO »zum Scheitern verurteilt sind und das globale Handelssystem nur schädigen« würden. Und ein anderer WHO-Offizieller wurde im April 1998 in der *Financial Times* wie folgt zitiert: »Die WHO ist der Ort, wo Regierungen *im geheimen* mit ihren nationalen ›*pressure groups*‹ im Streit liegen.«

Ein Vergleich der alten GATT-Vorschriften und der erst kürzlich geschaffenen WHO offenbart die Drahtzieher hinter den Machenschaften. Die in diesen Vorschriften klar erkennbare Tendenz ist die Störung, wenn nicht sogar die *Unterbindung*, des *demokratischen Prozesses*. Zukünftige Mitglieder der Welthandelsorganisation müssen zu allen ihren Bedingungen Ja und Amen sagen, so daß insbesondere für kleinere Länder die Beitrittsfrage auf eine Wahl zwischen Pest oder Cholera hinausläuft. Mit dem Beitritt werden gleichzeitig laufende Verhandlungen hinsichtlich WHO-Zusatzbestimmungen abgesegnet, ohne daß es nochmals einer demokratischen Legitimierung bedarf. Nationale Gesetze müssen den einmal ratifizierten WHO-Vorschriften entsprechen, das heißt, auf Grund ihrer Höherrangigkeit müssen bestehende nationale Gesetze den in diesen Abkommen enthaltenen Vorschriften, soweit sie diesen widersprechen, angepaßt werden. Mit anderen Worten: ›Demokratisch‹ gewählte Parlamente unterliegen einem gesetzgeberischen Anpassungszwang. Die Entscheidungen der WHO-Schiedsgremien werden automatisch für alle Staaten bindend, es sei denn, es erfolgt ein Widerspruch binnen einer Frist von 90 Tagen.

Auch zukünftige Gesetze, die eine nationale Regierung erläßt, müssen mit den ratifizierten Vorschriften des WHO-Abkommens vereinbar sein, das heißt, jeder Parlamentarier des Bundestages oder der Landtage ist gewissermaßen gezwungen, die antidemokratischen WHO-Vorschriften, die die Ziele der supranationalen Revolution vertreten, zu verinnerlichen. Er wird im Grunde dadurch schon im Vorfeld notwendiger protektionistischer Entscheidungen gezwungen, diese gerade nicht auf den Weg zu bringen und damit die Interessen seiner Nation und seines Volkes zu verraten. Alles das hat freilich nichts mit Demokratie zu tun, soweit sie in manchen Nationen als sogenannte repräsentative ›Als-Ob-Demokratie‹ vorhanden ist. GATT und WHO sind vor allem dafür verantwortlich, daß

- Bürger zu Konsumenten degradiert,
- Regierungen und Gewerkschaften im Wege einer ›feindlichen Übernahme‹ entmachtet,
- Gesundheits-, Ökologie- und Arbeitsplatzstandards gesenkt,
- Arbeitsplätze leichter in Billiglohnländer exportiert,
- Löhne deshalb leichter nach unten hin ›angepaßt‹ und
- nationale Kulturen und Zivilisationen weltmarktkonform ›nivelliert‹

werden können.

3. Internationaler Währungsfonds (IWF)

Der **Internationale Währungsfonds** (IWF) ist die zweite Bretton-Woods-Säule. Er wurde geschaffen, um, basierend auf dem US-Dollar und gekoppelt mit einer festen Goldpreisgarantie, stabile Wechselkurse zwischen den westlichen Handelsnationen zu gewährleisten, aber selbst führende Währungen wiesen in der Vergangenheit starke Schwankungen auf.

Das System brach am 15. August 1971 zusammen, als NIXON ›das Goldfenster schloß‹, das heißt, als die USA es ablehnten, ihrer in Bretton Woods übernommenen Verpflichtung, die Unze Gold zum Fixpreis von 35.00 US-Dollar zu kaufen und zu verkaufen (sogenannte ›Dollar-Goldkonvertibilität‹), weiter nachzukommen. Damit hatte der IWF seine ursprüngliche Funktion als internationalen Währungshüter verloren, und er hätte unauffällig begraben werden sollen. Aber Bürokratien finden bekanntlich nach dem sogenannten PARKINSONschen Gesetz Mittel und Wege, unter gesuchten Vorwänden weiter zu existieren.

Der IWF, der zu jenem Zeitpunkt noch auf einem Haufen Geld (d. h. Steuergeldern der ›Ersten Welt‹) saß, suchte und fand für sich eine neue Funktion: Er drängte sich nunmehr sogenannten ›Problemländern‹ als Beratungsagentur auf, wobei in aller Regel neben dieser aufgedrängten Beratungstätigkeit auch stark subventionierte Niedrigstzinskredite gegen politische Kreditauflagen vergeben wurden. Trotz dieser häufig politisch knebelnden Auflagen (etwa Steuererhöhungen, Schaffung ›investitionsfreundlicher‹ Bedingungen, Einschränkungen des Gelddruckens, Beseitigung von Devisenverkehrsbeschränkungen usw.) fanden sich viele Problemländer für eine solche Beratung mit angeschlossener Kasse. So erhielt Brasilien im Jahre 1998 eine Kreditzusage von 18 Milliarden US-Dollar, Rußland im selben Jahre eine Kreditzusage von 20 Milliarden US-Dollar, asiatische Schwellenländer im Jahre 1997 Kreditzusagen von insgesamt 35 Milliarden US-Dollar. Mexiko, so heißt es, wurde in seinen Krisenjahren 1994–95 auf Grund erheblichen Drucks der Wall Street mit 18 Milliarden US-Dollar ausgelöst. Tatsächlich war jedoch nicht etwa Mexiko der Nutznießer dieser Gelder, sondern das waren Banken und Finanzinstitute der ›ersten Welt‹, die entweder ungesicherte Kredite an den Staat Mexiko oder nur durch eine Staatsgarantie Mexikos gesicherte Unternehmenskredite vergeben hatten.

Mexiko war sozusagen nur ein Durchgangsposten zur Rückzahlung unsicherer Kredite, die bei vorsichtiger Vergabepraxis von vornherein nicht oder nur in wesentlich geringerer Höhe hätten gewährt werden dürfen.

Tatsächlich zahlten die Steuerzahler der ›Ersten Welt‹ für die schlechten, verlustbringenden Geschäftspraktiken jener supranationalen Banken, deren *›higher circles‹* bei anderer Gelegenheit durch die ›Trilaterale Kommission‹, die ›Bilderberger‹ usw. darauf hinarbeiten, diese gemolkenen Steuerzahler auch noch ihrer Bürgerrechte zu entäußern.

Der IWF wird in diesen Fällen zu einer ›Fall-Back‹-Garantie-Institution für die Kreditvergaberisiken der supranationalen Hochfinanz.

4. Weltbank

Die **Weltbank**, die dritte Bretton-Woods-Säule, besteht aus vier Institutionen:

- **IBRD** (International Bank of Reconstruction and Development): Kreditvergabe zu etwas unter dem marktüblichen Satz liegenden Zinsen.
- **IDA** (International Development Association): Kreditvergabe mit hohem Schenkungscharakter an die *Least Developed Countries* (am wenigsten entwickelten Länder).
- **IFC** (International Finance Corporation): Förderung des Wirtschaftswachstums durch Stützung produktiver privater Unternehmen.
- **MIGA** (Multilateral Investment Guarantee Agency): Versicherung für Investoren gegen nichtkommerzielle Risiken in den Mitgliedstaaten (Enteignungen usw.).
- Schiedsstelle für Investitionsstreitigkeiten.

Die Weltbank hatte ursprünglich die Funktion, den Wiederaufbau des durch den Zweiten Weltkrieg zerstörten Europas durch Kredite zu finanzieren. Nachdem 1948 der sogenannte ›MARSHALL-Plan‹ in Kraft trat, wurde diese Rolle hinfällig. Wie der IWF definierte die Weltbank sich daraufhin neu. Nach den PARKINSONschen Gesetzmäßigkeiten wurde sie deshalb dahingehend umgepolt, die Armut in der Welt zu bekämpfen. Dieses Ziel soll durch die Unterstützung der wirtschaftlichen Entwicklung in den ärmeren Ländern der Welt erreicht werden. Dazu soll die Weltbank schwerpunktmäßig wie folgt verfahren:

- Darlehensvergabe durch IBRD und IDA,
- Mobilisierung privater Investoren durch IFC und MIGA,
- Publikationen zur Armutsforschung und Formulierung von wachstumsorientierten Anpassungsprogrammen (sogenannte ›Strukturanpassungsprogramme‹).

Die Reform der Weltbank stagniert indessen. Weiterhin werden Milliardenbeträge in gewaltige Staudamm- oder Straßenprojekte investiert. Weltbank-Präsident James WOLFENSOHN profiliert sich zwar gern als Freund der sogenannten ›Nichtregierungsorganisationen‹ (NGO), doch Versuche, die Ausrichtung der Bank grundlegend zu ändern, sind in der Regel gescheitert. So hat die Weltbank allein zwischen 1990 und 2000 etwa 225 Milliarden US-Dollar an langfristigen Krediten in Dritte-Welt-Länder gepumpt – doch zu sehen sei davon oftmals wenig, kritisierte Paul O'NEILL, US-Finanzminister des George (›Dub-Ya‹) BUSH-Kabinetts. Statt Infrastrukturprojekte zu fördern, solle die Entwicklungsbehörde verstärkt Geld in Erziehung, Ausbildung und Gesundheitsvorsorge investieren. »Es ist Zeit für ein neues Konzept der Armutsbekämpfung«, forderte O'NEILL.

Im übrigen aber ist der Maßstab der Strukturanpassung das supranationale System des ›Westens‹, das heißt, sie erfolgt durch erzwungene Einsparung in den öffentlichen Haushalten, Deregulierung, Privatisierung der Wirtschaft, Einführung ›realistischer‹ Wechselkurse und ›Liberalisierung‹ des Außenhandels.

Der Präsident der Weltbank ist, wie bereits erwähnt, JAMES WOLFENSOHN. Im Mai 1995, nur wenige Tage, bevor WOLFENSOHN seinen Posten als Weltbankpräsident eingenommen hatte, wurde der gebürtige Australier mit US-Paß von Königin ELISABETH II. (siehe **B.XIV.**) wegen hervorragender Dienste für die Britische Krone zum Ritter geschlagen. WOLFENSOHNS Referenzen als herausragender königlicher Diener sind in der Tat höchst eindrucksvoll. Er ist/war Gründer und/oder Partner mehrerer privater Banken, im Steuerungskommitee der ›Bilderberger‹, zusammen mit Prinz PHILIP (siehe **B.XIV.**) und Prinz BERNHARD DER NIEDERLANDE (siehe **B.XIV.**), Mitbegründer des ›World Wildlife Fund‹ (WWF), Vorsitzender des Finanzkomitees der ROCKEFELLER-Stiftung und Vorsitzender des Aufsichtsrates von mehreren der wichtigsten kulturellen Institutionen in den Vereinigten Staaten, darunter Princetons ›Institute of Advanced Study‹ (Princeton war auch Woodrow WILSONS Universität), das KENNEDY-Center in Washington D.C. und die Carnegie Hall in New York City.

Im Jahre 1981 gründete WOLFENSOHN die Investmentgesellschaft ›James D. Wolfensohn Inc.‹, die vor allem als Agent für ›Mergers & Aquisitions‹ tätig war (›Mergers & Aquisitions‹ lassen zwar die Kasse des Vermittlungsagenten klingeln, sind in aller Regel aber schlecht für die Entwicklung der beteiligten Unternehmen und den Marktmechanismus). Im Jahre 1996 fusionierte WOLFENSOHN seine Firma mit ›Bankers Trust Company‹ (institutionelles CFR-Mitglied), die Bank, die im Jahre 1999 von der ›Deutsche Bank AG‹ (institutionelles CFR-Mitglied) übernommen wurde, und wurde deren Direktor.

WOLFENSOHN ist in eine gutbürgerliche britische Familie geboren worden, aber in Australien aufgewachsen. Nach seinem Studium in Harvard wurde er Schützling des kanadischen Geschäftsmannes Maurice STRONG (siehe **B.XIV.**), der für Jahrzehnte der Stellvertreter von Prinz PHILIP im ›World Wildlife Fund‹ war. STRONG gründete eine australische Tochtergesellschaft seiner kanadischen ›Power Corp.‹ und berief WOLFENSOHN als deren Manager. Auf Grund seiner sehr guten Verbindungen gelang es WOLFENSOHN, sehr schnell in die *›higher circles‹* (höheren Kreise) der ›City of London‹ aufzusteigen, zu der auch ein anderer Top-Höfling, mehr noch, der wohl mächtigste Banker der Nachkriegs-City, Sir Sigmund WARBURG (siehe **B.XIV**.), gehört. WOLFENSOHN führt in seinem im Jahre 1997 veröffentlichten Buch *Singular Voices* (›Einzigartige Stimmen‹) dazu folgendes aus: »Das war der Beginn des Eurodollar-Marktes, als Sigmund WARBURG die internationale Bankszene beherrschte. Sigmund war ein großer Freund und Förderer und hatte einen enormen Einfluß auf mein Leben. . . Gewissermaßen war ich einer der Gründungsväter des Eurodollar-Marktes und internationaler Märkte. Gleichzeitig war es nur eine kleine Gruppe von 20 oder 30 Leuten, und wir alle kannten einander. . . Einige der anderen beteiligten Personen waren Jacob ROTHSCHILD. . . Meine Freundschaft mit Jacob kulminierte viele Jahre später, als wir in London zusammen eine Bank gegründet haben.«

Der Eurodollar-Markt entstand als ein Off-Shore-Markt für Fluchtgelder, nachdem Richard NIXON am 15. August 1971 die US-Dollar-Goldkonvertibilität beendet und damit dem (alten) IWF die Geschäftsgrundlage entzogen hatte (siehe **B.XI.3.**). Der von WOLFENSOHN geschaffene Eurodollar-Markt war vor allem ein riesiges Spielkasino sowie die größte Waschanlage für Drogengelder.

WOLFENSOHNS Aufstieg zum Präsidenten der Weltbank war der Gipfel seiner Karriere als ›Lakai des britischen Königshauses‹ und seines Kreuzzuges gegen den Nationalstaat. Als eine der ›drei Säulen‹ des supranationalen Geldsystems, darin ebenfalls eingeschlossen das GATT/WHO und der IWF, baute die Weltbank früher riesige Infrastrukturprojekte rund um die Welt. Unter WOLFENSOHN erhielt die Bank eine geradezu fanatische Ausrichtung gegen jedwede Nationalstaatlichkeit. Die Bank ist heute einer der weltweit größten Geldgeber zur Kontrolle nationaler Bevölkerungen (sprich: Genozid). Unter WOLFENSOHN hat die Bank durch ihren früheren Manager Peter EIGEN die in Berlin ansässige supranationale Organisation ›Transparency International‹ (TI) gegründet und ist eine der Hauptverfechterin des ›New Paganism‹ (›Neues Heidentum‹), der von Prinz PHILIP im Rahmen seiner ›Alliance of Religions and Conservation‹ (›Allianz für Religionen und Bewahrung‹) finanziert wird. Während des unaufhaltsamen Aufstiegs des James WOLFENSOHN war Maurice STRONG sein engster Berater und seit Juni 1995 auch offiziell sein ›Senior Advisor‹ bei der Weltbank, eben jener STRONG, der auch ›Senior Advisor‹ von UN-Generalsekretär Kofi ANNAN sowie Mit-Vorsitzender der UN-Kommission ›Global Governance‹ (›Globale Regierung‹) war und, trotz seines fortgeschrittenen Alters, als ANNANS möglicher Nachfolger gehandelt wird. Von STRONG, der darüber hinaus die Kontrolle über die UN-Reformen innehat und der auch Vorsitzender des ›Earth Council‹ sowie Mit-Vorsitzender des ›Council of the World Economic Forum‹ (CWEC) ist, stammt der absurde Satz: »It is simply not feasible for sovereignty to be exercised unilateraly by individual nation states, however powerful.« (»Es ist einfach nicht machbar, daß Souveränität nur von einzelnen Nationstaaten ausgeübt wird, ganz gleich, wie mächtig sie sind«).

Die Bretton Woods-Institutionen haben sich als ein spektakulärer Fehlschlag erwiesen. Die Bretton Woods-Ära ist eine die fundamentalen Interessen der Völker leugnende Periode, die institutionelle Anmaßung, die Welt unter schönfärberischen ORWELLschen Etiketten (Armutsbekämpfung, Friedenssicherung usw.) umzuorganisieren, Nationen und Völker zu entmachten oder gar im Ergebnis zu vernichten, vor allem aber ein Plan der Umverteilung zu Gunsten der Reichsten.

Die Bretton Woods-Konferenz hatte neue Institutionen geschaffen, die seitdem die Weltwirtschaft geformt und bestimmt haben, aber im Grunde gehen die Beschlüsse auf den ›Council on Foreign Relations‹ (CFR) zurück. Am 24. Juli 1941 umriß ein CFR-Memorandum das Konzept einer ›Grand Area‹, deren Kern es war, den Monopolunternehmen und der Hochfinanz der USA den freien Zugang zu anderen Märkten und Rohstoffen der westlichen Hemisphäre, des Fernen Ostens und des Britischen Commonwealth zu verschaffen. Diese Doktrin wird bis heute konsequent umgesetzt, zuletzt im Irak, um den Zugang zu den kuwaitischen und saudiarabischen Ölvorkommen zu sichern. Im Memorandum wurde gleichzeitig die Schaffung von supranationalen Finanzinstituten gefordert, wie sie auf der Bretton Woods-Konferenz durch die Einführung der Weltbank und des Internationalen Währungsfonds dann tatsächlich zustande kam. Auch die Bretton Woods-Institutionen (Weltbank, Internationaler Währungsfonds, GATT) sind wie viele andere eindeutig CFR-Organisationen, die geschaffen wurden, um den Krypto-Illuminaten ›Free Lunch‹ zu garantieren.

In den Jahren nach der Konferenz haben diese neugeschaffenen CFR-Institutionen ihr Mandat konsequent verfolgt. Durch weitere strukturelle Anpassungsprogramme wurden Länder des Südens durch die Weltbank und den Internationalen Währungsfonds (IWF) dazu gezwungen, ihre Grenzen zu öffnen und ihre Wirtschaften von Selbstversorgungs- auf Exportproduktion umzustellen. Handelsabkommen, die danach durch das GATT vereinbart wurden, haben diese Anpassungen noch verstärkt und den freien Waren- und Kapitalfluß von Nord nach Süd und umgekehrt ermöglicht. Während infolgedessen das ökonomische Wachstum und damit die Profite der Krypto-Illuminaten explodierten, gab es gleichzeitig immer mehr arme Menschen auf der Welt, vergrößerte sich die Kluft zwischen arm und reich ebenso dramatisch, wurden Gemeinschaften zerstört, die durch Bretton Woods geschaffenen ›Wolfsgesellschaften‹ von bisher unbekannter Kriminalität heimgesucht und das Ökosystem dieser Welt in einem alarmierenden Tempo vernichtet.

Das alles sind die Folgen von Machenschaften, die für alle Völker dieser Welt tragische Konsequenzen haben. Die Struktur und Ideologie des Bretton Woods-Systems ist auf eine immerwährende Expansion ökonomischen Wachstums und die Integration nationaler Wirtschaften in eine grenzenlose supranationale Ökonomie ausgerichtet. Die Konsequenz ist ein ständig zunehmender, nur durch die Schaffung immer größerer Monopole zu bewältigender Wettbewerb zu Lasten einer ohnehin schon überforderten Ökologie. Mit anderen Worten: Der intensivierte Wettbewerb beschleunigt den Zerstörungsprozeß regenerativer Kapazitäten des Ökosystems, worauf wir und zukünftige Nationen existentiell angewiesen sind, und es erhöht vor allem auch den Wettbewerb zwischen reich und arm hinsichtlich der Kontrolle über Rohstoffressourcen. In einem supranationalen Markt à la Bretton Woods, dessen Maßstab nur die Profitmaximierung weniger Krypto-Illuminaten, und nicht die Bedürfnisse der Völker sind, sind letztere die ständigen Verlierer. Sie werden arbeitslos, in den Konkurs getrieben, von ihrem angestammten Land vertrieben und geraten immer mehr, wenn auch kaum merklich, in die Knechtschaft der neofeudalen Krypto-Illuminaten.

Wir haben, darauf wird noch einzugehen sein, ein Stadium in der Menschheitsentwicklung erreicht, in dem wir menschlichen Fortschritt völlig neu zu definieren haben. Dieser Fortschritt kann nur in einem entschiedenen Kampf aller Völker gegen den uns aufgezwungenen supranationalen Mechanismus bestehen. In Deutschland kann ein solcher Kampf nur durch eine völlig neue Partei geführt werden, da alle Altparteien, soweit sie an Bundes- oder Landesregierungen beteiligt waren/sind, in diesen (schmutzigen) Prozeß der Entmachtung des deutschen Volkes verstrickt und praktisch außerstande sind, sich jemals wieder aus dieser Verstrickung zu befreien.

XII. Club of Rome

Ein weiteres Produkt des ›Council on Foreign Relations‹ ist der ›Club of Rome‹ (COR), der im April 1968 auf Initiative des italienischen Industriellen Aurelio PECCEI gegründet wurde und enge Beziehungen zu den Häusern Fiat und Olivetti hat. Mehrere Mitglieder der ROCKEFELLER-Familie sind zugleich auch Mitglieder des Club of Rome.

Diese Organisation wurde damit beauftragt, die Regionalisierung und *Vereinigung der gesamten Welt* zu überwachen. Er steht gewissermaßen eine Stufe über den ›Bilderbergern‹ in der Eine-Welt-Hierarchie. In einem Bericht vom 17. September 1973 mit dem Titel *Regionalisiertes und angepaßtes Modell eines globalen Weltsystems* wird die Welt in zehn politische/ökonomische Regionen, genannt ›Königreiche‹, eingeteilt. Der alttestamentarische Bezug ist unverkennbar.

Der Bericht wurde von den COR-Mitgliedern Mihajlo MESAROVIC und Eduard PESTEL, einem Deutschen, vorbereitet. Unter Bezugnahme auf diesen MESAROVIC-PESTEL-Bericht hin sagte Aurelio PECCEI: »Ihr Weltmodell, basierend auf neuen Entwicklungen der Theorie eines mehrstufigen hierarchischen Systems, teilt die Welt auf in zehn voneinander abhängige und wechselseitig interagierende Regionen politischen, ökonomischen und ökologischen Zusammenhangs.«

Im Jahre 1974, also nur ein Jahr nach der Verteilung des Berichts, veröffentlichten MESAROVIC und PESTEL ihr Werk in dem Buch *Mankind at the Turning Point* (*Die Menschheit am Wendepunkt*). Auf den Seiten 161–164 dieses Buches werden die zehn Regionen, die späteren Verwaltungsbezirke der vereinigten Welt, dargestellt, wobei allerdings das Wort ›Königreiche‹ vermieden wird, um die tatsächlichen politischen Bestrebungen und Hintergründe zu verschleiern.

An anderer Stelle dieses Buches wird unter Bezugnahme auf Probleme von ökonomischer Kontrolle, Nahrungsmittelknappheit und Ökologie ausgeführt: »Die Lösung für diese Krisen kann nur in einem globalen Kontext mit vollständiger und ausdrücklicher Anerkennung eines sich entwickelten *Weltsystems* und auf langfristiger Basis entwickelt werden. Dies würde unter anderem eine *neue Weltwirtschaftsordnung* und ein *System globaler Ressourcen-Zuteilung* erfordern... Es muß ein *›Weltbewußtsein‹* entwickelt werden, durch das jedes Individuum seine Rolle als Mitglied der Weltgemeinschaft erkennt... Es muß Teil des Bewußtseins jedes Individuums werden, daß »die Grundlage menschlicher Kooperation und Überlebens sich von der nationalen auf die globale Stufe verändert«.

Das Buch endet mit einer Bemerkung der COR-Direktoren Aurelio PECCEI und Alexander KING, die eindeutig auf den Krypto-Illuminatismus des ›Club of Rome‹ hinweisen, wenn von »Enlightened Humanism« (erleuchtendem Humanismus) die Rede ist, so wie dies auch bereits im ersten COR-Buch *The Limits to Growth* (*Die Grenzen des Wachstums*) geschah, wenn dort auf Seite 192 des im Jahre 1972 veröffentlichten Buches von »Intellectual Enlightenment« (intellektueller Erleuchtung) gesprochen wird. Die Begriffe »enlightenment« oder »enlightened« sind Schlüsselworte der supranationalen Revolution, die öffentlich nur noch mühsam vermieden werden. Immer wieder geschieht es, wohl eher aufgrund redaktioneller Fehler, daß diese Worte in Texten, die geeignet sind, die Öffentlichkeit zu erreichen, nicht eliminiert werden; denn sie bedeuten nichts anderes als ›Erleuchtung‹ oder ›erleuchtet‹, also ›Illumination‹ oder ›illuminiert‹.

XIII. World Constitution and Parliament Association

Eine jüngere krypto-illuminatische Organisation ist die ›**World Constitution and Parliament Association**‹ (WCPA), die im Jahre 1959 in Lakewood, Colorado, gegründet wurde. Die Programmatik dieser Organisation entspricht fast gänzlich der des ›Club of Rome‹ (siehe **B.XII.**).

Die WCPA unterteilt die vereinigte Welt in zehn Verwaltungsbezirke (›Königreiche‹), die der Weltregierung unterstehen. Auch ihre Programmatik enthält die Forderung nach einem neuen internationalen Geldsystem und einer »neuen Weltordnung«. Wie der ›Club of Rome‹ benutzt auch die WCPA die Ökologie als Vehikel, um ihre antidemokratischen völkerfeindlichen Ziele durchzusetzen. Während der ›Council on Foreign Relations‹ und die ›Trilaterale Kommission‹ aber mehr die wichtigsten Industrieblöcke dieser Welt abdecken, ist die Stoßrichtung der WCPA eher die Dritte Welt, wie sich auch aus der Mitgliederstruktur, dem ›Executive Cabinet‹ und den Sponsoren der Vereinigung ergibt. Die Organisation ist im Okkulten verwurzelt, Sprecher dieser Vereinigung sind oft ›Jogis‹ und ›Swamis‹ des Fernen Ostens.

Gründer der WCPA war Philip Isely. Isely trat zum ersten Mal als Anführer einer Eine-Welt-Bewegung in den vierziger Jahren in Erscheinung, als er von 1946 bis 1950 als Organisator der ›Aktion für eine Weltföderation‹ tätig war. Später wurde er dann der Organisator des ›Nordamerikanischen Rats für ein Völkerweltabkommen‹ (1954–1958). In den Jahren 1958 und 1959 leitete er das ›Komitee für das Weltverfassungsabkommen‹ und wurde ihr Generalsekretär. Alle diese Unternehmungen endeten schließlich in der offiziellen Bildung einer ›Weltverfassungs- und Parlamentsvereinigung‹ (›World Constitution and Parliament Association‹), deren Generalsekretär Isely im Jahre 1966 wurde. Das ursprüngliche ›Übereinkommen zur Einberufung einer Weltverfassungskonferenz‹ wurde erstmalig von Isely und seinen Komplizen zwischen 1958 und 1961 in Umlauf gebracht. Mehrere tausend ›Würdenträger‹ unterzeichneten diese ›Vereinbarung‹, darunter Premierminister und Regierungsmitglieder, Nobelpreisträger und andere prominente ›Weltbürger‹.

Die Pläne der WCPA zur Etablierung einer Weltregierung werden keineswegs verhüllt. Es sei in diesem Zusammenhang ein von Kalman ABRAHAM und dem britischen Labourabgeordneten Tony BENN unterschriebenes, an alle Präsidenten, Premierminister, Könige, Königinnen und andere Regierungs- und Parlamentsführer gerichtetes Schreiben vom 12. Dezember 1990 zitiert: «Während der letzten viereinhalb Jahrzehnte, seit Ende des Zweiten Weltkrieges, haben sich viele ungelöste globale, regionale und übernationale Probleme angehäuft. . . Wir sind überzeugt, daß die Lösung der globalen Probleme. . . eine *Weltregierung* erfordert. . . Nur eine Weltregierung kann die Sicherheit und Autorität liefern, um die Abrüstung zu überwachen und alle Nuklearwaffen und sonstigen Massenvernichtungswaffen schnell zu eliminieren. Nur eine Weltregierung unter einer Weltverfassung kann das notwendige staatliche Gerüst für Weltgesetzgebung, Weltverwaltung und Weltgerichte liefern.« An anderer Stelle dieses Schreibens wird auch eine gemeinsame *Weltwährung* gefordert, wobei der die Deutsche Mark ablösende Euro nur eine Zwischenstufe sein soll. Zugleich wurde ein Aufruf zu einer konstituierenden Weltversammlung für den 29. April 1991 verbreitet. In dieser heißt es, indem zunächst wieder vor allem die dringend der Lösung bedürftigen ökologischen Probleme angeführt werden: »Um angemessene Lösungen zu diesen und anderen Problemen zu erarbeiten und durchzuführen, die über nationale Grenzen hinausgehen, . . . ist eine Weltregierung sofort erforderlich. . . Die föderative Weltregierung muß ein gewähltes und fair vertretenes *Weltparlament* einschließen, das die Macht hat, direkt Gesetze zu erlassen, um die Weltprobleme zu lösen und die Verwaltung globaler und transnationaler Angelegenheiten zu übernehmen. . . Vor der Etablierung einer Weltregierung ist es erforderlich, eine *Weltverfassung*, die die Funktionen, die Zuständigkeiten, die Beschränkungen und die Struktur der Weltregierung definiert, einzurichten.«

In dem Papier wird diese Verfassung »Constitution for the Federation of Earth« (siehe **B.XIV**.: STRONG), also »Verfassung für die Föderation der Erde«, genannt.

Sobald diese Verfassung von wenigstens zehn nationalen Regierungen provisorisch ratifiziert worden ist, soll ein Plan für eine »Earth Financial Credit Corporation« (EFCC) organisiert und als eine Abteilung der ›Weltwirtschaftsentwicklungsorganisation‹ eingerichtet werden, um das neue Erdfinanz-, -kredit-, -geld- und

-banksystem einzuführen (Artikel 1 des Gesetzesentwurfs zur Gründung des EFCC). Schon aus diesem Artikel ist ersichtlich, worum es den Drahtziehern hinter Philip Isely eigentlich geht und in welchen Denkkategorien sie sich eigentlich bewegen. Es sind die *Kategorien des Geldes.* Artikel 3 dieses Entwurfes offenbart den Umfang der Kreditvergabe. Er ist abhängig von der Geburtenrate eines Landes. Jene Länder mit 2 % und mehr jährlichem Bevölkerungsanstieg würden die geringste Hilfe erwarten können, während jene mit null oder einer negativen Bevölkerungszuwachsrate die höchsten Kredite erhielten. Die Folgen wären abzusehen: Die reichen Staaten, beherrscht von transnationalen Monopolen, würden noch reicher, die armen Länder noch ärmer. Gemäß Artikel 5 hängt eine Kreditvergabe davon ab, ob eine Nation die Weltverfassung ratifiziert hat. Der Lockruf des Geldes würde vor allem die armen Länder in die supranationale Falle treiben. Jede Kreditnachfrage würde durch die EFCC genehmigt. Die neue Welteinheitswährung hieße ›Erd-‹ oder ›Weltdollar‹ und wäre hinsichtlich ihres Wertes nach unten an den US-Dollar gekoppelt. Gemäß Artikel 7 würden die ersten 25 nationalen Regierungen, die am neuen supranationalen System teilnehmen, berechtigt sein, je einen Repräsentanten in den Vorstand des EFCC zu berufen. Alles das ist aber nur Makulatur; denn weitere 30 Mitglieder des Vorstandes werden von verschiedenen Organen der Weltregierung selbst bestimmt. Mit anderen Worten: Diejenigen, die die Weltregierung etabliert haben, würden stets die Vorstandsmehrheit und damit die Kontrolle behalten. Diejenigen Staaten, deren politische Oligarchien ihre Nationen zuerst verschachern, würden das System anschieben, während jene Länder, die sich nicht anschließen, enorme ökonomische Konsequenzen befürchten müssen, insbesondere dann, wenn sie nicht zur ›Ersten Welt‹ gehören. Sehr wahrscheinlich wäre es daher, daß sich unter den ersten 25 Ländern des Systems eher Staaten der Dritten Welt befinden würden, was das gesamte System zur Totgeburt macht.

Das bedrohlichste Papier der ›World Constitution and Parliament Association‹ ist der Entwurf einer Föderationsverfassung. Danach würde die Weltregierung praktisch *jeden Aspekt des Lebens der Weltbürger regulieren* (Artikel I. 4). Die Weltregierung würde allgegenwärtig sein (Artikel II. 1). Die Welt würde in zehn Großregionen (›Königreiche‹), entsprechend dem ›Club of Rome‹-Modell, unterteilt sein, und es gäbe insgesamt zwanzig Wahl- und Verwaltungsbezirke (Artikel II. 4–7). Die Weltregierung würde alle Aspekte des internationalen Handels, des Bankwesens und der Finanzen kontrollieren (Artikel III. 14 und 17). Das Weltparlament könnte »alle internationalen Gesetze, die vor der Konstituierung der Weltregierung existierten«, abschaffen (Artikel V, Abschnitt A. 3). Die der Weltregierung zugeordnete Weltgerichtsbarkeit würde alle Rechte der Weltbürger auslegen und Verordnungen über die Bestrafung derer erlassen, die es ablehnen würden, sich den Forderungen des Weltsystems zu unterwerfen (Artikel IX). Es würden insgesamt fünf Welthauptstädte eingerichtet werden, von denen eine zur führenden Welthauptstadt ernannt würde. Es ist anzunehmen, daß dies zunächst New York City sein würde. Nach der Abschaffung der UNO, die nur eine Zwischenstufe zur Weltregierung darstellt, und nachdem die Einschmelzung der Nationalstaaten in Europa nach Ansicht vieler »irreversibel« (Helmut KOHL) geworden ist, würde der Sitz der ersten Welthauptstadt mutmaßlich nach Frankfurt am Main, dem früheren Hauptsitz der ROTHSCHILDS, verlagert werden. Nicht ohne Grund wurde Frankfurt am Main bereits Sitz der europäischen Zentralbank, obwohl London der wesentlich größere Bankplatz ist.

Nicht ohne Grund war es ausgerechnet der ehemalige Oberbürgermeister von Frankfurt am Main, VON SCHOELER (SPD, früher FDP), der im Jahre 1994 vorschlug, Meyer Amschel BAUER alias ›ROTHSCHILD‹ und seine fünf Söhne auf den neuen europäischen Banknoten abzubilden.

Auch der Verfassungsentwurf der WCPA enthält das Demokratieversprechen. Was wir, die Völker des ›Westens‹, davon zu halten haben, bedarf kaum noch einer Erwähnung. Die Bezeichnung dessen, was man uns nach dem Krieg als ›Demokratie‹ angedreht hat, nämlich Plutokratie, Parteienwirtschaft, Lobbykratie und Ochlokratie, hat, wie sich zeigte, nur zu neo-feudalistischen Verhältnissen zurückgeführt. Von wahrer Demokratie, von direkter Mitbestimmung des Volkes in existentiellen Sachfragen bekam das deutsche Volk nur auf kommunaler Ebene eine Vorahnung.

Wer waren nun die Drahtzieher hinter der WCPA, in der sich viele sogenannte ›Würdenträger‹ versammelt haben, darunter Tony BENN (Großbritannien), früheres Kabinettsmitglied und Vorsitzender der ›Labour Party‹, Gordon M. BRYANT (Australien), Ramsey CLARK, früherer US-›Attorney-General‹ unter John F. KENNEDY, und Alex QUAISON-SACKEY (Ghana), früherer Außenminister und Präsident der UN-Generalversammlung?

Wie bereits erwähnt, ist das Programm der WCPA fast eine Kopie des später gegründeten ›Club of Rome‹, bei dem alle Indizien darauf hinweisen, daß es sich um eine ROCKEFELLER-Organisation handelt, die dem ›Council on Foreign Relations‹, einer anderen ROCKEFELLER-Organisation, zugeordnet ist. Die WCPA benützt darüber hinaus das freimaurerische Logo der UNO, die ihrerseits durch den ›Council on Foreign Relations‹ initiiert wurde. Die Satzung der geplanten ›Earth Financial Credit Corporation‹ (EFCC) läßt darauf schließen, daß es letztlich nur um eines geht: die Maximierung noch größeren Reichtums in noch weniger Händen, die totale Kontrolle des internationalen Handels und des Geldflusses in diesen wenigen Händen und als Folge dessen die Erringung der totalen politischen Macht über die Geschicke der Welt. Es ist offensichtlich, auf welche Akteure dies alles hinweist. Es ist das ureigenste Geschäft der Krypto-Illuminaten. Dabei ist davon auszugehen, daß viele Mitglieder der WCPA ›unschuldige Lämmer‹ sind, die keine Ahnung davon haben, an wessen Fäden sie hängen, genauso wenig wie Menschen, die sich in freimaurerische ›Prestige‹-Organisationen wie ›Rotary Club‹ oder ›Lions Club‹ begeben, ahnen, daß sie letztlich anderen Zwecken als der vorgeschobenen Gemeinnützigkeit ihres Handelns dienen.

XIV. Committee of 300

Das ›**Committee of 300**‹ (›**Komitee der 300**‹) ist die höchste Geheimgesellschaft der supranationalen Revolution, so Dr. John COLEMAN, früheres Mitglied des britischen MI6 (Master Intelligence Department 6), eines im Jahre 1911 gegründeten Geheimdiensts (vgl. Stephen DORRILL, *MI6: Inside the Covert World of Her Majesty's Secret Intelligence Service*), der seit dem ›Intelligence Services Act 1994‹ als SIS (›Secret Intelligence Service‹) geführt wird und der ›Master Service‹ des ›Committee of 300‹ ist.

John COLEMAN (*Conspirators' Hierarchy: The Committee of 300*), behauptet, daß dieses Komitee in seiner jetzigen Form seit 1897 bestehe und vom ›Schwarzen Adel‹ (SWA), zu dem unter anderen die reichsten und mächtigsten Adelsfamilien Europas gehörten, angeführt werde. Der innere Kern dieses Komitees sei der ›Order of the Garter‹ (›Hosenbandorden‹), auch ›Knights of the Garter‹ (›Ritter vom Hosenband‹), der seinerseits durch die Britische Krone, d. h. zur Zeit noch ›formal‹ von Königin ELISABETH II. geführt werde.

Die Behauptungen COLEMANS in seinem schon klassischen, inhaltlich nie bestrittenen Standardwerk werden durch Indizien gestützt. Indizien sind nicht das stärkste Beweismittel, das man sich als Kläger im Zivilprozeß oder als Staatsanwalt wünscht, aber hin und wieder ist die Kette der Indizien so stark und geschlossen, daß allein durch sie eine Beweisführung möglich ist. In der Geschichtsbetrachtung ist dies die Grenze zwischen unbewiesener Verschwörungstheorie und bewiesener Entlarvung. Eine Analyse einiger der von John COLEMAN benannten früheren und gegenwärtigen Mitglieder des ›Committee of 300‹ ergibt ein Netzwerk von Beziehungen, Abhängigkeiten und sachlichen Verknüpfungen, das die Authentizität seiner Behauptungen indizienmäßig zu bestätigen scheint. Im einzelnen:

⇨ Arthur James BALFOUR

Ex-Außenminister Großbritanniens. 2. November 1917: Schreiben (sogenannte »Balfour-Deklaration«) von Arthur BALFOUR an Baron Edmond DE ROTHSCHILD (siehe Baron Edmond DE ROTHSCHILD):

»Mein lieber Lord ROTHSCHILD!

Zu meiner großen Genugtuung übersende ich Ihnen namens S. M. Regierung die folgende vom Kabinett geprüfte und gebilligte Sympathie-Erklärung zu den jüdisch-zionistischen Bestre-

bungen: Seiner Majestät Regierung betrachtet die Schaffung einer nationalen Heimstätte in Palästina für das jüdische Volk mit Wohlwollen und wird die größten Anstrengungen unternehmen, um die Erreichung dieses Zieles zu erleichtern, wobei klar verstanden werde, daß nichts getan werden soll, was die bürgerlichen und religiösen Rechte bestehender nichtjüdischer Gemeinschaften in Palästina oder die Rechte und die politische Stellung der Juden in irgendeinem anderen Lande beeinträchtigen könnte.
Ich bitte Sie, diese Erklärung zur Kenntnis der zionistischen Föderation zu bringen.
gez.: James BALFOUR.«

⇨ Königin BEATRIX DER NIEDERLANDE
Siehe Maurice STRONG

⇨ Prinz BERNHARD DER NIEDERLANDE
Prinz BERNHARD DER NIEDERLANDE alias Prinz BERNHARD VON LIPPE-BIESTERFELD, Gemahl von JULIANA, früherer Mitarbeiter der Abteilung ›NW-7‹ des I.G. Farben-Konzerns, erster Vorsitzender der Bilderberger und zusammen mit Prince PHILIP (vgl. Prince PHILIP) und Weltbank-Präsident James WOLFENSOHN Mitbegründer und erster Vorsitzender des ›World Wildlife Fund‹ (WWF). In den sechziger Jahren nahm er vom US-Flugzeughersteller Lockheed Schmiergelder in Höhe von 1,1 Millionen US-Dollar dafür, daß dieses Unternehmen den Auftrag erhielt, Militärflugzeuge für die Niederlande zu bauen. BERNHARD gab später vor, daß er die Gelder für den WWF habe verwenden wollen, dieser Einlassung wurde aber durch ein anderes WWF-Vorstandsmitglied widersprochen. Skandalbedingt trat BERNHARD als WWF-Vorsitzender im Jahre 1976 zurück. Es bestehen traditionell enge Beziehungen zur THYSSEN-Familie (vgl. Baron Hans Heinrich THYSSEN-BORNEMISZA DE KÁSZON).

⇨ Willy BRANDT (geboren Karl Herbert FRAHM)
Ex-Bundeskanzler, Ex-Vorsitzender der SPD, Ex-Vorsitzender der ›Sozialistischen Internationale‹ (seit 1976), Co-Vorsitzender der UN-Kommission ›Global Governance‹ (›Globale Regierung‹) und Ex-Vorsitzender der sogenannten ›Nord-Süd-Kommission‹ (auch: ›Brandt-Kommission‹).

Auftraggeber der Nord-Süd-Kommission war Weltbank-Präsident Robert McNamara. Der Bericht der Kommission wurde am 12. Februar 1980 dem UN-Generalsekretär übergeben. Darin wird vorgeschlagen, die Rolle der Weltbank (heutiger Präsident: James Wolfensohn, Ritter von Elisabeths II. Gnaden) zu stärken. Nach mehr als zweijährigen Verhandlungen endeten diese mit dem »Nord-Süd-Bericht« (Titel: *North-South: A Program for Survival*). Einer der Schlüsselsätze des Brandt-Reports war folgender: »Ob wir es mögen oder nicht, wir werden zunehmend mit Problemen befaßt, die die Menschheit als Ganzes berühren, und zwar mit dem Ergebnis, daß die Lösungen für diese Probleme auch mehr und mehr internationalisiert werden müssen. Die Globalisierung von Risiken und Herausforderungen – Krieg, Chaos, Selbstzerstörung – erfordert eine Art ›Weltinnenpolitik‹, die nicht nur über die Gemeindegrenze, sondern über nationale Grenzen hinausgeht.«
Brandt war der ›Hohepriester der globalen Interdependenz‹.

⇨ Edward Bulwer-Lytton
Autor von *The Coming Race*.

⇨ George Bush Sen.
Ex-US-Präsident; ›Skull and Bones‹-Mitglied; CFR-Mitglied, Mitglied der ›Trilateralen Kommission‹, Ex-CIA-Chef; Sohn von Prescott Bush (siehe W. Averell Harriman sowie Baron Hans Heinrich Thyssen-Bornemisza de Kászon)

⇨ Lord Peter Carrington
Knight of the Garter. Bilderberger-Vorsitzender, Vorsitzender des »Royal Institute of International Affairs« und Ex-NATO-Chef. ›Associate‹ von Kissinger & Associates (siehe Henry Kissinger). Angeblich auch Mitglied des ›Order of Osiris‹.

⇨ Houston Stewart Chamberlain
Autor des Buches *The Foundations of the 19th Century* (dt: *Die Grundlagen des 19. Jahrhunderts*).

⇨ Prinz Charles
Das britische Königshaus beansprucht für sich, daß der Thron in der Westminster Abbey der Thron Davids sei. Das ›College of

Heralds‹ (London) hat angeblich Prinz Charles als den 145. direkten Abkömmling von König David ermittelt. Er soll darüber hinaus über seinen Vater (Prince Philip) in direkter Linie von dem Wittelsbacher Karl VII. (1697–1745), Kaiser (24. Januar 1742–20. Januar 1745) des Heiligen Römischen Reiches Deutscher Nation, abstammen, dieses beginnend mit Karl dem Grossen, Kaiser von Papstes Gnaden. Um Karl VIII., Kaiser des Heiligen Römischen Reiches, zu werden, stehen ihm jedoch nicht nur einige noch widerstrebende Völker Europas und Prinz Karl von Österreich und Habsburg-Lothringen (siehe unten: Otto von Habsburg), sondern vor allem auch die Tatsache im Wege, daß er nicht dem römisch-katholischen Glauben angehört, sondern vielmehr Oberhaupt der protestantischen ›Kirche von England‹ ist. In einer Sendung des ›ITN‹ (›Independent Television Network‹) vom 26. Juni 1994 kündigte er deshalb bereits an, daß er mit seiner Thronbesteigung diese Position aufgeben werde. Statt Verteidiger eines (besonderen) Glaubens zu sein, sehe er sich mehr als der Verteidiger aller Glaubensrichtungen (»defender of the faiths«). Und wörtlich: »I happen to believe that the Catholic subjects of the sovereign are as important (as the Protestants), not to mention the Islamic, Hindu and Zoroastrian.« (deutsch: »Ich möchte meinen, daß die katholischen Untertanen so wichtig sind [wie die protestantischen], ganz zu schweigen von den Moslems, Hindus und Zoroasten.«)

Nach dem Verlust des Britischen Empire scheinen die Inseln für die Britische Krone zu klein geworden zu sein. Da ›Weltkriege‹ kaum noch gewonnen werden können, muß der britisch-royalistische Imperialismus auf den leisen Sohlen der ›High Cabal‹ daherkommen. Der britische Thron scheint sich nach den imperialen Dimensionen unter Victoria I. zu sehnen, und es bleibt abzuwarten, ob Charles in wenigen Jahren den Kniefall vor Rom, wie schon vor ihm Karl der Grosse, machen wird.

Parallel zu der möglichen Abwendung der Britischen Krone vom Protestantismus hat sich, wie festgestellt (siehe **B. II.**), der Vatikan unter Johannes Paul II. vom ›Weltregierungs‹-Dogma seiner Vorgänger etwas entfernt und sich einer europäischen Zentralregierung des wieder zu errichtenden Heiligen Römischen Reichs unter dem Banner des Vatikans angenähert. »Johannes Paul begreift seine missionarische Sendung zwar durchaus als ein globales Anliegen«, schreibt Gordon Urquhart in seinem

Buch *Im Namen des Papstes*, doch spiele Europa eine besondere Rolle. »Hier steht die neue Evangelisierung nicht nur für eine Wiedergeburt christlicher Werte, sondern auch für die Wiedererrichtung eines Christentums wie in der Blütezeit des Heiligen Römischen Reiches«; unter dem Banner des Katholizismus soll ein vereintes Europa »vom Atlantik zum Ural« entstehen. Dies habe Papst JOHANNES PAUL II. in seiner ersten Enzyklika *Redemptor hominis* (»Erlöser des Menschen«) verkündet. Im weiteren Verlauf des Jahrzehnts sei seine »Zivilisation der Liebe«, so URQUHART, »immer klarer auf die Restaurierung einer mittelalterlichen Vorstellung vom europäischen Kontinent hinaus« gelaufen. Konkret heißt dies, daß für JOHANNES PAUL II. weniger die ›Weltregierungs‹-Pläne seiner unmittelbaren Vorgänger JOHANNES XXIII. und PAUL VI., sondern eher die mittelalterlichen Vorstellungen von GREGOR VII. (1073–85) und INNOZENZ III. (1198–1216) im Vordergrund stehen.

Folgendes Szenarium drängt sich danach auf: Die Krypto-Illuminaten unter Führung der englischen Krone haben sich mit dem Vatikan dahin geeinigt, daß sich der zukünftige KARL VIII., Kaiser des ›Römischen Reiches Deutscher Nation‹ von Papstes Gnaden, von dem in Rom verhaßten Protestantismus *abwendet* und der Vatikan ihm als Gegenleistung Europas weltliches Zepter überläßt. Es fragt sich dann nur noch, was die deutschen ›Lutheraner‹ zu einem solchen ›Deal‹ sagen würden; denn wenigstens in Deutschlands Norden warten viele Menschen verzweifelt auf einen neuen Martin LUTHER, der diesem grotesken Affentheater von Kabale, Ambitionen, Prestige und Eitelkeit ein Ende setzt.

König CHARLES III. bzw. Kaiser KARL VIII. (im Wartestand) scheint zur Verwirklichung etwaiger imperialer Bestrebungen voll auf die ›globale‹ Karte gesetzt zu haben. In vielen supranationalen Spitzenpositionen des Krypto-Illuminatentums sitzen bereits die Höflinge der Britischen Krone (z.B. Weltbank-Präsident WOLFENSOHN).

Eine supranationale Schlüsselrolle scheint für CHARLES insbesondere der Kanadier Maurice STRONG (siehe Maurice STRONG) zu spielen. Im Jahre 1981 gründeten CHARLES und eine Gruppe von Geschäftsleuten ›Business in the Community‹ (vgl. Anthony HOLDEN, *Charles, Prince of Wales*), aus dem später ›The Prince of Wales Business Leaders Forum‹ (›Das Prince-of-Wales-Forum für Wirtschaftsführer‹) wurde. Diese Organisation, kurz PWBLF, ist einer der Hebel von CHARLES, um auf die UN-Entwicklung Einfluß zu nehmen (vgl. dazu Joan VEON, *Prince Charles – The Sustainable Prince*). Zweck des PWBLF ist es »to promote the practice of good corporate citizenship and sustainable development internationally, as a natural part of success business operations« (deutsch: »die Praxis gut korporierter Bürgerschaft und fruchtbarer Entwicklung international zu fördern als einen natürlichen Teil erfolgreicher Geschäftsvorhaben«) (*The Prince of Wales Business Leaders Forum Report, 1990–1995*). Im Jahre 1990 nahmen an der ersten PWBLF-Konferenz in Charleston/South Carolina/USA unter dem Titel »Stakeholders: The Challenge in a Global Market« über 100 Wirtschaftsführer von supranationalen Unternehmen und Organisationen teil, darunter auch von ROCKEFELLERS ›Exxon‹ und DuPont (›The Prince of Wales Business Leaders Forum‹, *Stakeholders and Follow up Action*).

Prinz CHARLES soll sich auch hinter der von der ROCKEFELLER-Stiftung mitgeförderten ›One World International Foundation‹ (London) verbergen, die ihrerseits eine »strategische Allianz« mit dem ›UN-Entwicklungsprogramm‹ und der ›Weltbank‹ des königlichen Ritters James WOLFENSOHN pflegt, sich als »Guardian of One World's Vision« (»Hüter der Eine-Welt-Vision«) versteht (vgl. www.oneworld.org) und deren Schwesterorganisation in Deutschland das ›Global Cooperation Council‹ (vormals: ›Nord-Süd-Forum e.V.‹) ist (www.gccforum.org).

Prinz CHARLES und AL GORE, US-Vizepräsident unter William Jefferson CLINTON, haben einen gemeinsamen Mentor, und zwar den verstorbenen Industriellen Armand HAMMER. Julius HAMMER, sein Vater, war Mitglied der ›American Socialist Labour Party‹ (›Amerikanische Sozialistische Arbeiterpartei‹). Armand HAMMER ist eine Verballhornung von ›Arm and Hammer‹ (Arm und Hammer), dem Symbol der kommunistischen Partei. Im Jahre 1919 war Julius HAMMER daran beteiligt, den »linken Flügel der Sozialistischen Partei der Vereinigten Staaten« zu etablieren (Steven WEINBERG, *Armand Hammer: The Untold Story*). Nach der kommunistischen Revolution würde HAMMER über LENIN & Co. Riesengewinne durch Weizen- und Mehlexport in die neu geschaffene Sowjetunion machen. Armand HAMMER ist der ›God-father‹ von Prince WILLIAM, dem Thronfolger nach CHARLES.

Jüdischen Angaben zufolge wurde Prinz CHARLES (›Prince of Wales‹)

von Rabbi Jacob Snowman, dem offiziellen ›Mohel‹ der Londener Jüdischen Gemeinde, ›beschnitten‹ (vgl. www.look.net/ForYou/malka/).

⇨ Winston Churchill

Winston Leonard Spencer Churchill (1874–1965) war Sohn des Briten Lord Randolf Spencer Churchill und der US-Amerikanerin Jeanette Jerome; britischer Imperialist in der Tradition von Victoria I., 33. Grad-Freimaurer, Ex-Zionist, Antikatholik, prinzipienloser Opportunist, Materialist (Eigeneinschätzung: »a materialist to the tips of my fingers«), Karlspreisträger (1955), Kriegstreiber (1925: *Die Geschichte der menschlichen Rasse ist Krieg*).

1900: Abgeordneter der Konservativen Partei.

1902: Churchills früherer Mentor war Arthur Balfour (siehe Arthur Balfour).

1902: Wechsel zur Liberalen Partei.

1906: Unterstaatssekretär für die Kolonien.

1908-1910: Handelsminister unter Premierminister Herbert H. Asquith.

1910/1911: Innenminister.

1911–1915: ›First Lord of the Admiralty‹. Churchill war das einzige Kabinettsmitglied, das den Krieg gegen Deutschland von Beginn an unterstützte. Herbert H. Asquith, sein eigener Premierminister, schrieb dazu in seinen Tagebuchaufzeichnungen: »Winston ist sehr kriegerisch und fordert die sofortige Mobilisation. . . Winston, der alle seine Kriegsfarben aufgetragen hat, sehnt sich nach einer Seeschlacht in den frühen Morgenstunden, um die ›Goeben‹ zu versenken. Die ganze Sache erfüllt mich mit Traurigkeit.«

1914/1919: Völkerrechtswidrige Hungerblockade Deutschlands, infolge deren etwa 750 000 deutsche Zivilisten sterben.

7. Mai 1915: Churchill provozierte die Versenkung des mit Kriegsmunition beladenen Passagierschiffes ›Lusitania‹ (vgl. Patrick Beesly, *Room 40*). Sein krypto-illuminatischer ›Komplize‹ Franklin D. Roosevelt würde später nach demselben Muster Japans Überfall auf Pearl Harbor provozieren, um einen Vorwand für den US-Eintritt in den Zweiten Weltkrieg zu erhalten.

1917/1918: Munitionsminister unter Premierminister David Lloyd George.

1918–1921: Kriegs- und Luftfahrtminister.

1921/1922: Kolonialminister.

1924: CHURCHILL wechselt von den Liberalen zurück zu den Konservativen (Opportunist) und wird ›Chancellor of the Exchequer‹.

1924–1929: Schatzkanzler (Wiedereinführung des Goldstandards).

1929–1939: Ohne politisches Amt.

1936: CHURCHILL verbindet sich mit der ›*pressure group*‹ ›The Focus‹, deren Zweck es war, die britische Öffentlichkeit vor ›Nazi-Deutschland‹ zu warnen, und übertreibt in dieser Öffentlichkeit maßlos dessen Wiederbewaffnung (Gordon CRAIG: »Es ist heute allgemein bekannt, daß CHURCHILLS... Behauptungen über die deutsche Stärke übertrieben waren.«)

1936 ff.: CHURCHILL & Co. betreiben in den USA eine pro-britische/anti-deutsche Propagandaschlacht um die Psyche des US-Bürgers und verbinden sich mit ›Hollywood‹. Gore VIDAL (*Scening History*) stellt dazu fest, daß die Amerikaner ab 1937 einem Film nach dem anderen ausgesetzt wurden, in dem England und die Kriegshelden, die das britische Empire schufen, glorifiziert wurden.

1939: ›First Lord of the Admiralty‹.

10. Mai 1940: Premier- und Verteidigungsminister.

1940: CHURCHILL sendet den kanadischen Geheimagenten William Samuel STEPHENSON (Code-Name: ›Intrepid‹), der später zum königlichen Ritter geschlagen wird, zusammen mit etwa 300 weiteren Agenten in die USA, um diese »mit allen Mitteln« in den Krieg zu ziehen. Die Büros befanden sich im New Yorker ›Rokkefeller Center‹.

14. August 1941: Veröffentlichung der gemeinsam Franklin D. ROOSEVELT verkündeten »Atlantikcharta«, die später zum Basisdokument der UNO wird.

7. Dezember 1941: Franklin D. ROOSEVELT, STALIN-Verehrer, erlaubt das japanische Bombardement von Pearl Harbor (Thomas BAILEY: »Franklin ROOSEVELT täuschte wiederholt das amerikanische Volk in der Zeit vor Pearl Harbor... Das Land war bis zum Tag von Pearl Harbor weit überwiegend nicht-interventionistisch eingestellt, und der Versuch, das Volk in den Krieg zu führen, wäre mit Sicherheit zum Scheitern verurteilt gewesen.«)

15. Februar 1942: CHURCHILL, der Halb-Amerikaner, erklärt im ›House of Commons‹ den Kriegseintritt der USA. »Dies ist, wovon ich geträumt, wohin ich geplant, wofür ich gearbeitet habe, und was nun Wirklichkeit wird.« Gore VIDAL (aaO.): «Wir dienten weder LINCOLN noch JEFFERSON, sondern wir dienten der Krone.«

1940 ff.: CHURCHILL übergeht alle Friedensangebote HITLERS (statt dessen Forderung nach *›unconditional surrender‹*), Warnungen von HITLER-Gegnern (z.B. Adam VON TROTT) über die Gefahr der ›Bolschewisierung‹ Europas und wird zum STALIN-Fan. Nach der Moskauer Konferenz im Oktober 1944 schreibt er in einem Brief an seine Ehefrau Clementine über STALIN folgendes: »Ich habe sehr schöne Gespräche mit dem alten Bären geführt. Je mehr ich ihn sehe, desto mehr mag ich ihn.« Er veranlaßt zusammen mit seinem Komplizen ROOSEVELT kurz vor Kriegsende das Terror-Bombardement 1000 Jahre alter, weitgehend ungeschützter deutscher Städte (unter anderen Lübeck, Köln, Hamburg, Dresden), worauf Josef SCHUMPETER von Harvard aus bemerkte, daß CHURCHILL und ROOSEVELT mehr zerstörten als Dschingis KHAN. CHURCHILL unterstützt den Abwurf von Atombomben über Hiroshima und Nagasaki und behauptet danach, daß durch den Abwurf das Leben von 1,2 Millionen Soldaten, darunter einer Million Amerikaner, gerettet worden sei (TRUMAN, Nachfolger ROOSEVELTS, hatte vorher die weitaus niedrigere, wenngleich kaum weniger absurde Zahl von 500 000 genannt). CHURCHILL entwirft zusammen mit Henry C. MORGENTHAU Jr. den sogenannten »MORGENTHAU-Plan«, der eine Totalagrarisierung Deutschlands vorsieht. MORGENTHAU behauptet später, daß der Plan allein durch CHURCHILL zu Papier gebracht worden sei.

28. November–1. Dezember 1943: Konferenz von Teheran zwischen CHURCHILL, ROOSEVELT und STALIN.

13.–15. Februar 1945: Zerstörung Dresdens, der barocken Hauptstadt des früheren Königreichs Sachsen, und zwar zu einem Zeitpunkt, als der Krieg praktisch beendet und die Stadt ein einziges Flüchtlingslager war.

16. März 1945: Zerstörung Würzburgs.

April 1945: Nochmaliges Bombardement von Berlin und Potsdam.

17. Juli–2. August 1945: Potsdamer Konferenz.

20. November 1945–31. August 1946: Internationales Militärtribunal (sog. ›Kriegsverbrecher‹-Tribunal) unter dem Vorsitz des britischen Richter Lords Geoffrey LAWRENCE. Der Kriegsverbrecher Winston Leonard Spencer CHURCHILL fehlt auf der Anklagebank.

19. September 1946: In Zürich ruft CHURCHILL zur Bildung der »Vereinigten Staaten von Europa« auf, ohne Großbritannien darin einzubeziehen.

1945 ff.: Beteiligung an der planmäßigen Aushungerung und Vertreibung Deutscher, durch die mindestens neun Millionen (9 000 000) Menschen ihr Leben lassen mußten (James BACQUE, *Der geplante Tod* sowie *Crimes and Mercies*)

1955: CHURCHILL wird mit dem Karlspreis sgezeichnet.

CHURCHILL war wesentlich an der Entstehung der EU, einer der wichtigsten Organisationen des Krypto-Illuminatentums, beteiligt. Der Leser wird sich fragen, warum Willy BRANDT (SPD), der als Karl Herbert FRAHM Deutschland verlassen hatte, um gegen Adolf HITLER zu kämpfen, die Gesellschaft von Winston CHURCHILL im Kreis des ›Committee of 300‹ vorzog. Die Beantwortung dieser Frage muß aus Gründen der Zensur (in Deutschland) unbeantwortet bleiben.

⇨ Familie DELANO

Ex-Vorstandsmitglied der »Federal Reserve« und Onkel des Krypto-Illuminaten Franklin Delano ROOSEVELT; Vorsitzender des ›League-of-Nations-Committee‹ (›Völkerbundkomitee‹).

⇨ DUPONT

Der Ideologe unter den DUPONTS war Pierre Samuel DU PONT DE NEMOURS (1739–1817). Er war bereits Freimaurer, als er am 1. Januar 1769, also sieben Jahre vor Gründung des Illuminatenordens des Adam WEISHAUPT, die Leitung des Journals *Les Ephémérides du Citoyen* übernahm. Durch dieses Medium führte er in Frankreich den publizistischen Kampf um eine ›Neue Weltordnung‹ an. Wie viele Krypto-Illuminaten nach ihm, folgte Pierre Samuel DU PONT DE NEMOURS der Regierungsauffassung PLATOS.

Im Jahre 1774 geht er auf Ersuchen von König STANISLAUS-AUGUSTUS nach Polen, um dort ein neues allgemeines Erziehungssystem zu organisieren, eines der Primärziele des Illuminatentums.

Als Benjamin FRANKLIN im Jahre 1776 in Paris eintrifft (vgl. **B.I.**: Vom ›Bund der Illuminaten‹ zum ›Chapter 322‹), ist Pierre Samuel DU PONT DE NEMOURS einer der ersten, den er aufsucht. Während des folgenden Jahres ist DU PONT häufiger Besucher in Passy, FRANKLINS Wohnort.

Während Thomas JEFFERSONS Pariser Zeit (vgl. **B.I.**) wird er auch mit diesem bekannt. Diese Bekanntschaft wird Pierre Samuel DU PONT DE NEMOURS einige Jahre später noch nützlich sein.

Ende 1799: Emigration in die USA und Ankunft dort am 3. Januar 1800.

1. Mai (!) 1804: Eleuthère DU PONT DE NEMOURS, Sohn des Pierre Samuel DU PONT DE NEMOURS, beginnt in den USA mit der Gewehrpulverproduktion und erhält seinen ersten großen Gewehrpulver-Regierungsauftrag durch die Vermittlung von JEFFERSON.

1811: Du Pont ist der größte Gewehrpulverproduzent der USA.

1850: Henry DU PONT (1812–1889) übernimmt die Führung des Unternehmens.

1872: Henry DU PONT überzeugt ›Laflin & Rand‹ sowie ›Hazard Power Co.‹, mit ihm zusammen eine ›Gun Power Association‹ zu bilden, um den Wettbewerb zwischen den drei größten Herstellern auszuschalten, ein typisches Beispiel der wettbewerbsfeindlichen Einstellung des Krypto-Illuminatentums.

1903: Beginn der Produkterweiterung, insbesondere Lacke und andere nichtexplosive Produkte.

1915–1918 (Kriegsgewinnler): Während des Ersten Weltkrieges beliefert DuPont die alliierten Streitkräfte mit 1,5 Milliarden Pfund militärischer Explosivstoffe und die US-Industrie mit 840 Millionen Pfund Dynamit und Sprengpulver.

1917: Beginn der Farbstoffproduktion, die bis dahin von deutschen Unternehmen monopolisiert ist.

1941–1945 (Kriegsgewinnler): Während des Zweiten Weltkrieges produziert DuPont 4,5 Milliarden Pfund militärische Explosivstoffe und andere militärische Güter.

1958: Umfangreiche Überseeinvestitionen.

1981: Erwerb von Conoco Inc.

1990: *Joint venture* mit ›Merck‹

1998: Erwerb des Merck-Anteils aus dem *joint venture.*

1999: Erwerb der Hoechst-Tochter ›Herberts‹.

DUPONT firmiert heute unter ›E.L. DuPont de Nemours & Co.‹

⇨ Königin ELISABETH II. von Großbritannien
Am 2. Juni 1953 wird ELISABETH als ›Queen of thy People Israel‹ (›Königin Deines Volkes Israel‹) gekrönt. Sowohl ELISABETH II. als auch Thronfolger Prinz CHARLES (›Prince of Wales‹) beanspruchen für sich, daß der Krönungsthron in der Westminster Abbey der Thron DAVIDS sei.

⇨ König FREDERIK IX. von Dänemark

⇨ W. Averell HARRIMAN
Vater: Eisenbahnmagnat E. H. HARRIMAN; Mutter: Mary HARRIMAN, die im Jahre 1910 in Cold Spring Harbour, Long Island (New York), das auch von der ROCKEFELLER-Stiftung gesponserte ›Eugenic Record Office‹ (siehe: Prince PHILIP) gründet; Mitgründer des ›Chapter 322‹ [›Skull and Bones‹]; CFR-Mitglied; zweifacher US-Präsidentschaftskandidat.

1920: HARRIMAN und George Herbert WALKER (Großvater von US-Präsident George Walker [W.] BUSH) erlangen unter Vermittlung von M. M. WARBURG die Kontrolle über die ›Hamburg Amerika-Linie‹ (Hapag).

1. Mai 1926: Prescott BUSH (der andere Großvater von George W. BUSH) wird Vizepräsident von ›W.A. Harriman & Co.‹.

1926: Kooperation mit Fritz THYSSEN (›New Steel Trust‹).

1. Januar 1931: Fusion von W.A. Harriman & Co. (›Brown Brothers, Harriman & Co.‹) mit HARRIMAN und Prescott BUSH als Partner.

29. September–1. Oktober 1941: In seiner Funktion als US-Botschafter in Moskau ist HARRIMAN auch US-Vertreter auf der Moskauer Konferenz zwischen der UdSSR, den USA und Großbritannien unter Beteiligung des Schlächters Josef STALIN (Rede HARRIMANS vom 1. Oktober 1941: »Die Konferenz hat entschieden, der sowjetischen Regierung praktisch alles zur Verfügung zu stellen, was vom sowjetischen Militär. . . angefordert wurde.«).

27. September 1971: Heirat mit Pamela Beryl DIGBY, der »Courtisane des Jahrhunderts« (so Ex-Ehemann LeLand HAYWARD [»South Pacific«, »The Sound of Music«]), der Ex-Ehefrau von Randolf CHURCHILL [Sohn Winston CHURCHILLS, siehe oben], der Ex-Konkubine von Elie DE ROTHSCHILD und der eigentlichen Frau hinter William ›Slick Willy‹ CLINTON (CFR, Trilaterale Kommis-

sion, Bilderberger, De-Molay-Freimaurer), der sie im Jahre 1993 für ihre finanzielle Unterstützung (3 Millionen USDollar) in seinem vorausgegangenen Wahlkampf 1992 zur US-Botschafterin in Frankreich machte.

⇨ Edward M. House

Edward Mandell House ist der krypto-illuminatische Ideologe des supranationalen ›Freien-Markt-Faschismus‹.

1911: Kurz nachdem House am 24. November 1911 dem Krypto-Illuminaten und späteren US-Präsidenten Woodrow Wilson vorgestellt wird, begann er mit dem Schreiben seines politischen Romans *Philip Dru: Adminstrator*, eines der einflußreichsten politischen Bücher des 20. Jahrhunderts. Das Werk ist am ehesten in der Nachfolge von Machiavellis *Der Prinz* einzuordnen. Genauso wie es unmöglich ist, die totalitären Tragödien des 20. Jahrhunderts ohne die Schriften von Karl Marx und Adolf Hitler zu verstehen, genausowenig kann der supranationale ›Freier-Markt-Faschismus‹ ohne *Philip Dru* und sein historisches Alter-Ego, Edward Mandell House, verstanden werden. Wie die typischen Krypto-Illuminaten des letzten Jahrhunderts und der Neuzeit ist Philip Dru ein schizophrener Zwitter zwischen Marx und Rothschild. Einerseits liebäugelt er »mit einem Sozialismus, wie ihn sich Karl Marx erträumt hat«, andererseits fordert er, wie Rockefeller und Konsorten, ein diktatorisch regierendes »Direktorat« der Reichen. Philip Dru, ein West-Point-Absolvent, der von Edward Mandell House als messianische Figur beschrieben wird, gelingt es im Wege einer von ihm angeführten Revolution, die »alte Ordnung« zu stürzen. Er ernennt sich selbst zum »Verwalter« (»Administrator«), d. h. Diktator, des neuen Systems, in dem »Eigentum und Leben aller in die Obhut eines Mannes« übertragen werden. In diesem System sind es »die Gebildeten und Reichen, in der Tat die Selbstsüchtigsten, die die Prozession anführen werden«, erläutert Dru. »Sie werden als erste die Freude daran wahrnehmen und auf diese Weise die Sünden ihrer Vorfahren tilgen.« Und: »Von dem Volk wird verlangt werden, seine Vorurteile gegenüber Kapitalisten zu bändigen.« Die Ideologie des Philip Dru alias Edward Mandell House erinnert unverkennbar an die Form der von den Popper, Soros und Konsorten angebeteten *Republik* Platos (»eine regierende Klasse mit einer mächtigen Armee, um sie an der Macht zu halten, und eine im Verhältnis zu einer monolitischen Autorität von Regierenden völlig untergeordnete Gesellschaft«). Der Verwalter Philip DRU beginnt ein radikales ›*social engineering's*‹-Programm, das gespenstisch die ›New-Freedom‹-Agenda des Krypto-Illuminaten Woodrow WILSON oder die ›New Deal‹-Doktrin des Franklin Delano ROOSEVELT (FDR) vorwegnimmt.

Edward Mandell HOUSE war Chef-Berater der Krypto-Illuminaten Woodrow WILSON und Franklin Delano ROOSEVELT (FDR). »WILSONS Rasputin (d. h. HOUSE), der einflußreichste Bürger Amerikas und in der Tat der mächtigste Mensch der Welt, hat zu einer Zeit für den Faschismus das ›Copyright‹ erworben, als MUSSOLINI gerade erst ein Großmaul war«, schrieb Westbrook PEGLER über die WILSON-Zeit.

Und zur ROOSEVELT-Zeit schrieb Thomas W. PHELPS, der Washingtoner Bürochef des *Wall Street Journal,* im Juli 1937: »Col. E. M. HOUSE, Vertrauter von Präsident ROOSEVELT, erscheint als Prophet, wenn nicht sogar als geistiger Schöpfer des New Deal. Vor fast 25 Jahren schrieb HOUSE von einer Revolution, die von einem jungen ›West Pointer‹ angeführt wurde und der in einer kurzen, aber blutigen Schlacht triumphierte, ein wohltätiger Diktator wurde und dann damit fortfuhr, die amerikanische Regierung umzuformen. In ihren groben Zügen wurde das gesamte Revolutionsprogramm [von Philip DRU] durch zwei Präsidenten der Demokratischen Partei [d.h. WILSON und FDR]. . . entweder bereits durchgeführt oder befindet sich im Prozeß der Realisierung.«

- Es war Edward Mandell HOUSE, der dem Krypto-Illuminaten Woodrow WILSON im Jahre 1912 die Präsidentschaftswahl ermöglichte, indem er die 40 Texas-Stimmen sicherte.
- Es war Edward Mandell HOUSE, der hinter Paul WARBURG und Konsorten (vgl. **B.X.**: ›Federal Reserve‹) im Jahre 1913 die Errichtung des ›Federal Reserve System‹ verwirklichte.
- Es war Edward Mandell HOUSE, der im Jahre 1918 durch Woodrow WILSON versuchte, den am Veto des US-Senats gescheiterten ›Völkerbund‹ zu schaffen, und der letztlich für die Errichtung seiner Nachfolgeorganisation (d. h. UNO) geistig verantwortlich ist.
- Es war der ROTHSCHILD-Agent Edward Mandell HOUSE, der auf der Versailler Friedenskonferenz, die mit dem Versailler Diktat vom 28. Juni 1919 und der wirtschaftlichen Knebelung

Deutschlands endete, zusammen mit Bernhard BARUCH als ›Berater‹ von Woodrow WILSON wirkte und sogar zeitweise an dessen Stelle verhandelte (Frankreichs Präsident Georges CLEMENCEAU und Großbritanniens Premierminister LLOYD GEORGE wurden übrigens in ähnlich ROTHSCHILDscher Weise ›beraten‹, denn hinter diesen standen Georges MANDEL, alias Jeroboam ROTHSCHILD, und der ROTHSCHILD-Agent Alfred MILNER, erster Leiter des ›Round Table‹).

- Es war Edward Mandell HOUSE, der am 17. Juli 1919, nachdem er gerade erst wieder aus Paris zurückgekehrt war, in New York das ›Institute of International Affairs‹ (IIA), eine Zweigstelle der Londoner ›Round Table‹ (siehe Lord Alfred MILNER), gründete.
- Es war schließlich Edward Mandell HOUSE, der zusammen mit J. P. MORGAN für die Gründung des ›Council on Foreign Relations‹ (CFR) am 29. Juli 1921 federführend war und der die erste Satzung für diese Organisation schrieb, deren Finanzierung anfänglich durch dieselben Krypto-Illuminaten, die auch den Federal-Reserve-Coup gelandet hatten (Paul WARBURG, J. P. MORGAN, John D. ROCKEFELLER, Bernhard BARUCH, Jacob SCHIFF, OTTO KAHN usw.), übernommen wurde.

⇨ Königin JULIANA DER NIEDERLANDE

⇨ Henry KISSINGER

Henry Albert KISSINGER, Ex-US-Außenminister, Inhaber der New Yorker Fa. ›Kissinger & Associates‹ (vgl. dazu Scott THOMPSON/Joseph BREWDA, *Kissinger Associates: Two Birds in the Bush*) ist Mitglied des ›Royal Institut of International Affairs‹ (Chatham House), des ›Council on Foreign Relations‹ (CFR), der ›Trilateralen Kommission‹ und der ›Bilderberger‹. Er soll darüber hinaus auch Mitglied der Schweizerischen ›Großen Alpinen Freimaurerloge‹ sein, die ihrerseits mit der berüchtigten italienischen Loge ›P2‹ liiert ist.

KISSINGER kann ideologisch am ehesten als ›britischer Imperialist‹ eingeordnet werden, das heißt, seine US-amerikanische Außenpolitik wurde von britisch-imperialer Geopolitik geleitet, insbesondere vom Dogma des Gleichgewichts der Kräfte. »KISSINGER war in ständigem Kontakt mit denjenigen, die die britische Außenpolitik maßgeblich bestimmten, darunter zum Beispiel Sir

Eric ROLL vom Bankhaus S. G. Warburg (siehe S. G. WARBURG), Lord TREND und Lord Victor ROTHSCHILD (siehe Webster G. TARPLEY/Anton CHAITKIN, *George Bush: The Unauthorized Biography*).

In seiner Rede vom 10. Mai 1982, die KISSINGER vor dem ›Royal Institute of International Affairs‹ (Chatham House) unter dem Titel »Reflections on a Partnership« (»Überlegungen über eine Partnerschaft«) hielt, führte er dazu unmißverständlich folgendes aus: »Die Briten waren in der Sache in einem Maße hilfreich, daß sie zu einem integralen Teil der Überlegungen wurden, und zwar zu einem Grad, wie er wahrscheinlich nie zuvor zwischen zwei souveränen Nationen praktiziert wurde, während meiner Amtszeit spielten die Briten eine ausschlaggebende Rolle [»*a seminal part*«] in bestimmten bilateralen Verhandlungen mit der Sowjetunion, mehr noch, sie halfen uns, das Schlüsseldokument zu entwerfen. Während meiner Zeit im Weißen Haus habe ich das britische Außenministerium besser unterrichtet gehalten und enger einbezogen als das amerikanische Außenministerium.«

Kritisch betrachtet, war die rechtliche Bedeutung dieser Ausführungen kaum weniger als das Eingeständnis von Hochverrat. Dazu Webster G. TARPLEY/Anton CHAITKIN (*George Bush: The Unauthorized Biography*): »KISSINGER war der Hohepriester von Imperialismus und Neokolonialismus, getrieben von einem instinktiven Haß auf Indira GANDHI (siehe Morton ROSENTHAL), Aldo MORO, Ali BHUTTO und andere nationalistische Führer. KISSINGERS Geopolitik unterstrich die fanatische anglophile Sichtweise von BUSH (siehe George BUSH Sen.), die dieser von seinem Vater Prescott (BUSH) erworben und in der Atmosphäre des Familienunternehmens ›Brown Brothers Harriman‹ (siehe W. Averell HARRIMAN), ursprünglich die Filiale eines britischen Buchführungsunternehmens, aufgenommen hatte.«

KISSINGER soll aber auch die andere (d. h. sowjetische) Seite bedient haben. Im Jahre 1959 lief der polnische KGB-Agent Michael GOLENIEWSI zu den USA über und behauptete, daß KISSINGER während seiner Nachkriegstätigkeit im ›US Army Counter Intelligence Corps‹ (1943–1946) vom sowjetischen KGB angeworben worden sei. Er sei Mitglied einer sowjetischen Spionagezelle ›ODRA‹ gewesen und habe für den KGB unter dem Code-Namen ›Bor‹ oder ›Colonel Bor‹ gearbeitet (vgl. dazu Frank CAPELL, *Henry Kissinger: Soviet Agent*, sowie Webster G. TARPLEY/Anton CHAITKIN, *George Bush: The Unauthorized Biography*).

Bereits in den Jahren von 1956 bis 1958 war KISSINGER Direktor des ›Rockefeller Brothers Fund‹. In seinem Buch *White House Years* bezeichnete er Nelson ROCKEFELLER, dessen außenpolitischer Chefberater er war, als »die einflußreichste Person in meinem Leben«. Sir Henry Alfred KISSINGER, der Günstling der Britischen Krone, erhielt im Jahre 1973 von einer Organisation, deren Preisverleihungen häufig nur noch kollektives Kopfschütteln der Weltbevölkerung auslösen, zusammen mit LE DUC THO den Friedensnobelpreis, den er, nicht jedoch der Vietnamese, annahm.

Inzwischen wird KISSINGER unter anderem auch als ›Kriegsverbrecher‹ betrachtet, weil er entweder um Attentate und Massenmorde gewußt oder gar geholfen habe, sie zu planen (vgl. Christopher HITCHENS, *Die Akte Kissinger*).

KISSINGER soll am 20. Juni 1976, wie im Oktober 2000 auch der Ex-Vizepräsidentschaftskandidat Joseph LIEBERMAN, während einer religiösen Zeremonie durch das höchste rabbinische Gericht der USA unter dem Vorsitzenden Richter Martin S. ANTELMAN exkommuniziert worden sein. Es ist nicht bekannt, ob die Exkommunikation später wieder aufgehoben wurde.

Am 18. Juli 1993 schrieb KISSINGER in der *Los Angeles Times* über das NAFTA (vgl.**B.IX.**: ›NAFTA‹) folgendes: »Das, was der Kongreß vor sich haben wird, ist kein konventionelles Handelsabkommen, sondern die Architektur eines neuen internationalen Systems. . ., ein erster Schritt in die Richtung einer neuen Weltordnung.«

⇨ LAZARD Frères

Das Bankhaus ›Lazard Frères & Co. LLC, Paris‹ (früher: ›Lazard Frères & Cie., Paris‹; ›Lazard Brothers & Co. Ltd., London‹; ›Lazard Frères & Co., New York‹) wird seit etwa einem Vierteljahrhundert von Michel DAVID-WEILL, der einerseits mit den Gründern und andererseits mit den ROTHSCHILDS verwandt ist, geführt. Er sitzt auch im Aufsichtsrat der ›New York Stock Exchange‹ (NYSE). 51% der Aktien werden von ›Lazard-Insidern‹, davon etwa 40% von vier Familien (einschließlich etwa 20 % Michel DAVID-WEILL), gehalten. Lazard Frères verstehen sich als »power broker of the corporate high and mighty in both Europe and the United States« (*Business Week* vom 27. November 2000).

⇨ Königin MARGARETHE II. von Dänemark

⇨ Giuseppe MAZZINI
Seit 1834 Nachfolger des im Jahre 1830 verstorbenen Adam WEISHAUPT.

⇨ Lord Alfred MILNER
Erster Vorsitzender des ›Round Table‹ (siehe Cecil RHODES), woraus später das ›Royal Institute for International Affairs‹ (RIIA) entstand, das wiederum zusammen neben dem CFR mit der ›Deutschen Gesellschaft für Auswärtige Politik‹ (DGAP) verbunden ist.

⇨ François MITTERRAND
Französischer Ex-Präsident (Sozialistenführer); 33. Grad-Freimaurer, woraus zu erklären ist, daß MITTERRAND das Zentrum des schönen Louvre mit dem Freimaurersymbol einer gläsernden Pyramide verunstalten ließ.
So wie Charles DE GAULLE oder Maximilian Franz VON HABSBURG-LOTHRINGEN (siehe unten: Otto VON HABSBURG) jeweils Großmeister des katholischen Geheimbundes ›Priorat von Zion‹ (›Prieuré de Sion‹) waren, soll auch MITTERRAND diesem Orden, der kurz vor dem ersten Kreuzzug (1090 oder 1099) vom ›Orden von Zion‹ durch Gottfried VON BOUILLON gegründet wurde, angehört haben. Das Ziel dieses Ordens ist es, die merowingische Blutlinie zu bewahren und die Merowinger auf den Thron von Frankreich zurückzubringen. Die Merowinger waren die ersten Monarchen Europas, die über den Prototyp eines ›Heiligen Römischen Reichs‹ herrschten. Der Vatikan hatte den Merowingern zugestanden, direkt von JESUS CHRISTUS abzustammen. Die Konstruktion dieser grotesken Anmaßung ist folgende: JESUS war der biologische Sohn von JOSEF, der seinerseits in direkter Linie von König DAVID abstammte. JESUS CHRISTUS sei verheiratet gewesen, und zwar mit Maria Magdalena. Mit dieser habe er ein Kind gezeugt. Maria sei später mit dem Kind beider nach Frankreich geflohen, wo sich dieses dann fortgepflanzt habe (vgl. Michael BAIGENT/Richard LEIGH/Henry LINCOLN, *Holy Blood, Holy Grail*). Das ›Priorat von Zion‹ sei, so heißt es, der eigentliche Treibriemen hinter der EU und ihren römisch-katholischen Initiatoren gewesen (vgl. **B.VIII.**). Unter den Trauergästen zum Begräbnis

von François MITTERRAND sah der Insider viele Mitglieder des ›Committee of 300‹, darunter insbesondere auch Prinz CHARLES, einen vermeintlichen Nachfahren von König DAVID (siehe oben Prinz CHARLES).

⇨ J. P. MORGAN

Das MORGAN-Imperium hatte seinen Ursprung in London. 1838: Der US-amerikanische Geschäftsmann George PEABODY, ein ROTHSCHILD-Agent, eröffnet die Handelsbank ›George Peabody & Co.‹

1854: Junius S. MORGAN, ein Ostküsten-Amerikaner, wird Partner.

1861: John Pierpont MORGAN, der 24jährige Sohn von Junius S. MORGAN, eröffnet in New York ›J.P. Morgan & Co.‹, das anfänglich nur Verkaufs- und Vertriebsbüro für die Londoner Bank ist.

1864: Aus ›George Peabody & Co.‹ wird nach PEABODYS Tod ›J. S. Morgan & Co.‹.

1871: J. P. MORGAN wird Partner der Pariser Firma ›Drexel, Harjes & Co.‹ (später: ›Morgan, Harjes & Co.‹), die im Ersten Weltkrieg maßgeblich die Alliierten gegen Deutschland finanziert.

1890: Tod von J. S. MORGAN.

1895: J. P. MORGAN konsolidiert alle Morgan-Banken (London, New York, Paris, Philadelphia).

1910: Gründung von ›Morgan, Grenfell & Co.‹ in London.

1913: Tod von J. P. MORGAN (Sen.).; Sohn J. P. (›Jack‹) MORGAN Jr. wird ›Senior Partner‹.

29. Juli 1921: Gründung des ›Council on Foreign Relations‹ (CFR) durch Col. Edward Mandell HOUSE (ROTHSCHILD-Agent); J. P. MORGAN Jr., John D. ROCKEFELLER, Paul WARBURG, Otto KAHN und Jacob SCHIFF (Finanzier der bolschewistischen Oktoberrevolution unter Leon BRONSTEIN alias Leo TROTZKI und des Eisenbahnimperiums von E. H. HARRIMAN [siehe oben W. Averell HARRIMAN]), »dieselbe Clique, die auch die Errichtung des Federal Reserve System bewerkstelligt hatte« (Gary ALLEN in *American Opinion* 10/1972). Der erste Präsident des CFR war John W. DAVIS, persönlicher Anwalt von J. P. MORGAN, über die Jahrzehnte ging die CFR-Führung jedoch völlig auf David ROCKEFELLER, Gründer der ›Trilateralen Kommission‹ und ›Ewig-Bilderberger‹ über.

1940: In New York wird die konsolidierte ›J. P. Morgan & Co. Inc.‹ gegründet.

1959: Fusion mit ›Guaranty Trust Company‹ als neue ›Morgan Guaranty Trust Company of New York‹ (Vorstandsmitglied: ›Skull and Bones‹-Mitglied Percy ROCKEFELLER);

1982: Verkauf des restlichen Drittels an der ›Morgan Grenfell plc‹ (London), die im Jahre 1989 von der aus dem jüdischen Bankhaus ›Hirsch, Levi, Hohenemser‹ hervorgegangenen ›Deutschen Bank AG‹ (institutionelles CFR-Mitglied) erworben wird, die im Jahre 1999 auch noch ›Bankers Trust‹, eine andere frühere MORGAN-Institution, erwirbt.

31. Dezember 2000: Fusion mit ›Chase Manhattan Corporation‹ (David ROCKEFELLER) als neue ›J. P. Morgan Chase & Co. Inc.‹, kurz ›JPMorganChase‹.

⇨ Sir Ernest OPPENHEIMER

Geboren im Mai 1880 in Freiburg.

1917: ›Anglo American Corp. of South Africa‹ (Diamanten-Produktion).

1917 ff.: OPPENHEIMER erlangt die Kontrolle über deutsche Unternehmen der Diamantenproduktion (›Consolidated Diamond Mines of South West Africa‹).

1926: De Beers

⇨ Harry OPPENHEIMER

Sohn von Ernest OPPENHEIMER

⇨ Olof PALME

Ex-Ministerpräsident Schwedens und Ex-Vorsitzender der SPD Schwedens (seit 1969), Ex-Stellv.-Vorsitzender der ›Sozialistischen Internationale‹ (Vorsitzender: Willy BRANDT); Initiator und Vorsitzender der ›Palme Commission‹ über »Disarmament and Security Issues« (Sponsor: ROCKEFELLER-Stiftung).

Enge Beziehungen zu Emma VON ROTHSCHILD (Tochter des Lord Victor VON ROTHSCHILD und Halbschwester des Lord Jacob VON ROTHSCHILD), die unter anderem Direktorin des ›Center for History and Economics‹ am King's College in Cambridge (England) und Professorin am ›Harvard Center for Population and Development Studies‹ (US-Ostküste), Prinz PHILIPS Interessengebiet, ist.

PALME wurde am 28. Februar 1986 auf dem Rückweg von einem Kinobesuch erschossen. Der Täter konnte nicht ermittelt werden.

Die schwedische Tageszeitung *Aftonbladet* berichtete, daß dem schwedischen Untersuchungsausschuß bezüglich des Attentats ein geheimdienstliches Memorandum vorgelegt worden sei, wonach Olaf PALME und Emma von ROTHSCHILD noch am Abend seiner Ermordung miteinander telefoniert hätten. In diesem Telefonat sei auch mitgeteilt worden, wo sich PALME an diesem Abend aufhalten werde (*Neue Solidarität* Nr. 45 vom 8. November 1995). Emma ROTHSCHILD (*Globalisation and Democray in Historical Prospective*) ist heute im Vorstand des ›Olof PALME Memorial Fund‹.

⇨ Prinz PHILIP

Prinz PHILIP (Duke of Edinburgh) alias Philip MOUNTBATTEN alias Philip VON BATTENBERG, Vater von Prinz CHARLES, war zusammen mit Prinz BERNHARD DER NIEDERLANDE und Weltbankpräsident James WOLFENSOHN nicht nur Mitbegründer des ›World Wildlife Fund‹ (›Worldwide Fund for Nature‹), eine Organisation, die außer ihrem (ORWELLschen) Namen wenig für Tierwelt und Natur bewirkt hat. Als Eugeniker tritt er auch für die drastische Reduzierung der Weltbevölkerung ein. Von ihm stammt der Satz: »In the event that I am reincarnated, I would like to return as deadly virus, in order to contribute something to solve overpopulation« (»Falls ich wiedergeboren werden sollte, würde ich gern als tödliches Virus zurückkehren, um zur Lösung der Überbevölkerung beizutragen.«). Mag für diesen Fall ›das tödliche Virus Philip‹ mit dem britischen Königshaus beginnen wollen.

Die Mutter von PHILIP, Alice MOUNTBATTEN alias Prinzessin VON BATTENBERG alias Alice Prinzessin ANDREA VON GRIECHENLAND UND DÄNEMARK sowie Gattin von Prinz ANDREAS VON GRIECHENLAND, liegt in Israel begraben. PHILIP hat von Israel eine Ehrenauszeichnung für seine verstorbene Mutter angenommen, weil diese »drei Juden im Athener Palast während der NS-Besatzung von 1943 bis 1944 versteckt« habe (*Times-Picayune* vom 1. November 1994, Seite A-1).

⇨ Prinz RAINIER VON MONACO

⇨ Joseph Hieronim RETINGER

Initiator der ›Bilderberger‹ (siehe **B.IV.**); Jesuit; sogenannte ›Graue Eminenz‹ des europäischen Krypto-Illuminatentums.

⇨ Cecil RHODES

Cecil RHODES (1853–1902) ist der Gründer des am 5. Februar 1891 gebildeten ›Round Table‹, woraus später das ›Royal Institute for International Affairs‹ (RIIA) entstand, das wiederum zusammen mit dem CFR der ›Deutschen Gesellschaft für Auswärtige Politik‹ (DGAP) übergeordnet ist.

Die Organisation des ›Round Table‹, die nach Willen von RHODES nach jesuitischem oder freimaurerischem Muster wirken sollte, deren erster Vorsitzender Lord Alfred MILNER, ein ROTHSCHILD-Agent, war und zu dessen Gründungsmitgliedern auch Lord Arthur BALFOUR (siehe Arthur BALFOUR) gehörte, sollte nach dem Willen von Cecil RHODES seine sogenannten ›Sieben Testamente‹ federführend verwirklichen. Bereits im Jahre 1877, als RHODES sich noch in Oxford aufhielt, hatte er gesagt: »Es ist unsere Pflicht, jede Gelegenheit wahrzunehmen, um mehr Land zu erwerben. . . mehr Land heißt schlicht und einfach mehr von der angelsächsischen Rasse, mehr der besten, im Menschsein fortgeschrittensten und ehrenwertesten Rasse, die die Welt besitzt.« In jenem Jahr 1877 verfügte er in seinem ersten von insgesamt sieben Testamenten, eine »Geheimgesellschaft mit dem einzigen Ziel zu schaffen, das britische Imperium auszuweiten, die gesamte unzivilisierte Welt unter britische Herrschaft zu bringen, die Vereinigten Staaten zu stärken und. . . die angelsächsische Rasse in einem Imperium zu vereinen«.

Frank AYDELOTTE, ein Gründungsmitglied des ›Council on Foreign Relations‹ und amerikanischer Sekretär des RHODES-Treuhandvermögens, schrieb in seinem Buch *American Rhodes Scholarships*: »In seinem ersten Testament formulierte RHODES sein Ziel noch spezifischer: ›Die Ausdehnung der britischen Herrschaft über die Welt. . . die Schaffung einer so großen Macht, so daß danach Kriege unmöglich sind. . .‹.«

Nach RHODES' Tod wurde sein drittes im Jahre 1888 verfaßtes Testament bekannt. Darin verfügte er die Einrichtung eines Treuhandvermögens, das von seinem Schwiegersohn Lord ROSEBURY, einem ROTHSCHILD-Agenten, verwaltet werden sollte.

Sein siebtes und letztes Testament setzte Nathanial Mayer ROTHSCHILD als Testamentsvollstrecker ein und verfügte, an der Universität Oxford den sogenannten ›RHODES Scholarships Fund‹ einzurichten. Durch diesen Stipendien-Fonds werden seitdem die Stipendaten mit dem sogenannten ›Globalismus‹ (in Form britischer Vorherrschaft) und dem Ziel der Schaffung einer ›Weltregierung‹ indoktriniert. Die Liste der Stipendaten liest sich wie das *Who is Who?* des Krypto-Illuminatentums, darunter der DeMolay-Freimaurer, CFR-Mitglied, Trilateralist und Bilderberger William (›Bill‹) Jefferson CLINTON.

Cecil RHODES, der ursprünglich die Absicht hatte, Afrika mit finanzieller Unterstützung von Nathanial Mayer ROTHSCHILD zu einem »britischen Herrschaftsgebiet vom Kap bis Kairo« zu machen, kontrollierte später zusammen mit Alfred BELT und durch den Schweiß und das Blut schwarzer Sklaven zunächst die Diamantenminen Südafrikas (›DeBeers Consolidated Mines Ltd.‹) und später die Diamantenproduktion der gesamten Welt.

⇨ David ROCKEFELLER

Gründer der ›Trilateralen Kommission‹ (1973); Ehrenvorsitzender des ›Council on Foreign Relations‹ (CFR); führender Bilderberger; langjähriger Vorstandsvorsitzender der im Mehrheitsbesitz der ROCKEFELLER-Familie befindlichen ›Chase Manhattan Bank‹ (jetzt: ›JPMorganChase‹); Mit-Sponsor der ›One World International Foundation‹ in London (hinter der sich Prinz CHARLES verbergen soll), die eine »strategische Allianz« mit dem ›UN-Entwicklungsproramm‹ und der ›Weltbank« des königlichen Ritters James WOLFENSOHN pflegt, sich als ›Guardian of One World's Visiony (Hüter der Eine-Welt-Vision) versteht (vgl. www.oneworld.org) und deren Schwesterorganisation in Deutschland das ›Global Cooperation Council‹ (vormals: ›Nord-Süd-Forum e.V.‹) ist (www.gccforum.org).

Im Jahre 1976 schrieb der Kongreßabgeordnete Larry P. MCDONALDS in dem Vorwort zu Gary ALLENS Buch *The Rockefeller File* (*Die Rockefeller-Papiere*), in dem der Einfluß der ROCKEFELLER-Familie auf die US-amerikanische Politik aufgezeigt wird, folgendes:

»Die ROCKEFELLER-Akte ist keine Fiktion. Sie ist die kompakte, mächtige und angsterfüllende Darstellung dessen, was während unserer Lebenszeit die wichtigste Geschichte sein könnte, der Drang der ROCKEFELLERS und ihrer Verbündeten, eine Eine-Welt-Regierung zu schaffen, in der Superkapitalismus und Kommunismus unter dem gleichen Dach vereint werden, und dies alles unter ihrer Kontrolle. Seit mehr als hundert Jahren. . . wurden genug Bücher über die ROCKEFELLERS geschrieben, um ganze Büchereien zu füllen. Ich habe viele von ihnen gelesen. Aber meines Wissens hat keines von ihnen es gewagt, den wichtigsten Teil der ROCKEFELLER-Geschichte aufzudecken, nämlich die Tatsache, daß die ROCKEFELLERS und ihre Verbündeten seit mindestens fünfzig Jahren sorgfältig einem Plan gefolgt sind, um ihre wirtschaftliche Macht politisch dazu zu nutzen, zuerst Amerika und dann den Rest der Welt zu kontrollieren. Meine ich eine Verschwörung? Ja, in der Tat. Ich bin überzeugt, daß es ein Komplott gibt, global in seinem Ausmaß, über Generationen hinweg geplant und unglaublich teuflisch in seinem Vorsatz.«

Wie andere vor ihnen, die es gewagt hatten, diese Machenschaften als Verschwörung zu bezeichnen und sich dagegen aufzulehnen, kam auch MCDONALDS auf sehr mysteriöse Weise um. Er saß in der Maschine der Korean Airlines 007, die am 31. August 1983 »rein zufällig« von der sowjetischen Luftwaffe abgeschossen wurde. Auf sehr makabre Weise schien sich wieder einmal die Kooperation von globalem Monopolkapital und Kommunismus, die MCDONALDS sieben Jahre zuvor in der Einleitung zu ALLENS Buch *The Rockefeller File* beschrieben hatte, ›bewährt‹ zu haben. Die Tatsache, daß MCDONALDS einer der führenden Köpfe in der Aufdeckung dessen war, was er als internationale Verschwörung bezeichnete, wurde in den ›illuminierten‹ Monopolmedien der USA freilich nicht erwähnt. Wie Larry P. MCDONALDS starben auch die Senatoren John HEINZ und John TOWER auf äußerst mysteriöse Weise bei zwei Flugzeugabstürzen am 4. und 5. April 1991. HEINZ und TOWER waren beide Mitglieder des ›Council on Foreign Relations‹ (CFR).

⇨ Morton ROSENTHAL

Morton ROSENTHAL ist ein Rabbi (vgl. dazu Israel SHAHAK, *Jewish History, Jewish Religion* [dt. *Jüdische Geschichte, jüdische Religion, 1998*] sowie ders., *Jewish Fundamentalism in Israel*). Er ist/war auch der Direktor der Abteilung für lateinamerikanische Angelegenheiten der ›Anti-Defamation League‹ (ADL), einer jener Organisationen des jüdischen Ordens ›B'nai B'rith‹, die nach Angaben von Dr. John COLEMAN (*Conspirators Hierarchy: The Committee of 300*) »direkt unter dem Einfluß des ›Committee of 300‹« stehen.

Rabbi ROSENTHAL sei, so Lyndon LAROUCHE in einem Gespräch vom 19. Mai 1993 mit Mel KLENETSKY (*Executive Intelligence Review*), ein Unterstützer der ›Khalistan front‹ gewesen, die am 31. Oktober 1984 das Attentat auf die indische Premierministerin

Indira GANDHI (vgl. Henry KISSINGER) durch zwei Sikhs verübt habe (vgl. dazu Jeffrey STEINBERG, *Derivative Assassination: Who killed Indira Gandhi?[Attentat in mittelbarer Täterschaft: Wer tötete Indira Gandhi?]*). Die ›Khalistan Front‹ der Sikhs habe, so Lyndon LAROUCHE, für das Attentat die Verantwortung übernommen. »Bestimmte Teile des britischen Geheimdienstes und des B'nai B'rith« (Lyndon LAROUCHE) seien vorher in den USA tätig gewesen, um Unterstützung und Sympathie für ein Attentat auf Indira GANDHI zu sammeln. Die in Großbritannien ansässige ›Exilregierung‹ der ›Republic of Khalistan‹ (Premierminister: Gurmej Singh GILL), die im Jahr des Attentats auf Indira GANDHI, gebildet wurde, behauptet, daß die indische Regierung unter Indira GANDHI durch die sogenannte ›Operation Blue Star‹ (Sturm auf den ›Goldenen Tempel‹ der Sikhs) einen »Holocaust« an den Sikhs verübt habe (vgl. www.khalistan.demon.co.uk). Andererseits haben die Sikhs traditionell eine ›*special relationship*‹ (besonderes Verhältnis) zur Britischen Krone (z. B. »51st The Prince of Wales's Own Sikhs [Frontier Force Regiment]; ab 1922: »1st battalion 12th Frontier Force Regiment). Sollte also die Britische Krone für ›ihre Sikhs‹ das Attentat auf Indira GANDHI durch den britischen Geheimdienst und B'nai B'rith in »mittelbarer Täterschaft« veranlaßt haben, wie Lyndon LAROUCHE anzudeuten scheint, dann würde ein etwaiger Beitrag ROSENTHALS in diesem ›Unternehmen‹ möglicherweise seine Aufnahme in das ›Committee of 300‹ erklären.

⇨ Baron Edmond DE ROTHSCHILD

Baron Edmond (Avraham Binyamin) DE ROTHSCHILD (1845–1934), der ›Vater von Israel‹ oder ›Hanadiv Hayadua‹ (›Der wohlbekannte Wohltäter‹) war maßgeblich am Aufbau Israels beteiligt. Er kaufte weite Teile des Landes im Westen und Osten Israels (Huron und Golan). Er ließ neue Siedlungen errichten und Sümpfe austrocknen, baute Industrieanlagen und investierte in die Landwirtschaft (Bewässerungsprojekte, Orangenhaine, Weinanbau, medizinische Versorgung der landwirtschaftlichen Betriebe).

Mit dem Ende des Ersten Weltkriegs, als sein von Paris nach London übersiedelter erster Sohn, James A. ROTHSCHILD, mit der britischen Armee in ›Eretz Israel‹ angekommen war, begann Avraham Binyamin mehr und mehr zionistische Projekte und Personen zu finanzieren, darunter insbesondere die Zionistenführer Chaim WEIZMAN (siehe Chaim WEIZMAN) und Nahum SOKOLOW, nachdem es anfänglich (ab dem Jahr 1890) Auseinandersetzungen mit Theodor HERZL, Ahad HA'AM und Mitgliedern des ›Hovevei Zion‹ über den Inhalts des politischen Zionismus gegeben hatte.

Nach der sogenannten »Balfour Declaration« (siehe Arthur BALFOUR) kooperierte er mit den Zionistenführern und wurde Ehrenvorsitzender der ›Jewish Agency‹.

Im Jahre 1923 gründete ›der wohlbekannte Wohltäter‹ die ›Palistine Jewish Colonization Association‹ (PICA), deren erster Vorsitzender sein Sohn James ROTHSCHILD wurde. Nachdem dieser im Jahre 1957 verstorben war, übernahm seine Tochter Dollie den Vorsitz, die darin insbesondere durch Lord Victor ROTHSCHILD und dessen Sohn Lord Jacob ROTHSCHILD unterstützt wurde.

In den sechziger Jahren wurde mit Geldern von der PICA die Knesset, das israelische Parlamentsgebäude, gebaut. Durch die PICA reichen ROTHSCHILDS ›Wohltaten‹ heute von der Finanzierung von Universitäten, Krankenhäusern, öffentlichen Büchereien bis hin zu archäologischen Ausgrabungen, von der Unterstützung des ›Weizman Scientific Institute‹ bis hin zur Organisation von TV-Erziehungsprogrammen.

Sein Enkel Baron Edmond DE ROTHSCHILD (1926–1997) hat insbesondere in die Tourismusindustrie Israels investiert (unter anderem in mehrere Luxus-Resorthotels), baute dort neue Wohnviertel und Trabantenstädte, war Vorsitzender der ›Tri-Continental Pipelines‹, der ›Israel Europe Corporation‹ und der ›Isrop‹, die ihrerseits die ›Israel General Bank‹ kontrolliert(e). Er war auch im Vorstand der Hebrew University of Jerusalem, gründete dort im Jahre 1967 das ›Middle East Peace Institute‹ und war Mitglied von etwa einem Dutzend von Hospitälern und wissenschaftlichen Instituten. In Frankreich kontrollierte Edmond, der Enkel, die ›Compagnie Financière‹, in der Schweiz die ›Banque Privée‹, und in Südafrika war er im Vorstand von ›DeBeers Consolidated Mines‹ (siehe Cecil RHODES). Über seine Holding ›St. Honoré & La-Savoienne‹ war er an zahlreichen Medienunternehmen beteiligt, darunter CLT, n-tv (Deutschland), Hachette, Springer. Er war auch im Steuerungsausschuß der Bilderberger.

⇨ Maurice STRONG

Von Maurice STRONG stammt der absurde Satz: »It is simply not feasible for sovereignty to be exercised unilateraly by individual nation states, however powerful.« (»Es ist einfach nicht machbar, Souveränität einseitig durch einzelne Nationalstaaten ausüben zu lassen, ganz gleich wie mächtig sie sind«).

Maurice STRONG ist der ewige Kandidat für die Position des UN-Generalsekretärs.

Keiner der herrschenden Krypto-Illuminaten symbolisiert wohl eindeutiger die häßliche Mischung zwischen supranationalem Kapitalisten und internationalistischem Sozialisten. Er sei »ideologisch ein Sozialist, aber methodisch ein Kapitalist«, sagte der in der kanadischen Wildnis nördlich von Toronto residierende Dollar-Milliardär, der wie ROCKEFELLER, BUSH und andere sein Geld insbesondere auch im Ölgeschäft (unter anderem Vorstandvorsitzender von ›Petro Canada‹ und ›Ontario Hydro‹ [Mehrheitsaktionär: Großbritannien]) gemacht hat, bereits im Jahre 1976 dem kanadischen Magazin *MacLean's.*

Zu diesem Inneren paßt sein Äußeres: »In der Tat strahlt er eine Art negatives Charisma aus: grau, klein, mit einem Salz-und-Pfeffer-Zahnbürstenschnurrbart, würde man ihm keinen zweiten Blick gönnen, falls man ihm auf der Straße begegnete«, so Ronald BAILEY im Artikel »Who is Maurice STRONG?« vom 1. September 1997 im Magazin *The National Review.*

STRONG ist ein umtriebiger Zeitgenosse, der »MICHELANGELO of networking« (Ronald BAILEY, aaO.), der auf allen supranationalen Hochzeiten tanzt: Er ist/war unter anderem Chefberater des UN-Generalsekretärs Kofi ANNAN, Chefberater des königlichen Ritters und Weltbank-Präsidenten James WOLFENSOHN, der seinerseits eine *›special relationship‹* (besonderes Verhältnis) zu Sigmund WARBURG und Jacob ROTHSCHILD aufzuweisen hat, Mit-Vorsitzender der UN-Kommission ›Global Governance‹ (»*Our Global Neighborhood*«), stellvertretender Vorsitzender von Prinz PHILIP im WWF (siehe Prince PHILIP), Vorsitzender des ›Earth Council‹ (›Erdrat‹), Vorsitzender des ›World Resources Institute‹, Generalsekretär der UN-Konferenz des Jahres 1992 zum Thema »Umwelt und Entwicklung« (›sog. Erdgipfel‹), Generalsekretär der UN-Konferenz des Jahres 1972 zum Thema »Menschliche Umwelt«, Verantwortlicher Direktor der UN-Umweltprogramme, Stellvertretender Vorsitzender des ›Council of the World Economic Forum‹« (CWEF), er hat die Aufsicht über die UN-Reform, ist enger Vertrauter von Prinz CHARLES und Michail GORBATSCHOW, »engster Vertrauter von David ROCKEFELLER, Lord (Jacob) ROTHSCHILD und Papst JOHANNES PAUL II.« (Michael S. COFFMAN, *Saviors of the Earth?*), ›Associate‹ der ROCKEFELLER- und ROTHSCHILD-Stiftungen.

Zusammen mit Michail GORBATSCHOW, dem unermüdlichen Prediger einer Neuen Weltordnung, war Maurice STRONG auch Vorsitzender der ›Earth Charter Commission‹ (›Erdverfassungskommission‹), die unter Federführung von Steven ROCKEFELLER in vier langen Sitzungen zwischen November 1998 und Januar 2000 im Hastings-Zentrum und im Pocantico-Zentrum in New York eine Erdverfassung erstellt hat und die in Anwesenheit der ›globalen‹ Königin BEATRIX DER NIEDERLANDE am 29. Juni 2000 im ›Friedenspalast‹ von Den Haag, einer europäischen Hochburg des Krypto-Illuminatentums, veröffentlicht wurde. Parvez HASSAN dankte in diesem Zusammenhang Königin BEATRIX, Tochter des ersten Vorsitzenden der Bilderberger (siehe Prinz BERNHARD DER NIEDERLANDE), für ihre Beteiligung und »für ihr Mitgefühl und fortbestehendes Engagement in unserer Sache«. Ziel der ›Weltverfassung‹ sei es, »die Grundlage einer fairen und gerechten ›globalen Gesellschaft‹ zu schaffen, um das einzigartige ›interdependente‹ Verhältnis der Menschheit zur Erde zu unterstreichen«.

⇨ Baron Hans Heinrich THYSSEN-BORNEMISZA DE KÁSZON

Enkel von August THYSSEN, Sohn von Heinrich THYSSEN, der in den ungarisch-transsylvanischen Adel einheiratete und (zusätzlich) den Namen von Baronin Margit BORNEMISZA DE KÁSZON annahm.

Vater von Baronin Francesca Anne THYSSEN-BORNEMISZA DE KÁSZON, die am 31. Januar 1993 Karl Thomas VON HABSBURG, kaiserlicher Prinz von Österreich und Habsburg-Lothringen sowie königlicher Prinz von Ungarn, Böhmen, Kroatien, Dalmatien, Illyrien, Slavonien, Galizien und Herzog von Lothringen und Bar, heiratete (siehe Otto VON HABSBURG).

Bruder von Fritz THYSSEN, der während der NS-Zeit eng mit Prescott BUSH (›Skull and Bones‹), dem Großvater des US-Präsidenten George W. (›Dub-Ya‹) BUSH (›Skull and Bones‹), zusammenarbeitete (siehe: George BUSH Sen.).

Hans Heinrich Thyssen-Bornemisza de Kászon hat heute seinen Hauptwohnsitz bei London und war zur Zeit der Anfertigung dieses Buches gerade in fünfter Ehe mit Maria del Carmen Cervera y Fernández, der Ex-Ehefrau von ›Tarzan‹-Darsteller Lex Barker, verheiratet.

Die Holding seines Konzerns war bis 1970 die von seinem Großvater August Thyssen im Jahre 1916 gegründete ›Bank voor Handel en Scheepvaar‹ in Rotterdam, die im Jahre 1970 mit der ›Nederlandse Credietbank N.V.‹ in Amsterdam, an der auch David Rockefellers ›Chase Manhattan Bank‹ beteiligt war, fusionierte. Seit dem Jahre 1970 befindet sich die Holding als ›Thyssen-Bornemisza Group‹ [TBG] N.V. in Amstelveen/Niederlande, von der auch die Anteile der im Jahre 1996 in Konkurs gegangenen ›Bremer Vulkan‹ gehalten wurden. John Loftus (*Unholy Trinity: The Vatican, the Nazis, and Soviet Intelligence; Ratlines: How the Vatican's Nazi Networks betrayed Western Intelligence to the Soviets*) behauptet, daß William Gowen, ein früherer Mitarbeiter des ›US Army Counter Intelligence Corps‹, ermittelt habe, daß Prinz Bernhard der Niederlande (siehe Prinz Bernhard der Niederlande) den Thyssens unmittelbar nach Kriegsende unter Einsatz einer Einheit des holländischen Geheimdienstes geholfen habe, aus den Ruinen der im Sowjetsektor Berlins befindlichen ›August Thyssen Bank‹ belastende Unternehmenspapiere (›*incriminating corporate papers*‹) zu entfernen, von wo aus sie zur ›Bank voor Handel en Scheepvaart‹ in Rotterdam verbracht wurden. Gegenüber den Russen habe man vorher wahrheitswidrig angegeben, daß in den Ruinen nach den angeblich von Nationalsozialisten gestohlenen Kronjuwelen von Prinzessin Juliana gesucht werden solle.

⇨ Baron August von Finck

Baron August von Finck, in der Schweiz ansässiger Deutscher, ist der Enkel von Wilhelm von Finck, der im Jahre 1870 ›Merck, Finck & Co.‹ gründete. Die Gesellschaft war auch der Ursprung der ›Münchener Rückversicherung‹, der ›Allianz‹ und der ›Löwenbräu‹. ›Merck, Finck & Co.‹ wurde im Jahre 1990 von ›Barclays Bank‹ erworben. Von Finck hält unter anderen Beteiligungen an der ›Allianz‹, der ›Mövenpick Holding‹, der ›Société Générale de Surveillance‹, der ›Alusuisse Lonza Holding‹ und der ›Von Roll Holding‹.

⇨ Otto von Habsburg

Kaiserlicher Prinz und Erzherzog von Österreich; Königlicher Prinz von Ungarn, Böhmen, Kroatien, Dalmatien, Illyrien, Slavonien, Galizien; Herzog von Lothringen und Bar; Kronprinz von Österreich und Ungarn; Oberhaupt des Hauses Habsburg und Oberhaupt des ›Ordens vom Goldenen Vlies‹, im bayerischen Exil (Starnberg) lebend.

Der Vater von Prinz Otto (Kaiser Karl I. von Österreich und Habsburg-Lothringen sowie König Karl IV. von Ungarn, Böhmen, Kroatien, Dalmatien, Illyrien, Slavonien, Galizien) hat nach seiner Abdankung vom 11. bzw. 13. November 1918 im Jahre 1921 zweimal erfolglos die Restauration in Ungarn versucht und wurde daraufhin von den Alliierten auf die Insel Madeira verbannt.

Prinz Otto fühlt sich nach eigenem Bekunden weiterhin als Ungar.

Seit 1973 Vorsitzender der Paneuropäischen Union (Nachfolger von Coudenhove-Kalergi).

Mitglied des Europaparlaments für die CSU.

Ehrenprofessur der Universität Jerusalem und Träger der Auszeichnung ›International Humanitarian Award‹ der ›Anti-Defamation-League‹ (ADL) des jüdischen B'nai-B'rith-Ordens, der seinerseits mit dem schottischen Ritus der Freimaurerei zusammenarbeitet. Während des Zweiten Weltkrieges soll Prinz Otto 50 000 Juden gerettet haben.

Träger des sogenannten ›Christusordens‹, des päpstlichen Ordens Erster Klasse, dessen Vergabe vermuten läßt, daß der Vatikan Prinz Otto als Nachfahren von Jesus Christus und dessen erstgeborenem Sohn (Prinz Karl Thomas) als ›natürlichen‹ Anwärter auf den Titel Karl VIII., Kaiser eines neuen ›Heiligen Römischen Reiches Deutscher Nation‹, anerkennt, eben jenen Titel, um den sich auch Charles, Prince of Wales, zu bewerben scheint (siehe oben Prinz Charles).

⇨ Max von Thurn und Taxis (Tasso)

Die Tassis, ursprünglich in Bergamo/Italien ansässig, betrieben seit etwa 1290 in den italienischen Stadtstaaten einen Kurierdienst.

1490 erhielt Francisco de Tasso (Franz von Taxis) von Friedrich III., habsburgischem Kaiser des Heiligen Römischen Reiches Deutscher Nation (siehe Otto von Habsburg), das Postmonopol, das erst 1867 durch Preußen verstaatlicht wurde. Die heutige krypto-illuminatische Denationalisierung der Post- und Telefondienste ist ein reaktionärer Rückfall in vorpreußische, feudalistische Zeiten.

⇨ Siegmund G. Warburg

Siegmund G. Warburgs (1902–1982) Londoner Bank (›SG Warburg & Co. Plc‹) war Anfang des Jahres 1995 die größte Wertpapierbank Großbritanniens. Diese Tatsache allein macht ihn noch nicht zum Krypto-Illuminaten. Wie alle anderen Banker des Warburg-Clans (z. B. Paul, Felix, Max, James) war aber auch er nicht nur ein mächtiger, sondern auch ein ›internationaler‹ Banker. Jacques Attali, der frühere Chefberater François Mitterrands (siehe François Mitterrand), führt in seinem Buch *A Man of Influence: The Extraordinary Career of SG Warburg* folgendes aus: »Eurobonds made S. G. Warburg the symbol of the new form of post-war world capitalism totally delocalized« (»Euro-Obligationen machten S. G. Warburg zum Symbol der neuen Form eines Nachkriegs-Weltkapitalismus, der völlig getrennt von der lokalen Basis existiert«). S. G. Warburg ist der ›Erfinder‹ des in den frühen sechziger Jahren entstandenen ›Eurobond‹-Marktes. Mit ›Eurobonds‹ werden kurzfristige, in Europa angeschaffte Einlagen zum Zweck langfristiger supranationaler Investmentkredite gebündelt. Für dieses von der ›heimischen (britischen) Scholle‹ abgekoppelte Finanzierungsinstrument war es kein Zufall, daß S. G. Warburg die erste Euro-Obligation nicht in London, sondern in Luxemburg ausgeben ließ. Schließlich konnte er seiner reichen und superreichen Klientel, die ihm ihre Gelder zwecks Kapitalbündelung anvertraute, nicht zumuten, die darauf erwirtschafteten hohen Zinsen in Großbritannien oder einem anderen EU-Land auch noch zu versteuern. Von dieser ›parasitären‹ Einstellung her nähme es durchaus nicht wunder, wenn Warburg dafür bei der Britischen Krone Gefallen gefunden hätte.

⇨ Earl Warren

Vorsitzender der ›Warren Commission‹, die zum Ergebnis gelangte, daß Lee Harvey Oswald Alleintäter des Attentats vom 22. November 1963 auf John F. Kennedy war, obwohl Kennedy kurz vor dem Attentat mit seiner ›Executive Order 11110‹ vom

4. Juni 1963 das Federal-Reserve-System (siehe B. X.) der Krypto-Illuminaten angegriffen hatte.

⇨ Chaim WEIZMAN

Chaim WEIZMAN(N) gilt zusammen mit dem im Jahre 1904 verstorbenen Theodor HERZL (*Der Judenstaat; Gesammelte Zionistische Werke*) als Begründer des Ende des 19. Jahrhunderts entstandenen ›Zionismus‹. »In Basel habe ich den Judenstaat gegründet. In fünf Jahren, jedenfalls in fünfzig Jahren wird es jeder einsehen«, so Theodor HERZL nach dem Baseler Zionistenkongreß des Jahres 1897 (Baseler Programm: »Der Zionismus erstrebt für das jüdische Volk die Schaffung einer öffentlich-rechtlich gesicherten Heimstätte in Palästina.«)

3. Januar 1919: Abkommen zwischen Chaim WEIZMAN, Chemiker aus Manchester/England, und Emir FEISAL, Sohn des Scherifen von Mekka (sog. »FEISAL-WEIZMAN-Abkommen«):

»Artikel 1: Zwischen dem arabischen Staat und Palästina soll in allen Bereichen das herzlichste Einvernehmen und Verständnis bestehen.

Artikel 2: Die Grenzen zwischen beiden Staaten wird eine Kommission festlegen, die von beiden Seiten einvernehmlich zusammengesetzt wird.

Artikel 3: Die Verfassung und Verwaltung von Palästina wird die Durchführung der Erklärung der britischen Regierung vom 2. November 1917 (d. h. »BALFOUR-Declaration«; siehe Arthur BALFOUR) garantieren.

Artikel 4: Alle zur Förderung der jüdischen Einwanderung nach Palästina notwendigen Maßnahmen sollen ergriffen werden... Dabei sollen die arabischen Bauern und Pächter in ihren Rechten geschützt und in ihrer wirtschaftlichen Entwicklung unterstützt werden.

Artikel 5: Die Ausübung der bürgerlichen und politischen Rechte wird nicht von der Religion abhängig gemacht.

Artikel 6: Die heiligen Stätten der Mohammedaner werden unter mohammedanischer Kontrolle stehen.

Artikel 9: Etwaige Streitfragen werden der britischen Regierung als Schiedsstelle vorgelegt.«

1921–1931 sowie 1935–1946: Präsident der in London ansässigen ›World Zionist Organisation‹ (WZO).

1949–1952: Erster Staatspräsident Israels.

⇨ Owen Young

Morgan-Agent (vgl. J. P. Morgan).

1923–1940: Direktor der ›Federal Reserve Bank‹ in New York.

Februar 1929: Owen Young leitet auf Einladung der beteiligten europäischen Regierungen die Konferenz von Paris (Gegenstand: Neuverhandlung der Deutschland auferlegten Reparationsbedingungen des Versailler Diktats (123 Milliarden Goldmark und jährlich 26% vom Wert des deutschen Exports; siehe Edward Mandell House).

5. Mai 1929: Die deutsche Delegation der großen Koalition (SPD, DVP, DDP, Zentrum) unter Führung der SPD stimmt dem Deutschland abermals knebelnden Young-Plan zu (Reparationszahlungen in Höhe von 112 Milliarden Goldmark im Zeitraum von 58 Jahren). Die Annahme des Young-Plans durch den deutschen Reichstag (12. März 1930) löst den erbitterten Widerstand sowohl der nationalen Opposition als auch der Kommunistischen Partei Deutschlands (KPD) aus. Die Deutschnationale Volkspartei (DNVP) und die Nationalsozialistische Deutsche Arbeiterpartei (NSDAP) organisieren ein Volksbegehren gegen den Young-Plan (»Bis in die dritte Generation müßt Ihr frönen!«).

1. Juli 1931: Die durch die Weltwirtschaftskrise verstärkte deutsche Zahlungsunfähigkeit führt schließlich zur Aufhebung des Young-Plans und zur Einstellung der deutschen Zahlungen (»Hoover-Moratorium«).

Die im Verhältnis zu den Errungenschaften der Französischen Revolution konterrevolutionären Ziele des ›Committee of 300‹ seien, so berichtet John Coleman, unter vielen anderen insbesondere folgende:

»Errichtung einer Weltregierung und einer Einheitswährung unter der Kontrolle einer ständigen, nicht gewählten Erboligarchie, die sie unter sich als Form eines mittelalterlichen Feudalsystems ausgewählt hat. In diesem Eine-Welt-System wird die Bevölkerung der Welt in Gebieten, die strengstens und genau reglementiert werden, auf eine Milliarde Menschen verringert werden, und zwar durch die Beschränkung der Kinderzahl pro Familie, durch Krankheiten, Kriege und Hungersnöte. Es wird keine Mittelklasse geben, sondern nur Herren und Knechte. Alle Gesetze werden weltweit einheitlich sein. Sie werden im Rahmen eines Systems von Weltgerichten Anwendung finden. Die Gerichte ihrerseits werden gesichert durch eine Polizeistreitmacht der Weltregierung und eine vereinigte Eine-Welt-Militärmacht, die die Anwendung der Einheitsgesetze in einer dann grenzenlosen Welt erzwingen werden. Das System wird auf der Grundlage eines Wohlfahrtsstaates existieren: Diejenigen, die angepaßt und unterwürfig gegenüber der Eine-Welt-Regierung sind, werden mit ihrem Leben belohnt werden; die anderen, die rebellieren, werden entweder dem Hungertod ausgeliefert oder zu Geächteten erklärt, die von jedermann straffrei getötet werden können. Gewehre und sonstige Waffen im Privatbesitz werden verboten sein. Es wird nur eine Religion erlaubt sein, und zwar im Rahmen einer Eine-Welt-Regierungs-Kirche... Es wird keine privaten und kirchlichen Schulen mehr geben. Alle christlichen Kirchen wurden bereits umgedreht, und das Christentum wird der Vergangenheit angehören... Heiraten wird verboten sein, und es wird kein Familienleben, so wie wir es kennen, mehr geben. Kinder werden früh ihren Eltern entzogen werden... Frauen werden durch den fortdauernden Prozeß der ›Frauenbefreiungs‹bewegung erniedrigt werden... Aller Reichtum wird in den Händen der Elite des ›Komitees der 300‹ konzentriert sein. Euthanasie wird für Todeskranke und Alte obligatorisch sein... Es wird kein Bargeld... in den Händen der Nichtelite geben. Alle Transaktionen werden durch die ›Debit-Karte‹ ausgeführt werden, die die Identifikationsnummer des Inhabers aufweisen wird... Alle Informationsdienste und Druckmedien werden unter der Kontrolle der Eine-Welt-Regierung sein.«

Die Verwirklichung eines solchen Programms ist, selbst wenn von seiner Authentizität auch nur hypothetisch ausgegangen wird, inzwischen schon weit fortgeschritten. UNO, NATO, EU, NAFTA oder das geplante TAFTA sind Zwischenstadien auf dem Weg der Eine-Welt-Regierung. Der ›Euro‹ ist ein Zwischenstadium zum Erd- oder Weltdollar. Die Mittelklassen der westlichen ›Wolfsgesellschaften‹ sind in einer raschen Auflösung begriffen, und die Unterschiede zwischen reich und arm haben schon heute erschreckende Ausmaße erreicht. Euthanasie wird gerade in Holland, dessen Königshaus neben der englischen Monarchie eine führende Rolle im ›Committee of 300‹ einnimmt, wieder gerechtfertigt. Und dann die Monopolisierung der Medien und Nachrichtenagenturen: Die drei größten Kommerzsender der USA (ABC, NBC, CBS) seien personell im

›Committee of 300‹ vertreten, so COLEMAN. Es sind unter anderen die Produkte dieser drei Mediengiganten, die durch die ›deutschen‹ Kommerzsender auch auf Deutsche unentwegt ausgestrahlt werden. Eine ähnliche Situation wie bei den ›Big Three‹ ergebe sich auch bei den Monopolzeitungen *Washington Post* und *New York Times*, so abermals COLEMAN.

Wie hieß es doch bereits im Gelegenheitsbrief Nr. 1 des ROCKEFELLERschen ›General Education Board‹: »In unseren Träumen haben wir unbegrenzte Mittel, und die Leute fügen sich mit völliger Hingabe unseren formenden Händen. Die gegenwärtigen Erziehungs-Konventionen entschwinden ihren Geistern und, ungehindert durch Tradition, breiten wir unseren guten Willen über ein dankbares und ansprechendes ländliches Volk aus. Wir werden nicht versuchen, diese Leute oder eines ihrer Kinder zu Philosophen oder zu Menschen der Lehre oder Männern der Wissenschaft zu machen. . . Wir werden. . . die Kinder organisieren und sie lehren, was ihre Väter und Mütter auf unzulängliche Weise tun, in ihren Heimen, den Geschäften und den bäuerlichen Betrieben perfekt zu tun.«

C. Die Schattenregierung der supranationalen Revolution

Es gibt in den USA eine Schattenregierung der supranationalen Revolution (vgl. Dan SMOOT, *The Invisible Government*), bestehend aus Mitgliedern des ›Council on Foreign Relations‹ (CFR) und der ›Trilateralen Kommission‹ (TK), die die eigentlichen Herren der Politik sind. Seit der Zeit Franklin Delano ROOSEVELTS hat der Einfluß des ›Council on Foreign Relations‹ in der US-Regierung ständig zugenommen. Zur Zeit der NIXON-Regierung besaßen 115 CFR-Mitglieder Stellungen im Regierungsapparat (im weitesten Sinne). Während der CARTER-Jahre wurden sogar mehr als ein Dutzend Trilateralisten in Spitzenpositionen berufen. Diejenigen, die keine Mitglieder der ›Trilateralen Kommission‹ waren, waren dafür Mitglieder des ›Council on Foreign Relations‹, oft gab es sogar eine Doppelmitgliedschaft. Jeder der sieben Angehörigen des nationalen Sicherheitsrats unter CARTER, dieser eingeschlossen, gehörte entweder zur einen oder zur anderen Organisation. Vizepräsident Walter MONDALE war CFR- und TK-Mitglied, Zbigniew BRZEZINSKI, der von David ROCKEFELLER mit dem Entwurf der Satzung beauftragt wurde, war CFR- und TK-Mitglied, Harold BROWN, Verteidigungsminister, war CFR- und TK-Mitglied, General David JONES, Vorsitzender der ›Joint Chiefs of Staff‹, war CFR-Mitglied, und Stansfield TURNER, CIA-Direktor, war ebenfalls CFR-Mitglied.

Diese demokratie- und volksfeindliche Tradition setzte sich während der REAGAN-Jahre fort. Obwohl Ronald REAGAN gegen beide Organisationen Wahlkampf betrieben hatte, benannte er, nachdem er zum Präsidenten gewählt worden war, nicht weniger als 75 Mitglieder des ›Council on Foreign Relations‹ und der ›Trilateralen Kommission‹ für Schlüsselpositionen. Die BUSH (Sen.)-Regierung allerdings brach dann alle Rekorde. Mehr als 350 CFR- und TK-Mitglieder wurden mit Stellungen im Regierungsapparat bedacht. Der Freimaurer George BUSH Sen. (›Skull and Bones‹) selbst war CFR- und TK-Mitglied, Brent SCOWCROFT, sein nationaler Sicherheitsratgeber, war CFR- und TK-Mitglied, Richard CHENEY, Verteidigungsminister unter George BUSH Sen. und Vize-Präsident unter dem ›Skull and Bones‹-Freimaurer George W. (›Dub-Ya‹) BUSH, war CFR-

Mitglied, Dick THORNBURGH, Justizminister, war CFR-Mitglied, Colin POWELL, ehemaliger Vorsitzender des ›Joint Chiefs of Staff‹ und Außenminister unter George W. BUSH war CFR-Mitglied, und Carla HILLS, die US-Handelsvertreterin, war Mitglied der ›Trilateralen Kommission‹. In der CLINTON-Regierung ging es entsprechend weiter (vgl. Anhang I).

Alle Abteilungen der US-Regierung werden von sogenannten Establishment-Insidern völlig beherrscht. Das US-Außenministerium, das seit dem Zweiten Weltkrieg das Hauptziel der Krypto-Illuminaten war, ist heute fast vollständig in deren Hand. Ähnliches gilt für das Finanzministerium. Durch das Finanzministerium und das Federal Reserve System sind sie in der Lage, direkt die amerikanische Finanz- und Geldpolitik zu bestimmen, und machen dadurch die US-Wirtschaftspolitik mit ihren Interessen deckungsgleich. Auch die nationalen Sicherheitsberater seit der EISENHOWER-Regierung waren überwiegend CFR- und/oder TK-Mitglieder, so zum Beispiel Walt ROSTOW (CFR), Henry KISSINGER (CFR/TK/Committee of 300), Brent SCOWCROFT (CFR/TK), Zbigniew BRZEZINSKI (CFR/TK), Robert MCFARLANE (CFR), Frank CARLUCCI (CFR/TK) und Colin POWELL (CFR). Gleiches gilt für das Verteidigungsministerium, das, mit Ausnahme von Clark CLIFFORD (1968–1969), in den letzten 35 Jahren ausnahmslos von CFR- und/oder TK-Mitgliedern geleitet wurde. Jeder US-Botschafter der NATO war CFR- und/oder TK-Mitglied, und auch die CIA (Central Intelligence Agency) wurde von Mitgliedern dieser Organisation beherrscht. Jeder US-Präsident seit dem Zweiten Weltkrieg, mit einer gewissen Einschränkung hinsichtlich John F. KENNEDYS und Ronald REAGANS, war entweder Freimaurer und/oder ein Mitglied des CFR und/oder ein Mitglied der ›Trilateralen Kommission‹. Hinsichtlich John F. KENNEDYS besteht ein Streit darüber, ob er CFR-Mitglied war oder nicht, und Ronald REAGAN habe erst am Ende seiner zweiten Amtszeit zugestimmt, zum Freimaurer ehrenhalber ernannt zu werden, nachdem er zuvor zweimal eine solche ›Auszeichnung‹ abgelehnt hatte. Möglicherweise war zu jenem Zeitpunkt seine Alzheimer-Krankheit schon zu weit fortgeschritten, um sich noch wehren zu können.

Die widerlichste Anhäufung findet sich jedoch bei den US-Präsidenten George BUSH Sen. und William (›Bill‹) Jefferson CLINTON. George BUSH war Mitglied sowohl des ›Council on Foreign Relations‹ als auch der ›Trilateralen Kommission‹ und gehörte zusätzlich auch zur Geheimgesellschaft ›Skull and Bones‹, von der bereits im *Esquire-Magazin* 1977 zu lesen war, daß diese Gesellschaft mit den ›Illuminaten‹ verbunden sei. Bill CLINTON ist/war nicht nur CFR- und TK-Mitglied, sondern auch De Molay-Freimaurer. US-Präsident George W. (›Dub-Ya‹«) BUSH ist wie sein Vater Mitglied von ›Skull and Bones‹.

Nicht alle US-Präsidenten waren indessen Freimaurer. Die US-Präsidenten Daniel WEBSTER, Ulysses F. GRANT, John ADAMS, James MADISON, John Quincy ADAMS und Millard FILLMORE verurteilten die Freimaurerei, John Quincy ADAMS machte sie sogar zum Gegenstand seiner öffentlichen Auftritte.

Wen immer das amerikanische Volk in jüngerer Vergangenheit in indirekten ›Wahlen‹ zu seinem Präsidenten machte, es hatte tatsächlich nicht die geringste Wahl; denn es wählte stets einen Mann, der auf die eine oder andere Weise dem Krypto-Illuminatentums verbunden war. Mit Demokratie, auf die sich diese Herren so gern berufen, hat alles dies kaum etwas zu tun. Dieses Wort wird wie Falschgeld benutzt. »Jeder, der eine Regierungsform verteidigt, erklärt sie, wie sie auch sei, für demokratisch«, so schon George ORWELL in seinen *Selected Essays*. Und T. S. ELIOT erkannte bereits im Jahre 1939: »Erhält ein Begriff einen weltweit so heiligen Charakter. . . wie das heute für den Begriff Demokratie zutrifft, so frage ich mich, ob er noch überhaupt etwas bedeutet, wenn er alles bedeutet, was man ihn bedeuten lassen will.«

Tatsächlich bedeutet Demokratie die »Anteilnahme eines Volkes an seinem Schicksal«, so MOELLER VAN DEN BRUCK in *Gewissen*. Und er fügt hinzu: »Nicht die Staatsform macht eine Demokratie aus, sondern die Anteilnahme des Volkes am Staate.« Die Demokratie ist nichts anderes als die politische Form, in der die höchstmögliche Zahl von Mitgliedern eines Volkes am öffentlichen Leben mitwirken kann. Die Volkssouveränität äußert sich durch deren Mitwirkung an den Entscheidungsprozessen ihrer Schicksalsgemeinschaft. Von all dem kann in den USA, wie dargelegt, nicht die geringste Rede sein. Das amerikanische Volk hat nur einen sehr begrenzten Anteil an den Entscheidungsprozessen der USA. Die USA sind eine fremdbestimmte Geldmonarchie (›Money monarchy‹).

Wie weit zum Beispiel George BUSH Sen. in den Supranationalismus des Krypto-Illuminatismus verstrickt war, zeigte seine Rede vom 29. Januar 1991, in der er zum Golfkrieg folgendes ausführte: »Was hier auf dem Spiel steht, ist mehr als nur ein kleines Land [d. h. Kuwait; der Verfasser]. Es ist eine großartige Idee: Eine *neue*

Weltordnung, in deren Rahmen verschiedene Nationen zu einem gemeinsamen Zweck zusammengeführt werden, um die universalen Bestrebungen der Menschheit zu erreichen. . . Mit einigen Ausnahmen ist die Welt heute eine Einheit. . . Zum ersten Mal seit dem Zweiten Weltkrieg ist die internationale Gemeinschaft vereinigt. Die Führerschaft der Vereinten Nationen. . . bestätigt jetzt die Vision ihrer Gründer. . . Die Welt kann daher jetzt die Gelegenheit ergreifen, um das Versprechen einer neuen Weltordnung zu vollenden.«

Das Versprechen einer neuen Weltordnung: Wer hat wem diese Weltordnung versprochen? Wer will diese neue Weltordnung? Gewiß nicht die Völker. Sie wollen die Einlösung dieses Kulturen, Zivilisationen, Nationen und Völker zerstörenden Versprechens nicht. Sie wollen nicht die fremdbestimmte Weltregierung, sondern Selbstbestimmung und Souveränität ihrer Volksgemeinschaften. Niemand, mit Ausnahme der Krypto-Illuminaten, hat den Krypto-Illuminaten das Mandat erteilt, eine neue Weltordnung mit einer supranationalen Zentralregierung einzurichten. Niemand hat sie beauftragt, alles zu zerstören, was über Jahrhunderte durch unsere Väter und Vorväter aufgebaut wurde. Niemand wünscht, deren verstecktes Versprechen auf Sklaverei einzutauschen gegen das Ziel, endlich wirkliche Demokratie und Volksfreiheit zu gewinnen.

Besonders schädlich hat sich der Einfluß des ›Council on Foreign Relations‹ und der ›Trilateralen Kommission‹ auch in den Medien und im Erziehungswesen ausgewirkt. Die Liste derjenigen in den Medien, die diesen Organisationen angehören, ist in etwa so endlos wie jene des Regierungsapparates (vgl. **Anhang I**). Fast alle ›Anchor-Men‹ (Chefsprecher) der ›Prime-Time-Nachrichten‹ gehören zu einer dieser Organisationen, zum Beispiel Dan RATHER (CBS), Tom BROKAW (NBC), Jim LEHRER (PBS) zum ›Council on Foreign Relations‹ (CFR). Auch in den Nachrichten-Agenturen wie Associated Press, United Press und Reuters sitzen CFR-Leute. Man mag sich bei alledem vorstellen, welchen Wahrheitsgehalt die Informationen und Nachrichten haben, die der US-Öffentlichkeit unterbreitet werden. Dabei ist noch nicht einmal zu unterstellen, daß die Nachrichten, die tatsächlich gebracht werden, manipuliert sind, sondern eher, daß die eigentliche Manipulation durch die Unterdrückung bestimmter Nachrichten erfolgt. Die wichtigsten überregionalen Zeitungen, deren Meinungskolumnen in den meisten regionalen Zeitungen der USA nachgedruckt werden, sind fast ausschließlich in CFR-Hand, so zum Beispiel die *New York Times* und die *Washington Post.*

Die schlimmsten Folgen des Krypto-Illuminatismus der ROCKEFELLER-Familie sind jedoch im Erziehungsbereich zu verzeichnen. Bereits im Jahre 1902 bildete John Davison ROCKEFELLER sen. (1839-1937), zusammen mit Bruder William ROCKEFELLER Gründer von ›Standard Oil‹ (ab 1911: Mobil, Exxon/ESSO=Eastern Standard Oil), den ›General Education Board‹ (GEB). Wie üblich handelte es sich um eine steuerbefreite Organisation, an deren Spitze ROCKEFELLER seinen Assistenten Frederik T. GATES als Vorsitzenden setzte. GATES enthüllte die Erziehungsphilosophie ROCKEFELLERS in dem bereits erwähnten *Occasional Letter Nr. 1* des Vorstands: »In unseren Träumen haben wir unbegrenzte Mittel, und die Leute fügen sich mit völliger Hingabe unseren formenden Händen. Die gegenwärtigen Erziehungskonventionen entschwinden ihren Geistern und, ungehindert durch Traditionen, breiten wir unseren guten Willen über ein dankbares und ansprechendes ländliches Volk aus. Wir werden nicht versuchen, diese Leute oder eines ihrer Kinder zu Philosophen oder zu Menschen der Lehre oder Männern der Wissenschaft zu machen... Wir werden... die Kinder organisieren und sie lehren, was ihre Väter und Mütter auf unzulängliche Weise tun, in ihren Heimen, den Geschäften und den bäuerlichen Betrieben perfekt zu tun.«

Zwischen 1902 und 1907 finanzierte John Davison ROCKEFELLER sen., dessen Vermögen zum Zeitpunkt seines Todes (1937) 1,4 Milliarden US-Dollar (= 1/65 des US-Bruttonationalprodukts) ausmachte, den ›General Education Board‹ mit insgesamt 43 Millionen US-Dollar. Von 1917 bis 1919 finanzierten er und sein Sohn John Davison ROCKEFELLER jr. (1874–1960) den ›General Education Board‹, die ROKKEFELLER-Stiftung und das ›Laura SPELMAN-ROCKEFELLER Memorial‹ mit insgesamt 200 Millionen US-Dollar. Der Gesamtbetrag der ROKKEFELLER-Mittel, die in der Zeit zwischen 1902 bis 1930 in das Erziehungswesen der USA flossen, betrug nach heutigem Umrechnungskurs etwa zwei Milliarden US-Dollar.

Anfang der dreißiger Jahre begannen die ROCKEFELLER-Stiftungen die Philosophie des John DEWEY mit großen Geldsummen zu finanzieren, wie dies heute im wesentlichen Teil wieder mit den Philosophen der offenen (›Wolfs‹-)Gesellschaft geschieht. DEWEY schrieb zum Beispiel: »Es gibt keinen Platz für ein unabänderliches natürliches Gesetz oder ständige moralische Absoluta.« DEWEYS Philosophie ähnelte von ihrem Inhalt her der sogenannten ›Frankfurter Schule‹, die insbesondere durch Karl GRÜNBERG, Max HORKHEIMER, Ernst BLOCH, Friedrich POLLOK, Herbert MARCUSE, Leo LOEWENTHAL und Erich FROMM geprägt wurde. Auch sie verkündeten, freilich in Variationen, nur wenige, in ihrer dreisten intellektuellen Schlichtheit obszöne gemeinschaftsfeindliche Botschaften: Infragestellung jeder politischen Macht (Max HORKHEIMER) sowie der sie tragenden Ordnung (›königlicher Ritter‹ Sir Ralf DAHRENDORF) und Werte, Verzicht auf nationale Eliten, Desavouierung biologischen Denkens, Enttabuisierung aller Tabus, Leugnung ethnischer Identität, Zerschlagung der Familie, und zwar mit der kaum verhüllten Absicht der totalen Chaotisierung der Gesellschaft.

DEWEYS Verbindung mit der ROCKEFELLER-Familie ging weit zurück bis in jene Zeit, als er die fünf ROCKEFELLER-Brüder, einschließlich David und Nelson ROCKEFELLER, lehrte. Er startete seine Erziehungskarriere im Jahre 1894 an der Universität von Chicago, die eine der ersten war, die ROCKEFELLER-Gelder erhielt.

Das ›Reece-Komitee‹, von dem bereits die Rede war, enttarnte die Strategie ROCKEFELLERS und verwendete einen Großteil seiner Energie darauf, die Kontrolle der Stiftung über die Lehrerausbildung zu untersuchen. René WORMSER, der Sprecher des Komitees, berichtet: »Forschungs- und Experimentierstationen wurden an verschiedenen Universitäten eingerichtet, insbesondere in Columbia, Stanford und Chicago. Hier waren einige der schlimmsten Störungsfälle in der jüngsten Erziehungsgeschichte aufgetreten. . . Hier wurden die meisten glühenden akademischen Verfechter der Einführung eines sozialistischen Staates von den Stiftungen gepäppelt und ernährt«, so wie dies in ähnlicher Weise in Deutschland mit den Apologeten der ›Frankfurter Schule‹ geschah.

Traditionelle Lehrer, die sich heftig gegen die Philosophie DEWEYS aufgelehnt hatten, wurden von mit ROCKEFELLER-Millionen vollgepumpten, korrupten intellektuellen Steigbügelhaltern weggeschwemmt. Die nationale Erziehungsvereinigung, vor allem die Haupterziehungslobby des Landes, wurde ebenfalls weitgehend mit Geldern der ROCKEFELLER- und CARNEGIE-Stiftungen finanziert. Im Jahre 1934 übernahm die nationale Erziehungsvereinigung die Philosophie John DEWEYS in Sachen Humanismus, Sozialismus und Internationalismus und verbreitete sie in den Klassenräumen. Während alles dieses geschah, hielt sich DEWEY in der Sowjetunion auf und half dort, das marxistische Erziehungssystem zu organisieren.

Die ROCKEFELLER benutzen ihre fast unbegrenzten Mittel nicht nur dazu, die Kontrolle über die Lehrerausbildung zu gewinnen, sondern verwandten auch Millionen US-Dollar dafür, historische Bücher umzuschreiben (wie dies auch unter den Kommunisten geschah) oder neue Bücher schreiben zu lassen. Unter diesen neuen, von ROCKEFELLER-Satrapen geschriebenen Lehrbüchern befand sich auch das Buch *Building America*, für das der kalifornische Gesetzgeber Mittelzuwendungen mit folgender Begründung verweigerte: »Es ist schwer zu glauben, daß die ROCKEFELLER-Stiftung und die nationale Erziehungsvereinigung diese Lehrbücher unterstützt hat. Aber es ist eine Tatsache, daß sie von ROCKEFELLER finanziert wurden und daß die nationale Erziehungsvereinigung sie auf breiter Basis gefördert hat.«

Die ROCKEFELLER-Stiftungen arbeiteten darüber hinaus durch sogenannte ›Secondary Foundations‹ (nachrangige Stiftungen), um die Erziehung und die öffentliche Meinung durch die Produktion von Hunderten von Berichten und Studien, die alle den ›Globalismus‹ unterstützten, zu beeinflussen. Die Ergebnisse dieser durch ROCKEFELLER finanzierten Berichte und Studien wurden dann in den von den Krypto-Illuminaten beherrschten Medien als wissenschaftliche Tatsachen der Öffentlichkeit unterbreitet, obwohl sie tatsächlich nichts anderes waren als pure Propaganda, die sich im Grunde derselben Mittel wie auch schon Joseph GOEBBELS bediente, nur weniger plump und vor allem weniger offen. Nachrangige Institutionen sind zum Beispiel das ›Brookings Institute‹, die ›Rand Corporation‹, das ›Hudson Institute‹ und das ›Middle East Institute‹. Nach Angaben von SHOUP (*Imperial Brain Trust*) saßen zu diesem Zeitpunkt allein 22 CFR-Mitglieder im ›Brookings Institute‹, 29 in der ›Rand Corporation‹, 14 im ›Hudson Institute‹ und sogar 33 im ›Middle East Institute‹.

Viele Universitätspräsidenten und Dekane US-amerikanischer Universitäten sind CFR-Mitglieder. Das CFR-Mitglied Donna E. SHALALA, Mitglied des CLINTON-Kabinetts, war vorher Präsidentin der Universität von Wisconsin.

Die ROCKEFELLER haben im Grunde, neben den CARNEGIE-Stiftungen, das US-Erziehungswesen fest in ihrer Hand. Das Ergebnis ist unverkennbar: Das durchschnittliche Bildungsniveau der US-Amerikaner ist katastrophal, die durch Hollywood gesteuerte Verblödung der amerikanischen Bevölkerung, der auch das deutsche Volk ausgesetzt wird, nimmt immer schlimmere Formen an. Die Folgen sind Kriminalität und Verelendung. Hohe Kriminalität und Armut aber sind neben der ethnischen Überfremdung die wesentlichen Grundbausteine für die Sprengung sozialer Netzwerke, also das, was WEISHAUPTS Krypto-Erben und ihre käuflichen Laufburschen allem Anschein nach gezielt planen und in die Wirklichkeit umsetzen.

Die ›monopolkapitalistische Internationale‹ hat sich als eine Schattenregierung etabliert, deren Steuerungsorgane ohne jede demokratische Legitimation sind. »Die europäischen Bankiers und der amerikanische Geldadel« seien die ständige, *schattenhafte und fast allmächtige Kraft* hinter der amerikanischen Geschichte, so schon Pat ROBERTSON (*The New World Order*). Durch das ›Federal Reserve System‹, den ›Council on Foreign Relations‹ und die ›Trilaterale Kommission‹, die Mittel ihres Selbstbedienungssystems, seien sie die eigentlichen Gestalter der Politik und die Feinde des Volkes gewesen. Immer, wenn sie sich mit einer mutigen Opposition konfrontiert sahen, seien sie rücksichtslos vorgegangen: »Es ist meine Überzeugung«, so ROBERTSON, »daß John Wilkes BOOTH, der Mann, der das LINCOLN-Attentat verübte, von den europäischen Bankiers, die dieses volksnahe amerikanische Experiment im Keim ersticken wollten, bezahlt wurde.« Es habe eine Vielzahl von Personen gegeben, die als Agenten oder Marionetten der Finanzherren aufgetreten seien. Ex-Präsident Woodrow WILSON habe den Amerikanern das Federal Reserve System eingebrockt, und Colonel Edward HOUSE habe schon im Jahre 1917 eine ›Neue Weltordnung‹ gefordert. Dieser hätte den Amerikanern auch den Völkerbund aufgehalst, mit einer ›Eine-Welt-Regierung‹, einer ›Eine-Welt-Armee‹, einer ›Eine-Welt-Wirtschaft‹ und einer ›Eine-Welt-Diktatur‹, unter der ein Rat von zwölf Getreuen am Werk sei. Die UNO sei eine spätere Schöpfung derselben Gruppe gewesen. Es sei »ziemlich einfach«, so ROBERTSON, »die Kontinuität und den Zweck dieser Politik zu verfolgen«. Es gebe eine »unsichtbare Schnur« von Woodrow WILSON über die J. P. Morgan-Bank, die ROCKEFELLER und den ›Council on Foreign Relations‹, die CARNEGIE-, ROCKEFELLER- und FORDstiftungen, die UNO, Henry KISSINGER (benannt von Richard NIXON, der seinerseits Angestellter, Günstling und Mieter von Nelson Aldrich ROCKEFELLER war; der Verfasser), die Trilaterale Kommission und Jimmy CARTER bis hin zu George BUSH Sen. (die ihrerseits Mitglieder der Bilderberger und der Trilateralen Kommission sind/waren; der Verfasser).

Die politischen Eliten seien servile Diener der Interessen der Finanzmächte gewesen, die von den Kriegen des 20. Jahrhunderts und sogar vom Kalten Krieg profitiert hätten. Einige der Kriege (Korea, Vietnam) hätten nur deshalb nicht zum Sieg geführt, weil die zivile

Gewalt »den Truppen untersagt hat, zu gewinnen«. Der Grund: »Ihr Plan für das Land war nicht Sieg über den Kommunismus, sondern eine letztendliche Union mit der Sowjetunion zur Etablierung einer Weltregierung.« Der Kalte Krieg habe zu ungeheuren Gewinnen für die Makler der Macht. . . geführt. Ronald STEEL (*Temptations of a Superpower*) schreibt zu der wirtschaftlichen *Nützlichkeit* des Kalten Krieges für die ›USA Inc.‹: »Der Kalte Krieg war trotz seiner enormen Kosten und Verschwendung durchaus positiv für die Vereinigten Staaten. Regierungsaufträge garantierten Generationen Wohlstand, die amerikanische Industrie beherrschte für eine gewisse Zeit den globalen Markt, unsere nationalen Einrichtungen und Einstellungen verbreiteten sich über die ganze Welt, und unsere kulturelle Umarmung wurde unwiderstehlich. Weltweit wurde unser Einfluß fundamental, besonders unter der Jugend. Sie wurde vom Export amerikanischer Kultur nivelliert, sei es hinsichtlich Kleidung, Unterhaltung, Freizeit, allgemeine Identifizierungen oder der Art der Zeiteinteilung.«

D. Die Sprache der supranationalen Revolution

Laut UN-Investment-Report des Jahres 2001 befanden sich im Jahre 1999 unter den weltweit 25 größten transnationalen Monopolunternehmen mit ›DaimlerChrysler‹ (Nr. 7) der ›Volkswagen Gruppe‹ (Nr. 12), ›Siemens‹ (Nr.14), ›Mannesmann‹ (Nr. 18; inzwischen ›Vodaphone‹) und ›BMW‹ (Nr. 20) fünf gesellschaftsrechtlich deutsche Unternehmen (vgl. **Anhang VI.**), von denen sich aber die meisten nach ihrem eigenen Selbstverständnis längst nicht mehr als ›deutsch‹ bezeichnen. Diese Unternehmen sind entweder durch ihr Führungspersonal in Organisationen der Krypto-Illuminaten vertreten oder als Unternehmen selbst (**Anlagen I.–IV.**).

Die Ideologie dieser supranationalen Akteure kann beispielhaft anhand eines in dem Buch *Der globale Markt* erschienenen Beitrag von Karl-Heinz Kaske, dem früheren Vorstandsvorsitzenden der Siemens AG (heute: Heinrich von Pierer), nachgezeichnet werden:

»Von ihrem Beginn war die Siemens-Organisation international angelegt... Während des 19. Jahrhunderts entwickelte sich die *globale* Ausrichtung des Unternehmens... Heute ist Siemens eines der größten Elektrik- und Elektronikunternehmen in der Welt... *Siemens wird weiterhin an einer integrierten europäischen und globalen Wirtschaft arbeiten.* Wir glauben, daß Handelshindernisse, obwohl sie kurzfristig verlockend sein mögen, langfristig nur Schaden verursachen. Unternehmen und Nationen müssen sich den harten Realitäten des Wirtschaftslebens stellen. Sie müssen daran arbeiten, ihr Unternehmen durch Erhöhung der Produktivität und Qualität zu verbessern. Die Ökonomie hat zu und wird auch in Zukunft über *protektionistische Notbehelfe* obsiegen... Wir müssen die *globale* Herausforderung annehmen, um das Bild eines europäischen Unternehmens mit nordamerikanischer Präsenz zu überwinden... *Wir müssen einen neuen modus vivendi im globalen Umfeld finden...* Um in den Weltmarkt einzudringen und ihn zu sichern, bedarf es einer langfristigen Strategie, deren Hauptelement eine Kombination von erhöhtem Export, Anstrengung bei gleichzeitiger Integration exportierender Unternehmen in die Volkswirtschaften der konsumierenden Länder... [ist] Die *globale Herausforderung* erfolgreich anzunehmen heißt, sich neuen organisatorischen Erwägungen zu stellen. Eine Organisation kann auf *internationaler* Basis nur effektiv funktionieren, wenn es eine *gegenseitige Abhängigkeit* (›*Interdependence*‹) gibt. . . Vor allem brauchen wir Menschen, die das Geschäft der ›*gegenseitigen Abhängigkeit*‹ verstehen. . . Dies erfordert eine Unternehmenskultur, die daran gewöhnt ist, *im internationalen Rahmen* zu denken. . . Die Verpflichtung der Menschen, sich auf eine *transnationale,* vom Markt gesteuerte Unternehmensphilosophie einzustellen, bleibt das wichtigste Element im *globalen Spiel,* der Faktor, *der mehr und mehr die Gewinner von den Verlierern trennen wird.*«

Realistischerweise ist von einem Spitzenmanager eines transnationalen Unternehmens etwas anderes als die Anbetung des Primats des Ökonomischen zu erwarten. Hier ›philosophiert‹ jemand, der allem Anschein nach jeden Bezug zu seiner eigenen nationalen Gemeinschaft, zu seiner eigenen Kultur und zu seinem eigenen Volk verloren hat. Seine neue Identität scheint der supranationale Markt zu sein, in dem es gilt, die »harten Realitäten« der »gegenseitigen Abhängigkeit« (»Interdependenz«) zur Kenntnis zu nehmen, die »globale Herausforderung« anzunehmen und die »Produktivität« ständig zu steigern und zu verbessern sowie eine transnationale, marktbestimmte Unternehmensphilosophie zu verinnerlichen, um aus dem »globalen Spiel« nicht als »Verlierer«, sondern als »Gewinner« hervorzugehen.

Diese Terminologie ist die typische Sprache der supranationalen Revolution. Der zitierte Beitrag könnte mit denselben wenigen Schlüsselbegriffen genauso von anderen ›Wirtschaftführern‹ der Krypto-Illuminaten verfaßt worden sein. Es ist die intellektuelle Schlichtheit, ihre absolute Eindimensionalität, die sie so gefährlich macht. Es ist die gemeinschaftsfeindliche Philosophie der ›Wolfsgesellschaft‹. Sie wollen uns vergessen machen, welche finanziellen Verwüstungen unkontrollierte Kapitalflüsse vor dem Zweiten Weltkrieg verursachten, so daß praktisch jede Regierung, mit Ausnahme der USA, Kapitalverkehrskontrollen einrichtete. Viele dieser Kontrollen waren noch in den späten siebziger Jahren in Kraft; denn

- Protektionismus ist die Waffe der Demokratie gegen die Diktatur des Geldes,
- Protektionismus ist das Überlebenssystem der Gemeinschaft,
- Protektionismus ist der Rettungsring für Kultur und Natur,
- Protektionismus stärkt die Nationalökonomie.

Japan, China, Singapur und andere südostasiatische Nationen florierten als protektionistische Volkswirtschaften. Inzwischen haben die Krypto-Illuminaten Japan erfolgreich in einige ihrer subversiven anationalen, asozialen Organisationen einbezogen, allen voran die ›Trilaterale Kommission‹, die von David ROCKEFELLER im Jahre 1973 gegründet wurde. In dieser Organisation hat Japan sogar, relativ gesehen, die meisten Mitglieder. Wenigstens ein Vorstandsmitglied jedes größeren japanischen Unternehmens ist in der ›Trilateralen Kommission‹ vertreten.

Es gibt keinen Grund, geschichtliche Fehler stets zu wiederholen. Historisch gesehen wurden protektionistische Mauern immer erst dann errichtet, als es zu spät war und die supranationalen monopolkapitalistischen Krypto-Illuminaten die Volkswirtschaften verwüstet hatten. Man denke in diesem Zusammenhang nur an BISMARCKS protektionistische Wirtschaftspolitik oder an HITLERS ›Vierjahresplan‹. Eine verantwortliche, dem Volk dienende Politik hätte solchen extremen Zwangsmaßnahmen vorgebeugt.

Der Surpranationalist KASKE benutzt das Wort ›Interdependence‹, eines der Schlüsselworte des Krypto-Illuminatismus. Abhängigkeit statt Unabhängigkeit, Versklavung statt Freiheit, dies ist das Programm der supranationalen Revolution. Einer der dreistesten Propagandafeldzüge im Rahmen der Schaffung einer neuen Weltordnung war in der Tat die »Declaration of Interdependence«, eine Erklärung, die eine Weltregierung fordert und die im Jahre 1975 im Rahmen der Vorbereitungen zur 200-Jahr-Feier der USA veröffentlicht wurde.

Die »*Abhängigkeitserklärung*« stand im Gegensatz zur *Unabhängigkeitserklärung* (»Declaration of *In*dependence«) des Jahres 1776, dem Jahr, in dem auch der Illuminatenorden des Adam WEISHAUPT gegründet wurde. Finanziert durch den ›World Affairs Council‹ (Rat für Weltangelegenheiten) in Philadelphia und verfaßt von dem CFR-Mitglied Henry Steele COMMAGER, stellte die »Declaration of Interdependence« die »Declaration of Independence« auf den Kopf: »Falls im Verlauf der Geschichte die Menschheit von der Auslöschung bedroht wird, ist es für das Volk der Vereinigten Staaten notwendig, seine Abhängigkeit (Interdependence) von allen Völkern aller Nationen zu erklären. . . Um eine neue Weltordnung von Mitleid, Frieden, Gerechtigkeit und Sicherheit zu errichten, ist es wesentlich, daß die Menschheit sich selbst von den Beschränkungen nationaler Vorurteile befreit und anerkennt, . . . daß alle Menschen Teil einer einzigen globalen Gemeinschaft sind.«

Die Erklärung strotzt nur so von den üblichen theologischen Erlösungsbegriffen des Krypto-Illuminatentums, unbestimmt und ungenau, mehr Rhetorik als Realität; denn es ist im höchsten Maße absurd, warum sich der Schwede mit dem Ghanaer oder der Franzose mit dem Mongolen in einer Gemeinschaft befinden soll. Diese Betrachtungsweise ist noch nicht einmal aus der Vogelperspektive nachzuvollziehen. Dafür muß man sich schon auf dem Mond befinden – völlig abgehoben von Dingen unseres real existierenden Daseins. Und dafür wird von den Völkern verlangt, daß sie ihre Unabhängigkeit und Souveränität, die Grundlage von Freiheit, Demokratie und Selbstbestimmung, aufgeben.

Im vorletzten Absatz dieser Erklärung wird dann doch noch enthüllt, worum es eigentlich geht: »Wir bejahen, daß eine Welt ohne Recht eine Welt ohne Ordnung ist, und wir rufen alle Nationen auf, die Vereinten Nationen und ihre besonderen Agenturen sowie alle anderen Institutionen der Weltordnung zu stärken und zu erhalten.«

Im Zusammenhang mit der Veröffentlichung der »Declaration of Interdependence« veröffentlichte der ›World Affairs Council‹ und das ›Aspen Institute‹ das Buch *The Third Try at World Order: U.S. Policy for an Interdependent World* (»Der dritte Versuch einer Weltordnung: US-Politik für eine voneinander abhängige Welt«) vom CFR-Mitglied Harlan CLEVELAND. In diesem Buch lamentierte CLEVELAND, einst stellvertretender Außenminister und NATO-Botschafter der USA, daß der erste Versuch der Errichtung einer ›Weltordnung‹ dadurch fehlschlug, daß die USA nicht Mitglied des Völkerbundes wurden, und daß der zweite Fehlschlag dadurch verursacht wurde, daß die Vereinten Nationen nicht genügend Zuständigkeiten und Macht erhalten hätten, um *Weltgesetze* einzuführen und durchzusetzen. Nunmehr, so CLEVELAND, würde der dritte Versuch unternommen, schrittweise die Weltregierung zu erreichen, indem die UNO sich verschiedener globaler ›Krisen‹ annehme (so auch die neueste NATO-Interventionsdoktrin; siehe **B.VII.**), z.B. mit dem Hinweis auf »die globale Umwelt«, »Nahrungsreserven«, »Energieversorgung«, »Geburtenraten« und »Waffenexporte«. Es ist im Grunde die programmatische Leier der sieben Jahre zuvor gegründeten CFR-Organisation ›Club of Rome‹. Derjenige, der dies schrieb, war zuvor Stellvertreter des Sowjetagenten Harold GLASSER innerhalb der ›United Nations Relief and Rehabilitation Administration‹ (UNRRA) und nahm an der ›Operation Keelhaul‹ teil, dank deren etwa fünf Millionen Europäer in russische Konzentrationslager wanderten .

Dies also ist der ideologische Hintergrund, wenn der Supranationalist KASKE als Vorstandsvorsitzender der Siemens AG (heutiger Vorstandsvorsitzender: Heinrich VON PIERER, Mitglied der ›Trilateralen Kommission‹; vgl. **Anhang II.**) von »Interdependence« spricht. Und er spricht nicht nur für sich selbst, sondern vor allem für den supranationalen Monopolisten Siemens, der erst durch die Ingeniosität, Disziplin und Hingabe seiner deutschen Werktätigen in die ökonomische Lage versetzt wurde, in der völkerfeindlichen supranationalen Revolution eine führende Rolle zu übernehmen. Es ist absurd, aber gerade deshalb, weil die deutschen Werktätigen in früheren Jahrzehnten zum Nutzen jener transnationalen Unternehmen so erfolgreich waren, werden sie in ihrem eigenen Land heute überfremdet, entwurzelt und sehen sich häufig gar veranlaßt, finanzielle Einbußen hinzunehmen oder sich um den Arbeitsplatz zu sorgen. Dies ist das makabre supranationale Paradoxon der häßlichsten Form des kapitalistischen Systems.

Die Sprache von Karl-Heinz KASKE ist deckungsgleich mit der Terminologie von ROCKEFELLERS ›Trilateraler Kommission‹ (siehe **B.V.** und **Anhang II.**). Im Rahmen ihrer ›Web-Site‹ (www.trilateral.org/about.htm) stellt sich diese Organisation mit den üblichen Schlüsselbegriffen der Supranationalisten vor. Beispiel: »The *›growing interdependence‹* that so impressed the founders of the Trilateral Commission in the early 1970s is deepening into ›globalization‹.« (»Die *›wachsende Abhängigkeit‹*, die die Gründer der Trilateralen Kommission so beeindruckte, hat sich zur ›Globalisierung‹ vertieft.«)

Und gebetsmühlenhaft wird immer wieder suggeriert, daß es Probleme gebe, die nicht von nationalen Regierungen gelöst werden könnten. Ein Beispiel dafür ist ein Aufsatz von Otto Graf LAMBSDORFF (FDP), dem früheren Vorsitzenden der europäischen Sektion der ›Trilateralen Kommission‹, unter dem Titel »Economic Freedom Is Best Policy« (»Wirtschaftliche Freiheit ist die beste Politik«), in dem dieser folgendes ausführt (vgl. www.trilateral.org): »International governmental or quasi-governmental structures are already established for the solution of those problems that cannot be solved by national governments« (»Internationale Regierungs- oder Quasi-Regierungsstrukturen sind bereits für die Lösung jener Probleme vorhanden, die nicht von nationalen Regierungen gelöst werden können.«). Keiner wird dem hochintelligenten Grafen abnehmen, daß er dies ernst meint. Er und sie alle wissen, was das deutsche Volk zu leisten imstande wäre, wenn es durch eine konsequent nationale Politik endlich von seinen Fesseln und aus der erzwungenen Lethargie befreit würde.

Roman HERZOG, Ex-Bundespräsident, der die Geduld und den heiligen Zorn deutscher Patrioten durch ständige Ergebenheitsadressen an die Führer der supranationalen Revolution strapazierte, hieß die Teilnehmer der »Plenarsitzung der Trilateralen Kommission« am 23. März 1998 in Schloß Bellevue zu Berlin mit folgenden (guten) Worten willkommen:

»Graf LAMBSDORFF,
Herr VOLCKER,
Herr KOBAYASHI,
Herr ROCKEFELLER,

meine Damen und Herren,

ich freue mich, die ›Trilaterale Kommission‹ aus Anlaß ihres 25. Plenartreffens im Schloß Bellevue zu begrüßen... Daß dieses Jahrhundert eine Ära gemeinsamen Handelns werden muß, darüber kann es angesichts der *unaufhaltsamen Globalisierung* keinen Zweifel geben... Gerade die reifen Industrienationen teilen eine ganze Reihe von drängenden Problemen miteinander, *die vor nationalen Grenzen nicht haltmachen und die deshalb auch niemand im Alleingang lösen kann...* Im Zeitalter der Globalisierung ist eine wachsende Zahl von Aufgaben *durch Nationalstaaten allein nicht mehr lösbar...* Die Trilaterale Kommission kann also aus den Erfahrungen ihrer Gründungszeit schöpfen, wenn sie über die Frage der *internationalen Koordinierung von Wirtschafts- und Währungspolitiken* nachdenkt... Der anspruchsvollste Teil der Dreifachstrategie ist natürlich die Strategie der Integration. Ich denke hier nicht nur an die *supranationale Integration im Stil der Europäischen Union,* obwohl die Idee der Integration gerade von Europa aus mit der Wirtschafts- und Währungsunion einen großen Sprung nach vorn macht. Integrierend wirken im *Zeitalter der Globalisierung* auch die vielfachen Formen zwischenstaatlicher, transnationaler oder auch nur ökonomischer Verflechtung. *APEC* und *ASEM* sind Beispiele solcher *Verflechtungstendenzen, die Amerika, Asien und Europa verbinden. Auch hier hat natürlich die Trilaterale Kommission Vorarbeit geleistet...* Für Ihr Wirken im kommenden Jahr wünsche ich Ihnen in diesem Sinne allen erdenklichen Erfolg.«

Und diese Wort kamen vom höchsten Repräsentanten der Bundesrepublik Deutschland. Ein weiterer Kommentar erübrigt sich.

E. Die ideologische Rechtfertigung der supranationalen Revolution

Supranationalismus ist ein Produkt des Primats des Ökonomischen, Nationalismus ein Sieg des Politischen.

Der neutestamentarischen Lehre wie auch den germanisch-nordischen Religionen ist der Vorrang des Ökonomischen fremd. Ganz anders verhält es sich dagegen mit der alttestamentarischen Ideologie, deren wesentlicher Bestandteil er ist. Altes Testament und Kapitalismus sind Geschwister. Die alttestamentarische Lehre beruht auf einem Geschäftsvertrag zwischen Jahwe und seinem auserwählten Volk. Aus diesem Vertragsverhältnis ergibt sich ein Schuld- und Forderungskonto, über das gute und schlechte Taten andauernd abgerechnet werden. Über dieses Kontokorrentkonto werden auch alle Worte des Menschen verbucht: Nach dem Buch Ruth 33 a ist es Elia, der aufschreibt, nach dem Buch Ester 86 a besorgen die Engel dieses Geschäft. Der Mensch hat eine Rechnung im Himmel, die in Vorbereitung auf den Tod bereinigt werden sollte (Kohelet rabba 77 t). Mit dem Tod werden Mizwoth und Aberoth (Übertretung) saldiert und die Rechnung vorgelegt. Aus diesem Grund werden ›erwirtschaftete‹ Güter noch zu Lebzeiten an gemeinnützige Stiftungen verschenkt, um das eigene Konto im Himmel auszugleichen, nicht etwa immer aus reiner Menschenliebe. Leben im alttestamentarischen Glauben ist eine abgewandelte Bilanz: Soll und Haben. Der Reiche ist, anders als im christlichen Neuen Testament, in der Regel der Gesegnete. Davon zeugen folgende Beispiele:

- »Wer klug sein will, beschäftige sich mit Geldangelegenheiten, denn es gibt keine größeren Eckpfeiler in der Thora. Sie sind wie eine sprudelnde Quelle.« (Talmud IV/3/173 b)
- »Der Herr, Dein Gott, wird Dich segnen, wie er Dir geredet hat. So wirst Du vielen Völkern leihen, und Du wirst von niemandem borgen.« (Deut. 15,6; vgl. 28, 43, 44; Ps. 109, 11)
- »Heil dem Mann, der Jahwe fürchtet, an seinem Gebote große Lust hat... Reichtum und Überfluß ist in seinem Hause.« (Ps. 112, 1.3.)
- »Unsere Speicher seien voll, allerlei Vorrat ausgebend; unsere Schafe tausend-, zehntausendfältig sich mehrend auf unseren Triften.« (Ps. 144, 13)

- »Langes Leben ist in ihrer Rechten (der Weisen; der Verfasser); in ihrer Linken Reichtum und Ehre.« (Sprüche Salomons 3,16)
- Reichtum und Ehre ist bei mir, glänzender Wohlstand und Wohltätigkeit.« (Sprüche Salomons 8, 18)
- »Des Reichen Habe ist ihm eine feste Stadt.« (Sprüche Salomons 10, 15)
- »Der Weisen Krone ist ihr Reichtum.« (Sprüche Salomons 14, 24)
- »Im Hause der Gerechten ist viel Reichtum.« (Sprüche Salomons 15, 6)
- »Die Folge der Demut, der Furcht vor Jahwe, ist Reichtum, Ehre und Leben.« (Sprüche Salomons 22, 4)

Es ist freilich eine Sache, Reichtum zu tolerieren, und eine andere, diesen Reichtum wie die supranationalen Feudalherren nimmersatt anzustreben. Aber auch der übermäßige Erwerbstrieb, die Habgier, sei in der alttestamentarischen Ideologie angelegt, so Sigmund FREUD in seiner *Sammlung kleiner Schriften zur Neurosenlehre*. Der übermäßige Erwerbstrieb sei ein Ausgleich für den durch diese Religion unterdrückten Sexualtrieb. Hinweise für diese zutiefst puritanische, der Frau ängstlich begegnende Grundhaltung der alttestamentarischen Religion finden sich ebenfalls zuhauf und bestätigen FREUDS These. Beispiele:

- »Der Bann treffe den, der durch einen Gedanken sich Lust erregt.« (Nidda 13 b)
- »Besser er sterbe, als daß er eine Sünde der Unzucht begehe.« (Sanhedrin 75 a)
- »Wer sein Geschäft bei Frauen hat, sei nicht mit ihnen allein.« (Kidd. 82 a)
- »Honig träufeln des fremden Weibes Lippen, und glätter als Öl ist ihr Gaumen; aber ihr Ausgang ist bitter wie Wermut, scharf wie ein zweischneidiges Schwert.« (Sprüche Salomons 5, 3, 4)

Was die Akzeptanz des Reichtums angeht, steht die alttestamentarische Ideologie, wie erwähnt, im schroffen Gegensatz zur christlichen Lehre:

- »Leichter ist, daß ein Kamel durch ein Nadelöhr gehe, denn daß ein Reicher ins Himmelreich komme.« (vgl. auch Matth. 6, 24; 10, 9, 10; 19, 23, 24)

- »Die Geldliebe ist eine Wurzel von schädlichen Dingen aller Arten, und indem einige dieser Liebe nachstrebten, sind sie vom Glauben abgeirrt und haben sich selbst mit viel Schmerzen überall durchbohrt.« (1. Timotheus 6.10)

Darauf beruht insbesondere auch die Wirtschafts- und Sozialethik Martin LUTHERS (vgl. dazu im folgenden Theodor STROHM, »Luthers Wirtschafts- und Sozialethik«, in: *Leben und Werk Martin Luthers,* S. 216, 219).

In seiner Schrift *Von Kaufshandel und Wucher* (1524) bezeichnet LUTHER drei Quellen, »daraus alle grewel, unrecht, list und tuck so weyt und breyt fleust«:

- Jeder gibt das Seine, so teuer er kann, und orientiert sich nicht an einem aus Arbeitsaufwand und Beschaffungsrisiko genau ausgewiesenen Preis.
- Es werden persönliche Bürgschaften geleistet, die geradezu zur Leibeigenschaft führen müssen und in Gottes providentielles Herrschaftsrecht spekulativ eingreifen.
- »Wo man Geld oder Ware oder Gerät leiht und dafür mehr oder Besseres fordert«, handelt es sich um Wucher, und der ist »in allen Rechten verdammt«. Alle, die fünf, sechs oder mehr aufs Hundert vom geliehenen Geld nehmen, sind nach LUTHER Wucherer.

Aus diesen drei Quellen ergeben sich viele weitere Übel, darunter folgende:

- Anstelle von Bargeschäften wird auf Zins verkauft, um größere Gewinne zu erzielen. Dies geht »gar groblich widder Gottes wort, widder vernunfft und alle billickeyt aus lautter freyem mu(e)twillen des geytzs«. Solche Habgier »raubt und stilet« dem Nächsten »das seyne«.
- Der Preis wird durch Zurückhalten der Ware (Austrocknen des Marktes) in die Höhe getrieben, um dadurch aus dem Mangel des Nächsten Kapital zu schlagen. »Das sind alles offentliche diebe, reuber und wu(e)cherer.«
- Die Ware wird aufgekauft, um den Preis willkürlich diktieren zu können (Monopolwirtschaft). »Fürsten und Herrn sollten, solchs weren und straffen, wenn sie yhr ampt wollten volfuren.« Dabei ist es den Monopolisten offenbar gleichgültig, »ob land und leutte da durch verderben«.

- Man treibt Dumping-Preispolitik, um den Markt zu beherrschen. »Diese leut sind nicht werd, das sie menschen heyssen, ... Syntemal der neyd und geytz so grob unverschampt hie ist, das er auch mit seynem schaden ander zu schaden bringt, auff das er ja alleyne auff dem platz sey.«
- Man verkauft Ware, über die man noch gar nicht verfügt, »mit worten ym sack«, teurer, als man sie schließlich erwirbt«.
- »gorgel stecher odder kelstecher« sind solche, die über angeworbene Zwischenkäufer in Zahlungsnot geratene Kaufleute um ihre Waren prellen, indem sie diese für bares Geld unter dem üblichen Preis aufkaufen.
- Preisabsprachen und Kartellbildungen: »Dis stuck, ho(e)re ich, treyben die Engelender kauffleute am grobesten . . .«
- Einem in Not Geratenen wird die Ware auf Zins (also zu überdurchschnittlichem Preis) verkauft, um sie ihm alsdann über einen angeworbenen Zwischenkäufer für bares Geld unter dem Normalpreis wieder abzuhandeln. »So gewynne ich hynden und forne. . .«
- Risikofreie Zinseinlagen.
- Warenmanipulation (»das Hübscheste zuoberst legen«); »Also das solche triegerey keyn ende hat, und keyn kauffman dem andern weytter trawen tharff, denn er sihet und greyfft.«

Den auslösenden Faktor für die Ausbildung frühkapitalistischer Produktionsformen stellte das Handelskapital dar, das in Deutschland mit den Namen der FUGGER, WELSER, HÖCHSTETTER und FÜRER verbunden ist, die für Monopole von bis dahin nicht gekannten Ausmaßen standen.

Von »den Fuckern (Fuggern) und dergleychen geselschafften« hänge es ab, daß »alle wellt ynn fahr und verlust mus handeln, Heur gewynnen, uber eyn jar verlieren, Aber sie ymer und ewiglich gewynnen und yhre verlust mit ersteygertem gewynn buessen konnen: ists nicht wunder, das sie bald aller welt gut zu sich reyssen«.

Die *Monopolgesellschaften*, so LUTHER über deren Verhältnis zum mittelständischen Kaufmann, »drucken und verderben alle geringe kauffleute, gleich wie der hecht die kleyne fisch ym wasser, gerade alls weren sie Herrn uber Gottes Creaturen und frey von allen gesetzen des glaubens und der liebe«. Die Folge sei: »Grosse diebe hengen die kleynen diebe.« Monopolgesellschaften können sich nach LUTHER nicht zum Guten verändern. Daher: »Soll recht und redlikeyt bleyben, so mussen die gesellschaften unter gehen.«

Die frühkapitalistische Wirtschaftsweise, zu deren Charakteristika die wachsende Technisierung und die zunehmende Trennung von Kapital und Arbeit gehörten, ermöglichte die über die Bedarfsdeckung hinausgehende Profitmaximierung, die dann die Reinvestition des Gewinns ermöglichte. Dieses Wirtschaftssystem erzeugte einen Wirtschaftsgeist, der mehr und mehr auf Erwerbsgewinn und Vermögensmehrung ausgerichtet ist. Vor allem aber erzeugte er Monopole.

LUTHERS ethische Argumentation geht von der Bergpredigt aus, die er in den drei Graden des Leidens, Gebens und Leihens zusammengefaßt sieht. Im Blick auf verantwortungslose Vertreter der Wirtschafts- und Finanzmächte erinnert der Reformator an die Leidensforderung der Bergpredigt: ». . . sage derselben Scharrhansen einem das wort Gottes, so wider yn ist« (WA 51, 406, 6.), nämlich das Wort des Gottes, der »eyn richter für die armen und durfftigen« (WA 6, 58, 32) ist, so wirst du leiden müssen.

LUTHER verurteilt das »ungerechte Wesen der ›monopolia‹«, weil »es seine Macht auf dem Markt geltend macht und ausnützt«. Er lehnt eine *Eigengesetzlichkeit der Ökonomie* ab. Er ist ein eindeutiger Vertreter des *Primats des Politischen*. Ökonomische Prinzipien des höchsten erzielbaren Preises und des höchsten erzielbaren Zinses stehen nach LUTHER eindeutig im Widerspruch zum Gebot der Nächstenliebe und dem naturrechtlichen Prinzip der Billigkeit oder der Wechselseitigkeit (Goldene Regel). Zugleich seien sie Raub und Diebstahl, also klare Verstöße gegen das siebte Gebot.

LUTHERS Ethik ist ohne seinen Sündenbegriff nicht zu verstehen. Habgier (*avaritia*) führe zu dem sündhaften Bestreben des Menschen, sich mittels des Geldes der Verfügungsgewalt seines Schöpfers zu entziehen. Statt diesem diene er dem Mammon. Von dieser »Ursünde« könne er nur durch Christus erlöst werden: ». . . groß Geld und Gut (kann) Hunger nicht stillen, noch ihm rathen, sondern verursacht mehr die Theurung. Denn wo reiche Leute sind, ist es allezeit theuer. Zu dem macht Geld niemand recht fröhlich, sondern macht einen viel mehr betrübt und voller Sorgen; denn es sind Dornen, so die Leute stechen, wie Christus den Reichthum nennet. Noch ist die Welt so thöricht, und will alle ihre Freude darinnen suchen.« (WA.TR 3, 192, 16–20 (3143c), 26. bis 31. Mai 1532) LUTHERS Kritik am Mammonismus ist auch eine Kritik am (»eigenständigen«) Geld. LUTHER bejaht zwar das Geld als Zirkulationsmittel, lehnt aber dessen Verselbständigung zum Kapital ab.

Ausgehend vom ersten Gebot, bestimmen die Antipoden ›Gott oder Mammon‹ LUTHERS wirtschaftsethisches Denken. Im Jahre 1539 bezeichnete LUTHER die Habgier sogar als »Hauptsünde«. »Geizwänste« würden die Menschen beherrschen wollen, ja sie forderten geradezu göttliche Verehrung und verstießen damit gegen das erste Gebot; »denn Gott ist dem wuch vnd geitz feinder, weder kein mensch denckt, Weil es nicht ein einfältiger mord oder raub, sondern ein vielfeltiger mord und raub ist« (WA 51, 422, 15 ff.). Mit anderen Worten: »Geizwänste«, das Synonym für diejenigen, die den Gott des Alten Testaments anbeten, praktizierten vielfältigen, unersättlichen Mord und Raub auf subtilste Weise, indem sie anderen Menschen ihre ökonomische Lebensgrundlage entziehen.

Die »teuflische Maximierung des Potentials der Mächte der Finsternis« führt LUTHER im Jahre 1539 dazu, die Anwendung der Kirchenzucht gegen Wucherer zu verlangen, womit er Habgier zum ethisch begründeten Bekenntnisfall (»casus confessionis stantis et cadentis ecclesiae«) erklärt. Josef STRAUSS ging sogar noch weiter als Martin LUTHER. In seinem im Jahre 1523 erschienenen Werk *Hauptstuck vnd Artickel christlicher leer wider den vnchristlichen wucher, darumb etlich pfaffen zu Eysenach so gar vnruewig vnd bemuehet seind* erklärt er den Gewinn aus Kapitalgeschäften zur »Todsünde«.

In der eschatologischen Denkweise LUTHERS bilden die Mächte des Frühkapitalismus einen Teil des »satanischen« Zerstörungspotentials. Nicht nur die *›avaritia‹* der Besitzenden, sondern auch eine negative Einstellung von Teilen der Bevölkerung zur Güter produzierenden Arbeit war jedoch in den Augen LUTHERS eine Armutsursache. Einerseits forderte er zur Reglementierung der *›avaritia‹* die Gründung »gemeiner Kästen«, das heißt kommunaler Sozialkassen, andererseits erinnerte er gegenüber der Unlust zu regulärer Tätigkeit an den paulinischen Grundsatz: »Wer nicht arbeitet, soll auch nicht essen.« (2. Thess. 3,10)

Allgemein zeugt LUTHERS Wirtschafts- und Sozialethik von einer tiefen Verbundenheit mit der Volksgemeinschaft. Zwar trat er für die Beibehaltung des Standessystems ein, forderte aber, mehr als zwei Jahrhunderte vor Adam WEISHAUPT, vom Adel, dem Klerus und den Fürsten, die Tyrannei zu beenden. Anders als Adam WEISHAUPT, rüttelt LUTHER jedoch noch nicht an der feudalen grundherrlichen Eigentumsordnung, die es einem großen Teil der Landbevölkerung unmöglich machte, Armut und Abhängigkeit zu überwinden.

LUTHER betont die Verantwortung der weltlichen Obrigkeit für die Güterordnung und sieht es als ihre Aufgabe an, das Ethos der »Goldenen Regel« zum Schutz der Schwachen durchzusetzen. Diese Verantwortung beschränkt sich nicht nur auf Marktregulierungen zur Sicherstellung der für die Versorgung lebenswichtigen Güter und zur Gewährleistung gerechter Preise und vertretbarer Zinssätze, sondern sie schließt, wie LUTHERS Beteiligung an der Antimonopolbewegung zeigt, auch gesetzliche Maßnahmen gegen große Handelshäuser ein, die der Reformator wegen der wirtschaftlichen und sozialen Folgen ihres ungehemmten Konkurrenzverhaltens und ihres ungezügelten Profitstrebens als Ausdruck sündiger Strukturen betrachtete. Seine Forderung an die Obrigkeit, Wucherzinsen, Monopole, spekulative Warengeschäfte usw. zu unterbinden, zeigen an, daß er diese Gebräuche als von der Politik unabhängige Eigengesetzlichkeiten (»sachliches Drittes«) bewertet, die auf die Volksgemeinschaft schädigend wirken.

Aus LUTHERS Theologie ergibt sich eindeutig, daß *marktbeherrschende Kartelle und Monopole mit seiner Ethik genauso unvereinbar sind wie viele Erscheinungen der heutigen Finanzspekulation wie Devisenspekulation oder Warentermingeschäfte.* LUTHERS Kampf gegen die Monopole vollzog sich in einer der heutigen Übergangssituation vergleichbaren geschichtlichen Phase, in der staatliche Gesetze ihre Wirkung verlieren.

LUTHER würde heute ohne jeden Zweifel die USA, die turbokapitalistische Speerspitze der supranationalen Monopole und des transnationalen Spekulantentums, das Paradies des ungehemmten Mammons, als zutiefst ›satanisch‹ bewerten. Diese Einschätzung deckt sich im übrigen völlig mit der eines Osama BIN LADEN. Auch rechtfertigt LUTHER wie dieser die Anwendung von Gewalt gegen die Kräfte des Satans (ein weiterer Literaturverweis verbietet sich hier aus Gründen der deutschen Zensur), niemals aber, wie in New York geschehen, gegen unschuldige Dritte.

Andererseits benutzte US-Präsident George W. BUSH, Öl-›Kapitalist‹ und Repräsentant dieses im lutherischen Sinne ›satanischen‹ Systems, nach dem 11. September 2001 ständig das Wort ›*evil*‹ (teuflisch, satanisch), wenn es beispielsweise um Osama BIN LADEN (»*the evil one*«) oder um Saddam HUSSEIN (»*evil man who must be watched*«) ging, und machte sich dadurch in religionsphilosophischer Hinsicht gleichzeitig der Häresie schuldig; denn die Anerkennung eines im Verhältnis zum ›Guten‹ (gleichstarken) ›Bösen‹ beinhaltet notwendig das Eingeständnis, daß der eigene Gott entweder nicht allmächtig oder nicht gut sein kann, weil er die Existenz eines gleichstarken bösen Widersachers erlaubt. ›Gut‹ und ›Böse‹ ist freilich vor allem eine Sache der Sichtweise. Das Böse läßt allemal zu, daß die Reaktion darauf ebenfalls böse oder gar böser ist.

Fazit: Die alttestamentarische Ideologie billigt den Vorrang des Ökonomischen, das Neue Testament verurteilt diese Vorrangstellung. Die neutestamentarische Religion verherrlicht die Armut, die alttestamentarische preist den Reichtum.

Die neutestamentarische Religion ist weltflüchtig und -verachtend, die alttestamentarische Religion weltbejahend. Mit anderen Worten: Die neutestamentarische Religion ist jenseitsbezogen, die alttestamentarische diesseitsbezogen. Für diese Welt macht daher die alttestamentarische Religion den Menschen wettbewerbsfähiger als die christlich-neutestamentarische. *Also:* Der Christ hatte hinsichtlich der supranationalen Revolution von vornherein einen sich selbst auferlegten, ideologischen Wettbewerbsnachteil. Die alttestamentarische Religion duldet nicht nur die Jagd nach dem ›Mammon‹, sie begünstigt sie sogar, während beides neutestamentarisch nicht nur verpönt, sondern mit Makel oder Sünde behaftet ist. Verschiedene Kulturwelten stoßen aufeinander.

Kapitalismus und alttestamentarische Ideologie gehen dagegen Hand in Hand. Die ›USA Inc.‹, der kapitalistischste Staat dieser Welt, ist praktisch nicht eine christliche, sondern eine nach alttestamentarischen Regeln bestehende (offene) ›Wolfsgesellschaft‹. Tatsächlich läßt sich, wenn man sich ihre alttestamentarisch-kapitalistische Komponente vor Augen hält, kaum ein Staat denken, der trotz kollektiver christlicher Heuchelei *weniger* christlich ist als die ›USA Inc.‹ unter der Führung des Ostküsten-Establishments, während andererseits hinsichtlich der puritanischen Komponente das Alte und Neue Testament ohnehin keine wesentlichen Unterschiede aufweisen. Da den Christen die Einhaltung dieser Komponente immer schon wichtiger war als das Armutsgebot, wurden sie damit allmählich zum alttestamentarischen Glauben umerzogen und mit ihnen wir alle im ›Goldenen‹ Westen. Die Normativität des Faktischen war wieder einmal wirkungsvoller als jede Norm.

Die an uns vollzogene Metamorphose war die Umerziehung vom neutestamentarischen zum alttestamentarischen Glauben, dem ideologischen Unterbau der supranationalen Zerstörung.

Kaum der Erwähnung bedarf es schließlich, daß die vorchristlich-germanische Tradition noch weniger den Vorrang des Ökonomischen kannte. Der absolute Vorrang unserer vorchristlichen Vorfahren galt der Gemeinschaft. Das Leben in der antiken nordisch-germanischen Gemeinschaft beruhte auf den drei Grundsätzen Persönlichkeit, Freiheit und Treue. Ein untergeordnetes Gemeinschaftsempfinden (»Der Herr ist mein – zu fürchtender – Hirte, ich bin sein Schaf«) war der germanischen Gemeinschaft, die in friedlicher Koexistenz mit ihren Naturgöttern Donar/Thor, Wotan/Odin und Tyr/Tiuz usw. lebte, völlig fremd. Die Freiheit des Individuums war aber nicht, wie in der ›Wolfsgesellschaft‹, auf das ›Ich‹ bezogen, sondern dieses ›Ich‹ anerkannte ein *›höheres Wir‹*, nämlich die *Volksgemeinschaft. Convivo ergo sum.* Ich lebe mit meinesgleichen, also bin ich. Habgier (*›avaritia‹*) dagegen, jenes alttestamentarische Moment, war unseren Vorfahren fremd.

Die totale Verwandlung des Deutschen vom neutestamentarischen zum alttestamentarischen Menschen hat ihn seiner natürlichen Wurzeln beraubt. Der Zionismus hat dagegen mit dem ›Mamlachtiut‹ eine Alternative entwickelt, die mit dem hier noch zu erörternden Ansatz eines nationalen und sozialen Kapitalismus eine gewisse konzeptionelle Verwandtschaft aufweist. ›Mamlachtiut‹ ist das System der israelischen Mischwirtschaft. Dabei befinden sich etwa zwei Fünftel des Industriekomplexes im Eigentum des Staates oder des nationalen Arbeitskollektivs ›Histadrut‹. Statt durch Unternehmer, die sich den völkerfeindlichen supranationalen Zielen verschreiben, wird dieser Teil des Industriekomplexes von einer überwölbenden Bürokratie geführt, die ihre Industriepolitik nach den Bedürfnissen des Volkes und der Gemeinschaft auszurichten hat – eine geradezu preußische Alternative. . .

F. Supranationaler Monopolkapitalismus

Fast vier Fünftel aller meßbaren ökonomischen Aktivität der Welt wird durch ungefähr zwei Dutzend ihrer reichsten Länder erzeugt. Bis auf wenige Ausnahmen kommen alle der zweihundert größten transnationalen Unternehmen aus diesen Ländern. Fast der gesamte Welthandel findet zwischen ihnen statt.

Die Zahl aller supra- oder transnationalen Unternehmen einschließlich Tochtergesellschaften und Zweigstellen wurde im Jahr 1990 auf etwa 100 000 geschätzt. Mindestens 65 Millionen Menschen wurden direkt von diesen Unternehmen beschäftigt, 43 Millionen in den jeweiligen Heimatländern und 22 Millionen in ›Gastländern‹. Diese 65 Millionen Menschen machten nur etwa 3 % des rund 2 Milliarden umfassenden globalen Arbeiterheeres aus. Gleichzeitig aber kontrollierten jene transnationalen Unternehmen etwa 70 % des Welthandels. Die 350 größten transnationalen Unternehmen wikkeln etwa 40 % des gesamten Weltwarenhandels ab. Die ersten 500 transnationalen Unternehmen kontrollieren etwa zwei Drittel des Welthandels. Über 40 % des internationalen Handels werden innerhalb transnationaler Unternehmen abgewickelt. Gerade dieser *interne Handel zwischen den transnationalen Unternehmen* aber ist es vor allem, der das freie Marktwirtschaftssystem *bedroht*.

Innerhalb bestimmter Handelsbereiche sind die Konzentrationen entsprechend. Oft verbergen sich hinter verschiedenen Etiketten dieselben Produzenten. Und dieser Trend verstärkt sich mit jedem Jahr. Bereits im Jahre 1996 hielt beispielsweise die US-Gesellschaft ›Sara Lee‹ einen 74%igen Marktanteil am niederländischen Kaffeemarkt, 27 % des dänischen, 21 % des spanischen und 15 % des französischen. Die fünf größten Getreidehändler der Welt beherrschten bereits etwa 77 % des Weltgetreidemarktes, die drei größten Unternehmen, die mit Bananen handeln, beherrschten rund 80 % des Weltbananenhandels, die drei größten Teehandelsunternehmen beherrschten etwa 85 % des Teehandels, und die vier größten Tabakunternehmen teilten sich etwa 87 % des Welttabakhandels. Schon im Jahre 1989 kontrollierten etwa zwanzig Unternehmen der Landwirtschaftschemie etwa 94 % des Welthandels. Die ersten vierzehn Kfz-Hersteller produzierten etwa vier Fünftel der in der Welt verkauften Autos, die ersten zehn transnationalen Unternehmen der Halbleiterindustrie hatten 66 % des weltweiten Halbleitermarktes inne, und die ersten neun transnationalen Telekommunikationsunternehmen kontrollierten 89 % ihres Marktes.

Diese Zahlen könnten für andere Marktbranchen beliebig fortgeschrieben werden; der weltweite Konzentrationsprozeß nimmt rapide zu, und zwar

- *ökonomisch* auf Kosten eines funktionierenden Marktes und der Produktvielfalt,
- *politisch* auf Kosten der Demokratie und nationaler Souveränität,
- *ökologisch* auf Kosten unserer weltweiten Biosphäre und
- *zivilisatorisch* auf Kosten einer über Jahrtausende hinweg entwickelten Kulturvielfalt.

Das ›globale Zeitalter‹, von dem Auguren der supranationalen Hochfinanz, des transnationalen Monopolkapitals und ihre nationalen politischen Steigbügelhalter unentwegt menetekeln, wird in der Tat ein Zeitalter des maßlosen, alle Grenzen überschreitenden, Nationen, Völker, Kulturen, ganze Zivilisationen vernichtenden Monopolkapitals sein. Es ist die ultimative Verheißung des Gottes ›Mammon‹.

Supranationalismus wird ohne den Einsatz militärischer Mittel mehr zerstören, als HITLER, STALIN, CHURCHILL und ROOSEVELT es zusammen vermocht hätten. Er wird die Menschen entwurzeln, atomisieren und den mächtigsten überstaatlichen monopolkapitalistischen Kräften aussetzen.

Supranationalismus und (offene) Wolfsgesellschaft ergänzen sich. Befürworter des »globalen Dorfes« (CLINTON) sind zugleich Verfechter der »offenen Gesellschaft« (Karl POPPER, *Die offene Gesellschaft und ihre Feinde*) und umgekehrt.

Hinter der sogenannten ›Globalisierung‹ verbirgt sich tatsächlich die Etablierung eines transnationalen Machtsystems des monopolkapitalistischen und finanzindustriellen Komplexes, der sich im feindlichen Gegensatz zur traditionellen nationalen Bourgeoisie (Mittelstand) befindet. Er wird geführt von skrupellosen, national bindungslosen Krypto-Illuminaten, die Werte wie ›nationale Solidarität‹ und ›Gemeinwohl‹ nicht nur wirtschaftlich bekämpfen, sondern durch ihre supranationale Medienmacht und korrupte willfährige Satrapen auch politisch verächtlich machen.

Supranationalismus ist der gefährlichste Aspekt des Vorrangs des Ökonomischen. Er ist der Kern der ›Schönen Neuen Welt‹, von der die Krypto-Illuminaten ständig faseln.

Der Zerfall der ›alten‹ Weltordnung wird nicht nur durch die Korrumpierung nationaler Parlamente erkauft, er wird vor allem auch herbeigeredet. *The End of the Nation State* heißt ein Titel des japanischen, trilateralistisch indoktrinierten Ökonomen Kenichi OHMAE, eines früheren führenden Mitarbeiters des US-Ablegers ›McKinsey & Company‹, Japan, der mit buchhalterischer Euphorie die ›Schöne Neue Welt‹ des freien supranationalen Marktes beschreibt, in dem supranationale Hasardeure bereits *zerstörerisch* gewirkt haben, um dann das kommende Ende der Nationalstaaten zu prophezeien. Es wird das durch mächtigste Kapitalinteressen herbeigeführte Ende sein. Der Wille der Völker zur Erhaltung ihrer Gemeinschaften und Zivilisationen wird eher als lästig und hinderlich empfunden. In der Welt des bedauernswerten, seiner japanischen Gemeinschaft entfremdeten Subjekts Kenichi OHMAE gibt es keine Menschen mehr, sondern nur noch Konsumenten, deren Bedürfnisse stetig nach unten nivelliert werden. Nicht die Ware wird mehr den Bedürfnissen der Menschen angepaßt, sondern deren Bedürfnisse den Waren. Völker haben nicht mehr das Recht, ihre eigenen Volkswirtschaften im nationalen Interesse zu führen. Nationale Regierungen haben ihre Politik zunächst noch auf transnationale Monopolkapitalinteressen einzustellen, um sich dann später überflüssig zu machen und ihre Macht auf dem Weg zur Weltregierung mehr und mehr demokratisch nichtlegitimierten Finanzoligarchien zu übertragen. Zwischenstadien in diesem Geschehensablauf sind transnationale Wirtschaftszusammenschlüsse wie EU und NAFTA, durch die nationale Regierungen Souveränitätsrechte des eigenen Volkes fremden Mega-Institutionen ausliefern.

Der frühere japanische Premierminister Ryutaro HASHIMOTO, einer vom Schlage Kenichi OHMAES, wird auf Grund seiner Ende Januar 1996 abgegebenen Verpflichtung zur »gründlichen Deregulierung« als einer der größten Zerstörer der japanischen Zivilisation und Kultur in die Geschichte seines großen Kulturvolkes eingehen; denn protektionistische Regelungen waren noch ein letztes Bollwerk gegen die totale Infiltration Japans mit dem zerstörerischen Eine-Welt-Virus der krypto-illuminatischen Invasoren. Wie in Deutschland sind inzwischen fast alle Dämme gebrochen. Die erste Priorität der Regierung sei es, so ließ sich HASHIMOTO vernehmen, eine gebeutelte Wirtschaft wieder aufzurichten. Da ist er also, der zerstörerische Primat des Ökonomischen in seiner absoluten Form. Statt nach phänomenalem wirtschaftlichen Aufstieg, der auf der Versöhnung von Kapital und Gemeinschaft beruhte, eine zwangsläufig eintretende Konsolidierungsphase als Chance für eine Neubesinnung auf die eigene Zivilisation zu benutzen, sollen alle diese die Zivilisation noch schützenden, schon sehr brüchig gewordenen Mauern niedergerissen werden. »Ich möchte nochmals versichern, daß die Japan-USA-Beziehung das wichtigste bilaterale Verhältnis ist, nicht nur für Japan, sondern *für die gesamte Welt*«, so HASHIMOTO. Die Sprache ist so verräterisch, daß auch die japanische Öffentlichkeit hätte erkennen können, in welches Lager HASHIMOTO wirklich gehörte. Die ›Trilaterale Kommission‹ ROCKEFELLERS sieht bekanntlich einen Machtblock zwischen den drei Eckpfeilern vor: USA, EU und Japan.

The Economist, das Zentralorgan der ROTHSCHILDS, hat eine von vielen Methoden anklingen lassen, wie die supranationale Ausbeutung der Völker später geschehen soll. Ziel sei es, daß supranationales Monopolkapital nicht mehr selbst produziere, sondern nur noch Produktionsrechte und Lizenzen vergebe. Mit anderen Worten: Diejenigen, die monopolistische Kontrollrechte für patentierte Technologien innehaben, werden nur noch die Profite kassieren, ohne selbst Werte schaffende Arbeit zu leisten. Die Spekulation funktioniert nach denselben Gesetzen: Parasitentum, das von fremder Leute Arbeit und Wertschöpfung lebt und zugleich ganze Völker versklavt. Den Seinen gibt's der Herr im Schlaf.

Im supranationalen Horrorzeitalter Kenichi OHMAES hat die Nation zunehmend nur noch eine nostalgische Funktion. Das multimediale, vernetzte Weltdorf führt dazu, daß Jugendliche verschiedener Nationen schon heute mehr unter sich gemeinsam haben als mit den älteren Generationen ihres eigenen Kulturkreises. Es hat eine »Californization« (Kenichi OHMAE) von Geschmack und intellektueller Formierung stattgefunden. Political Correctness (PC), die Programmierung der Gehirne, die zerstörerische Gleichschaltung der Denkstrukturen ist dank TV-»Hollywoodization« (Dan RATHER, CBS) längst graue Alltagsrealität. George ORWELLS apokalyptische Vision (*1984*) wird Wirklichkeit, nicht etwa durch Kommunismus oder Nationalsozialismus, sondern durch eine Handvoll von Medienmonopolen, die den Informationsmarkt des 21. Jahrhunderts unter sich aufteilen werden. Die Welt der Zukunft wird eine Welt von medial vernetzten Nintendo-Freaks sein, leicht manipulierbare, gleichgeschaltete Puppen. Wie sagte doch Herbert A. ALLEN, der amerikanische Finanzier verschiedener Medienfusionen, in einem *Spiegel*-Interview (39/1995) über dieses neue Zeitalter: »Wir schauen das Gleiche an, kleiden uns ähnlich, reden dieselben Phrasen und langweilen uns gegenseitig zu Tode«. Die Welt werde eine einzige Kultur werden. »Wir werden alle zu Vanilleeis«. Fürwahr, erstaunlich offene Worte aus dem Munde eines Vollblutkapitalisten.

Eine neue Art ›Melting pot‹ (›Schmelztiegel‹) wird entstehen, der ›Meltingpot‹ der eingeschmolzenen Gehirne, Kulturen und Traditionen. Der moderne Kapitalismus, so schon Josef SCHUMPETER, ist ein Prozeß der »kreativen *Zerstörung*«. Zerstörung ja, kreativ wohl kaum! In diesem Prozeß, so Francis FUKUYAMA, werden ältere Formen der sozialen Solidarität rücksichtslos zermalmt. Was real existierender Kommunismus nicht vermochte, wird der Kapitalismus des ›freien‹, von jedweder Gemeinschaft abgekoppelten unregulierten Weltmarktes *zerstören.* »Langfristig gibt es auf dem Weltmarkt keine Sieger«, so der bekehrte John GRAY (*Die falsche Verheißung*), einstiger Berater der britischen Premierministerin Margret THATCHER.

Die Krypto-Illuminaten werden endlich ihre neofeudalistische Weltordnung erreicht haben, so wie sie der Krypto-Illuminat Colonel Edward M. HOUSE bereits 1917 forderte. Nationale Armeen werden mehr und mehr durch die UNO-Streitmacht oder durch die NATO unter Führung der ›USA Inc.‹ ersetzt werden. Die verbliebenen Wirtschaftsblöcke, die häufig ohne Zustimmung der Völker diesen aufgezwungen wurden, werden schließlich in einer Eine-Welt-Wirtschaft zusammengeführt werden, die ihrerseits von einer Finanzoligarchie gelenkt werden wird, dem kommunistischen Zentralkomitee nicht unähnlich.

Die unheilvollen Satrapen dieser neuen monokapitalistisch-kommunistischen Welt haben bereits alle Fundamente geschaffen, von monströsen regionalen Wirtschaftsblöcken (EU, NAFTA usw.) über UNO, NATO, WHO, IWF und Weltbank bis hin zu riesigen supranational handelnden Monopolunternehmen, die längst die Politik der willfährigen Marionettenregierungen des Westens bestimmen. Ökonomischer Supranationalismus ist nichtstaatlicher Neokolonialismus der europäischen Hochmonarchien, der supranationalen Hochfinanz und des transnationalen Monopolkapitals, und zwar insbesondere auf Kosten der armen Völker (Beispiel: Export hochgiftigen Abfalls). In La Realidad, einem indianischen Dorf im südlichsten und ärmsten Staat Mexikos, attackierte Subcomandante MARCOS, der militärische Führer des armen Chiapas, den freien Markt des Westens wie folgt: »Globale Märkte erlauben wenigen Mächtigen auf Kosten vieler Ohnmächtiger zu profitieren.« Ein vehementer Verfechter des ökonomischen Globalismus ist *The Economist*. Bezeichnenderweise wurde durch dieses Organ in einem kaum zu überbietenden Zynismus argumentiert, daß diejenigen, die solche giftigen Abfallexporte in Dritte-Welt-Staaten kritisieren, diese Staaten wirtschaftlicher Chancen berauben würden. Welche Chancen haben denn die Armen eines armen Volkes, deren ökologische, häufig bereits klimatisch benachteiligte Umwelt auch noch verseucht wird? Doch wohl nur die letzte Chance, ihre eigene nackte Existenz in die ›reiche‹ Welt zu exportieren, wo sie durch eben diese Existenz auf Grund ihrer unvereinbaren kulturellen Andersartigkeit an der allmählichen *Zerstörung* fremder Gemeinschaften durch Beanspruchung und unbedachte Gewährung von Sonderrechten mitwirken und dadurch den globalen Drahtziehern und Nivellierern das Bett bereiten; denn nur homogene nationale Gemeinschaften sind imstande, diese abzuwehren.

Die Völker dieser Welt verlieren die Kontrolle über ihr Schicksal. Menschen und Gemeinschaften werden zu machtlosen Marionetten der Krypto-Illuminaten. Das entmachtete Volk aber kann noch etwas tun, wenn es sich sowohl auf seine Nation, den Hort seiner Würde, Selbstbestimmung und Freiheit, als auch auf seine Volksgemeinschaft, den Hort wahrer Demokratie, zurückbesinnt. Der erste Schritt dazu ist freilich zu erkennen, wie machtlos man inzwischen geworden ist.

Die Dimensionen unserer Machtlosigkeit erhellen folgende Fakten:

- Von den hundert größten Wirtschaftseinheiten der Welt sind bereits eine Mehrheit (51 zu 49) nicht mehr Länder, sondern supranationale Monopolunternehmen und Banken. Die Einnahmen der 200 größten Unternehmen betragen mehr als ein Viertel der weltweiten Wirtschaftsaktivität. Dennoch hält George SOROS, der Mega-Spekulant und Anhänger der ›Offenen Gesellschaft‹, dieses Verhältnis für vertretbar: »Der Glaube, die multinationalen Konzerne seien stärker als die Staaten, ist ein Irrglaube. Staaten üben Macht aus, Regierungen erlassen Gesetze, machen Auflagen und garantieren Rechte.«

- Während der letzten Generation haben sich die Umsätze der 500 größten supranationalen Gesellschaften verfünffacht, während die weltweite Beschäftigungsquote dieser transnationalen Gesellschaften seit den siebziger Jahren faktisch gleich geblieben ist und gleichzeitig der menschliche Faktor Arbeit je Produkteinheit dramatisch abgenommen hat. Hinter dem schillernden Begriff ›Produktivität‹, dies hat sich inzwischen herumgesprochen, verbirgt sich in der von transnationalen Gesellschaften beherrschten Welt nackte Arbeitslosigkeit.
- Das fundamentale Element des Supranationalismus, nämlich die Bildung von immer größeren Monopolen durch sogenannte ›*Mergers & Aquisitions*‹, hat in den letzten zwanzig Jahren explosionsartig zugenommen. Die Fusionswelle der letzten Jahre hat viele einst selbständige Firmen zu Filialisten und damit die Angestellten zu Befehlsempfängern gemacht. Mannesmann wurde vom britischen Telekommunikationsriesen Vodafone im Wege einer feindlichen Übernahme zerstört – und die ›deutschen‹ Politiker schauten zu. Bis zur Zerstörung galt der Aufstieg von Mannesmann vom Röhrenhersteller zum Handykonzern als Beleg für den gelungenen Strukturwandel im Ruhrgebiet. Seit der feindlichen Übernahme aber, so *Der Spiegel,* »ist der Arbeitsalltag im einstigen Mannesmann-Tower eine gelebte Kapitulationserklärung«. Es ist immer wieder dasselbe: Zuerst verschwinden die Namen, die an gestriges Schaffen erinnern. Aus ›Hoechst‹ wurde ›Aventis‹, aus ›Minol‹ wurde ›Elf Aquitaine‹, aus ›Elf Aquitaine‹ wurde ›Total-Fina-Elf‹ (vgl. **Anhang VI**.). Und andere verschwanden vollständig wie zum Beispiel ›Fokker‹, ›Zündapp‹ oder der Bremer ›Vulkan‹. Mit ihnen verschwinden in aller Regel auch die Arbeitsplätze. Das deutsche Kabel-TV-Netz, zentrales Medium zur Belieferung von Millionen Haushalten, fiel in amerikanische Hände. Die Angestellten der ›Dresdner Bank‹ wurden im Jahre 2000 dreimal hin- und hergeschoben – zur ›Deutschen Bank‹, zur ›Commerzbank‹, um schließlich bei der ›Allianz‹-Versicherung zu landen. Der Schwachsinn hat Methode. »Unaufhörlich«, warnt der Politologe John CAVANAGH, »zerbröseln die traditionellen Sozialkontrakte zwischen Regierung, Unternehmen und Arbeitnehmern.«
- Das rasante Wachstum supranationaler Investments führt mehr und mehr zu einer *Auslöschung des traditionellen, national eingebetteten Handels.* An seine Stelle tritt der Handel innerhalb mul-

tinationaler Monopole, der Ex- und Import zwischen eigenen, im Ausland ansässigen Filialen (zum Beispiel ›BMW‹ in South Carolina, ›Mercedes-Benz‹ in Alabama). Konsequenterweise ließ SCHREMPP bereits, als er noch Vorstandsvorsitzender von Mercedes-Benz war, verlauten, sein Unternehmen sei eigentlich kein deutsches Unternehmen mehr. Das ›deutsche‹ Kartellamt in Berlin ist längst zur ›nationalen‹ Lachnummer geworden, ein kostspieliges Feigenblatt allemal. Hinzu kommt: Die politischen Falschspieler in Berlin, samt und sonders im Schlepptau der transnationalen, völkerfeindlichen Krypto-Illuminaten, nehmen den intergesellschaftlichen ›Handel‹ in die nationale Handelsbilanz auf, obwohl er gerade das Gegenteil ist, nämlich die Loslösung von der nationalen Basis unternehmerischen Handels.

- *Supranationaler Handel mit Aktien, Anleihen, Obligationen, Währungen und teilweise obskursten, wettähnlichen Finanzierungsinstrumenten* hat in den letzten Jahrzehnten explosionsartig zugenommen. Supranationale Bankkredite haben sich zwischen 1980 und 1991 mehr als vervierfacht und erreichten bereits zu jenem Zeitpunkt ein Volumen 3,6 Billionen US-Dollar. Supranationale Anleihenfinanzierung stieg in vergleichbarer Weise. Grenzüberschreitender Aktienerwerb im trilateralen Dreieck Europa, Japan und USA verdoppelte sich Ende der Achtziger in nur wenigen Jahren. Das tägliche Geldhandelsvolumen betrug im Jahre 1989 noch durchschnittlich 640 Milliarden US-Dollar, in den frühen neunziger Jahren bereits 1,2 Billionen US-Dollar. Da mit dem An- oder Verkauf von Währungen überwiegend Wertpapierumsätze finanziert werden, veranschaulicht die weiterhin rasant steigende Zunahme der Geldhandelsgeschäfte die heute überragende Bedeutung grenzenloser Finanzierung. Das supranationale Volumen öffentlich gehandelter Werte wird je 24 Stunden einmal umgesetzt. Trotz des explodierenden Volumens grenzüberschreitenden Handels mit Finanzprodukten sind daran nur sehr wenige ›Global Players‹ beteiligt: die weltweit 50 größten Banken und einige Brokerhäuser. In dem Maße, wie das Handelsvolumen anstieg, wurden die globalen Finanzmärkte immer mächtiger und nationale Regierungen immer machtloser beziehungsweise ohnmächtiger. Regierungssysteme, die einmal angetreten waren, Demokratie zu verwirklichen, hängen heute am Tropf supranationaler Banker, die die über Jahrhunderte entstandenen nationalen Kulturen und Zivilisationen in wenigen Jahrzehnten einstampfen werden. Die supranationale Revolution hat uns mit dem freien Kapitalverkehr dem supranationalen Crash der Börsen bedrohlich nahe gebracht. Auf Grund der Revolution der Kommunikationstechnologie läßt die heutige Geschwindigkeit der Kapitalverkehrsbewegungen keine Vorwarnzeiten mehr zu. Um es überspitzt zu sagen: *Der nächste Crash wird bereits Geschichte sein, bevor ein Geldhändler seinen Toilettengang beendet hat.* Durchschnittlich werden heute täglich über zwei Billionen Dollar per Knopfdruck fast zeitgleich verschickt. Die Händler kaufen und verkaufen am elektronischen Bildschirm. Sie verhandeln mit Leuten, die sie nie gesehen haben, über Telefone in Räumen, die häufig eher Bunkern gleichen. Computer und elektronische Kommunikationsnetzwerke haben die Märkte für alle möglichen hochspekulativen Geldmarktprodukte geöffnet und gleichzeitig die Transferkosten drastisch verringert. *Die Banken sind zu Spielbanken geworden.* Weitgehend ungeregelt können nach wie vor Hedge-Fonds-Verwalter ihrem zwielichtigen Geschäft nachgehen – dabei geht es um jene Anlagepools, die notfalls auch Kreditmittel in hoch spekulative Investments, darunter so genannte Derivate, stecken. Selbst deutsche Großbanken umgarnen inzwischen Kleinanleger mit der Idee, auch im Börsenabschwung viel Geld zu verdienen – wenn alles gut geht. Häufig unterliegen diese Fonds keiner staatlichen Aufsicht, oftmals haben die Gesellschaften ihren Sitz in entlegenen Steueroasen. Dabei bestreiten nicht einmal mehr Berufsspekulanten wie George SOROS, daß das supranationale Casino mehr Kontrolle benötigt. »Die Finanzmärkte bergen die Gefahr selbstzerstörerischer Entwicklungen«, sagt er. SOROS beharrt indessen darauf, daß die verpopperisierte Welt dem von seinesgleichen angefachten Flächenbrand nicht schicksalhaft ausgeliefert sei. Die Weltfinanzmärkte haben sich indessen auf dramatische Weise von der Welt der Menschen und von deren Realwirtschaften entfernt. Während sich die Weltwirtschaftsleistung seit dem Jahre 1980 um rund 80 Prozent steigerte, waren die Börsen in Hoch-Zeiten um 1000 Prozent gestiegen – ein Casinozauber, dem Millionen intellektuell und emotional überforderter Kleinanleger zum Opfer fielen.

- Noch nie waren weltweit so viele Menschen ohne festen Arbeitsplatz. Rund eine Milliarde, also mehr als die Bevölkerung der Europäischen Union, der USA, Japans und Rußlands zusammen, sind arbeitslos oder unzureichend beschäftigt, davon allein 34 Millionen in den OECD-Staaten.

Die nationalen *Gewerkschaften* sind die großen Verlierer dieses supranationalen Monopolisierungsprozesses. Löhne werden weltweit fallen, ›Freisetzungen‹ werden an der Tagesordnung sein, sobald erst einmal der supranationale Markt unter dem Druck ständig steigender Anbieter Sättigungswerte erreichen wird. In der Übergangszeit wird das latente Beschäftigungsproblem mit dubioser Nachfragebeschaffung und Arbeitszeitverkürzungen kaschiert, um den zukünftigen ›Meltdown‹ in ein noch unkritischeres Zeitalter zu verlagern. Die Arbeitszeitverkürzungen gehen freilich einher mit der zunehmenden Verdichtung der Arbeitsinhalte. Im Jahre 2000 benötigten die VW-Arbeiter etwa 30 Prozent weniger Zeit, um ein Auto herzustellen, als im Jahre 1990. »Viele«, so *Der Spiegel* (30/2001; »Wem gehört die Welt?«), »fühlen sich im Preßwerk einer Profitschmiede, scheinbar hilflos ausgeliefert den Effizienzsteigerungsprogrammen und Sparrunden, mit deren Hilfe die Unternehmen jene Rendite-Versprechen umsetzen, die den Aktionären gemacht wurden.«

Gewerkschaftsführer, die noch nach der marxistischen Ideologie ›internationalistisch‹ indoktriniert wurden, sind intellektuell hoffnungslos überfordert. Sie finden sich heute auf der Seite des die Völker und Gemeinschaften entrechtenden, supranationalen Monopolkapitals wieder, unfähig zu erkennen, daß der Wind heute längst aus einer anderen Richtung bläst und daß nur die Nation ein letztes Bollwerk gegen die totale Entrechtung ihrer Klientel und gegen einen gigantischen antisozialen Zeitsprung rückwärts ist. Die Gewerkschaften haben auf diese Weise Arbeiter und Angestellte ans Messer der Krypto-Illuminaten geliefert, immer noch um Nullrunden mit inzwischen supranational eingebundenen Gegenspielern im Hinterzimmer feilschend, während um sie herum das nationale Gebäude von willfährigen politischen Marionetten der krypto-illuminatischen Drahtzieher abgerissen und der EU, dem Lieblingsspielzeug der Eine-Welt-Hasardeure, einverleibt wird.

Profit- und Habgier sucht sich stets den Standort des geringsten Widerstandes. Kommerz kennt weder Kultur noch Zivilisation, weder Solidarität noch Gemeinschaft. Die eigentlichen vaterlandslosen Gesellen der Neuzeit sind skrupellose, zynische Krieger des transnationalen Monopolkapitals. Rücksichtslos exportieren sie Arbeitsplätze jenseits unserer noch existierenden Grenzen – unter Duldung ideologisch blockierter Gewerkschaften. Produktionen werden in neue Standorte verlagert, in unterentwickelte Länder, wo die Produktion einfacher und billiger ist, wo es keine oder kaum Umweltgesetze gibt und keine oder weniger soziale Verpflichtungen, einschließlich Steuern und Löhne. Bevor sie Produktionsstätten exportieren, versuchen sie regelmäßig noch eine ›Gesellschaft‹ mit deren Verlagerung zu erpressen, falls sie nicht neue, weniger soziale Gesetze verabschiedet und dem freiem Waren- und Kapitalfluß zustimmt. Die in der Regel erfolgreiche Erpressung geht schließlich bis zur totalen Selbstliquidation einer Zivilisations*gemeinschaft* und Nation, wie die gegen den Volkswillen und auf Druck des transnationalen Monopolkapitals erzwungene EU-Einschmelzung Deutschlands zeigt. Man bezeichnet diesen zerstörerischen, gemeinschaftsfeindlichen Prozeß als ›dynamischen Kapitalismus‹. Diese Art dynamischer Kapitalismus aber ist sozialer Darwinismus. Das Neue frißt das Alte – rücksichtslos. Gemeinschaften werden entsolidarisiert, Zivilisationen und Kulturen zerstört. Es findet ein supranationaler nivellierender Kahlschlag statt. *Supranationaler Monopolkapitalismus und Kommunismus reichen sich, dem internationalistischen Kahlschlagprinzip gleichermaßen verpflichtet, die Hände.*

Der supranationale, nationale Hoheitsrechte ignorierende Kapitalmarkt eignet sich vorzüglich, schmutziges Geld zu verstecken. ›Offshore‹-Bankplätze wie Luxemburg ziehen schmutziges Geld an wie Motten das Licht. Um die stetige Kapitalflucht zu bremsen, ergreifen die ›nationalen‹ Regierungen nicht etwa protektionistische Maßnahmen zum Schutz ihrer Völker, sondern deregulieren auf Teufel komm' raus und folgen so dem schmutzigen Trend. Und der Teufel kommt heraus! Die Bande sozialer Übereinstimmung werden zerrissen, Menschen werden den zerstörerischen Kräften des supranationalen freien Marktes fast schutzlos ausgeliefert. Rette sich, wer kann! Viele versuchen es durch eilfertige Anpassung: Opportunismus und Konformismus als Fahrkarte aus der drohenden neofeudalistischen Versklavung des Menschen; Korruption als Lebensprinzip und als Konvergenzform sich ständig nach unten anpassender Kulturen.

Supranationaler Kapitalismus ist nicht nur ein Demokratieproblem, indem er nationale Regierungen zunehmend entmachtet, sondern er verändert auch das Gleichgewicht zwischen Freiheit und Gleichheit. Wenn man die ohnehin Starken immer freier macht, was geschieht dann wohl mit der Freiheit der ohnehin Schwachen, die die große Mehrheit eines Volkes bilden? Was geschieht dann wohl mit der Freiheit des Mittelstandes, mit der Masse der Arbeiter, der Bauern und der Angestellten? Die immer größere Freiheit der wenigen Superreichen und Allmächtigen wird zur Unfreiheit der großen Mehrheit der Schwachen.

Die völlig abgehalfterten, volksfernen Altparteien CDU/CSU, SPD, FDP und ›Die Grünen‹ haben seit Jahren in Deutschland den Ausverkauf der Demokratie und der Freiheit der großen Mehrheit des deutschen Volkes betrieben. Sie unterlagen den Einflüsterungen des supranationalen Monopolkapitals, daß Deutschland an der Spitze derer stehen müsse, die sich dem freien, supranationalen, alles zerstörenden Markt öffnen. Je früher man sich in das ›Unvermeidbare‹ füge, desto weniger Schaden werde die deutsche Volkswirtschaft nehmen. Der Primat des Ökonomischen ließ für politische Erwägungen keinen Raum mehr. Selbst wenn man vorübergehend an der Spitze einer fatalen ökonomischen Bewegung steht, was geschieht mit den Sozialsystemen, was geschieht mit dem ohnehin geringen Maß an demokratischer Mitbestimmung, die das deutsche Volk seit dem Zweiten Weltkrieg erlangt hat? Was geschieht mit dem heiklen Gleichgewicht von Freiheit und Gleichheit? Was geschieht mit der globalen Ökologie, wenn durch die totale Öffnung der Märkte die weltweite Nachfrage nach Konsumgütern explodiert und diese Nachfrage befriedigt wird? Wer zahlt die Zeche? Diejenigen, auf die durch die supranationale Öffnung der Märkte ein märchenhafter Profit wartet, oder die Völker, die wieder einmal ausgetrickst sein werden?

Was geschieht schließlich, wenn der ›Break-Even-Point‹ von neu geschaffenem Nachfragepotential und angepaßtem Konsumangebot durchbrochen und ein immenser Angebotsüberhang eintreten wird? Wird der weltweite Crash der Finanzmärkte, den viele Experten bereits in der Vergangenheit fast täglich erwartet hatten, wenigstens dann die skrupellosen Krypto-Illuminaten treffen? Mitnichten. Der Supranationalismus der Märkte war und ist vor allem eine hektische Flucht aus dem drohenden Crash durch vorübergehende Nachfragesteigerung. Der auf diese Weise hinausgezögerte Crash aber wird gewaltiger und zerstörerischer sein als der ›normale‹ Crash. Die meisten von uns können dieses Szenario noch erleben: Die supranationale Eine-Welt-Wirtschaft wird sich, wenn sich der Prozeß weiter beschleunigt, nicht auf ein goldenes Zeitalter zubewegen, sondern genau in die entgegengesetzte Richtung. Sobald größere Überschüsse entstehen werden, wird sich der bereits abzeichnende Prozeß des Preisdumpings beschleunigen und mit ihm die drastische Verschlechterung des ›Return-On-Investment‹. Dann wird ein Umkehrprozeß einsetzen. Unfähige Regierungen, wieder einmal von der Ökonomie überrollt, werden mit Steuergeldern die Verluste der Krypto-Illuminaten (siehe USA) finanzieren und hastig versuchen, ihre eigenen Märkte zu schützen. Die industriellen Vabanque-Spieler, die meinten, in Zukunft ohne eine nationale Basis existieren zu können, werden sich in einer von ihnen und ihren politischen Satrapen selbst geschaffenen, lähmenden Verteidigungssituation wiederfinden, in der Verlustgeschäfte ›mit allen Mitteln‹ gekappt werden, und zwar bei drastisch sinkender Produktion. Je größer die Lücke zwischen produktiver Kapazität und Nachfrage sein wird, desto negativer die psychologischen Folgen, die die Vorboten des ökonomischen Desasters sein werden.

Dieses mögliche, wenn auch nicht mit absoluter Sicherheit eintretende Szenario ist den Altparteien bekannt. Aber sie sind unfähig, es abzuwenden. Zu sehr sind sie ihrer jeweiligen Klientel – und nicht dem deutschen Volk – verpflichtet, zu weit haben sie sich in die Abhängigkeit egoistischer Interessengruppen begeben. Niemand wagt dem deutschen Volk zu sagen, daß die Wahrheiten von gestern die Schimären von heute sind und einstmals fortschrittliche Ideologien fast über Nacht höchst toxisch geworden sind. Nicht Supranationalismus, sondern die Wiederbelebung der nationalen Idee ist es, die allein Wohlfahrt und Wohlstand für die Völker verheißt.

Rettung aus der drohenden Gefahr bedeutet für die Nationen, Kontrolle über ihre eigenen Schicksale zurückzugewinnen und vor allem die zerstörerischen Kräfte des freien Kapitalverkehrs zu bändigen. Dies allerdings bedeutet einen politischen Kraftakt, zu dem die Altparteien auf Grund ihrer *hysterischen Distanz zur Nation* und ihrer negativen Vorbelastung nicht in der Lage sind. Eine neue Partei ist vonnöten, nicht eine sich hinter Etiketten verbergende Klientelpartei, sondern eine echte Volkspartei, die nicht volksfeindlichen Interessen dient, sondern allein der Volksgemeinschaft der Deutschen – und der Wahrheit. Der fatale Glaube, daß der freie supranationale Markt besser in der Lage sei, die Probleme eines Volkes zu lösen als der national regulierte Markt, hat heute fast religiöse Ausmaße angenommen. Solange dieser irrationale Glaube besteht, wird sich die supranationale Revolution mit immer größerer Geschwindigkeit zum Schaden der Völker ausweiten. Die EU ist, wie erwähnt, in dieser zerstörerischen supranationalen Revolution nur eine Zwischenstufe.

Wie die Altparteien sind auch die Gewerkschaften alter Ordnung durch die supranationale Revolution zu politischen Statisten degradiert worden. Sie können nur noch nachvollziehen, was in den Führungsetagen transnationaler Monopole vorgeplant wurde. Eine nationale deutsche Gewerkschaftsbewegung ist praktisch erledigt. Gewerkschaftsführer sind domestizierte Sprücheklopfer, die heute kaum noch in der Lage sind, Widerstand zu leisten. Wie wollen deutsche Gewerkschaften unter den inzwischen geschaffenen rechtlichen Bedingungen der supranationalen Revolution realistisch verhindern, daß Produktionsstätten ins Ausland verlagert werden? Wie wollen sie verhindern, daß wichtige Modernisierungsinvestitionen im Inland unterbleiben, nur um neue Anlagen in Indien oder Mexiko zu finanzieren? Wie wollen sie verhindern, daß ihre Unternehmen von ausländischer Konkurrenz aufgekauft werden, nur um sie anschließend zu liquidieren? Wie können sie noch ihrer angestammten Klientel dienen, wenn sie befürchten müssen, daß jede Forderung auf Lohnerhöhung oder Widerstand gegen eine von den Krypto-Illuminaten geplante Nullrunde von den neuen Feudalherren mit mehr Arbeitslosigkeit ›bestraft‹ wird? Wie viele andere im supranationalen Zirkus hat man diese zahnlosen Löwen dazu dressiert, Männchen zu machen. Zuckerbrot und Peitsche! *Gewerkschaften sind in die Falle ihrer eigenen internationalistischen Doktrin geraten.* Ausgetrickst!

Nicht die Gewerkschaften sind für die supranationalen Krieger noch ernst zu nehmende Gegner, sondern die objektive Gefahr des vorzeitigen Kollabierens ganzer Sozialsysteme. So paradox es klingen mag: Solange der Prozeß der supranationalen ›Konsolidierung‹ der Märkte nicht unumkehrbar ist, solange es widerstandsfähige Zivilisations- und Kulturgemeinschaften gibt, solange besteht auch noch die Gefahr einer national eingebetteten Konterrevolution gegen die Liquidation eines bislang existierenden Sozialsystems. Das Vorbild einer nationalen Konterrevolution aber könnte eine Kette vergleichbarer Reaktionen in anderen, noch existierenden Nationen auslösen. Nur deshalb, um den allgemeinen Prozeß zur Eine-Welt-Wirtschaft und zur (diktatorischen) Weltregierung nicht zu gefährden, nicht jedoch wegen noch bestehender Gewerkschaften, wird der Prozeß der Supranationalisierung nicht schneller vorangetrieben, wird keine höhere, nach den Gesetzen des supranationalen, unregulierten Marktes längst fällige Massenarbeitslosigkeit in Kauf genommen. Ein Almosen der Krypto-Illuminaten für die Übergangszeit. Indessen haben die Gewerkschaften objektiv längst die Seiten gewechselt. Sie dienen heute den transnationalen Multis als Feigenblatt.

Die erfolgreichsten asiatischen Nationen folgten lange Zeit nicht dem extremen Laissez-Faire-Kapitalismus amerikanisch-britisch-deutschen Stils, sondern dem früheren japanischen Modell. Dieses Marktmodell schloß ein hohes Maß an staatlicher Intervention – durch Verordnungen, Schutzmaßnahmen und Subventionen – in sich. Es beinhaltete nationalistische Strategien, die Kontrollen beinhalteten und den einzelnen Bürgern Opfer auferlegten, um die Nation als Ganzes schnellstmöglich an die Weltspitze zu führen. Um sozialen Konflikten vorzubeugen und niedrige Löhne auszugleichen, wurden soziale Auffangnetze benutzt, öffentlich gefördertes Wohnen und staatlich subventionierte Löhne. *Singapur* stellt noch immer für etwa die Hälfte seiner industriellen Arbeiterschaft freies Wohnen mit der Maßgabe zur Verfügung, daß dieses Wohnrecht mit Arbeitsaufgabe verwirkt ist. Mit ständig wachsendem Selbstbewußtsein wiesen asiatische Politiker ›arrogante‹ Einmischungen und Kritiken westlicher Politiker an ihrer Form dirigistischer Marktwirtschaft zurück. Einer der beredtsten und schärfsten Kritiker dieser westlichen Einmischungspolitik ist der malaysische Ministerpräsident MAHATHIR. In Peking gratulierte er den chinesischen Führern zu ihrer »sozialistischen Marktwirtschaft« und riet ihnen, »sanktionistischen Ankündigungen« des Westens wegen der sogenannten ›Menschenrechte‹, einem Vehikel der Krypto-Illuminaten zur Zerstörung nationaler Gemeinschaftsrechte, und Niedriglöhnen keine Beachtung zu schenken. Dies seien nur selbstsüchtige Versuche, den asiatischen Fortschritt aufzuhalten. Zugleich attackierte MAHATHIR die korrumpierenden kulturellen Einflüsse der supranationalen Medienmultis, allen voran der herrschenden US-amerikanischen. »Die Menschen, die darüber entscheiden, was wir sehen und hören, haben eine schreckliche Macht«, so MAHATHIR. »Sie können uns veranlassen, in den Straßen zu tanzen, sie haben aber auch die Macht, Aufruhr, Brände, Plünderungen und Morde zu stiften.« Auf einen Politiker seines Formats und seiner Courage warten wir in Deutschland seit langem vergebens.

Ganz anders als das rapide im Schwinden begriffene, die Gemeinschaft stützende asiatische Marktwirtschaftsmodell ist die gemeinschaftsfeindliche Vorgehensweise der deutschen Altparteien. Anstatt Löhne staatlich zu subventionieren, um deutsche Produkte im

Weltmaßstab wettbewerbsfähig zu halten, anstatt Arbeitsplätze zu subventionieren, um die Arbeitslosigkeit abzusenken, überläßt man die Unternehmen ungeschützt den Kräften des supranationalen Marktes und betreibt dadurch geradezu eine Politik der Arbeitsplatzvernichtung und der Investitionsverhinderung. Je nach geltendem Wechselkurs sind im Südosten der USA die Löhne mitunter weniger als halb so hoch wie in Deutschland. Dies gilt allerdings auch für die Lebenshaltungskosten, insbesondere für Baukosten und Mieten. Mitte 1996 betrugen die Löhne von Industriearbeitern in Spartanburg, South Carolina/USA, dem ›BMW‹-Standort, 12 bis 16 US-Dollar bei 10 Tagen bezahltem Urlaub im Jahr statt 30 Tagen in Deutschland. Was liegt für einen Krypto-Illuminaten, der jede Beziehung zu seinem Volk und seiner Gemeinschaft verloren hat, näher, als dieser Sogwirkung nachzugeben, zumal die Verhältnisse in Tuscaloosa, Alabama/USA (›Daimler-Benz‹), Ungarn (›Daimler-Benz‹), Tschechien (›Daimler-Benz‹, ›Volkswagen‹/›Škoda‹), Vietnam (›Daimler-Benz‹) oder China (›Volkswagen‹) noch günstiger sind. Oft erhalten die transnationalen Multis außerdem Grund und Boden für ihre neuen Produktionsanlagen geschenkt bei gleichzeitig hohen Steuervergünstigungen. Wenn also China, Vietnam, die Tschechische Republik, Ungarn, Alabama, South Carolina in der Lage sind, einstmals deutschen Unternehmen solche Angebote zu machen, warum ist Deutschland, Niedersachsen oder Ostfriesland dazu nicht in der Lage? Und wo waren eigentlich die Gewerkschaften, als es darum ging, solche Vergünstigungen für abwanderungsbereite Krypto-Illuminaten in Deutschland zu erreichen? Welcher soziale Druck wurde von den Gewerkschaften zur Subventionierung von Löhnen und Baukosten oder zur Durchsetzung von Steuervergünstigungen ausgeübt, um einerseits dem deutschen Arbeiter ein seinen hohen Lebenshaltungskosten entsprechendes Lohnniveau zu erhalten, andererseits einem Export von Arbeitsplätzen ins Ausland zu begegnen? Praktisch keiner. Statt dessen stimmten beispielsweise im Fall des Alabama-›Deals‹ IG Metall und Betriebsrat dem Export von Arbeitsplätzen zu.

Freilich können selbst ›deutsche‹ Monopolunternehmen, sobald sie wieder national und sozial eingebunden worden sind, mit der Solidarität der Gemeinschaft rechnen, um ihre Produkte international auch in preislicher Hinsicht wettbewerbsfähig zu halten. Im supranationalen Handel wären daher unter Umständen Preise zu subventionieren. Auch müßten die Lohnnebenkosten, die deutsche

Unternehmen über Gebühr belasten, radikal gesenkt werden. Zum Vergleich: Die Kosten, die ein deutsches Unternehmen in Deutschland für einen versicherten und versteuerten Industriearbeiter aufwenden muß, beliefen sich im Jahre 1995 auf durchschnittlich 26,89 US-Dollar je Stunde, davon sind 46 % Lohnnebenkosten und sonstige Vergünstigungen. In Italien sind es 21,00 US-Dollar je Stunde, in den USA nur 15,89 US-Dollar je Stunde.

Von den drei großen Industrienationen (USA, Japan, Deutschland) leistet der Arbeiter in Deutschland die wenigsten Stunden pro Jahr, erhält den höchsten Mindestlohn, hat den besten Kündigungsschutz und den (bei weitem) meisten Urlaub. Hinzu kommen vergleichsweise hohe unternehmerische Standortkosten (Land, Baukosten, Umweltauflagen).

Die in Deutschland gefertigten Produkte deutscher Unternehmen können noch so gut sein, ihre Arbeiter- und Angestelltenschaft noch so ingeniös, sie sind in eine Lage geraten, in der es für sie ohne den Schutz und die Unterstützung einer nationalen Solidargemeinschaft kaum noch einen anderen Ausweg als die Flucht nach vorn in die Automatisierung und den Export von Produktionsstätten gibt. Wird ihnen diese Flucht durch protektionistische Maßnahmen zum Schutz von Demokratie, Kultur und Nation abgeschnitten, dann wird man sie durch Gemeinschaftsleistungen unterstützen und den transnationalen Handel preislich subventionieren müssen.

Deutsche Gewerkschaften haben das supranationale Zeitalter verschlafen. Die Fronten wechselten, aber sie schossen immer noch auf denselben imaginären ideologischen Feind. Zu spät haben sie begriffen, daß sich viele ihrer früheren Feinde längst abgesetzt haben. Der von den Krypto-Illuminaten verbreitete Nebel lichtete sich, und sie mußten erkennen, daß man sie ins Leere laufen und schießen ließ. Die Schlacht war längst verloren, aber sie ballerten noch auf dem vom Gegner längst verlassenen Schlachtfeld herum. Und selbst jetzt sind viele Gewerkschaftler noch nicht in der Lage zu erkennen, daß es der Internationalismus ihrer ideologischen Indoktrination war, die sie schließlich ins Leere laufen ließ – zum Schaden der deutschen Arbeiter und Angestellten. Statt frühzeitig eine vertikale Gewerkschaftsbewegung mit vielen Betriebsgewerkschaften wie in Japan zu organisieren, beharrten sie auf der Beibehaltung der ideologisch antinational aufgeladenen Fachgewerkschaften. Statt frühzeitig Demonstrationen und Kundgebungen gegen die zerstörerische Supranationalisierung der Märkte zu organisieren, verschwanden sie in der Versenkung. Selbst nachdem vollendete Tatsachen geschaffen waren, schalteten sie nicht um. Statt die Bundes- und Landesregierungen als ihre noch verbliebenen Gegner offensiv anzunehmen, versagten sie auch in dieser Beziehung und suhlten sich mit den abgehalfterten, volksfernen Altparteien und den supranationalen Multis im gemeinsamen Lotterbett – auf Kosten des deutschen Volkes.

Der technologische Wettbewerb im supranationalen Markt führt dazu, daß Unternehmen beim Bau neuer Fertigungsanlagen vor allem die *Produktivitätsmaximierung* im Auge haben. Selbst die vergleichsweise niedrigen Alabama- oder Portugallöhne sind nicht wettbewerbsfähig, vergleicht man sie mit Löhnen in Indien oder Bangladesh. Also versucht der supranationale Monopolist zweigleisig zu fahren: Alabama-Löhne nebst im Vergleich zu Deutschland erhöhter Produktivität am Standort Alabama. Warum aber nicht gleich Indien plus verbesserte Produktivitätsmaximierung durch ständig neue Fertigungsanlagen? Oberflächlich betrachtet ist die Antwort darauf der Standortvorteil USA, der unmittelbare Zugang zum Absatzmarkt *›of last resort‹* (als letzte Zuflucht). Tatsächlich aber verbirgt sich dahinter die realistische Einschätzung der Krypto-Illuminaten, daß das Nationen und Gemeinschaften zerstörende System von GATT und WTO nur dann überdauern kann, wenn die weltweite Einschmelzung von Nationen und Zivilisationen vor dem Crash weitgehend abgeschlossen sein wird, wenn also protektionistische Rückzugsgefechte auf Grund der verlorenen ›Heimatbasis‹ ins Leere laufen würden. So sehr die Krypto-Illuminaten die Zerstörung der Nationen betreiben, so wenig können sie heute schon sicher sein, daß es nicht doch noch bedeutende Widerstände einzelner Völker gegen ihr weltweites Zerstörungswerk geben wird. Dies gilt insbesondere für kulturell hochstehende Völker wie Frankreich, aber auch für das US-amerikanische Volk, das hinsichtlich seiner Beziehung zur eigenen Nation weniger psychisch gestört ist als das deutsche. Tatsächlich hat sich das ›konservative‹ Lager in den USA längst gespalten. Waren es früher ausschließlich ›Linke‹, die protektionistische Maßnahmen zum Schutz des Sozialsystems einforderten, so werden diese Forderungen heute auch aus den Reihen der Konservativen immer lauter. Sollte es in den USA und anderenorts gelingen, endlich die sozialen und kulturellen Kräfte zusammenzubringen, dann wäre die asoziale, anationale, akulturelle supranationale Revolution schnell am Ende. Dann gäbe es weltweit

Volkserhebungen, sobald einmal der Funke überspringt. Die Krypto-Illuminaten versuchen sich auch gegen dieses Risiko einer sozialen, kulturellen Konterrevolution abzusichern. Deshalb begeben sie sich trotz Nachteilen auf der Kostenseite mit neuen Fertigungsanlagen weiterhin in ihre Hauptabsatzgebiete, die ›deutschen‹ Krypto-Illuminaten in die USA, die ›japanischen‹ in die USA und Europa.

Wird der Handel erst einmal wieder reguliert, bleiben ihnen immer noch die Produktionsbetriebe in ihren jeweiligen Hauptabsatzgebieten. Auf diese Weise glaubt man, zukünftige Importbeschränkungen umgehen zu können. Aber auch diese Rechnung wurde ohne die Völker gemacht. Wer kann schon eine Nation, solange sie noch existiert und sich noch nicht aller Souveränitätsrechte begeben hat, daran hindern, Inlandsproduktionen ausländischer Unternehmen wie deren Importe zu behandeln und je nach Ausgestaltung des dann wieder regulierten Marktes die Produktion zu untersagen oder mit fiktiven Einfuhrsteuern zu belegen?

Vor diesem Hintergrund sollte selbst für unsere intellektuell überforderten Politiker offensichtlich sein, daß unter supranationalen Marktbedingungen Deutschland, falls es den kümmerlichen Rest an *sozialer* Marktwirtschaft in die Zukunft hinüberretten will, langfristig nur noch im Rahmen strenger protektionistischer Rahmenbedingungen mithalten könnte. Wie erfolgreich eine solche protektionistische Politik auch für Deutschland sein kann, zeigte das mit öffentlichen Mitteln geförderte Airbus-Programm unter Mitwirkung von ›DASA‹, ›Aérospatiale‹, ›British Aerospace‹ und ›CASA‹, mit dem den Amerikanern inzwischen ein 50%iger Anteil am Weltmarkt des zivilen Flugzeugbaus abgenommen und ›McDonald-Douglas‹, das dadurch hauptsächlich betroffene Unternehmen, zur Aufgabe und zur Fusion mit ›Boeing‹ gezwungen wurde.

Produktivitätsmaximierung ist freilich nicht an sich negativ, zumal überwiegend Tätigkeitsbereiche betroffen sind, die sich vor allem durch ihre Monotonie auszeichnen. Tätigkeiten dieser Art können in der Regel durch Maschinen, Roboter oder Computer präziser und konstanter ausgeführt werden als durch den Menschen. Etwa 75 % aller nichtgeistigen Tätigkeiten zeichnen sich durch das Wiederholen mehr oder minder einfacher Arbeitsvorgänge aus. Nach konservativen Schätzungen wurden in den hochindustrialisierten Nationen von diesem theoretischen Automatisierungspotential bisher maximal 7 % ausgeschöpft. In der ›Wolfsgesellschaft‹ der supranationalen Revolution ist dieses Automatisierungspotential praktisch gleichzusetzen mit Freisetzungspotential. In der national-sozialen kapitalistischen Gemeinschaft dagegen wird die durch Automaten freigesetzte Arbeitskraft aufgefangen und anderen, möglichst anspruchsvolleren Aufgaben zugeführt oder eine Umschulungsmaßnahme eingeleitet. Handelt es sich um ein Großunternehmen und verfügt dieses Arbeitsplätze vernichtende Unternehmen nicht über ein Programm, um die freigesetzte Arbeitskraft betriebsintern aufzufangen, kann in Form eines Junktims eine Entlassung erst erfolgen, wenn der freigesetzten Arbeitskraft durch das entlassende Unternehmen ein gleichwertiger externer Anschlußarbeitsplatz nachgewiesen wird, die Arbeitskraft auf einen solchen Nachweis verzichtet oder sich einer zumutbaren Umschulung verweigert. Mit anderen Worten: Produktivitätssteigerungen müssen sozialverträglich abgefangen werden. Ein solches Junktim wäre in mehrfacher Hinsicht sozial anregend: Es würde den natürlichen Wettbewerbsvorteil eines Großunternehmens gegenüber kleinen und mittleren Unternehmen durch eine erhöhte Sozialverpflichtung dieser Unternehmen abfangen. Es würde Großunternehmen den Anreiz bieten, betriebsintern ständig neue Arbeitsplätze höheren Anspruchsprofils zu schaffen. Mit anderen Worten: Ein Teil des durch die Produktionssteigerung erwirtschafteten Gewinns steht nicht für Produktionsverlagerungen ins Ausland zur Verfügung, soweit diese überhaupt noch zulässig sein werden, sondern muß auf die eine oder andere Weise in die Fort- und Weiterbildung der deutschen Arbeiter- und Angestelltenschaft reinvestiert werden.

Der Zwang zu gesteigerter Produktivität führt, wie sich in der Vergangenheit bereits gezeigt hat, sehr schnell zu *Überkapazitäten.* Schon im Jahre 1985 war die Produktionskapazität für PKWs und LKWs etwa 25 % höher als die weltweite Nachfrage. Falls seinerzeit die Fabriken in drei Schichten gefahren worden wären, hätten sie etwa 60 Millionen Fahrzeuge produzieren können, während die weltweite Nachfrage nur 44,8 Millionen betrug. Ein Jahrzehnt später betrug die Überkapazität bereits etwa 30 %. Zwar stieg die weltweite Nachfrage, aber gleichzeitig erhöhte sich auch der Kapazitätsüberhang. Im Jahre 2000 war die Überkapazität etwa so groß wie die gesamte Fahrzeugproduktion der USA. Mit anderen Worten: Um Kapazität und Nachfrage ins Gleichgewicht zu bringen, müßte die Industrie dafür einen völlig neuen Absatzmarkt erschließen. Diesen gibt es nicht, zumal mit Korea, Taiwan, China, Thailand, Indien und Vietnam immer neue Fahrzeugproduzenten in den globalen

Markt eintreten, häufig in Form von ›Joint Ventures‹ mit europäischen, japanischen oder US-amerikanischen Produzenten (z. B. ›Ford‹/›Mazda‹, ›Renault‹/›Nissan‹, ›DaimlerChrysler‹/›Mitsubishi‹).

Mit diesen ›Gemeinschaftsunternehmungen‹ erfolgt gleichzeitig ein massiver Know-How-Transfer. Die technischen Errungenschaften der deutschen Volkswirtschaft und der deutschen Werktätigen werden um den Preis des Kurzzeitvorteils, zuerst auf einem neuen Absatzmarkt Fuß zu fassen, verschleudert. Die Krypto-Illuminaten rechtfertigen den Ausverkauf deutscher Technologie damit, daß sie dafür den Zugang zu neuen Absatzmärkten erlangen. Was aber geschieht wohl, wenn das supranationale Abenteuer scheitert und der umgekehrte Wettlauf in den Protektionismus einsetzt? Wo sind dann die neuen Absatzmärkte? Wo bleibt dann die Gegenleistung für den erfolgten technologischen ›Sell-Out‹ (Ausverkauf)?

Überkapazitäten führen zu einem Produktüberangebot. Der supranationale Markt wird überschwemmt mit Produkten, für die es keine Käufer mehr gibt. Dies wiederum führt zu Betriebsstillegungen bei gleichzeitigem Preisdumping und, absurderweise, zu neuen Fabriken mit weiter optimierter Produktivität in immer exotischeren Billiglohnländern, um das zwischenzeitlich verschlechterte Kosten-Preis-Verhältnis wieder zu verbessern und verlorengegangene Marktanteile wieder zurückzugewinnen. Die Völker dieser Welt, die sich dem Mechanismus des supranationalen Marktes nicht entziehen, werden einem kannibalischen Standorttourismus ausgesetzt. Gleichzeitig beschleunigt sich der Kapazitätsüberhang in dieser zerstörerischen Spiralbewegung stetig nach unten. Das schlimmste Szenario am Ende dieses Prozesses wäre das totale Kollabieren des Marktes. Paradoxerweise würde dann der supranationale Markt wohl zur Vernichtung der freien Marktwirtschaft an sich führen und die Wiedereinführung planwirtschaftlicher Strukturen zur Folge haben. Die eigentlichen Verlierer dieser zerstörerischen Revolution aber wären, wie sich im Crash von 1929 gezeigt hat, nicht die transnationalen Monopolisten, sondern die mittelständischen Unternehmen. Mit anderen Worten: Die Duldung und Begünstigung einer freien supranationalen Marktwirtschaft ist im Ergebnis eine Politik der Vernichtung nationaler Mittelstände. In solchen krisenhaften Engpaßsituationen sind es zunächst mittelständische Zuliefererbetriebe der supranationalen Monopole, die von Betriebsstillegungen bedroht sind. Fast jedes transnationale Unternehmen hat einen höchst bezahlten ›Spezialisten‹, der es versteht, diesen Betrieben die Daumenschrauben anzulegen. Man denke nur an den Basken José Ignacio López de Arriortúa, den ›VW‹ von ›General Motors‹ abwarb, um deutsche mittelständische Betriebe das Fürchten zu lehren. Wie eine Zitrone von den supranationalen Multis ausgepreßt, arbeiten diese Betriebe stets am Rande ihrer Existenz, unfähig, ausreichende Rücklagen für Krisenzeiten zu bilden. Ein Beispiel aus den USA mag dies erhellen: In den zwanzig Jahren vor 1995 gab es weltweit ein ständig zunehmendes Überangebot an Kraftfahrzeugen. Von 1980 bis 1994 mußten deshalb in den USA insgesamt 32 Pkw- und Lkw-Zuliefererbetriebe geschlossen werden. Durch dieses Abschlachten wurden insgesamt 180 000 Arbeitsplätze vernichtet. Zur gleichen Zeit aber entstanden neue, weniger lohnkostenintensive Fertigungsanlagen, um die Produktivität zu verbessern.

Eigentlich ist das US-amerikanische Volk reif für eine soziale, kulturelle Konterrevolution. Seit Jahrzehnten überschwemmen vor allem asiatische Niedrigpreisprodukte den amerikanischen Markt, zunächst vor allem aus Japan, später dann auch aus Taiwan, Südkorea und vor allem China. Zum Beispiel: Im Jahre 1980 importierten die USA 27 % an nicht in den USA gefertigten Fahrzeugen, 15 % an elektronischen Geräten und Büromaschinen, 10 % an Stahlerzeugnissen, 18 % an Schwermaschinen und 9 % an Chemieprodukten. Diese Zahl stieg bis 1989 ständig an (zum Beispiel 41 % an Fahrzeugen), um dann bis 1993 in etwa wieder auf das Niveau von 1980 abzusinken. In geradezu katastrophalem Ausmaß wurden in dieser Zeit industrielle Arbeitsplätze vernichtet und durch vergleichsweise minderwertige Arbeitsplätze im Dienstleistungsbereich ersetzt. Industriestrukturen, die über Jahrzehnte entstanden waren, wurden fast über Nacht zerstört. Die USA wurden zu einer *McJob-Gesellschaft*. Das Lohnniveau sank stetig und mit ihm der Lebensstandard. Der alleinverdienende Familienvater wurde zur Ausnahme, weil sein Lohn nicht mehr ausreicht, die Familie durchzubringen. Heute verdienen in den USA 32 % aller Männer zwischen 25 und 34 Jahren weniger als jenes Einkommen, das erforderlich ist, um einen Vier-Personen-Haushalt über der Armutsgrenze zu halten. Die Gehälter weißer Männer haben einen Tiefststand erreicht, während die allgemeinen Lebenshaltungskosten steigen.

Frauen sind in der ›Wolfsgesellschaft‹ einem kaum zu bewältigenden Druck ausgesetzt, weil sie einerseits gezwungen sind, ihre Arbeitskraft zu Markte zu tragen, um den Lebensunterhalt der Familie mitzufinanzieren, andererseits aber ihr ›biologisches Gewissen‹ sie mahnt, das Gegenteil zu tun und sich zu Hause den Kindern zu widmen. Die Kinder werden in der Sprache dieser kapitalistischen Überlebensgesellschaft sehr bald zu reinen Rechnungsgrößen, entweder ›Profit Centers□‹ oder ›Cost Centers‹ – je nach Höhe des Kindergeldes. Die Familie, das Fundament einer intakten Sozialgemeinschaft, geriet mehr und mehr in eine vernichtende Zangenbewegung: Einerseits veränderte ökonomische Rahmenbedingungen, andererseits die durch supranationale Medienmultis vorangetriebene moralische Infragestellung dieser Institution. Unausbleibliche Folgen waren eine explodierende Jugendkriminalität und Scheidungsraten.

Alles dies freilich ist hinlänglich bekannt. Viele werden die supranationalistische Appeasementpolitik der Krypto-Illuminaten mit klammheimlicher Freude betrachtet haben. Der Preis dieser Schadenfreude aber war die globale Zerstörung von Kultur- und Zivilisationsgemeinschaften. Am Ende fanden sich auch die Menschen in Deutschland und Japan in ›Wolfsgesellschaften‹ wieder. Kein Preis ist hoch genug, um ein solches Ergebnis zu rechtfertigen.

Was also geschieht, wenn das amerikanische Volk doch noch aufwachen sollte, die Schleusen schließt und sich nicht mehr als ›Last-Resort‹-Müllplatz mißbrauchen läßt? Werden China, Japan, Taiwan und Südkorea dann ihre Warenströme umleiten und Europa mit Niedrigpreisprodukten überschwemmen? War es das alles wert?

Vom orthodoxen Establishment der Altparteien werden wir kaum eine Antwort auf diese Frage erwarten können. Eine solche Kosten-Nutzen-Analyse existiert für sie nicht. Zeitenwende? Welche Zeitenwende? Sie kreisen weiterhin in ihrer geistigen Orthodoxie: Was – unter den künstlichen Bedingungen des Kalten Krieges – richtig war, muß unter völlig neuen Bedingungen immer noch richtig sein. Deshalb dämonisieren diese internationalistischen Psychopathen weiterhin die Nation mit Inbrunst und hysterischem Wortgeklingel. Nur weil es den ›Nazis‹ gelang, die Nation angeblich zu mißbrauchen, ist deren Zerstörung ihnen heute jeden Preis wert. In Wahrheit aber ist die Nation die letzte Bastion gegen die totale Übernahme dieser Welt durch das transnationale Kapital.

Supranationalisierung führt zu *Niedriglohn-Volkswirtschaften.* Je Stunde betrugen im Jahre 1993 die durchschnittlichen Lohn- und Lohnnebenkosten in Westdeutschland 24,9 US-Dollar, in Japan 16,9, in den USA 16,4 und in Großbritannien 12,4, gleichzeitig aber betrugen sie in Südkorea 4,9 US-Dollar, in Ungarn 1,8 und in China

0,5. Dies ist der Grund, weshalb nach Berechnungen des britischen Ökonomen Adrian WOOD in den letzten Jahren etwa neun Millionen Arbeitsplätze von Norden nach Süden exportiert wurden. In Frankreich gelangte ein parlamentarischer Finanzausschuß zu dem Ergebnis, daß der bei weitem größte Teil der gegenwärtigen Arbeitslosigkeit auf eine Produktionsverlagerung in Länder der Dritten Welt zurückzuführen sei. Eine im Jahre 1993 durchgeführte Umfrage unter 10 000 großen und mittleren westdeutschen Unternehmen ergab, daß ein Drittel von ihnen beabsichtigte, Teile ihrer Produktion wegen niedrigerer Löhne und geringerer Umweltauflagen nach Osteuropa und Asien zu verlagern. Sogar sogenannte High-Tech-Arbeitsplätze sind nicht immun. Immer mehr Unternehmen benutzen bereits heute direkt oder indirekt indische Computerprogrammierer, die weniger als 3000 US-Dollar im Jahr verdienen. In Indien (Neu-Delhi, Bombay, kalkutta, Kotschin, Kandi, Madras) wurden neue Exportzonen für elektronische Dienstleistungen eingerichtet, die mit ihren niedrigen Löhnen für hochspezialisierte Dienstleistungen weltweit fast konkurrenzlos sind. Steigende Arbeitslosigkeit im Produktionssektor sollte durch ein Mehr an Arbeitsplätzen im Dienstleistungssektor aufgefangen werden. Aber diese zur Beruhigung und Einschläferung des Volkes verbreitete Spekulation war von Anfang an eine Lüge; denn schon seinerzeit war abzusehen, daß neue Technologien auch im Dienstleistungsbereich eher Arbeitsplätze abbauen würden.

Die Automatisierung im Produktionssektor ging jener im *Dienstleistungssektor* nur zeitlich voraus. Folgende Beispiele mögen dies veranschaulichen:

- In Japan hat die Zukunft des vollautomatisierten *Einkauf*s bereits seit geraumer Zeit begonnen. Im ›Super-RoboShop-24‹ sind den einzelnen Artikeln Nummern zugeordnet, die der Kunde auf einem Auftragsblock notiert. Ähnlich wie bei einem Bankautomaten werden diese Nummern über eine Tastatur in einen Computer eingegeben, der den Gesamtpreis der Waren ermittelt und, nachdem der Kunde diesen durch Geldeinwurf gezahlt hat, den Roboter auf der Rückseite der Regale in Bewegung setzt. ›Robo‹, eine Art mechanisierter Einkaufskorb, stoppt bei jedem ausgewählten Artikel, wobei er so programmiert wurde, daß er die großen und schweren Artikel zuerst einlädt, damit die Tomaten nicht von der 2-Liter-Flasche beschädigt werden. Der gesamte Sammelvorgang dauert in der Regel nur wenige Sekunden, um anschließend die eingesammelte Ware durch eine kleine Falltür dem Kunden auszuliefern. Dieser vollautomatische Einkauf ist nur ein Beispiel in einer Welle von ›*silent consuming*‹. Andere Verbraucher bestellen Waren durch E-Mail, über Internet oder am Fernseher mit Telefon, wobei sie am anderen Ende nur noch mit einem sprechenden Automaten verbunden sind. Die neue anonyme Einkaufswelt wird so zu einem Spiegelbild der allgemeinen Isolierung des Individuums in der westlichen ›Wolfsgesellschaft‹.

- Das vollelektronische, ›papierlose‹ *Büro* rückt immer näher. Diktate werden direkt über ein Stimmerkennungssystem in den Computer gesprochen und dann elektronisch versandt. Die vollelektronische Telefonzentrale ist technisch fast ausgereift. Tabellarische Lebensläufe eingehender Bewerbungen können in Sekundenschnelle über einen Scanner in den Computer eingegeben und von diesem nach bestimmten Kriterien vorbewertet werden. Jeder Personalchef weiß, wie zeit- und personalintensiv bisher die präzise Bearbeitung eingehender Bewerbungen war.
- Moderne *Warenlager* können praktisch vollelektronisch geführt werden. Gleiches gilt für Warenbestellungen. Die elektronische Datenübermittlung bringt Produzenten und Endverkäufer näher zusammen. Arbeitsplätze im Großhandel gehen so verloren.
- Die Einführung der Preisauszeichnung und deren Erfassung durch Scanner hat viele Arbeitsplätze im *Kassiererbereich* vernichtet. An Tankstellen kann mittels Karte an der Säule getankt werden.
- Im *Gaststättengewerbe* werden Bestellungen sofort in den Computer eingegeben, erscheinen in der Küche auf dem Bildschirm, drucken gleichzeitig die Rechnungen aus und aktualisieren laufend den verbleibenden Lagerbestand. Inzwischen gibt es auch schon Bestellungen über berührungsempfindliche, verschiedene Gerichte darstellende Bildschirme. Getränkeautomaten sind ein alter Hut, aber schon gibt es Automaten, die bestimmte vorbereitete Standardgerichte selbst fertigstellen.
- Der vollautomatisierte *Wareneinkauf am Fernsehgerät* steckt in Deutschland noch in den Kinderschuhen, ist jedoch in den USA bereits eine Zwei-Milliarden-Dollar-Industrie.

Selbst vor hochqualifizierten Dienstleistungsbereichen macht die Automatisierung nicht halt. Schon werden Roboter bei komplizierten *Operationen* benutzt. Chirurgen operieren am Bildschirm, Tausende von Meilen vom Patienten entfernt. Anwälte nutzen am Computer abrufbare juristische Datenbanken. Auch in Bibliotheken ermöglichen Computer dem Leser den direkten Zugriff auf sein Sach- oder Interessengebiet und die Buchbestellung über Bildschirm. Der Beruf des Bibliothekars wird immer überflüssiger. Die Beispiele ließen sich beliebig fortsetzen.

Die wohl weitreichendste Automatisierung hat sich im *Bankbereich* zugetragen. In einer Andersen-Consulting-Studie wurde ermittelt, daß durch den Einsatz von Automaten ein Produktivitätsgewinn von 20 bis 30 % erzielt werden kann. Schalterautomaten sind inzwischen fast an der Tagesordnung. Ein Schalterautomat kann bis zu 2000 Geschäftsvorgänge je Tag abwickeln, ein menschlicher Schalterangestellter dagegen nur bis zu 200. Der Mensch braucht Kaffeepausen und Urlaub, bringt seine mehr oder minder läppischen Alltagsprobleme mit in die Bank und macht hin und wieder die ›krankheitsbedingte‹ Wochenendbrücke. Wen würde ein cleverer Unternehmer wohl anheuern, wenn es keine unternehmerische Sozialverpflichtung gibt? Den Automaten oder den Menschen? Heute nutzen in den Industrienationen des Nordens bis zu 90 % der Bankkunden Schalterautomaten. Banken in den USA gehen des weiteren immer mehr dazu über, Back-Office-Funktionen, also die mechanische, routinemäßige Abwicklung von Geschäftsvorgängen, auszulagern und kostengünstiger arbeitenden Spezialunternehmen zu übertragen.

In den USA konnten bisher von den durch Automation eingebüßten Arbeitsplätzen im Produktionssektor etwa ein Drittel im Dienstleistungssektor aufgefangen werden. Mit der erst beginnenden Automation im Dienstleistungssektor wird diese Zahl eher geringer werden. Die Arbeitslosigkeit wird vor allem in Deutschland, das sich bei der Schaffung von Dienstleistungsarbeitsplätzen weniger flexibel als die USA erwiesen hat, weiter dramatisch zunehmen, wenn es nicht gelingt, die durch die supranationale Revolution gefesselte Gesellschaft durch eine nationale Solidargemeinschaft (›Volksgemeinschaft‹) zu ersetzen. Dabei werden die Arbeitslosenzahlen bekanntlich extrem geschönt, um der Öffentlichkeit das wahre Ausmaß des sozialen Niedergangs so lange wie möglich vorzuenthalten – wenigstens bis zur völligen Einschmelzung Deutschlands in die EU, einem der wichtigsten Vehikel der Krypto-Illuminaten. Die Arbeitslosenzahlen aus der Nürnberger Bundesanstalt für Arbeit sagen nichts darüber aus, ob der Tätigkeit eines freigesetzten Vollzeitarbeiters nur noch ein niedriger bezahlter Teilzeitjob folgt. Der Teilzeitjob wird wie die Vollzeittätigkeit bewertet. Der allmähliche soziale Abstieg eines Volkes kann auf diese Weise wesentlich länger kaschiert werden. Die Nürnberger Zahlen sind deshalb Zahlen des asozialen Establishments, nicht der großen Masse des deutschen Volkes.

Während die erste Welle der Automatisierung vor allem die Arbeiterschaft betraf, war danach der von Angestellten geprägte Mittelstand an der Reihe. Nach einem Bericht des US-›Census Bureau‹ (Büro für Volkszählung) aus dem Jahre 1992 hatte sich die Zahl derer, die dem Mittelstand zugerechnet werden, von 1969 bis Anfang der neunziger Jahre um 8 Prozentpunkte von 71 % auf 63 % verringert, wobei die finanziellen Einbußen besonders hoch bei College-Absolventen waren. Die Tatsache, daß der Rückgang ›nur‹ 8 Prozentpunkte betrug, lag im übrigen daran, daß finanzielle Einbußen des Mannes durch vermehrte Mitarbeit der Ehefrauen abgefangen wurden. Frauen aber arbeiten überwiegend im Dienstleistungssektor, der erst am Anfang der Automatisierungsphase steht. Hat diese auch dort erst voll eingesetzt, wird die Ehefrau als *›last financial resort‹* (finanzielle Zuflucht) gegen den drohenden Abstieg aus dem Mittelstand weitgehend ausfallen. Die Folgen lassen sich deutlich ablesen: Die Kluft zwischen den wenigen immer reicheren Reichen und den immer zahlreicheren Armen wird immer tiefer werden. Nach einem Bericht des ›US-Census Bureau‹ aus dem Jahre 1993 hatte sich die Zahl der Amerikaner, die in Armut leben, von 1989 bis 1992 um 5,4 Millionen auf 36,9 Millionen erhöht. Mehr als 40 % der Armen sind Kinder. Die Armutsgrenze der Schwarzen lag bei 35 %, die der Hispanics bei 30 % und die der Weißen bei 12 %.

Derweil haben sich die Mega-Reichen des Westens und ihre politischen Steigbügelhalter längst von ihren Völkern abgesetzt und die Flucht nach vorn in den Supranationalismus angetreten. Als ›Monopolkapitalistische Internationale‹ *ziehen sie es vor, die Zerstörung der ›eigenen‹ Nationen,* Kulturen und Zivilisationen zu betreiben, um nicht mit jenen teilen zu müssen, deren Arbeit sich in ihren Reichtümern widerspiegelt.

Die schöne NWO, die darauf abzielt, lokale, regionale und nationale Ökonomien in einen einzigen Weltwirtschaftsblock einzuschmelzen, erfordert vor allem auch das Angleichen der *Agrarwirtschaften;* denn es sind gerade die verhältnismäßig wenig industrialisierten Gebiete auf der südlichen Halbkugel, die noch ein Nebeneinander vielfältiger Kulturen aufweisen. Die Industrialisierung der Landwirtschaft geht einher mit der Zerschlagung kleiner Betriebseinheiten, pestizidreicher Bodennutzung, exportorientierter Weizenmonokultur, alles angelegt, um ein geringes Sortiment leicht transportabler Nahrungsmittel auf den Weltmarkt zu schütten. Im Zuge des Industrialisierungsprozesses werden Bauern, neben dem Mittelstand das Rückgrat einer Nation, durch energie- und kapitalintensive Großmaschinen ersetzt. Tausende von kleinen und mittleren bäuerlichen Betrieben wurden so auf der nördlichen Halbkugel, insbesondere in den USA und den westeuropäischen Staaten, bereits zerstört. Der Verlust der angestammten bäuerlichen Arbeitsplätze führte zwangsläufig zur Landflucht, die Städte wuchsen, noch mehr Betonburgen, noch mehr asphaltierte Weiden und noch mehr Entfremdung des Menschen von der Natur, die er sich, anstatt mit ihr in friedlicher Koexistenz zu leben, untertan machte und zerstörte.

Die Gemeinschaften, Zivilisationen und Kulturen zerstörende Supranationalisierung wirkt sich besonders auch im *Medienbereich* aus. Der Dritte Weltkrieg (›Global War‹) hat längst begonnen. In diesem Krieg geht es nicht mehr um Waffen, sondern vor allem um das *Informationsmonopol.* Die verheerendsten Auswirkungen der supranationalen Revolution bestehen in der Schaffung einer globalen Monokultur. Nachdem nationale Kulturen zunächst durch den Multikulturismus zerstört wurden, hat nunmehr die nächste Phase eingesetzt: *Multikulturelle Gesellschaften werden nach dem Vorbild der US-amerikanischen (Un)Kultur gleichgeschaltet.*

Der Vorsitzende von Nabisco, einem der größten transnationalen Multis, sagte einmal, daß es das Ziel der supranationalen Revolution sei, »eine Welt des homogenen Konsums« zu erzeugen, in dem die Menschen dasselbe essen, sich gleich kleiden, dieselben manipulierten Informationen empfangen. Es ist eine düstere Welt der Monokultur, die George ORWELL bereits in seinem klassischen Werk *1984* beschrieben hat. *Multikultur ist nur die zwangsläufige Vorstufe der monokulturellen globalen Degeneration.*

Wir sind auf dem besten Wege zu dieser nach amerikanischem Muster ausgerichteten Monokultur. Ob in Paris oder Moskau, in Peking oder Berlin, überall konsumieren die Menschen schon denselben ›McDonald's‹-Plastikfraß, überall kleiden sie sich in Jeans, überall spielen Kinder mit Barbies und verblöden sich mit MADONNA oder Michael JACKSON, überall empfangen sie mehr oder minder schwachsinnigen ›Time-Warner‹- oder ›Disney‹-Schrott, der die eigenen Kulturen zerstört.

Menschliches Leben war früher eingebettet in örtliche Ökosysteme. Kultur war ein Spiegelbild der jeweiligen geographischen Besonderheit – und so waren es die Götter. Der erste wesentliche Einschnitt in diese natürliche Lebensweise der Völker erfolgte durch die ebenfalls supranational ausgerichtete christliche Religion. Sie führte dazu, daß den Völkern des ›Westens‹ ihre früheren Naturgötter geraubt wurden und an deren Stelle die eifersüchtigen Einheitsgötter der Christen und Juden traten. Diese Götter waren an sich schon eine Form von Verlust an Vielfalt, eine kulturelle Verarmung, ein monokulturelles Produkt. Der nächste wesentliche Einschnitt war der supranational angelegte Kommunismus, ein kulturelles Zerstörungsprogramm ohnegleichen. Und schließlich dann das Zerstörungswerk des transnationalen Monopolkapitals.

Eine wesentliche Rolle in diesem zerstörerischen kulturellen Homogenisierungsprozeß spielen die US-amerikanischen Massenmedien. Edward L. BERNAYS, ein Neffe Sigmund FREUDS, schrieb in seinem Werk *Propaganda* (1928) folgendes:

»We are governed, our minds are moulded, our tastes formed, our ideas suggested, largely by men we have never heard of. What ever attitude one chooses to take toward this condition, it remains a fact that in almost every act of our daily lifes, wheather in the sphere of politics or business, our social conduct or our ethical thinking, we are dominated by a relatively small number of persons, a trifling fraction of our hundred and twenty million, who understand the mental processes and social patterns of the masses. It is they who pull the wires which control the public mind, and who harness old social forces and contrive new ways *to bind and guide the world.*«

Zu deutsch:

»Wir werden bestimmt, unsere Sinne geprägt, unsere Geschmäkker geformt und unsere Eingebungen suggeriert von Männern, von denen wir in der Regel noch nie etwas gehört haben. Gleichgültig, was man davon hält, es bleibt eine Tatsache, daß fast jede Handlung in unserem täglichen Leben, ob sie nun die Politik, das Geschäft, unser soziales Verhalten oder unser ethisches Denken betrifft, von einem läppisch kleinen Teil unserer 120 Millionen beherrscht wird, der die mentalen Abläufe und sozialen Verhaltensmuster der Massen versteht. Sie sind es, die die Drähte ziehen, die ihrerseits das allgemeine Bewußtsein kontrollieren, und die sich alte gesellschaftliche Kräfte nutzbar machen und neue Wege aushecken, *um die Welt zu fesseln und zu führen.*« Von ihnen, dem symbolischen ›Big Brother‹, wird bestimmt, welche Informationen wir Minderen empfangen dürfen, wie diese Informationen zu bewerten sind, was gerade *›political correct‹* ist und welche ›Unterhaltung‹ uns zugemutet wird. Ihre geballte suggestive Macht ist dafür mitverantwortlich, was Wahrheit ist und welche Gesetze gemacht werden.

Es gibt kaum eine größere Macht in der westlichen Welt als diese Manipulateure der öffentlichen Meinung. Ihre Macht ist nicht entfernt und unpersönlich; sie erreicht jedes Heim und wirkt praktisch zu jeder Stunde. Es ist die Macht, die das Denken jedes Bürgers beinflußt und formt, ob jung oder alt, ob reich oder arm, ob gelehrt oder ungelehrt. Die Massenmedien formen unser Bild von der Welt und geben uns vor, auf welche Weise wir dieses Bild einzuordnen haben. Sie manipulieren durch die Unterdrückung von Nachrichten oder deren Verfälschung und erzeugen dadurch nicht nur eine falsche Realität, sondern auch falsche Anpassungszwänge.

Die Steuerung der meinungsmachenden Massenmedien ist im Westen fast monolithisch. Alle Medien, sei es Fernsehen, Radio, Zeitungen, Zeitschriften, Bücher oder Filme, sind ideologisch praktisch gleichgeschaltet und sprechen praktisch mit einer Stimme, jedes Medium dieselbe Nachricht des anderen verstärkend oder wenigstens wiederkäuend. Trotz des Anscheins von Vielfalt gibt es keine wirkliche Abweichung, keine alternative Quelle von Tatsachen oder Ideen, die der großen Masse zugänglich gemacht wird. Systemkritische Stimme werden verketzert oder gar mit den Mitteln des Strafrechts verfolgt.

Nur noch mehr oder minder gleichgeschaltete Meinungen werden verbreitet. Diese Meinungen wurden einer einheitlichen Ideologie unterworfen, einer Ideologie, der die Gleichheit (zu unterscheiden von Gleichwertigkeit) der Rassen, die Toleranz gegenüber der Massenzuwanderung Artfremder, die moralische Gleichwertigkeit sexueller Orientierungen und der Primat einer heterogenen multikulturellen, kosmopolitischen Gesellschaft statt einer natürlichen homogenen Volksgemeinschaft zugrundeliegen. Nach dieser durch gleichgeschaltete Massenmedien verbreiteten Ideologie, die durch eine mehr oder minder kohärente ›Machtelite‹ verbreitet wird, wurde auch das Denken der ›Verbraucher‹ auf suggestivste massenpsychologische Weise gleichgeschaltet.

Die nachfolgenden Angaben waren irgendwann in den Jahren zwischen 1995 und 2000 richtig. Auch wenn sich einzelne Namen oder Umstände zum Zeitpunkt der Veröffentlichung dieser Schrift geändert haben mögen, so wird sich die festgestellte Tendenz nicht geändert haben. Mitglieder dieser Machtelite, die nachfolgend durch ein *-Zeichen gekennzeichnet sind, werden in aller Regel wieder durch Mitglieder derselben Gruppe ersetzt.

- **Elektronische Nachrichten- und Unterhaltungsmedien**

Die andauernde Deregulierung der Telekommunikationsindustrie begünstigte nicht etwa vermehrte Konkurrenz, sondern eine beschleunigende Welle von Fusionen und Übernahmen, die in den USA zu einer Handvoll von Multi-Milliarden-Dollar-Medienkonglomeraten führten. Ob Fernsehen, Film im Kino oder auf Video, ob Radio, Zeitung, Buch oder Zeitschrift, die Produkte kommen von einem der wenigen verbliebenen Mega-Medienunternehmen:

Nummer 1 auf der Liste der weltweit größten Medienkonglomerate ist heute ›AOL-Time Warner, Inc.‹, dessen CEO (Chief Executive Officer) Gerald M. LEVIN* ist. ›AOL-Time-Warner Inc.‹ ist im Jahre 2000 aus einer Fusion zwischen dem Internetunternehmen ›AOL (America online)‹ und ›Time-Warner Inc.‹ hervorgegangen.

Zu ›Time-Warner Inc.‹ gehört unter anderen ›Warner Music‹, welches mit 50 Unternehmen der bei weitem größte Musik-Aufzeichnungskonzern weltweit ist, darunter ›Warner Brother Records‹, das von Danny GOLDBERG* geführt wird/wurde. Stuart HIRSCH* ist/war Präsident von ›Warnervision‹. ›Warner Music‹ war ein früher Förderer von ›Gangster Rap‹. Durch seine Beteiligung bei ›Interscope Records‹ wurde ein neues Genre populär gemacht, und zwar eine extrem graphische Lyrik.

›Time-Warner Inc.‹ ist darüber hinaus in der Filmproduktion (›Warner Brothers Studio‹) und im Verlagsgeschäft führend. Der Verlagssektor, der unter anderen der größte Zeitschriftenherausgeber in den USA ist (*Time, Sport Illustrated, People, Fortune*), wird/wurde von Norman PEARLSTINE* geführt.

Schließlich gehört zum AOL-Time-Warner-Imperium auch ›Turner Broadcasting Corporation‹ mit ›CNN‹, das LEVIN im Jahre 1996 nach einigen Anläufen Ted TURNER abschachern konnte.

Als Ted TURNER seinerseits im Jahre 1985 CBS zu kaufen beabsichtigte, gab es eine Panik in vielen Medienvorstandszimmern. TURNER hatte ein Vermögen mit Werbung gemacht und hatte dann ein erfolgreich CNN aufgebaut. Obwohl Turner eine Anzahl von bestimmten Vertretern in Schlüsselpositionen eingestellt und nie öffentlich Positionen gegen deren Interessen bezogen hatte, ist er ein Mann mit einem großen Ego und einer starken Persönlichkeit, und er wurde von dem CBS-Vorsitzenden William PALEY* und anderen Leitenden im CBS als unkontrollierbar erachtet, jemand, der sich irgendwann gegen sie wenden könnte. Darüber hinaus hatte Daniel SCHORR*, der für TURNER gearbeitet hatte, öffentlich behauptet, daß sein ehemaliger Chef eine persönliche Abneigung gegenüber bestimmten Personen habe.

Um TURNERS Kaufangebot abzuwehren, wurde der Milliardär Laurence TISCH* (Theater, Hotels, Versicherungen, Zigaretten) von den CBS-Oberen eingeladen, die Gesellschaft zu übernehmen. Von 1986 bis 1995 war TISCH dann Aufsichtsratsvorsitzender und Vorstandsvorsitzender von CBS. Die Gefahr eines nicht-genehmen Einflusses auf die Programmgestaltung von CBS war erfolgreich abgeblockt worden. Spätere Bemühungen von TURNER, eine größere Fernsehanstalt zu erwerben, wurden stets von LEVIN bekämpft, bis schließlich auch TURNER selbst von LEVIN in die Knie gezwungen wurde.

Nummer 2 auf der Liste der weltweit größten Medienmultis ist ›Disney-Capital Cities/ABC Inc.‹, dessen Vorsitzender und CEO Michael EISNER* ist. Das Disney-Reich, angeführt von einem Mann, der von Medienkenner als »Kontollexzentriker« beschrieben wird, umfaßt mehrere TV-Produktionsfirmen (›Walt Disney‹, ›Touchstone‹, ›Buena Vista‹), ein eigenes Kabel-Netz mit 14 Millionen Abonnenten und zwei Videoproduktionsfirmen.

Hinsichtlich der Filmproduktion wird die Walt-Disney-Pictures-Gruppe durch Joe ROTH* geführt. Dazu gehören insbesondere ›Touchstone Pictures‹, ›Hollywood Pictures‹, und ›Caravan Pictures‹. Disney besitzt auch ›Miramax Films‹, geführt von den Gebrüdern WEINSTEIN*.

Neben TV und Filmen besitzt das Unternehmen ›Disneyland‹, ›Disney World‹, ›Epcot Center‹, ›Tokyo Disneyland‹, ›Euro Disney‹ und wird in Kürze einen weiteren Vergnügungspark in Hongkong eröffnen, von wo aus die kulturelle Zerstörung Chinas ausgehen wird.

Disney verkauft darüber hinaus jährlich für mehr als eine Milliarde US-Dollar sonstige Produkte: Bücher, Spielzeuge, und Kleidung. Im August 1995 erwarb EISNER ›Capital Cities/ABC, Inc.‹, ein Medienreich mit einem jährlichen Umsatz von 16,5 Milliarden US-Dollar. Capital Cities/ABC besitzt das ABC-Fernseh-Netz, das zehn TV-Stationen in ›großen Märkten‹ wie New York, Chicago, Philadelphia, Los Angeles und Houston einschließt. Darüber hinaus verfügt es über 225 angeschlossene Stationen in den Vereinigten Staaten und ist Teileigentümer mehrerer europäischer TV-Unternehmen.

ABCs Kabel-Tochtergesellschaft, ›ESPN‹, wird/wurde von dem Präsidenten und CEO Steven BORNSTEIN* geführt. Die Gesellschaft hat auch einen kontrollierenden Anteil an den Kabelunternehmen ›Lifetime Television‹ und dem ›Arts & Entertainment Network‹. ›ABC Radio Network‹ besitzt elf AM- und zehn FM-Stationen mit über 3400 Zweigstellen, und zwar wiederum in größeren Städten wie zum Beispiel New York, Washington und Los Angeles.

Obwohl primär ein Telekommunikationsunternehmen, hat ›Capital Cities/ABC‹ jährlich auch Milliardeneinnahmen im Verlagswesen. Es besitzt sieben Tageszeitungen, darunter *Fairchild Publications, Chilton Publications* und die *Diversified Publishing Group.*

Nummer 3 auf der Liste ist der ›Bertelsmann‹-Konzern, dessen Vorstandsvorsitzender der selbsterklärte Supranationalist Thomas MIDDELHOFF ist. MIDDELHOFF hatte dem fast 170 Jahre alten Unternehmen, das ursprünglich primär christliche Literatur und die Gebrüder GRIMM verlegte, durch eine Investition in Höhe von 50 Millionen US-Dollar in ›AOL‹ (›America Online‹) und den späteren Wiederverkauf einen Spekulationsgewinn von 8 Milliarden US-Dollar erwirtschaftet. Seitdem ist der Supranationalist, der nach eigenen Worten »nur noch einen deutschen Paß« hat, auf dem Vormarsch. Von dem Profit kaufte er unter anderen von den Gebrüdern Samuel und Donald NEWHOUSE* ›Random House‹ (siehe unter Druckmedien) und verdoppelte die Unternehmensgröße innerhalb von drei Jahren. Er, der sich selbst als supranationaler ›Maverick‹ und im Fernsehen als »Dr. Spock« von »Star Trek« ausgibt, gab Shawn FANNING (›Napster‹), einem anderen ›Maverick‹ des Gewerbes, der zu anderen Zeiten wohl eher eine Karriere hinter schwedischen Gardinen gemacht hätte, einen Kredit in Höhe von 60 Millionen US-Dollar und verärgerte dadurch nicht nur die gesamte Branche, sondern auch ein halbes Dutzend von Topmanagern innerhalb des eigenen

Konzerns. Der AOL-Reibach ließ MIDDELHOFF abheben. Auf der Frankfurter Buchmesse im Jahre 1999 verkündete er großspurig: »Wissen Sie, dies ist wirklich meine Buchmesse. Es ist die Bertelsmann-Buchmesse.«

Nummer 4 auf der Liste ist ›Viacom Inc.‹, das von Sumner REDSTONE* (geboren als Murray ROTHSTEIN*) geführt wird und das Einkünfte von über 10 Milliarden US-Dollar pro Jahr erwirtschaftet. ›Viacom‹, das TV-Programme für die drei größten Fernsehanstalten der USA (ABC, NBC und CBS) produziert und vertreibt, besitzt 12 Fernsehstationen und 12 Radiostationen. Es produziert darüber hinaus Filme durch ›Paramount Pictures‹, die durch Sherry LANSING* geführt werden. Zum Verlagsbereich von ›Viacom‹ gehört ›Prentice Hall‹, ›Simon & Schuster‹ und ›Pocket Books‹. ›Viacom Inc.‹ vertreibt des weiteren Videos in seinen 4000 ›Blockbuster‹-Geschäften und ist darüber hinaus am Satelliten-TV, an Themenparks und Videospielen beteiligt.

›Viacoms‹ weltweit führende Position liegt jedoch im Bereich von Kabelprogrammen wie zum Beispiel ›Showtime‹, ›MTV‹, ›Nickelodeon‹ und anderen Kabelnetzen. Seit 1989 haben ›MTV‹ und ›Nikkelodeon‹ immer größere Anteile an jugendlichen Zuschauern erobert. REDSTONE, der 76 Prozent der Anteile von ›Viacom‹ hält, präsentiert zum Beispiel ›Beavis und Butthead‹ als Teen-Idole. ›MTV‹ pumpt seine ethnisch gemischten Rock- und Rap-Videos in 210 Millionen Haushalte in 71 Ländern und ist der vorherrschende kulturellen Einfluß auf weiße Jugendliche rund um die Welt. ›Nikkelodeon‹ hat bei weitem den größten Anteil bei den 4 bis 11 Jahre alten Fernsehzuschauern in Amerika und breitet sich auch in Europa schnell aus. Die meisten der dort produzierten Shows offenbaren noch nicht völlig den abgrundtiefen Schwachsinn der MTV-Ideologie, aber REDSTONE verschärft allmählich das Tempo in Richtung Verblödung.

Nummer 5 auf der Liste ist Rupert MURDOCHS ›News Corporation‹, zu der ›Fox Television Network‹ und ›20th Century Fox Films‹ gehört. Die Filmstudios und TV-Produktion Murdoch werden/wurden von Peter CHERNIN* geleitet.

Nummer 6 auf der Liste ist die japanische »Sony [**S**tandard **O**il **N**ew **Y**ork] Corporation«, deren USA-Tochtergesellschaft, ›Sony of America‹, von Michael SCHULHOF* geführt wird. Alan J. LEVINE* führt die Abteilung ›Sony Pictures‹.

Die meisten TV- und Filmproduktionsgesellschaften, die sich noch nicht im Eigentum der größten Medienmultis befinden, werden ebenfalls von einer kleinen Gruppe kontrolliert. Zum Beispiel, ›New World Entertainment‹, das von Medienkennern als ›der erste unabhängige TV-Programmerzeuger‹ in den Vereinigten Staaten« bezeichnet wird, befindet sich im Eigentum von Ronald PERELMAN*, dem auch ›Revlon Cosmetics› gehört. Der Vorsitzende der ›New World› ist Brandon TARTIKOFF* (früherer Leiter des Unterhaltungsprogramms von ›NBC‹).

Von den ›kleineren‹ Medienfirmen ist am ehesten ›DreamWorks SKG‹ bekannt. ›DreamWorks‹ wurde im Jahre 1994 unter großem Trara von dem Mogul David GEFFEN*, dem ehemaligen Vorsitzenden der ›Disney Pictures‹, Jeffrey KATZENBERG*, und dem Filmregisseur und -produzenten Steven SPIELBERG* gegründet. Die Firma produziert Filme, Trickfilme, Fernsehprogramme und Musikaufzeichnungen. Mit Rücksicht auf ihre finanzielle Ausstattung und ihre Verbindungen werden sich GEFFEN, KATZENBERG und SPIELBERG mit ›DreamWork‹ schon bald in derselben Liga wie die großen Drei befinden.

Zwei andere große Produktionsfirmen, ›MCA‹ und ›Universal Pictures‹, befanden sich noch vor kurzem im Besitz der ›Seagram Company, Ltd.‹, wurden aber inzwischen mit ›Vivendi‹ (Frankreich) fusioniert. Der Präsident und CEO von Seagram, dem Alkoholriesen, ist Edgar BRONFMAN, Jr.*.

Auf die fünf größten oben erwähnten Filmproduktionsunternehmen (›Disney‹, ›Warner Brothers‹, ›Sony‹, ›Paramount‹ (Viacom), und ›Universal‹ (Seagram) entfielen 1995 etwa 75% der Jahreseinnahmen der gesamten Branche.

Die großen drei US-Fernsehsender waren früher ›ABC‹, ›CBS‹ und ›NBC‹. Mit der Konsolidierung der Medienimperien sind diese nicht länger unabhängige Rechtspersönlichkeiten. Selbst als sie jedoch unabhängig waren, wurden sie seit Beginn ihres Bestehen von einer kleinen Gruppe kontrolliert, und zwar ›ABC‹ durch Leonard GOLDENSON*, ›CBS‹ zuerst durch William PALEY* und dann durch Laurence TISCH* und ›NBC‹ zuerst durch David SARNOFF* und dann durch seinen Sohn Robert SARNOFF*. Über eine Periode von mehreren Jahrzehnten wurden diese Fernsehsender von oben bis unten mit bestimmten Persönlichkeiten besetzt, und daran hat sich auch nichts Wesentliches geändert, nachdem diese Sender von anderen Unternehmen absorbiert worden sind. Ihre Repräsdentanz in der Nachrichtensparte bleibt besonders stark.

Wie bereits erwähnt, ist ›ABC‹ heute Teil von EISNERS ›Disney‹. Die Verantwortlichen von ›ABC‹s Nachrichtenprogrammen sind/waren Sieger S. NEUFELD* (›20-20‹), Bob REICHBLOOM* (›Good Morning America‹) und Rick KAPLAN* (›World News Tonight‹).

›CBS‹ wurde inzwischen von ›Westinghouse Electric Corporation‹ gekauft. Dennoch blieb Eric OBER*, der von Laurence TISCH* ernannt worden war, Präsident von ›CBS‹-Nachrichten. Und obwohl ›NBC‹ inzwischen durch ›General Electric‹ erworben wurde, blieb sowohl ›NBC‹s Hauptverantwortlicher für den Nachrichtenbereich (Andrew MANGEL*) als auch weitere Verantwortliche für Nachrichtensendungen, und zwar Jeff ZUCKER* (›Today‹), Jeff GRALNICK* (›NBC Nightly News‹) und Neal SHAPIRO* (›Dateline‹).

- **Druckmedien**

Nach den Fernsehnachrichten sind Tageszeitungen die einflußreichsten Informationsmedien in den USA. Sechzig Millionen davon werden jeden Tag verkauft. Diese Millionen entfallen auf etwa 1500 Zeitungen. Manche mögen in ihrer Naivität immer noch annehmen, daß diese Zahl hinreichend Sicherheit gegen die Steuerung und Desinformation einiger weniger biete. Das Gegenteil ist jedoch richtig. Es gibt immer weniger redaktionelle Unabhängigkeit, weniger Konkurrenz und weit weniger Repräsentation des Mehrheitsinteresses, als sich der unbedarfte Beobachter vorstellen wird.

Die Tage, als die meisten Großstädte und sogar Städte mehrere unabhängige Zeitungen hatten, die durch ortsansässige Bürger mit engem Bezug zur jeweiligen Gemeinde herausgegeben wurden, sind längst vergangen. Heute werden die meisten ›örtlichen‹ Zeitungen von einer ziemlich kleinen Anzahl großer Firmen produziert, die von Managern kontrolliert werden, die Hunderte oder sogar Tausende von Meilen entfernt arbeiten. Tatsache ist, daß nur etwa 25 Prozent der 1500 Zeitungen unabhängig sind, der Rest gehört zu Verlagsmultis. Nur 100 der 1500 Zeitungen haben eine Auflage von mehr als 100 000. Nur eine Handvoll ist groß genug, sich noch unabhängig berichtendes Personal außerhalb ihrer eigenen Gemeinden leisten zu können; der Rest hängt hinsichtlich der nationalen und internationalen Nachrichten längst am Tropf der wenigen Informations- und Meinungsmonopolisten. In nur noch 50 Städten der USA gibt es mehr als eine Tageszeitung, und oft existiert zwischen diesen nur noch formal eine Konkurrenz, während die Eigentümer identisch sind. Beispiele dafür sind die *Huntsville News* und *Huntsville Times* (Alabama), die *Birmingham Post Herald* und die *Birmingham News* (Alabama), der *Mobile Register* und die *Mobile Press* (Alabama), die *Springfield Union,* die *Springfield News* und der *Springfield Republican* (Massachusetts), die *Syracuse Post* und der *Syracuse Herald* (New York), die alle durch die Holdinggesellschaft ›Advance Publications‹ der Gebrüder Samuel und Donald NEWHOUSE* gehalten werden.

Das Medienimperium der Gebrüder Samuel und Donald NEWHOUSE* ist ein typisches Beispiel für den bestehenden Wettbewerbsmangel unter amerikanischen Zeitungen. Es illustriert auch den unstillbaren Appetit der bestimmten Gruppen für alle Meinungskontrollorgane. Die Gebrüder Samuel und Donald NEWHOUSE* besitzen 26 Tageszeitungen, (darunter mehrere große und wichtige, wie zum Beispiel den *Cleveland Plain Dealer,* das *Newark Star Ledger,* die *New Orleans Times-Picayune,* die Newhouse Sender, die aus 12 Fernsehstationen und 87 Kabel-TV-Systemen bestehen, die Sonntags-Beilage *Parade* mit einer Auflage von mehr als 22 Millionen Exemplaren pro Woche und mehr als zwei Dutzend größere Zeitschriften, darunter *New Yorker, Vogue, Mademoiselle, Glamour, Vanity Fair, Bride, Gentlemen, Self, House & Garden* und alle anderen Zeitschriften der im Eigentum der Gebrüder Samuel und Donald NEWHOUSE* befindlichen ›Conde-Nast‹-Gruppe. Auch das Verlagsunternehmen ›Random House‹ gehörte zu diesem Imperium, bis es an die ›Bertelsmann AG‹ unter dem erklärten ›Globalisten‹ Thomas MIDDELHOFF veräußert wurde.

Dieses Medienreich war durch den verstorbenen Samuel NEWHOUSE*, einen Einwanderer aus Rußlandn gegründet worden. Als er im Jahre 1979 im Alter von 84 verstarb, hinterließ er den Gebrüdern Samuel und Donald NEWHOUSE* einen Medienbesitz im Wert von damals etwa 1,3 Milliarden US-Dollar. Mit einer Anzahl weiterer Erwerbungen ist der Nettowert von ›Advance Publications‹ inzwischen auf mehr als 8 Milliarden Dollar angewachsen.

Der Erwerb von so vielen Zeitungen durch die NEWHOUSE-Familie war auf Grund der Tatsache möglich, daß die Zeitungen nicht von ihren Abonnenten, sondern durch Inserate wirtschaftlich getragen werden. Immer, wenn sich die großen Inserenten in einer Stadt für eine Zeitung entscheiden, wird diese Zeitung florieren, während die Konkurrenz ausstirbt. Seit Beginn des letzten Jahrhunderts, als die Wirtschaftskraft bestimmter Gruppen in Amerika ein vorherrschender wirtschaftlicher Faktor geworden war, gab es einen ständigen Anstieg der Anzahl amerikanischer Zeitungen in solchen Händen, die durch eine ständige Abnahme der nicht in ihrem Eigentum befindlichen Zeitungen begleitet wurde, und zwar hauptsächlich bedingt durch konsequent selektive Auswahlpolitik der inserierenden Geschäftsleute: Der bestimmte Geschäftsmann inserierte möglichst nicht in Zeitungen, die nicht zu seiner Gruppe gehörten.

Darüber hinaus sind sogar die Zeitungen, die sich noch nicht in ihrem Eigentum befinden, inzwischen wirtschaftlich so fundamental von ihren Werbeeinkünften abhängig, daß die Art und und Weise der Leitartikel und der Nachrichtenverbreitung weitgehend auf ihre Präferenzen Rücksicht zu nehmen hat. Wes' Brot ich eß', des' Lied ich sing'!

Die Wettbewerbsunterdrückung und die Einrichtung örtlicher Verbreitungs- und Meinungsmonopole führten zu einer ständig wachsenden Monokontrolle über die Zeitungen der USA. Die daraus herrührende Fähigkeit, die Presse als williges Werkzeug einer ideologisch vorgegebenen Politik einzusetzen, kann kaum besser illustriert werden als durch die *New York Times*, das *Wall Street Journal* und die *Washington Post.* Diese drei Zeitungen, die die finanziellen und politischen Hauptstädte der USA beherrschen, sind die Zeitungen, die die Tendenzen und die Richtlinien für fast alle anderen Zeitungen vorgeben. Sie sind diejenigen, die entscheiden, was überregional eine Nachricht wird. Sie produzieren die Nachrichten, die von anderen nur noch kopiert werden dürfen. Und alle drei Zeitungen befinden sich in Händen bestimmter Gruppen.

Die *New York Times* ist der inoffizielle Wegweiser für Gesellschaft, Mode, Unterhaltung, Politik und Kultur. Sie sagt der intellektuell domestizierten Klasse Amerikas, welche Bücher sie zu kaufen und welche Filme sie zu sehen hat, welche Meinungen momentan ›in‹ sind, welche Politiker, Vordenker, Künstler und Kaufleute im Kommen sind.

Die *New York Times* war im Jahre 1851 von Henry J . RAYMOND und George JONES gegründet worden. Nach ihrem Tod wurde die Zeitung im Jahre 1896 aus dem JONES-Nachlaß durch den wohlhabenden Verleger Adolph OCHS* aufgekauft. Sein Großenkel, Arthur OCHS-SULZBERGER, Jr.*, ist der heutige Herausgeber. Der ›Executive Editor‹ ist Max FRANKEL* und der ›Managing Editor‹ Joseph LELYVELD*.

Durch die *New York Times* besitzt die SULZBERGER-Familie darüber hinaus auch 33 andere Zeitungen, darunter den im Juni 1993 für 1,1

Milliarden US-Dollar erworbenen *Boston Globe,* sowie zwölf Magazine, darunter *McCall's* und *Family Circle* mit Auflagen von jeweils über 5 Millionen, sieben Radio- und TV-Stationen; ein Kabel-TV-System und drei Buch-Verlagsunternehmen. Der Nachrichtendienst der *New York Times* versendet Nachrichten, Geschichten, Kommentare und Fotos an insgesamt 506 andere Zeitungen, Nachrichtenagenturen und Magazinen.

Von einer ähnlichen nationalen Bedeutung ist die *Washington Post,* die ihre Lauscher in den Regierungsbehörden der USA und einen direkten Draht zu den Regierungsstellen hat.

Die *Washington Post* wurde im Jahre 1877 durch Stilson HUTCHINS gegründet und von diesem im Jahre 1905 an John R. MCLEAN veräußert, der dann später von Edward B. MCLEAN beerbt wurde. Im Juni 1933 aber wurde die Zeitung auf der Höhe der ›Großen Depression‹ in den Konkurs gezwungen. Im Rahmen einer Zwangsversteigerung wurde sie dann durch Eugene MEYER*, einen Geldhändler und ehemaligen Partner des verrufenen Bernard BARUCH*, ersteigert.

Die *Washington Post* wurde bis zu ihrem Tod im Juli 2001 von Katherine MEYER GRAHAM*, Eugene MEYERS Tochter geführt. Sie war die Hauptaktionärin und die Aufsichtsratsvorsitzende der *Washington Post,* während ihr Sohn Donald MEYER GRAHAM* bereits seit 1979 Herausgeber des Blattes war. Er ist auch Präsident und CEO der *Washington Post.*

Die *Washington Post* ist Eigentümerin einer Anzahl von anderen Zeitungen, Fernsehstationen und Magazinen, darunter vor allem *Newsweek.*

In einem Gemeinschaftsunternehmen mit der *New York Times* verlegt sie darüber hinaus auch den *International Herold Tribune,* die am weitesten verbreitete englischsprachige Tageszeitung der Welt.

Das *Wall Street Journal,* von dem wochentäglich etwa 1,8 Millionen Exemplare verkauft werden, ist die auflagenstärkste Tageszeitung der USA. Sie befindet sich im Eigentum der ›Dow Jones & Company, Inc.‹, einer New Yorker Gesellschaft, die unter anderen auch 24 andere Tageszeitungen und das wöchentliche Finanzblatt *Barron's* herausgibt. Der Vorsitzende und der CEO von Dow Jones ist Peter R. KANN*. KANN hat auch die Posten des Vorsitzenden und Herausgebers des *Wall Street Journal.*

Die meisten anderen New Yorker Zeitungen sind in gleichen Händen wie die *New York Times* und das *Wall Street Journal.* Im Januar 1993 wurden die *New York Daily News* aus dem Besitz des verstorbenen Medienmoguls Robert MAXWELL* (Geburtsname: Ludvik HOCH) von dem (*) Immobilienspekulanten Mortimer B. ZUCKERMAN* gekauft. Die *Village Voice* gehört Leonard HECK*, dem milliardenschweren Eigentümer des ›Hartz Mountain‹-Unternehmens.

- **Andere Massenmedien**

Die Verhältnisse bei anderen Massenmedien sind vergleichbar. In den USA gibt es zum Beispiel drei nennenswerte Nachrichtenmagazine: *Time, Newsweek* und *USA News & World Report.*

Time mit einer wöchentlichen Auflage von 4,1 Millionen wird von einer Tochtergesellschaft der ›Time Warner Communications‹, jenem Medienkonglomerat, das im Jahre 1989 durch eine Fusion von ›Time, Inc.‹ mit ›Warner Communications‹ entstanden war, herausgegeben. Der CEO von ›Time Warner Communications‹ ist, wie oben erwähnt, der berüchtigte Gerald LEVIN*.

Newsweek wird, wie erwähnt, von der *Washington Post,* herausgegeben. Seine wöchentliche Auflage beträgt 3,2 Millionen.

USA News & World Report mit einer Auflage von 2,3 Millionen wird von dem vorerwähnten Mortimer B. ZUCKERMAN* herausgegeben, der die Position des ›Editor-In-Chief‹ selbst übernommen hat. ZUCKERMAN ist darüber hinaus auch Eigentümer des *Atlantic Monthly* und der *Daily News,* New Yorks Boulevardzeitung, die gleichzeitig das sechstgrößte Blatt in den USA ist.

- **Bücher**

Bevor ›Random House‹ an den supranationalen Konzern ›Bertelsmann AG‹ verkauft wurde, befanden sich drei der sechs größten Buchverleger in den Vereinigten Staaten im jüdischen Eigentum, so jedenfalls ›Publisher's Weekly‹.

Ein besonders bedeutender Verlag ist auch ›Western Publishing‹. Obwohl dieser Verlag insgesamt ›nur‹ an 13. Stelle steht, nimmt er bei den Kinderbüchern mit mehr als 50% den ersten Rang ein. Sein Vorsitzender und CEO ist Richard SNYDER*, der Richard BERNSTEIN* abgelöst hat.

Die einseitige Kontrolle der Medien geht weit über die USA hinaus, wenn berücksichtigt wird, daß die Eigentumsverhältnisse der wichtigsten Nachrichtenagenturen (›Reuters‹, ›Associated Press‹, ›United Press‹) vergleichbar sind.

Die *Manipulation der Informationen*, die Filterung dessen, was wir erfahren dürfen und was nicht, die Kombination von behördlicher Zensur und verlegerischer Selbstzensur ist einer der schlimmsten Zustände, von denen die westliche Welt heute geplagt wird. Es gibt kaum etwas, was für die Zukunft der Völker dieser Welt gefährlicher ist.

Dadurch, daß wir es *tolerieren*, daß sie Nachrichten und Unterhaltung kontrollieren und manipulieren, geben wir ihnen mehr als nur bloßen Einfluß auf unser politisches System und Kontrolle über unsere Regierung, wir überlassen ihnen auch die Gehirne und Seelen unserer Kinder, deren Verhalten und Ideen mehr und mehr von ihren Medien als durch Eltern und Schulen bestimmt werden.

Ein führender Medienmulti bei der Zerstörung nationaler Kulturen ist, wie angedeutet, ›MTV‹, ein Kabelanbieter, der im August 1981 gegründet wurde und Anfang 1993 bereits weltweit 210 Millionen Haushalte in 71 Ländern erreichte, und zwar mit 39 Millionen Zuschauern in Europa und weit über 50 Millionen in den USA. ›MTV‹ hat bereits mit ›VH-I‹ einen Ableger gezeugt. ›Viacom‹, die Muttergesellschaft, monokultiviert darüber hinaus über ihren TV-Kanal ›Nickelodeon‹ die Kinder dieser Welt. Der Eigentümer dieses supranationalen Kabelnetzwerkes ist Sumner REDSTONE (geb. Murray ROTHSTEIN*), ein Bostoner Multimilliardär, der sein Vermögen zunächst mit Kinos gemacht hatte. Obwohl sein Name in der Öffentlichkeit relativ unbekannt geblieben ist, wurde er weltweit zu einem der einflußreichsten Beeinflusser junger Menschen. Als ›MTV‹ ankündigte, sich auch nach China, Korea und Taiwan auszuweiten, feierte REDSTONE* die Ankunft des ›globalen Kindes‹. »Genau wie Teenager in der ganzen Welt dieselben sind, sind auch die Kinder dieselben in der ganzen Welt«, posaunte er.

Obwohl Hunderte von Millionen Kinder und Teenager rund um den Globus dieselbe Musik hören und dieselben Filme und Videos betrachten, bewirken diese keineswegs etwas Positives; denn der Unrat, der aus Hollywood kommt, hat meistens niedrigstes Erziehungsniveau, verführt zu asozialem Verhalten und zur Passivität. Die exotischen Bilder von Musikvideos verbreiten die Illusion, mit den ›kulturellen‹ Modeerscheinungen des Hollywoodschrotts verbunden zu sein. Es wird weder Umweltbewußtsein geschaffen, noch nationales, noch soziales Bewußtsein. Das einzige Bewußtsein, das vermittelt wird, ist das Warenbewußtsein des Konsumenten. Das Konzept ist simpel: Der erwachsene Konsument muß möglichst schon als Kind eingefangen werden. Also erzeugt man Produktloyalität statt Kulturloyalität, virtuelles Bewußtsein statt solidarisches Bewußtsein, demütiges Fanverhalten statt selbstbewußtes Demokratieverhalten.

Fast alle ›deutschen‹ Fernsehsender, ob privat oder öffentlich, speisen sich mehr oder minder aus den Produkten der US-Mediengiganten. Sie infiltrieren unsere Häuser und Wohnungen, besetzen die Gehirne unserer Kinder, zersetzen unsere Kultur, beherrschen unsere Sprache. In George ORWELLS *1984* benutzte ›Big Brother‹ seine Kontrolle über Nachrichten, Informationen und Kultur zur (fast) totalen Manipulation entwürdigter, entpersonalisierter Menschen. Obwohl ORWELL das kommunistische Herrschaftssystem meinte, verstärkten sich Mitte der achtziger Jahre in den sogenannten westlichen Demokratien die Tendenzen monopolistischer Meinungskontrolle und -beherrschung. Ende des Zweiten Weltkrieges waren zum Beispiel 80 % der Zeitungen in den USA noch unabhängig, im Jahre 1989 dagegen war das Verhältnis bereits umgekehrt: 80 % der Zeitungen gehörten zu Medienkonzernen.

Im Jahre 1981 kontrollierten noch 20 (zwanzig) Unternehmen die meisten der 11 000 in den USA erscheinenden Magazine, nur sieben Jahre später war die Zahl auf 3 (drei) Unternehmen reduziert. Heute kontrollieren in den USA etwa 15 (fünfzehn) Unternehmen fast den gesamten Markt von Tageszeitungen, Magazinen, Fernsehen, Büchern und Filmen, darunter sind ›AOL-Time-Warner Inc‹. und ›Walt Disney/Capital Cities‹ bei weitem marktführend und als solche die absolut herausragenden der noch etwa 8 bis 10 nennenswerten supranationalen Monopolisten, von denen in nicht allzu ferner Zeit nur noch maximal 5 (fünf) übrigbleiben werden.

John MALONE, Präsident von ›Telecommunications Inc.‹ (TCI), prophezeite sogar, daß in Zukunft weltweit nur »zwei oder drei Unternehmen die Telekommunikationsdienste über Information-Super-Highways anbieten werden. Die großen Blasen werden größer, und die kleinen Blasen platzen«. »Monopoly ist eine schreckliche Sache«, so der Medienmogul Rupert MURDOCH, »bis Du es selbst hast«.

Die Informationskontrolle der Monopole, so Ben H. BAGDIKIAN in *The Media Monopoly*, erfolgt nicht durch ein amtliches Edikt oder durch Staatsterror, sondern vor allem durch einheitliche wirtschaftliche und politische Stilvorgaben. In der medienbeherrschten Gesellschaft haben die Medienmonopole die Macht, abweichende

Meinungen zu unterdrücken und politische Opponenten, die deren politische Dogmen oder Interessen auch nur geringfügig in Frage stellen, zu diskreditieren – zum Schaden der Demokratie. Sie haben die Mittel, politische und kulturelle Identität zu *zerstören*, nicht nur durch die Verkündung von Dogmen, sondern durch ›positive‹ Unterstützung und Förderung von Gedanken und Informationen, die ihren Profiten und politischen Präferenzen dienlich sind.

Supranationale Medienmultis beherrschen heute größere Menschenmassen, als je ein politischer Führer in der Geschichte es vermocht hätte.

Sie beherrschen uns durch politisch gleichgeschaltete Redaktionsstuben, die die politisch korrekte Schaumsprache und Phraseologie des Kirchentagsredners VON WEIZSÄCKER wie Muttermilch verinnerlicht haben und unentwegt über uns ausschäumen (vgl. RÖHLS *Deutsches Phrasenlexikon*).

Sie beherrschen uns durch monotone, gespenstische ›Talkshows‹ politisch gleichgeschalteter philosemitischer, proamerikanischer 68er Mainstream-Multikulti-Denkungsart, in denen fast immer ähnliche und austauschbare Stereo-Typen auftreten, samt und sonders Political-Correctness-Akrobaten, in denselben Denkschablonen und -bahnen sich bewegend, öde Scheingefechte und künstliche Aufgeregtheit produzierend, gegenseitige Stichwortgeber für hohles Neusprech, politische Gesäßgeographen, die immer noch unerschüttert verkünden, man könne die politische Welt in ›Rechts‹, ›Mitte‹ und ›Links‹ einordnen.

Sie beherrschen unsere Kinder durch sogenannte ›Prol‹- oder ›Trash‹-Kultur. Der schlechte Geschmack, das Häßliche und Niedrige haben Hochkonjunktur im Voyeurland. Freaks, Bimbos, Zombies sind die Helden beim »Siegeszug des Degoutanten« (*Der Spiegel*). Fernsehen wird mehr und mehr zur Abnormitätenshow. Verbreitet wird die ›Anything-Goes-Ethik‹, die das Abnormale normal erscheinen lasse, so US-Senator Joseph LIEBERMAN. Gewaltverherrlichende Filme sind alltägliche Massenware. Nach einer repräsentativen Umfrage des Sample-Instituts im Jahre 1994 waren 74 % von tausend befragten Deutschen der Ansicht, daß im Fernsehen zu viel Gewalt gezeigt werde.

»Die Welt des Fernsehens ist nicht nur gewaltsam, sie sanktioniert ständig auch ihre Gewalt«, so eine Studie der US-amerikanischen ›National Cable Television Association‹. Die größte Untersuchung ihrer Art basierte auf einer zwischen dem 8. Oktober 1994 und 9. Juni 1995 getroffenen Auswahl von 2500 Programmstunden und 23 Kanälen, einer Mischung von Kabel-TV, privaten und öffentlichen Sendern.

Die von Wissenschaftlern von vier Universitäten durchgeführte Studie kam unter anderem zu folgenden Ergebnissen:

- 47 % aller gezeigten Gewalttaten zeigten nicht die Verletzungen der Opfer,
- 58 % zeigten nicht ihren Schmerz,
- 57 % aller Programme enthielten Gewaltszenen, davon etwa ein Drittel neun oder mehr,
- 60 % der Programme mit Gewaltszenen wurden während der Hauptsendezeit zwischen 20.00 und 23.00 Uhr gezeigt,
- das mit öffentlichen Geldern geförderte Fernsehen zeigte bei weitem die wenigsten Gewaltszenen, die größten Kommerzsender die meisten.

Die Studie kam zu dem Ergebnis, daß sich Gewalt und Verbrechen für das Kommerzfernsehen auszahlen, damit zugleich ein anschauliches Beispiel für den zerstörerischen Vorrang des Ökonomischen gebend. Auch in Deutschland ist diese Art von schlechter Freiheit dank der Kumpanei von Politik und Kommerz auf ihrem *zerstörerischen* Vormarsch. Unsere deutsche Jugend hat den Schaden.

Gewalt verbreitendes Reality-TV, wie aller Schund aus den USA importiert, echte oder nachgestellte Katastrophen- oder Kriminalfälle, Horror en suite, groteske Exhibitionisten- und Voyeuristenshows entsprechen den US-Vorbildern Sally Jessy RAPHAEL, ROLANDA, Jerry SPRINGER, Geraldo RIVERA, Ricky LAKE, Montel WILLIAMS und Jenny JONES. »Es dröhnt, kracht und proletet auf allen Kanälen«, so einst *Der Spiegel.*

650 000 amerikanische Kinder zwischen zwei und elf Jahren, so *Newsweek,* sehen jeden Nachmittag vergleichbare sensationsgeile Schund-, Horror-, Obszönitäten-, Anormitäten-, Freak-, Klatsch- und Tratschshows, die häufig an die niedrigsten Instinkte im Menschen appellieren. Die triviale Dauerberieselung produziert beliebig manipulierbare Kretins am laufenden Band. ›Kultureller Müll‹ en suite. Wie sonst kann man typische Themen dieser kulturellen Kloakenshows bezeichnen: »17jähriges Mädchen, das mit 100 Männern schlief«, »Die sexuellen Erfahrungen einer 13jährigen«, »Frauen, die ihre Vergewaltiger heiraten«. Einige haben sich nicht entblödet, diese Shows mit dem Argument zu verteidigen, sie würden die Realität

reflektieren. Dies mag sein, aber es war bisher die Realität von Randgruppenexistenzen, abseits der ›Main Street‹ in den Bannmeilen der Rotlichtviertel. Heute aber dringt ihr verrottetes Dasein in unsere Wohnzimmer ein und erzeugt in den Köpfen unserer Kinder den Anschein von Normalität.

Wenn die USA überhaupt eine eigene Kultur entwickelt haben, dann ist es am ehesten eine Kultur des *Krieges* und der *Zerstörung*. Und Hollywood ist einer der wesentlichen Motoren dieser militaristischen Kultur der USA. Man denke nur an Filme wie »Rambo«, »Commando«, »Red Dawn«, die »Rocky«-Serie, »Under Siege«, »Delta Force«, »America«, »Missing in Action«, »Top Gun«, »Heartbreak Ridge«, »Death Before Dishonor«, »Platoon«, »Tour of Duty«, »Robocop«, »Lethal Weapon«. Die Kinder der USA werden schon früh auf Krieg und Zerstörung programmiert, sei es heißer, kalter oder ökonomischer Krieg.

Die USA bezeichnen sich dennoch selbst als zivilisiertes Land (siehe **Vorwort**). Zivilisation aber braucht kulturelle Leitsysteme, die Grundpfeiler des sittlichen Volksempfindens sind. Gerade diese Grundpfeiler aber werden durch die jede Scham verdrängenden Kommerzmedien der USA und Deutschlands ins Wanken gebracht. Sie vernichten das soziale und politische Kapital im Interesse ihrer nimmersatten Reichtums- und Einflußgier. Schon Jean-Jacques ROUSSEAU stellte in seinem *Gesellschaftsvertrag* fest, daß die Finanz für die Demokratie etwas Gefährliches sei: »*Ce mot de finance est un mot d'esclave; il est inconnu dans la Cité.*« (dt.: »Dieser Begriff Finanz ist ein Sklavenwort und ist in der Cité unbekannt.«) Deshalb darf es nach ROUSSEAU in einem demokratischen Staat keinen Reichtum und keinen Gegensatz von arm und reich geben, ein typisch ROUSSEAUsches Ausweichen in ein unrealistisches Absolutum, das aber trotzdem seinen politischen Instinkt für eine Gefahr offenbart, welche der Demokratie vom Ökonomischen her droht. Die real existierende ›deutsche‹ Plutokratie liefert dafür den schlagenden Beweis.

In der *›wehrhaften Plutokratie‹* Deutschland bestimmt das Ökonomische das Politische. Als ihr De-Facto-Staat haben wir unter der Anleitung der ›USA Inc.‹ das Kind mit dem Bade ausgeschüttet. Statt nach ›Nationalsozialismus‹ und ›Kommunismus‹, wo das Politische das Ökonomische strangulierte, ein Gleichgewicht zwischen Politik und Wirtschaft zu suchen, haben wir uns, wie der Große Bruder, völlig dem Primat des Ökonomischen unterworfen. Die Folgen sind allenthalben spürbar, als Natur- und Kulturzerstörung, als Werteverlust und Kriminalitätsexplosion, als allgemeine Resignation und Lethargie, als Entdemokratisierung und Entsolidarisierung, als Hyperindividualismus und monströse Habgier.

Es ist Zeit zur Umkehr, Zeit, das »soziale Kapital« (James COLEMAN) gleichgewichtig neben das materielle Kapital zu stellen. Soziales Kapital aber ist nicht nur materielle Umverteilung im Rahmen eines Versorgungssystems, soziales Kapital beinhaltet ideell vor allem auch die Garantie einer Kultur- und Wertegemeinschaft, in der sich die Menschen aufgefangen ›fühlen‹. Soziales Kapital ist ein Reflex der Nation. Der Sozialstaat beruht notwendigerweise auf dem Nationalstaat. Ohne diese ideelle Komponente entartet der Mensch zum materiellen Sozialempfänger. Allein der Nationalstaat eröffnet die Chance zur Mitbestimmung, seine Überwindung aber führt zur Fremdbestimmung. Soziale Industriepolitik ist nationale Industriepolitik, sozialer Kapitalismus ist nationaler Kapitalismus.

Der ehemalige Vorstandssprecher der Deutschen Bank, Hilmar KOPPER, für den 200 Millionen D-Mark nur ›Peanuts‹ sind, empfahl in einem *FAZ*-Interview zum Jahresende 1995 die Wirtschaftspolitik der USA als Vorbild für Deutschland. Der Bilderberger KOPPER schien sich als Deutschlands hervorragendster Zyniker verewigen zu wollen; denn das durchschnittliche Haushaltseinkommen in den USA stagnierte zum Jahresende 1995 seit einem Vierteljahrhundert, und das wöchentliche Realeinkommen eines Arbeiters war seit 1979 um 5 % gesunken. Das Verhältnis von Top-Management-Gehältern zu Arbeiterlöhnen hatte sich von 41 : 1 (1973–1975) über 141 : 1 (1987–1989) auf 225 : 1 (1992–1994) zugunsten der Manager verändert. Die wirtschaftliche Polarisierung hat in den USA inzwischen Ausmaße erreicht, wie sie seit der ›Great-Gatsby-Ära‹ in den späten zwanziger Jahren nicht mehr vorgekommen sind. Ein Bericht der ›Organisation for Economic Cooperation and Development‹ zeigte, daß die ›USA Inc.‹ die ungleichste Einkommensverteilung aller fortgeschrittenen Industrienationen aufweist.

Nach einer weiteren durch die US-Regierung veranlaßten Studie des ›Centre on Budget and Policy Priorities‹ sind in 44 US-Staaten, die 85 % der US-Bevölkerung ausmachen, die »oberen Einkommensfamilien seit den späten 70er Jahren ständig reicher und die Armen immer ärmer geworden«. Unter dem Freimaurer William Jefferson CLINTON, der noch während seiner Wahlkampagne zu seiner ersten Präsidentschaft die zunehmende Kluft zwischen »fetten Katzen« (»fat cats«) und gewöhnlichen US-Bürgern verächtlich gemacht hatte, verstärkte sich dieser Trend noch. Und nicht nur die Armen fallen nach dieser Studie zurück. Mitte der neunziger Jahre hatte sich auch die Kluft zwischen den 20 % der obersten Einkommensschicht und den 20 % der mittleren Einkommensschicht (Familien mit Kindern) vergrößert. US-weit war vor 20 Jahren die Kluft der Einkommen zwischen den reichsten 20 % und den ärmsten 20 % nirgendwo größer als das 10fache. Mitte der neunziger Jahre war diese Schallmauer bereits in 30 US-Staaten durchbrochen worden. US-weit ist die durchschnittliche Einkommendisparität inzwischen auf das 13fache angestiegen. Im letzten Jahrzehnt ist die Mehrheit der US-Amerikaner tatsächlich ärmer geworden. Die 20 % der mittleren Einkommensschicht hatten einen inflationsbereinigten Einkommensverlust von jährlich 390 US-Dollar hinnehmen müssen, während sich das Einkommen der obersten 20 % gleichzeitig um jährlich 16 500 US-Dollar erhöhte.

»Das robuste ökonomische Wachstum der letzten Jahre hat wenig hinsichtlich der zunehmenden Ungleichheit zwischen arm und reich bewirkt«, erklärte dazu Kathy LARIN, eine der Ko-Autoren des Berichts, Ende 1997 und, so die Quintessenz dieses Berichts, die Einkommensunterschiede würden sich in Zukunft immer rascher vergrößern.

Noch schlimmer sieht es hinsichtlich der Verteilung des Reichtums aus. Der Anteil des gesamten Reichtums der reichsten 1 % hat sich in den Jahren 1979 bis 1992 fast verdoppelt. Heute befinden sich 42 % aller Vermögen in den Händen von Familien, die jeweils mindestens 2,3 Millionen Dollar besitzen. Das durchschnittliche Vermögen der Mittelklassefamilien (etwa 52 000 Dollar) ist dagegen in den Jahren 1979 bis 1992 nur um weniger als 10 % gestiegen. Von allen Einkommensgewinnen, die in den ›USA Inc.‹ zwischen 1977 und 1990 erzielt wurden, gehen 79 % in die Taschen der obersten 1 %-Verdiener, eine Gruppe, die im Jahre 1996 durchschnittlich etwa 438 000 Dollar verdient hat. Und innerhalb dieses 1 % nimmt die Ungleichheit ebenfalls zu; denn der Löwenanteil des Einkommenszuwachses wird von den Top-10 % der 1 % erzielt. Die ›USA Inc.‹ sind zu einer *The-Winner-Take-All-Society* (›der-Gewinner-nimmt-alles-Gesellschaft‹) geworden, so der Titel eines Buches von Robert FRANK/Philipp COOK. Sogar Steven RATTNER, Vorstandsvorsitzender der Investmentbank ›Lazard Frères‹, räumte ein: »Selbst jene von uns im Bankgeschäft erkennen, daß dies nicht die richtige Antwort für ein Land sein kann, weder sozial noch wirtschaftlich.«

Die supranationale Revolution hat ein kritisches Stadium erreicht. Die im Dreieck USA–Pazifisches Asien–Europa entstandene Kluft zwischen spekulativ aufgeblähten Werten und innerer Werthaltigkeit als Reflex ökonomischer Aktivitäten hätte in den USA längst wieder einen 29er- oder wenigstens einen 87er-Crash herbeiführen müssen. Der Dow Jones ist zur reinen Papiergröße geworden, die nur noch spekulativen Wert hat. Im globalen Markt lassen sich die spekulativen Exzesse der transnationalen Finanzjongleure optimal verstecken. Die Komplexität des globalen Finanzmarktes verhindert Transparenz, bewahrt ›die Spieler‹ mehr und mehr davor, sich gegenüber nationalen Gemeinschaften verantworten zu müssen. Von hergebrachten nationalen Kontrollen befreit, die das Kapital früher an die nationale Basis banden, können sich die supranationalen Spieler heute auf den meisten Märkten dieser Welt austoben, sei es bei der Finanzierung von Staatsschulden oder Super-Mergers von transnationalen Multis, sei es bei der Spekulation mit Aktien, Anleihen oder ständig neuen Finanzinnovationen (Futures, FRA's und andere Derivate), die alle mehr oder minder Wettspielcharakter haben. Banken wurden so inzwischen zu Spielbanken, Banker zu Zockern und Croupiers. Sie peitschen im Durchschnitt tagtäglich mehr als 1,2 Billionen US-Dollar um den Globus. Wen wundert es angesichts dieser Zahlen, daß die Herren Super-Zocker meinen, ihnen gehöre die Welt? Sie gehört ihnen inzwischen tatsächlich. Sie lenken unser aller Leben, verteuern das Geld und kaufen unsere ›demokratischen‹ Politiker.

Die Verteuerung des Geldes ist ein direktes Ergebnis der Supranationalisierung: Zinsmargen, also der Zinsaufschlag über Diskontsatz, sind vor allem Risikomargen, und globale Geschäfte, insbesondere Kredite an Länder der Dritten Welt oder Schwellenländer, birgt ein hohes Ausfallrisiko, falls sie nicht durch Garantien von »Erste-Welt-Staaten« abgesichert sind. Kalkulatorischer Wertberichtigungsbedarf verteuert das Geld.

Der supranationale Geldmarkt ist ein Markt der Möglichkeiten. Um die Gunst der Herren Zocker buhlen heute nicht nur nationale Abnehmer. Warum Kredite an das Mittelstandsunternehmen Müller & Sohn in Bielefeld für 8 % vergeben, wenn man an der Börse von Hongkong 21 % erzielen kann? Dies ist nämlich der jährliche Durchschnittserlös, den ein sachkundiger Anleger in den letzten zwanzig Jahren am Aktienmarkt in Hongkong hätte erwirtschaften können. Hongkong verknappt das Geld in Bielefeld und macht es dadurch dort teurer. Das Gleiche gilt im Verhältnis der Aktienmärkte. In Deutschland ließen sich im Zwanzig-Jahres-Mittel ›gerade‹ 11 % erzielen, in Argentinien dagegen 28 %. Trotz Kursrisiko und Know-How-Defizit mag ein solcher Ertragsunterschied manchen deutschen institutionellen Anleger zur Abwanderung bewegen. Und wieder tritt eine Geldverteuerung ein, die für mittelständische deutsche Unternehmen Konkurs, für eine deutsche Familie des gehobenen Mittelstandes den Abstieg in den durchschnittlichen oder unteren Mittelstand bedeuten kann.

Der Prototyp des supranationalen Zockers ist George SOROS, der herausragende Währungsspekulant und virtuose Nutznießer der supranationalen Revolution. Allein mit seinem von Curaçao, Niederländische Antillen, aus operierenden ›Quantum Fund‹ hatte er in drei Jahrzehnten elf Milliarden US-Dollar angesammelt. SOROS spielt mit Regierungen und Nationen. Im September 1992 pendelte das britische Pfund um 2,85 DM und näherte sich bedenklich der im Währungsverbundsystem zulässigen Schwankungsbreite (2,77 DM). Die Bank of England mußte trotz Rezession die Zinsen erhöhen, um die Flucht aus dem Pfund aufzuhalten und es für Anleger, trotz Kursrisiko, interessanter zu machen. Gegen diese Maßnahme der Zentralbank und eine dadurch potentiell erhöhte Kaufnachfrage verkaufte George SOROS Pfund im Gegenwert von zehn Milliarden US-Dollar. Die Zinssenkung lief ins Leere. Die Bank of England war auf Grund der Intervention von SOROS gezwungen, die Zinsen um weitere 2 % zu erhöhen, um ihre Währung in der Bandbreite zu halten. Gleichzeitig kündigte die Regierung an, sie selbst würde fünfzehn Milliarden verkaufen, um den Ausverkauf ihrer Währung aufzuhalten. Später schrieb SOROS, er habe sich köstlich über diese Ankündigung amüsiert; denn das sei genau die Summe gewesen, die er habe verkaufen wollen. Letztlich halfen jedoch alle Interventionen der Bank of England und der britischen Regierung wenig, so daß Großbritannien gezwungen war, den Währungsverbund zu verlassen.

Großbritannien ›verbrannte‹ durch das SOROS-Manöver insgesamt etwa zwanzig Milliarden US-Dollar an Steuergeldern, Gelder, mit denen der nationale Mittelstand in seinem täglichen Überlebenskampf hätte unterstützt werden können. Italien hatte bereits vorher den Kampf um die Lira aufgegeben. SOROS höhnte später, daß er mit diesem Coup, zusammen mit anderen Geschäften, zwanzig

Milliarden US-Dollar gemacht habe, wovon ein erheblicher Teil in seinem Quantum Fund landete.

»Er *zerstört* Institutionen lieber, als daß er sie aufbaut«, so der britisch-königliche Ritter Ralf DAHRENDORF (FDP) in der Zeitschrift *Merkur* (4/95) über George SOROS, den POPPER-Schüler und ›Jakob SCHIFF der neunziger Jahre‹, wie DAHRENDORF und POPPER ein ›Fellow‹ der ›London School of Economics‹ (›LSE‹), die maßgeblich mit ROCKEFELLER-Geldern finanziert worden ist (vgl. Ralf DAHRENDORF, *LSE: A History of the London School of Economics and Political Science*, S. 164 ff.)

Nach dem Vorbild der ROCKEFELLER-Stiftungen in den USA kündigte George SOROS im Oktober 1997 an, das russische Bildungswesen und das russische Militär mit einer halben Milliarde US-Dollar über seine eigenen ›Stiftungen‹ finanzieren zu wollen – auf dem Weg zur offenen ›Wolfsgesellschaft‹ westlichen Vorbilds. Kurz zuvor hatte bereits Time Warners Ted TURNER angekündigt, die von David ROCKEFELLERS ›Council on Foreign Relations‹ (CFR) anregte und von ihm anfinanzierte UNO mit einer Milliarde US-Dollar finanzieren zu wollen. Allein die Tatsache, daß die UNO-Interventionstruppen unmittelbar oder mittelbar mit privaten Geldern finanziert werden, sollte den Widerstand der lethargischen Völker auslösen, ganz zu schweigen davon, welche eigentlichen Ziele hinter den als »Zuwendungen für Frieden und Völkerverständigung« getarnten Mittelzuweisungen verborgen sind.

Nationale Regierungen sind häufig Wachs in den Händen von SOROS und Konsorten. Nachdem jene sich einmal an die »Golden Boys« (Jacques DELORS) verkauft haben, sind sie dem Teufel ausgeliefert. Ein geradezu faustischer Gegensatz: einerseits die Verpflichtung gegenüber nationalen Volkswirtschaften, andererseits die kaum noch zu bändigende Macht der supranationalen Zocker. Die Geister, die man rief... Der Teufel lockt weiter: Alles dies seien nur Verwerfungen einer Übergangszeit. Sobald sich die nationalen Regierungen zurückgezogen hätten, würde der supranationale Markt völlig konvergieren und größere Stabilität produzieren, eine Behauptung, die heute nur noch die Skrupellosesten oder die Dümmsten unter ihnen vertreten. Leider ist dies die große Mehrheit. Und wieder ist SOROS allen diesen lächerlichen Nachbetern intellektuell voraus. Wenn sich eine Position nicht mehr halten läßt, dann sollte man frühzeitig aussteigen – möglichst vor allen anderen. Dies gilt für den Devisenhandel, aber auch für die Politik, in der für antinationale Hysterie kein Platz ist. Wenn die Nation ihre Stellung verliert, wer wird Eigentumsrechte garantieren, wer Demokratie gewährleisten, wer ökonomische Krisen sozial abfangen? Wer wird im Chaos des globalen Marktes noch für soziale Ordnung sorgen? Was ist Geld noch wert, wenn dahinter keine starken Regierungen, sondern nur noch transnationale Multis stehen?

In Soros' Buch *Soros on Soros* sagt dieser der supranationalen Revolution keine Zukunft voraus. »Ich sehe keine Überlebenschance für das globale System... nach meiner Ansicht sind wir bereits in eine Periode der globalen Desintegration eingetreten, nur sind wir uns dessen noch nicht bewußt.« Welche handfesten Erkenntnisse gehören wohl dazu, um einen solchen Mann zu bekehren?

Wenn also die supranationale Desintegration bereits eingesetzt hat und die ersten sich bereits gedanklich auf den Absprung vorbereiten, während ideologisch verblendete Trottel immer noch ihr internationalistisches Hurra blöken, dann ist es die verdammte Pflicht einer verantwortungsbewußten Regierung, von dem immer unkontrollierter dem Abgrund entgegenrasenden Karren abzuspringen – bevor es zu spät ist. Wie? Durch die Wiederentdeckung des Primats des Politischen, durch einen neuen Protektionismus.

Wenn wir nur wollten, könnten wir unsere verlorene Souveränität einschließlich Währungshoheit (»Die Zukunft gehört der Reichsmark«) wieder zurückgewinnen. Man brauchte nur einige dieser Maßnahmen anzuwenden, entschieden und hart, um die supranationalen Zocker und ihre politischen Lakaien, die unser aller Zukunft verspielen werden, empfindlich zu treffen.

Statt Nationen und Zivilisationen, Demokratien und Kulturen zu zerstören, um die ›Eine-Welt-Regierung‹ herbeizuführen, sollten sich die immer machtloseren Völker dieser Welt in einem weltweiten Aufstand gegen die Bretton-Woods-Mafia zusammenfinden und sich von deren völkerfeindlichen Institutionen (Weltbank, Internationaler Währungsfonds, Welthandelsorganisation usw.) befreien. In Deutschland kann diesen Kampf nur eine völlig neue Partei glaubhaft aufnehmen.

Die supranationale Revolution hat bereits begonnen, eine große *Völkerwanderung* von Süden nach Norden auszulösen. Es wird geschätzt, daß heute noch etwa 3,1 Milliarden Menschen auf der Erde von der Landwirtschaft leben. Die meisten dieser Menschen leben (noch) auf der südlichen Erdhalbkugel. Häufig handelt es sich um

Kleinbauern, die kaum über die Selbstversorgungslandwirtschaft hinaus produzieren. Bretton-Woods hat auch zu einer radikalen Rationalisierung der Landwirtschaft geführt. Wachstumsverheißung und Produktivitätszwang haben gerade dort katastrophale Folgen, und zwar nicht nur ökologisch hinsichtlich der Entstehung einer landwirtschaftlichen Monokultur und des nicht wieder rückrufbaren Verlustes an Biovielfalt, sondern vor allem auch in bezug auf den Verlust an landwirtschaftlichen Arbeitsplätzen. Es wird geschätzt, daß von den heute noch etwa drei Milliarden in der Landwirtschaft tätigen Menschen im Zuge der Rationalisierung und der Produktivitätserhöhung etwa zwei Milliarden Menschen Haus und Hof verlieren werden. Einige dieser GATT-Flüchtlinge werden in städtischen Slums ihrer Heimatländer wieder auftauchen, eine große Zahl aber wird zur Massenauswanderung gezwungen sein. Diese von GATT herbeigeführte Massenvölkerwanderung wird die Weltpopulation dramatisch umverteilen, mit allen sozialen, ethnischen und sicherheitspolitischen Destabilisierungseffekten in den jeweiligen Flüchtlingsländern, wie wir es schon heute in Deutschland verspüren können. Dieses ist nicht etwa nur ein unerwünschter Nebeneffekt der supranationalen Revolution, sondern die Drahtzieher dieser Revolution verfolgen damit eines ihrer Hauptziele, nämlich die totale Destabilisierung und Chaotisierung der Industriegesellschaften des Nordens, damit die Völker dieser ›Wolfsgesellschaften‹ ihre Nation, ihr Volk und ihre Tradition aus nackter Verzweiflung verraten und sich dem Großen Bruder, dem Krypto-Illuminatentum, unterwerfen. Die massenhafte Zerstörung von Kleinbauernbetrieben der Dritten Welt führt auf diese Weise zur Zerstörung der Gesellschaften der Ersten Welt.

Niemand hat die Menschen der Dritten Welt, die sich bisher von ihrem Land haben ernähren können, gefragt, ob sie in die fremde, kalte Welt des Nordens auswandern wollen. Niemand hat uns gefragt, ob wir aus einer monokulturellen, homogenen Gemeinschaft in eine multikulturelle, heterogene ›Wolfsgesellschaft‹ wechseln wollten; denn die von Süden nach Norden einwandernden Fremden bringen nicht nur ihre oft verzweifelte, kriminalitätsfördernde Armut mit, sondern sind für die Krypto-Illuminaten auch profitmaximierende Billigarbeitskräfte, die die Arbeitsplätze deutscher Beschäftigten bedrohen und auch diese selbst dadurch potentieller Armut preisgeben. Auch dies ist freilich von den Drahtziehern der supranationalen Revolution gewollt.

Die supranationale Revolution läuft auf Hochtouren. Selbst älteste Kulturnationen wie Japan leisten ihr kaum noch Widerstand, mehr noch, sie betreten eilfertig das supranationale Casino in dem Wahn, es als Gewinner wieder verlassen zu können. Wie in jedem Casino gibt es durchaus Gewinnphasen, aber am Ende hat man Haus und Hof, sprich Nation und Land, verspielt. Nur eine Nation scheint noch Widerstand zu leisten: *China*. China ist der letzte bedeutende Unsicherheitsfaktor im Spiel der Krypto-Illuminaten und könnte, falls es den Versuchungen widersteht, zum auslösenden Faktor für eine totale Kehrtwende werden. Niemand weiß dies besser als die Drahtzieher der supranationalen Revolution. Auch CLINTON witterte diese Gefahr: Nach der Methode des MARSHALL-Plans (»Mit Speck fängt man Völker«) versuchte er daher, China mit der Meistbegünstigungsklausel (»Most favorite nation privileges«) in die supranationale Falle zu locken. Während China die Klausel wirtschaftlich genutzt hat, bleibt abzuwarten, ob es, wie Japan, damit den Krypto-Illuminaten auch politisch die Tür für die allgemeine Zerstörung seiner Kultur und Zivilisation geöffnet hat.

In dem Maße, in dem China (hoffentlich nur zum Schein) mitspielt, in dem Maße werden die destabilisierenden Faktoren des supranationalen Kartenhauses ihre Wirkung entfalten. China hat bereits heute eine Bevölkerung von über 1,2 Milliarden Menschen. Seine Wirtschaft wächst in einem rasanten Tempo: Bereits im Jahre 1993 war China zusammen mit Japan die zweitgrößte Wirtschaftsmacht der Welt, gemessen an der sogenannten ›Purchasing Power Parity‹ (PPP). Das Bevölkerungsheer Chinas ist ein gewaltiges Reservoir extrem billiger Arbeitskraft. Als Ergebnis der kontinuierlichen Landflucht Hunderter von Millionen Menschen ist dieses Billiglohn-Reservoir praktisch unbegrenzt. Dieselben Verhältnisse treffen auf Indien zu. Diese praktisch unbegrenzten Billiglohn-Kapazitäten sind im Rahmen einer supranationalen Marktwirtschaft für die Sozialgefüge der Ersten Welt mittel- und langfristig verheerend. Die Schaffung des ökonomischen Desasters aber wird gerade als Teil der Gefügigmachung der Völker eingeplant.

Chinas Weg, einen marktwirtschaftlichen Sozialismus chinesischer Spielart zu schaffen, hat im globalen Maßstab das Potential zur Katastrophe. Das chinesische Volk wird auch in Zukunft, gemessen am westlichen Standard, verhältnismäßig arm sein. Das Heer äußerst billiger Arbeitskräfte steht bereit, den technologischen Fortschritt, den Staaten wie Taiwan oder Südkorea bereits erreicht haben, aufzuholen. Die Abwärtsspirale, die wir bei den Löhnen schon heute in den westlichen Nationen zu verzeichnen haben, würde dann erst voll einsetzen. Die Nivellierung unseres Lebensstandards nach unten ist zwar Teil des Plans zur Chaotisierung der westlichen Gesellschaften; denn nur der hungrige Arbeiter ist ein gefügsamer Arbeiter. Das Problem der Krypto-Illuminaten wäre allerdings, daß die Anpassung nach unten nicht schnell genug erfolgen würde, um den Verlust wichtiger Märkte an China abzufangen. Spätestens dann wird man wieder nach dem Schutz niedergerissener Grenzen schreien.

Währenddessen setzte China zunächst seinen protektionistischen Kurs unbeirrt von propagandistischen Angriffen der USA & Co. fort. Ausländische Produkte konnten nach China nur im Rahmen strenger Schutzvorschriften eingeführt werden. Die Importpolitik für Kraftfahrzeuge führte zwar zu einem Anstieg importierter Fahrzeuge, aber ihre Anzahl wurde durch hohe Tarife und gleitende Steuern geregelt. Ausländische Fahrzeughersteller, die mit chinesischen, staatlich kontrollierten Unternehmen eine Partnerschaft eingingen, erhielten bestimmte Auflagen. 50 % der Fahrzeugbestandteile mußten von chinesischen Zulieferern kommen. Über steuerliche Anreize wurde dieser Anteil in manchen Regionen sogar bis auf 90 % hochgetrieben. In jedem Unternehmen mußten F + E-Institute eingerichtet werden, um vor allem eine neue eigenständige Produktgeneration zu entwickeln. Dem neugegründeten Unternehmen wurde zur Auflage gemacht, Produkte der neuesten technologischen Generation zu entwickeln und den Bedarf an ausländischen Devisen durch den Export dieser Produkte zu finanzieren.

Mit derselben protektionistischen Politik wurde Japan zur wirtschaftlichen Großmacht – bis es schließlich dem Druck der Krypto-Illuminaten unterlag und sich in die Organisationen der supranationalen Revolution einbinden ließ. Die katastrophalen Folgen für die japanische Zivilisation, der verheerende Kultur- und Werteverfall und die Verwahrlosung der japanischen Jugend sind allenthalben sichtbar. Gleiches soll nach dem Plan der supranationalen Zerstörer mit China geschehen. Schlimmer noch: Da sie wissen, daß sie – anders als Japan – China nicht als Ganzes einbinden können, ohne nicht den Crash ihres gesamten Systems befürchten zu müssen, haben sie einen anderen teuflischen Plan. Dieser sieht vor, den Lebensstandard und das Einkommensniveau der Menschen in den Küstenregionen Chinas (rund 300 Millionen) auf das japanische Niveau anzuheben, gleichzeitig aber das riesige Innere des Landes zu vernachlässigen und damit China einer inneren sozialen Zerreißprobe auszusetzen. Auf diese Weise hofft man, selbst das chinesische Riesenreich zu zerbrechen und es für die supranationale Revolution der transnationalen Multis schlachtreif zu machen.

In den Plänen der Krypto-Illuminaten wird Hongkong eine Schlüsselrolle bei der Destabilisierung Chinas spielen. Hongkong, das ›Bauernopfer‹, ist das Trojanische Pferd, um China von innen heraus zu zerstören. Von Hongkong aus wird Michael EISNERS Disney seine Kampagne der Kulturzerstörung beginnen, indem er dort einen weiteren seiner Plastik-Vergnügungsparks installiert. Mag auch die national-kommunistische Führung in Peking noch von einer Wiedervereinigung mit Taiwan träumen, die supranationalen Drahtzieher haben die weitere Aufspaltung Chinas im Visier.

SOROS und Konsorten hatten sich bereits der Währungen Thailands, Malaysias, Indonesiens und der Philippinen angenommen, bevor sie sich im Jahre 1997 den Hongkong-Dollar (HK-Dollar) vornahmen. Ziel ist es, den seit 1983 an den US-Dollar gekoppelten HK-Dollar durch massive Verkäufe so unter Druck zu setzen, daß Hongkong und das mit ihm politisch wiedervereinte Rest-China gezwungen sind, wesentliche Teile ihrer Fremdwährungsreserven (Hongkong: umgerechnet 88,1 Milliarden US-Dollar per Oktober 1997, Rest-China: umgerechnet 130 Milliarden US-Dollar) zu opfern, um durch Gegenschäfte die spekulativen Angriffe von SOROS und Co. abzuwehren und den Währungsverbund mit dem US-Dollar zu retten. Im August 1997 begann die Provinzregierung Hongkongs als Reaktion auf die monetäre Kriegserklärung des supranationalen Spekulantentums ihre Fremdwährungsreserven anzugreifen. Da Peking (noch) nicht beisprang, wurden gleichzeitig die Zinsen massiv erhöht, um ausländisches Kapital im Hongkong-Dollar zu halten. Die Zinserhöhungen trafen vor allem Hongkongs ›Blue-Chip‹-Immobilien-Unternehmen, die den Hang-Seng-Index maßgeblich beeinflussen. Allein an einem Tag (23. Oktober 1997) rutschte der Hang Seng um 10,4 %. DAX und Dow Jones folgten mit Tagesverlusten von 3,6 % bzw. 2,3 %. Schon heute führt das Krypto-Illuminatentum die Welt am Gängelband. Nur Malaysias mutiger Premierminister MAHATHIR hat es bisher gewagt, George SOROS, den supranationalen Spekulantenkönig, als Zerstörer alter Kulturgemeinschaften offen anzugreifen...

China, so ist für alle Völker dieser Welt zu hoffen, wird die unheilvollen Pläne der Krypto-Illuminaten durchschauen. Es wird, so ist zu hoffen, den supranationalen Markt mit seinen Billigprodukten überschwemmen und dadurch die zerstörerischen Kräfte der supranationalen Revolution zum Rückzug zwingen oder den Eintritt des dann ohnehin vorprogrammierten supranationalen Crashs auf diese Weise beschleunigen, um die Völker dieser Welt wieder zu sich selbst zurückzuführen - je früher, desto besser für unsere Jugend und zukünftige Generationen.

Für einen *Crash* der supranationalen Revolution gibt es ökonomische, kulturelle und soziale Szenarien. Sie können allein auftreten, viel wahrscheinlicher aber wird es zu einer Kettenreaktion oder einem sich gegenseitigen Aufschaukeln einzelner Szenarien kommen.

- *Ökonomisch* gesehen bedeutet ein nach oben ausbrechender US-Dollar das Ende der supranationalen Revolution. Was passiert in zukünftigen Krisenzeiten, wenn der Dollar seine historische Fluchtwährungsfunktion wieder voll einnehmen wird? Was geschieht, wenn sich die Produkte ›Made in USA‹ dann so verteuert haben werden, daß die Ostküstenbarone ihren vor Ort gefertigten Schrott allenfalls noch auf dem Heimatmarkt absetzen können und auch dort härtester japanischer, chinesischer, südkoreanischer und deutscher Konkurrenz ausgesetzt sein werden?
- Ein anderes Crash-Szenario ist die *Verschärfung des Kulturkampfes.* Im Westen war es vor allem Frankreich, das diesen Kulturkampf anführte, während sich die Deutschen damit abgefunden hatten, *de facto* ein US-Staat ohne jede eigene Identität zu bleiben. Deutsche Politik war und ist die Politik der totalen Kapitulation vor dem US-amerikanischen Kulturimperialismus. Politiker wie Johannes RAU (SPD) hießen hier den Freizeitpark von AOL-Time-Warner, dem weltweit größten US-Medienunternehmen, mit offenen Armen willkommen. Kommerz über alles! Hurra, hurra, hurra!
- Das wahrscheinlichste Crash-Szenario der supranationalen Revolution ist ein *sozialer Abstieg* in die *Massenarbeitslosigkeit.* Die tatsächliche Arbeitslosenrate in Deutschland dürfte nach konservativen Schätzungen bei etwa sieben bis acht Millionen liegen, jene eingerechnet, die aus dem Nürnberger Zahlenwerk herausgefallen sind, weil Arbeitslosengeld und Arbeitslosenhilfe ausliefen. Hinzu kommt das neu geschaffene Heer von Teilzeitarbeitskräften, gewissermaßen Arbeitslose auf Abruf.

Selbst der liberale ›Weltökonom‹ Helmut SCHMIDT ließ Mitte des letzten Jahrzehnts verlauten, daß heute mehr Menschen in Chemnitz, Leuna und Frankfurt an der Oder arbeitslos seien als im Jahre 1933 zu Zeiten der Machtübernahme durch die Nationalsozialisten. Und SCHMIDT warnte, daß man auf alles gefaßt sein müsse, wenn dieses Problem nicht gelöst werde. Die menschlichen Kosten von Langzeitarbeitslosigkeit, nämlich Familienzusammenbrüche, Alkoholmißbrauch, Kriminalität und Gewalt, sind ein anderer Aspekt der durch die supranationale Revolution geschaffenen ›Wolfsgesellschaft‹. In einer Studie der US-amerikanischen Johns Hopkins-Universität wurde statistisch ermittelt, daß ein 1%iger Anstieg der Arbeitslosenquote zusätzlich daraus resultierende 37 000 Tote, 920 Selbstmorde, 650 Morde, 4000 Einlieferungen in Anstalten für Geisteskrankheiten und 3300 Gefängnisstrafen über einen Zeitraum von sechs Jahren zur Folge hat. Natürlich sind diese Statistiken methodisch angreifbar, aber der darin ausgesprochene Trend als solcher entspricht der allgemeinen Lebenserfahrung und dem gesunden Menschenverstand, wenn auch die Zahlen im einzelnen höher oder niedriger liegen mögen. Wenn erst in Deutschland Millionen von Arbeitsplätzen nach Südostasien, Südosteuropa, in den Süden der USA oder nach Mittel- und Südamerika exportiert sein werden, schlägt die Stunde der Götzendämmerung. Solchen Zahlen könnte sich selbst die ideologisch korrumpierteste Gewerkschaft nicht mehr entziehen. Die längst überfälligen Massendemonstrationen kämen aber dann wohl zu spät, um die Regulierung des Marktes im Rahmen sicherer nationaler Grenzen noch zu erkämpfen. Erst nach der Vollendung des Zerstörungswerks der EU werden viele zu der heute noch verdrängten Einsicht gelangen, daß eine solche Megaeinheit kaum miteinander vereinbarer Interessen und Kulturen weniger regierbar, regulierbar und damit zu schützen ist als homogene nationale Einheiten wie Japan oder Deutschland.

- Und schließlich ist es die häufig *aus dem Ausland importierte Massenkriminalität,* die das soziale Netz einer Zerreißprobe aussetzt. Ausländer waren im Jahre 1995 zu mehr als einem Drittel an der Gesamtkriminalität in Deutschland beteiligt, an der Schwerstkriminalität sogar zu etwa 60 %, am Autodiebstahl, Menschen- und Rauschgifthandel zu etwa 50 %, am Taschendiebstahl zu etwa 70 %. Was geschieht, wenn sich der soziale

Streß weiter erhöht, wenn Arbeitslosigkeit und Kriminalität infolge der offenen Grenzen weiter ansteigen? Werden die Deutschen dann endlich aufwachen? Werden sie dann endlich originäre Schutzrechte einfordern, die jeder Volksgemeinschaft zukommen? Werden sie dann endlich kämpfen und rechtliche, kulturelle, intellektuelle, militärische und grenzpolizeiliche Schutzwälle gegen die externen Kräfte der Zerstörung errichten?

Der Crash der supranationalen Revolution ist nach allem eher wahrscheinlich. Nur der Zeitpunkt ist ungewiß. Die wesentlichen Ursachen für einen solchen Crash lassen sich nach dem voraus Gesagten wie folgt zusammenfassen:

- *Supranationale Abwärtsspirale*
  Die supranationale Revolution hat einen Wettlauf ausgelöst, in dessen Rahmen bestimmte Bedingungen dahin tendieren, sich nach unten hin auf das Niveau des Verzweifeltsten anzupassen. Dieser negative Anpassungsprozeß beinhaltet Produktionsverlagerungen ins Ausland, steigende Arbeitslosigkeit, Lohneinbußen, Absenkung der ökologischen Standards, verminderte Arbeitsplatzsicherheit, abnehmende Sozialleistungen, Privatisierung staatlicher Leistungen, Import fremder Billigarbeitskräfte und verringerte Investitionsbereitschaft.
- *Supranationale Stagnation*
  Die Abwärtsspirale führt zu geringerer Kaufkraft, die in den Ländern der Ersten Welt zu Stagnation und Rezession führt. Diese Dynamik wird noch verstärkt durch die Anhäufung hoher Staatsverschuldung, da die für Zinsen aufgewandten Mittel nicht für öffentliche Investitionen oder für konsumfördernde Steuersenkungen verwandt werden können.
- *Zunehmende Polarisierung von reich und arm*
  Als Folge des Supranationalisierungsprozesses hat sich die Kluft zwischen reich und arm sowohl innerhalb der Nationen als auch weltweit dramatisch vertieft. Arme Kommunen verzeichnen immer höhere Arbeitslosenzahlen und Kindersterblichkeit. Gleichzeitig fließen jährlich Milliardengelder aus den armen in die reichen Länder, und zwar als Zinszahlungen und als Kapitalflucht.

- *Demokratie- und Souveränitätsverlust*
  Nationale Regierungen haben einen wesentlichen Teil ihrer Macht verloren, ihre eigenen Volkswirtschaften zu kontrollieren. Die Möglichkeit dieser Regierungen, ihre eigenen Völker durch regulative Mechanismen zu beschützen, wurde beseitigt. Durch die ihnen eröffnete Möglichkeit, sich ihren ›Heimatmärkten‹ sanktionslos zu entziehen, haben die Krypto-Illuminaten nationale Sozialsysteme sowie Kartellrechts-, Umwelt- und Verbraucherschutzbestimmungen *ad absurdum* geführt.
- *Zerstörung des Marktes*
  Die supranationale Revolution verursacht einen die Marktmechanismen zerstörenden Wettbewerb, und zwar einerseits seitens der Unternehmen durch den Zwang zu immer größeren Monopolen, andererseits seitens der Nationen durch Sanktionierung marktfeindlicher GATT- oder NAFTA-Interventionsmöglichkeiten. Der Beginn eines Wettlaufs zur Durchsetzung von Interventionen gegen konkurrierende Volkswirtschaften wäre eine logische Vorstufe zu Wirtschaftskriegen, die in der Vergangenheit bereits zu militärischen Auseinandersetzungen führten.

Der supranationale Monopolkapitalismus der Krypto-Illuminaten *ist* in seiner fortgeschrittenen Form *am ehesten mit dem staatskapitalistischen Kommunismus vergleichbar.* Die Menschen werden wie im Kommunismus gleichgeschaltet sein, ihren Kulturen und Traditionen entwurzelt, verblödete, domestizierte Konsumsklaven, registrierte Nummern, gläserne ›Menschen‹, mehr vegetierend als existierend, ihrer elementaren Gefühle beraubt. Schöne neue ROCKEFELLER-Welt!

Es scheint, daß die Krypto-Illuminaten mit der transnationalen, freien Marktwirtschaft endlich das perfekte Programm zur Zerstörung der Nationen entwickelt haben, ein Programm, das auf verblüffende Weise dem marxistischen Programm zur Zerstörung der bourgeoisen Gesellschaften entspricht; denn der Bourgeois im MARXschen Sinne ist nicht etwa das Mitglied des Monopolkapitals oder der Hochfinanz, sondern das Mitglied des die Nation tragenden Mittelstandes. Diesen, den Mittelstand, gilt es nach der Ideologie der supranationalen Revolution zu zerstören, sei es durch den Kommunismus oder den transnationalen Monopolkapitalismus.

Der von nationalen Gemeinschaften abgekoppelte Kapitalismus des freien, globalen Marktes, so David C. KORTEN in *When Corporations Rule the World,* zeitigt dieselben Symptome wie der Kommunismus:

- Beide führen zur Konzentration ökonomischer Macht in nicht rechenschaftspflichtigen zentralen Institutionen – der Staat im Falle des Marxismus, dem transnationalem Multi im Falle des Kapitalismus.
- Beide schaffen ökonomische Systeme, die ›die lebenden Systeme‹ der Erde im Namen des ökonomischen Fortschritts *zerstören*.
- Beide verursachen eine entmachtende Abhängigkeit von Mega-Institutionen, die das soziale Kapital eines Volkes *zerstört*.
- Beide führen zu einer engen mono-ökonomischen Sicht der menschlichen Bedürfnisse, die den Sinn für die spirituelle Verbindung des Menschen mit der Erde und der Gemeinschaft *zerstört*.

Supranationaler Monopolkapitalismus und Kommunismus führen für Menschen und Völker zu ähnlichen Konsequenzen. Beide entrechten und versklaven sie. Beide *zerstören* Gemeinschaften, Kulturen und Zivilisationen.

Beide Systeme waren im Rahmen der supranationalen Revolution seit jeher gleichwertige Mittel zur Erlangung der Weltherrschaft, sei es, daß

- Karl MARX (alias Moses Mordechai MARX LEVI) im Auftrag der ROTHSCHILDS das *Kommunistische Manifest* aus Plänen und Prinzipien des Illuminaten Adam WEISHAUPT zusammenschusterte,
- Jakob SCHIFF, der internationale Bankier, nach seinen eigenen Worten in den zwanziger Jahren im Auftrag der ROTHSCHILDS die bolschewistische Revolution finanzierte,
- David ROCKEFELLER über seine ›Trilaterale Kommission‹, die Bilderberger und den CFR die ›Monopolkapitalistische Internationale‹ führt,
- George SOROS allem Anschein nach versucht, die ehemaligen Ostblockstaaten in ›Wolfsgesellschaften‹ zu *›verpopperisieren‹*,
- AOL-Time Warner Inc., der bei weitem größte Medienkonzern der Welt, mit Hilfe Gerald LEVINS scheinbar versucht, sich ähnlich wie ›Big Brother‹ (*1984*) ein Medienmonopol zur totalen Manipulation der Völker dieser Erde zusammenzuraffen.

Es kann hier zur Zeit nur theoretisch darüber spekuliert werden, ob für die systematische Zerstörung von Völkern, Kulturen und Zivilisationen als Folge der supranationalen Revolution nicht, ähnlich wie in den Nürnberger Prozessen gegen die ›Nazis‹, Gericht zu halten wäre, würden die meisten Regierungen der sogenannten ›Ersten Welt‹ nicht heute schon Teil dieser Revolution sein – unter zynischer Mißachtung des Demokratieprinzips. Wie sagte doch William Jefferson CLINTON, ›Bilderberger‹, Mitglied der ›Trilateralen Kommission‹, des CFR und des freimaurerischen Ordens ›De Molay‹, in seiner Rede vom 29. November 1995 im Westminster Palace von London: »Wir haben keine dunklen Motive« (»We have no dark motives«), während er gleichzeitig den vielen versammelten Krypto-Illuminaten verkündete, daß das modernste, größte US-Schlachtschiff, das zur Jahrtausendwende in Betrieb genommen wurde, den Namen von Winston CHURCHILL (siehe **B.XIV**.: Winston CHURCHILL) tragen werde. Und in seiner Weihnachtsansprache versicherte er dem amerikanischen Volk zur Bosnien-Intervention: »There is no ›higher calling‹« (Es gibt keinen höheren Befehl), allem Anschein nach eine verschlüsselte Bemerkung, mit der er der kritischen US-Bevölkerung wohl eher vergeblich zu versichern versuchte, daß der Einmarsch nicht im Auftrag der Führer des ›Order of the Garter‹ erfolgte. CLINTON handelte, davon ist auszugehen, auch hinsichtlich des Bosnien-Einmarsches ›auf höheren Befehl‹. Hätte er sich sonst überhaupt bemüßigt gefühlt, die Existenz eines angeblichen Nicht-Befehls zu bestreiten?

Ein ökonomisches System muß sowohl den materiellen als auch ideellen Bedürfnissen des Volkes einer Nation dienen. Es muß Mechanismen schaffen, die garantieren, daß weder der Staat noch der Markt in der Lage sind, das soziale Kapital zu zerstören. Mit anderen Worten: Es muß ein *Gleichgewicht zwischen sozialem und materiellem Kapital* existieren. Dieses Gleichgewicht findet seinen Ausdruck in einem geregelten nationalen Markt, in dem die direkte Mitsprache der Mitglieder dieses nationalen Marktes gewährleistet ist. Der Gegensatz zum transnationalen Monopolkapitalismus, der ein solches Gleichgewicht zerstört, ist der national-soziale Kapitalismus.

G. National-sozialer Kapitalismus statt supranationaler Monopolkapitalismus

Freier supranationaler Handel, so der höchste Glaubenssatz des transnationalen Monopolkapitals, sei die treibende Kraft für die ökonomische Entwicklung einer ›Gesellschaft‹. Dies ist durchaus zutreffend; denn im Gegensatz zur Gemeinschaft ist in der Gesellschaft der Markt vorherrschend. Sie ist das Forum des *homo oeconomicus.*

Die supranationale Revolution ist die ultimative Spielwiese des *homo economicus*. Was für ihn Freiheit ist, mag für den *homo politicus* Versklavung sein. Der *homo economicus* sieht die Welt in Mark und Pfennig, in Dollar und Cent, in Tauschwert und Preis. Volksgemeinschaft und Artverwandtschaft sind ihm fremd. Selbst der Mensch als Person ist ihm fremd. Der Mensch ist Ware wie jede andere. Er hat einen Austauschwert und einen Preis.

- »Jeder Mensch hat seinen Preis« ist das erste Glaubensbekenntnis des *homo oeconomicus.* Die Ware Mensch hat nicht nur einen Tauschwert, sie ist auch jederzeit austauschbar.
- »Jeder Mensch ist ersetzbar« ist das zweite Glaubensbekenntnis des *homo oeconomicus.*
- »Egoismus ist positiv« ist sein drittes Glaubensbekenntnis. Er kennt kein ethnisch begründetes Wir-Prinzip.
- »Barschaft ist besser als Nachbarschaft«, das ist sein viertes Glaubensbekenntnis. Der *homo oeconomicus* kennt nur materielle, nicht aber ideelle Werte. Rechtschaffenheit ist Dummheit. Fairneß ist Schwäche.
- »Mach' Dir die Erde untertan«, das ist sein fünftes Glaubensbekenntnis. Das Land ist für ihn bloße Materie und Produktionsfaktor, nicht Heimat, Natur und Kulturboden.
- »Gemeinsinn ist Unsinn« ist sein sechstes Glaubensbekenntnis. Der *homo oeconomicus* ist Individualist. Gemeinschaftsverbundenheit ist ihm verdächtig.

Dies sind die sechs Glaubensbekenntnisse des *homo oeconomicus.* In der Kabbala symbolisiert die Zahl ›6‹ die Versuchung, den Weg aus dem Geistigen in die Materie, in die Entmenschlichung.

Die unregulierte ›freie‹ Marktwirtschaft der supranationalen Revolution wird unter anderem wie folgt gerechtfertigt:

- Einige Nationen seien besser geeignet als andere, bestimmte Unternehmungen zu verwirklichen. Dies ist die *Theorie des ›verhältnismäßigen Vorteils‹*.
- Privatwirtschaft sei stets der Staatswirtschaft vorzuziehen, weil die Bürokratie Initiativen verhindere und Geld verschwende. Deshalb, so argumentiert der supranationale Zerstörer, habe sich der Staat aus dem freien Handel herauszuhalten. Der Lebensstandard werde durch den freien, unregulierten Handel erhöht. Freier Handel verschaffe dem Konsumenten mehr Auswahl. Freier Handel führe zur effizientesten Nutzung von Ressourcen, Menschen und Kapital.

Tatsächlich ist der supranationale Monopolkapitalismus eine Perversion der kapitalistischen Idee. Krypto-Illuminaten berufen sich bei ihren zerstörerischen Machenschaften häufig auf Adam SMITH. Tatsächlich aber führt supranationaler Kapitalismus seine Theorien *ad absurdum*.

Adam SMITH (1723–1790) hat in seinem Buch *The Wealth of Nations* (*Der Reichtum der Nationen*), das im Jahre 1776, also im Jahr der Gründung des Illuminatenordens und der Unterzeichnung der US-Unabhängigkeitserklärung, erschien, die staatliche Duldung von kapitalistischen Monopolen verurteilt. Das Ideal von Adam SMITH war ein Markt, der ausschließlich aus kleinen Käufern und Verkäufern bestand, jeder von ihnen zu klein, um den Marktpreis der ausgetauschten Waren zu beeinflussen. Der Wettbewerbsmarkt im Sinne Adam SMITHS enthielt kein Großunternehmen, das auf Grund seiner wirtschaftlichen Macht in der Lage gewesen wäre, einen bestimmten Markt zu monopolisieren. Seine Theorie beruhte auf der Voraussetzung, daß jedes Produkt seinen »natürlichen Preis« habe. Der natürliche Preis enthält nach SMITH den Durchschnitt oder die »natürliche Höhe von Gehältern, Gewinnen und Mieten, die zu einer bestimmten Zeit und an einem bestimmten Ort im allgemeinen maßgeblich sind«. Der natürliche Preis ist nach SMITH genau jener, den ein Gegenstand an einem bestimmten Ort zu einem bestimmten Zeitpunkt wert ist. Dieser natürliche Preis kann allerdings von dem Marktpreis, der durch Angebot und Nachfrage bestimmt wird, abweichen. Besteht über einen längeren Zeitraum ein Überangebot bestimmter Waren und gerät dadurch der Marktpreis unterhalb des natürlichen Preises, dann ist in einem funktionierenden Markt der Produzent gezwungen, das Produkt zu ändern, um mindestens wieder ein Gleichgewicht zwischen natürlichem Preis und Marktpreis zu erreichen. Umgekehrt verhält es sich, wenn der Marktpreis erheblich über dem natürlichen Preis liegt. In einem funktionierenden Markt werden dann mehr Produzenten das stark nachgefragte Produkt erzeugen, und zwar so lange, bis das dann entstehende Überangebot dazu führt, daß der Marktpreis wieder auf die natürliche Preisstufe zurückfällt. Auf diese Weise wird im idealen Markt ein Verhältnis erreicht, in dem über einen gewissen Zeitraum ständig eine Annäherung von natürlichem Preis und Marktpreis erreicht wird, wodurch sowohl ein zufriedenstellendes Ergebnis für Käufer und Verkäufer erreicht wird als auch für die Gesellschaft hinsichtlich des durch den ideellen Markt bestens geregelten Ressourcenverbrauchs. Der natürliche, von Monopolen nicht gestörte Marktwettbewerb besteht also in einem Prozeß, durch den der Markt die Preise auf einer Stufe anpaßt, auf der der Markt kurzfristig von Überangeboten gereinigt wird und sich der Marktpreis längerfristig auf den natürlichen Preis einpendelt. *Dieser Prozeß des natürlichen Ausgleichs im Rahmen einer nationalen Wirtschaft wird durch transnationale Monopole fundamental gestört.* SMITH verurteilte solche Monopole, die er als Macht des Verkäufers bezeichnete, einen Marktpreis während einer unbestimmten Zeit über dem natürlichen Preis zu halten.

Adam SMITH ging auch davon aus, daß es die natürliche Präferenz eines Unternehmers sei, seine produzierten Waren in der Nähe des Produktionsortes umzusetzen. Mit anderen Worten: Adam SMITH ging davon aus, daß das Kapital an einen bestimmten Ort und eine bestimmte ›Gemeinschaft‹ gebunden ist. Er machte deutlich, daß auch diese Voraussetzung für das Funktionieren eines sich selbst regulierenden Marktes unabdingbar sei. Die Umstände, die Adam SMITH zu dieser Voraussetzung führten, waren die im Jahre 1776 begrenzten Möglichkeiten einer wirksamen Produktionskontrolle über eine größere Entfernung hinweg. Im Zeitalter von Telefon, Telefax, E-Mail und Flugzeug hat diese Voraussetzung freilich nur noch insoweit Bedeutung, als über die reinen Fertigungskosten hinaus zusätzliche Frachtkosten entstehen. Diese aber werden gerade im Rahmen einer supranationalen Wirtschaft ›spielend‹ aufgefangen durch geringere Löhne und Lohnnebenkosten an ›exportierten‹ Produktionsstandorten. Dennoch ist die These Adam SMITHS, daß nur lokal gebundenes Kapital eine optimale Basis zur Sicherung des *sozialen* Kapitals sein kann, weiterhin richtig.

Adam SMITH setzte ferner voraus, daß die Kapitaleigner in einem funktionierenden Markt direkt in das Management ihrer Unternehmen einbezogen sein sollten. Diese These beruhte auf seiner Beobachtung, daß Eigentümer im Eigeninteresse größere Sorgfalt darauf verwenden, wie ihr Vermögen genutzt wird. Dies gilt insbesondere auch in bezug auf einen optimalen Ressourcenverbrauch. Die Tatsache, daß heute transnationale Monopole nicht nur existieren, sondern sie auch häufig von sach- und fachfremden Fonds- oder Bankmanagern geleitet werden, ist mit den Theorien eines Adam SMITH absolut unvereinbar.

In der ›Wolfsgesellschaft‹ der supranationalen Revolution dienen Regeln des ›menschlichen‹ Miteinanders der Effizienz des Marktes, nicht dem Gemeinwohl. Für die Gemeinschaft dagegen ist der Export von untergeordneter Bedeutung. *Die ökonomische Basis der Gemeinschaft ist Selbstversorgung, Kultur, Solidarität und Vertrautheit. Wachstum in der Gesellschaft ist vor allem ökonomisch und quantitativ, Wachstum in der Gemeinschaft dagegen eher qualitativ.*

Die treibenden Kräfte der Gesellschaft sind Habgier und Egoismus, die der Gemeinschaft dagegen Solidarität und Identität.

Adam SMITH war immer auch ein Nationalökonom, selbst wenn er in seinen späteren Schriften (z. B. *An inquiry into the nature and clauses of the Wealth of the Nations*) den Gedanken der Gemeinwohlverträglichkeit kapitalistischen Handelns (vgl. auch Adam SMITH, *The Theory of Moral Sentiments*) eher vernachlässigte. Adam SMITH setzte geradezu voraus, daß der Kapitalist zunächst und vor allem ein Mitglied einer nationalen Gemeinschaft ist. Der Kapitalist des Adam SMITH ist so überaus britisch, daß seine gesamte persönliche Identität über seine internen Gemeinschaftsbeziehungen zu »dem Land seiner Geburt und Verwandtschaft« definiert wird. Zwar handelt er im Eigeninteresse, aber wenn das Selbst durch seine internen Beziehungen zur nationalen Gemeinschaft eingebunden ist, dann führt dies zwangsläufig dazu, daß sein Handeln die Interessen der nationalen Gemeinschaft nicht verletzen darf. Das Interesse der nationalen Gemeinschaft aber ist vor allem die demokratische Kontrolle der externen Wirtschaftsbeziehungen, der sich die supranationalen Krypto-Illuminaten erfolgreich und mit Duldung korrupter politischer Satrapen entzogen haben.

Die transnationalen Multis und die internationale Hochfinanz haben sich selbst von allen Gemeinschaftsverpflichtungen befreit; denn es gibt *de facto* keine Weltgemeinschaft. Sie sind der mit fast unbegrenzten Mitteln ausgestattete asoziale Abschaum dieser Welt.

Noch wesentlich mehr auf den Schutz der Interessen nationaler Gemeinschaften war freilich J. M. KEYNES (1883–1946) bedacht: »Ich sympathisiere deshalb mit jenen, die eher die wirtschaftlichen Verbindungen zwischen Nationen minimieren als maximieren wollen. Ideen, Wissen, Kunst, Gastfreundschaft, Reisen – dies sind Dinge, die ihrer Natur nach international sein sollten. Aber laßt die Güter in der Heimat erzeugen, wenn immer dies vernünftig und praktisch möglich ist, vor allem aber das Geldgeschäft national sein.«

J. M. KEYNES war schon im Jahre 1933 eindeutig ein Verfechter dessen, was Jahrzehnte später wesentlicher Bestandteil der ›kommunitaristischen Theorie‹ wurde. Und auch KEYNES selbst hatte bis zu diesem Punkt eine bemerkenswerte intellektuelle Entwicklung durchgemacht: Noch im Jahre 1923 hatte er den freien Handel »nicht nur als ökonomische Doktrin, ... sondern fast schon als Teil des moralischen Gesetzes« bezeichnet.

Noch deutlicher war diebezüglich Friedrich LIST (1789–1846). Das monopolkapitalistische System, so LIST schon im Jahre 1840 in seinem Werk *Das nationale System der politischen Ökonomie*, leide »an drei Hauptgebrechen:

- erstens an *bodenlosem Kosmopolitismus*, welcher weder die Natur der Nationalität anerkennt, noch auf die Befriedigung ihrer Interessen Bedacht nimmt;
- zweitens an einem *toten Materialismus*, der überall hauptsächlich den Tauschwert der Dinge ins Auge faßt, ohne die geistigen und politischen, die gegenwärtigen und die zukünftigen Interessen und die produktiven Kräfte der Nation zu berücksichtigen;
- drittens an *desorganisierendem Partikularismus und Individualismus*, welcher, die Natur der gesellschaftlichen Arbeit und die Wirkung der Kräftevereinigung verkennend, im Grunde nur die Privatindustrie darstellt, wie sie sich im freien Verkehr mit der Gesellschaft, d. h. *mit der gesamten Menschheit*, entwickeln würde, im Falle sie nicht in besondere Nationalgesellschaften getrennt wäre«.

Zwischen dem Individuum und der »gesamten Menschheit« (Adam WEISHAUPT), so LIST (aaO.), »steht aber die Nation, mit ihrer besonderen Sprache und Literatur, mit ihrer eigentümlichen Abstammung und Geschichte, mit ihren besonderen Sitten und Gewohnheiten, Gesetzen und Institutionen, mit ihren Ansprüchen auf Existenz, Selbständigkeit, Vervollkommnung, ewige Fortdauer und mit ihrem abgesonderten Territorium: eine Gesellschaft, die, durch tausend Bande des Geistes und der Interessen zu einem für sich bestehenden Ganzen vereinigt, das Rechtsgesetz unter sich anerkennt und als Ganzes andern Gesellschaften ähnlicher Art zur Zeit noch in ihrer natürlichen Freiheit gegenübersteht, folglich unter den bestehenden Weltverhältnissen nur durch eigene Kräfte und Mittel Selbständigkeit und Unabhängigkeit zu behaupten vermag«.

Mit der Errungenschaft der Nation durch die Französische Revolution entstand die Idee von Unabhängigkeit und kollektiver Macht (US-Unabhängigkeitserklärung). Wird die Nation wieder »vermittels einer Universal-Konföderation vereinigt, so fällt die Rücksicht auf Indepedenz und Macht gänzlich weg. . . Wir fragen: ob nicht jeder Vernünftige eine Regierung für verrückt halten müßte, welche unter Berufung auf die Vorteile und die Vernunftsmäßigkeit des ewigen Friedens ihre Armeen auflösen, ihre Kriegsschiffe zerschlagen und ihre Festungen schleifen wollte?. . . Die politische Macht verbürgt der Nation nicht bloß die Vermehrung ihres Wohlstandes vermittels des auswärtigen Handels. . ., sie sichert ihr auch den Besitz des innern Wohlstandes und ihrer ganzen Existenz, die ungleich wichtiger ist als materieller Reichtum«.

Und weiter: Es ist »zehnmal wichtiger. . . den innern Markt zu kultivieren und zu sichern als die Reichtümer im Ausland zu suchen, und daß nur bei Nationen, welche die innere Industrie auf einen hohen Grad der Ausbildung erhoben, der auswärtige Handel Bedeutung erlangen kann. . . Die Prosperität einer Nation ist nicht um so größer, je mehr Reichtümer, d. h. Tauschwerte, aufgehäuft, sondern je mehr sie ihre produktiven Kräfte entwickelt hat. Wenn auch Gesetze und öffentliche Institutionen nicht unmittelbar Werte produzieren, so produzieren sie doch produktive Kraft. . . Die Nation muß materielle Güter aufopfern und entbehren, um geistige oder gesellschaftliche Kräfte zu erwerben, sie muß gegenwärtige Vorteile aufopfern, um sich zukünftige zu sichern. Die Wissenschaft darf nicht die Natur der Nationalverhältnisse in Abrede stellen oder ignorieren oder verfälschen, um kosmopolitische Zwecke zu befördern.«

Zu Recht kritisierte Friedrich LIST in diesem Zusammenhang die *Hanse* als Beispiel eines vaterlandslosen (d. h. supranationalen), eigensüchtigen und schmarotzenden Sonderwegs: »Die Hansestädte gründeten ihren Handel nicht auf die Produktion und Konsumtion, auf die Agrikultur und die Manufakturen desjenigen Landes, dem die Kaufleute angehörten. Sie hatten versäumt, den Ackerbau ihres eigenen Vaterlandes zu begünstigen, während der Ackerbau fremder Länder durch ihren Handel bedeutend gehoben ward; sie fanden es bequemer, die Manufakturwaren in Belgien zu kaufen, als Manufakturen im eigenen Lande anzulegen; sie beförderten den Ackerbau von Polen, die Schafzucht von England, die Eisenproduktion von Schweden und die Manufakturen Belgiens. Sie taten jahrhundertelang, was die Theoretiker unserer Tage den Nationen zu tun raten: *Sie kauften da, wo die Ware am wohlfeilsten zu haben waren.* Als aber die Länder, wo sie kauften, und die Länder, wo sie verkauften, sie von ihren Märkten ausschlossen, war weder ihre innere Agrikultur noch ihr inneres Manufakturwesen so weit entwickelt, daß ihr überflüssiges Handelskapital darin Unterkunft finden konnte; es wanderte also nach Holland und England und vergrößerte somit die Industrie, den Reichtum und die Macht unserer Feinde. Ein schlagender Beweis, daß sich selbst überlassene Privatindustrie nicht immer die Wohlfahrt und Macht der Nation befördert. Bei ihrem *einseitigen Streben nach materiellem Reichtum* hatten die Städte die Beförderung ihrer politischen Interessen gänzlich vernachlässigt. Während der Zeit ihrer Macht schienen sie dem deutschen Reich gar nicht anzugehören. Es schmeichelte diesen beschränkten, selbstsüchtigen und hochmütigen Bürgern, sich von Fürsten, Königen und Kaisern den Hof machen zu sehen und zur See die Souveräne zu spielen.«

Friedrich LIST, der größte deutsche Nationalökonom, von provinziellen Lakaien eines schon damals existierenden kosmopolitischen Zeitgeistes in den Freitod getrieben, hat mehr denn je recht: Die Politik erst schafft die Rahmenbedingungen für die Entfaltung nationaler Produktivkräfte. Der Politik, nicht der Wirtschaft gehört daher der Primat. »Alle Beispiele, welche die Geschichte uns aufzuweisen hat, sind solche, wobei die politische Vereinigung vorangegangen und die Handelsvereinigung gefolgt ist. Sie kennt kein einziges, wo diese vorangegangen und jene daraus erwachsen wäre«, so LIST.

Die nationalen Produktivkräfte sind der Maßstab ›inneren‹ Wohlstands. Nur die Existenz von Nationen und deren nationale Produktivkräfte gewährt den Wettbewerb nationaler Zivilisationen. So wie sich das Individuum auf der unteren Stufe menschlicher Existenz im Wettbewerb gegen andere Individuen zu bewähren hat, *so hat sich die nationale Gemeinschaft als höheres ›Wir‹ seiner Existenz mit anderen nationalen Gemeinschaften zu behaupten. Dies ist der natürliche Gang der Dinge.*

Der natürliche Gang der Dinge ist nicht der ›freie‹ supranationale Markt. Der natürliche Gang der Dinge ist eine *gemeinschaftsverpflichtete nationale Marktwirtschaft*, die den Mittelstand gezielt fördert, eine nationale Marktwirtschaft, die

- den Erwerb von Unternehmensanteilen durch einheimische Arbeitnehmer nicht nur begünstigt, sondern zu einem bestimmten Prozentsatz vorschreibt,
- den Beteiligungserwerb durch Ausländer auf ein Minimum verringert,
- gemeinschaftskonforme Marktwirtschaft, die gemeinschaftsdienliche Unternehmen belohnt.

Mit anderen Worten: Die natürliche Alternative zum supranationalen Turbokapitalismus ist ein Kapitalismus unter nationaler und demokratischer Kontrolle, dessen transnationale Komponente im Export oder Import von Waren, nicht aber im Import von ausländischer Fremdbeteiligung oder im Export von Arbeitsplätzen besteht.

Im Zeitalter des totalen supranationalistischen Zugriffs monopolkapitalistischer Megaunternehmen ist die Nation die fortschrittlichste Bastion gegen die Entsolidarisierung, Entdemokratisierung und Entmündigung der Völker. Der kapitalistische Supranationalismus ist feudaler Supranationalismus, ein System, in dem Megamultis wie rivalisierende Fürsten weltweit um Geländegewinne und Interessensphären kämpfen und es keine nationalen Kräfte mehr gibt, die sie in ihrer supranationalen Allmacht zügeln können. *Wie Feudalfürsten schließen diese transnationalen staatenlosen Unternehmen entweder Allianzen oder führen den dritten (Weltwirtschafts-) Krieg gegeneinander.* Sie spielen immer schwächer werdende Regierungen gegeneinander aus und wählen obskure ›Off-Shore‹-Treffpunkte, um die Regeln ihres Wettbewerbs zu bestimmen. Nationale Armeen dienen zunehmend nur noch dazu, den monopolistischen Wettbewerb um die Eroberung der Weltherrschaft abzusichern.

Ähnlich wie Jean-Jacques ROUSSEAU, der kleine, autonome und binnenorientierte nationale »Gemeinden« befürwortete, forderte auch Johann Gottlieb FICHTE (1762–1814), daß die Nation eine unabhängige und sich selbst versorgende wirtschaftliche Einheit mit einem Mindestmaß an freiem internationalen Handel sein müsse (*Sämtliche Werke*, Band III).

Es ist an der Zeit, eine national-soziale kapitalistische Konzeption für den Kampf gegen die Krypto-Illuminaten zu erarbeiten. Der Leitfaden dieser Konzeption muß zum Ziel haben, Strukturen aufzubauen, die ein *Höchstmaß an dezentralisiertem, autarkem Wirtschaften* erlauben:

- Die Bundesländer müssen in ihren ökonomischen Kontroll- und Mitspracherechten entscheidend gestärkt werden. Der Bund und die Länder müssen, je nach Produkten, *konkurrierende Im- und Exportkontrollzuständigkeiten* erhalten, die zum Ziel haben, die Menschen einer jeweiligen Region in die Lage zu versetzen, so viel wie möglich an Nahrungsmitteln, Gütern und Leistungen selbst zu produzieren. Nur solche Produkte, die nicht regional erzeugt werden können, sollten national bezogen werden. Der Import ausländischer Produkte wäre wiederum gegenüber dem Import nationaler Produkte nachrangig. Eine solche Konzeption würde die Pyramide Region-Nation-Globus wieder auf ihre Füße stellen.
- Auch hinsichtlich der *Kontrolle des Kapitalflusses* müssen die Regionen gestärkt werden. Auf Grund der supranationalen Revolution wurden fast alle Handelsbarrieren niedergerissen, und internationales Kapital fließt, bis auf betragsabhängige Meldepflichten, praktisch ungehindert ein und aus. Auch hier muß der einheimische Souverän wieder seine Kontrollrechte zurückerhalten mit dem Ziel, daß Banken, Versicherungen, Rentenfonds usw. ihr Geld dort investieren, wo sie die Mittel erwirtschaften. Mit anderen Worten: Gelder von Mitgliedern einer Gemeinschaft müssen in der Regel wieder in dieser Gemeinschaft angelegt werden.
- Die Aktivitäten der transnationalen Monopole müssen wieder einer *strengen Kontrolle durch den Bund* ausgesetzt werden, und zwar ohne Rücksicht darauf, ob GATT/WHO dabei umgangen werden. Sie sind ohnehin Instrumente der Krypto-Illuminaten, die den Völkern und Nationen dieser Welt den Krieg

(siehe **Vorwort**) erklärt haben. Ausländische transnationale Unternehmen können in Deutschland nur eine bis zu 25%ige Beteiligung haben. Man möge sich vorstellen, welche, je nach Standpunkt, negative oder positive Signalwirkung auf die Krypto-Illuminaten ausgeübt würde, wenn ›General Motors‹ gezwungen würde, 75 % der ›Adam Opel AG‹ am deutschen Markt zu veräußern. Unternehmen könnten sich nur dann zu 100 % in ausländischer Hand befinden, wenn sie nicht transnational sind, also ausschließlich für den deutschen Markt produzieren.

- Neue Wettbewerbsvorschriften, die die zerstörende Dominanz der transnationalen Multis einschränken, sind überfällig. Es gibt keinen freien Wettbewerb mehr, wenn einige wenige mit ausländischen Billigprodukten die Märkte überschwemmen.
- Wenn GATT überhaupt fortbestehen soll, dann nur unter fundamental geänderten Vorzeichen. GATT müßte in eine Organisation umgewandelt werden, die die *Schaffung von Selbstversorgungsstrukturen in den Nationen und Regionen fördert und überwacht.* Aus einer Organisation völkerfeindlicher Krypto-Illuminaten würde so erstmals eine den Völkern der Welt dienende Einrichtung.

Durch die supranationale Revolution wurden nationale Regierungen immer mehr entmachtet. Obwohl diese selbst in der Regel nur mittelbar legitimiert waren, konnten sie vor ihrer Entmachtung dennoch zum Schutz der ihnen anvertrauten Völker handeln. Durch die Abtretung von immer mehr Souveränitätsrechten an supranationale, im Auftrag transnationaler Monopolisten und der internationalen Hochfinanz gegründete Organisationen sind sie selbst dazu kaum noch in der Lage. Diese fatale Entwicklung muß umgekehrt werden. *Kapitalisten haben den Nationen und ihren Regionen zu dienen – nicht umgekehrt.*

Die ›warnenden‹ Stimmen aus dem gegnerischen Lager, die solchen Schutzmaßnahmen widersprechen, führen an, daß Deutschland vom Handel lebe.

Falsch: Deutschland lebt nicht vom Handel der Krypto-Illuminaten. Dieser kostet ökonomisch vor allem Arbeitsplätze und politisch die Nation als solche.

Die ›warnenden‹ Stimmen aus dem gegnerischen Lager behaupten, daß Protektionismus gegen die transnationalen Monopolisten den Wettbewerb zu Lasten der Konsumenten behindere.

Falsch: Tatsächlich verringern jene durch die Produktion von Arbeitslosigkeit und die von ihnen verursachte Lohnanpassung nach unten die Kaufkraft vieler deutscher Konsumenten.

Wie ist dem deutschen Konsumenten besser gedient? Mit weniger verfügbaren Mitteln, mit denen er sich nur noch ausländische Billiglohnprodukte leisten kann und damit die für einen Konsumenten wichtige Wahlfreiheit ökonomisch einbüßt, oder mit mehr Mitteln, die es ihm erlauben, auch noch deutsche Produkte zu kaufen?

Protektionismus der zuvor beschriebenen Art würde durch die Bündelung auf nationale und regionale Märkte bei gleichzeitiger Einengung des Handlungsspielraums der transnationalen Multis tatsächlich den kapitalistischen Wettbewerb erhöhen und seine positiven Kräfte fördern: *kostenbewußtes Produzieren, Nutzbarmachung nationaler und regionaler Ressourcen, dauernde Produktmaximierung – das ist positiver Nationalkapitalismus.*

Die supranationale Ökonomie dagegen ist die Wirtschaft der Trittbrettfahrer. Warum sollte ein Land Forschung und Entwicklung seiner Unternehmen subventionieren, wenn neue Technologien andernorts entwickelt werden. Es ist allemal billiger, sie zu stehlen, als selbst zu entwickeln. Laßt die Steuerzahler anderer Länder die Lasten von Forschung und Entwicklung tragen. Es ist offensichtlich, wohin ein solches Verhalten führen wird. Niemand will mehr der Erste sein, der seinen Steuerzahlern diese ›Opfer‹ abverlangt. Das gleiche Argument gilt freilich nicht nur für Nationen, sondern auch für die transnationalen Monopole selbst. Industriespionage kann zu Gunsten der eigenen Aktionäre allemal kostengünstiger sein, als Forschung und Entwicklung selbst zu betreiben, selbst wenn man, wie im Fall ›VW‹/›General Motors‹, entlarvt wird und dem Konkurrenten eventuell Schadenersatzleistungen zu erbringen sind. Für diese werden eben in der Bilanz Rückstellungen gebildet.

Natürlich wäre es zu wünschen, daß sich die Völker und Nationen der industrialisierten Welt auf dieser Basis zusammenfinden und gemeinsam gegen die supranationalen Zerstörer vorgehen würden, entweder durch neu zu schaffende oder eine völlige Neuausrichtung der alten Organisationen, aber sehr wahrscheinlich ist dies nicht. Gerade der Umstand, daß sich die Völker auf Grund ihrer (früheren) Interessenvielfalt und Unterschiedlichkeit kaum auf einen Nenner bringen lassen, haben die Bretton-Woods-Revolutionäre für ihre eigenen völkerfeindlichen Interessen genutzt. Das deutsche Volk sollte deshalb, auch wenn es die *regulierte* wirtschaftliche

Zusammenarbeit mit anderen Völkern anstreben muß, auf ein *Höchstmaß an Autarkie* vorbereitet werden. Wirtschaftliche Autarkie ist nicht zuletzt eine Funktion der politischen Selbstbestimmung eines Volkes. Die Tatsache, daß Deutschland in der Lage ist, weitgehend autark zu werden, hat sich im übrigen entgegen aller warnenden Stimmen während der nationalsozialistischen Ära erwiesen, selbst wenn man ansonsten jenem System nicht viel abgewinnen mag.

Regierungen haben weltweit versagt, ihre Völker vor den zerstörerischen Kräften der supranationalen Revolution zu schützen. Die psychologische Kriegführung der supranationalen Revolutionäre gegen jede Form von Protektionismus war so erfolgreich, daß heute allein schon die Benutzung des Wortes ›Protektionismus‹, wie viele andere aus dem Tabureservoir der ›Political Correctness‹, Anstoß erregt. Dabei sind die Krypto-Illuminaten selbst Protektionisten schlechthin. Die supranationale Revolution ist selbst ein gigantischer protektionistischer Schachzug transnationaler Multis und der Hochfinanz, um einerseits ihre Macht demokratischer Kontrolle zu entziehen und andererseits den fairen Wettbewerb des Marktes zu unterbinden.

Die supranationale Revolution ist darauf angelegt, die Mächtigen vor den Völkern zu schützen. Ist es nicht an der Zeit, diese Formel in ihr Gegenteil zu verkehren und endlich wieder *die Völker vor den Feudalherren der Neuzeit zu schützen*? Ist es nicht an der Zeit, wieder Grenzen zu errichten, die uns vor schädlichem supranationalen Handel schützen?

Ein protektionistischer, national-sozialer Kapitalismus würde, so heißt es, dem ›Rechtsextremismus‹ zuarbeiten. Unabhängig davon, daß die künstliche politische Aufspaltung der Gesellschaft in ›rechts‹ und ›links‹ (These–Antithese–Synthese = Kontrolle; siehe **Vorwort**) das Werk des gemeinschaftsfeindlichen Krypto-Illuminatentums ist, dürfte gerade das Gegenteil zutreffen. Die Supranationalisierung und die damit verbundene Dynamik der kulturellen und zivilisatorischen Nivellierung begünstigt die Entstehung des sogenannten ›Free-Market-Fascism‹, der sich insbesondere durch die supranationale Monopolisierung der Medien, durch Informationskontrolle und Bestrafung bestimmter Meinungen und Äußerungen auszeichnet.

Unter ›Protektionismus‹ im traditionellen Sinn verstehen wir die Abschottung eines nationalen Marktes, um die eigene produktmäßig unterlegene Industrie vor technologisch überlegener Konkurrenz des Auslandes zu schützen. Dieser Protektionismus kann zwar politisch geboten sein, ökonomisch ist er es sicherlich nicht. Im Falle einer nationalen Konterrevolution gegen die supranationale Revolution gäbe es jedoch eine andere Art von Protektionismus. Er würde eine technologisch überlegene nationale Industrie vor dem Ausverkauf ihres technologischen Vorsprungs schützen, indem verhindert wird, daß national gefertigte Produkte nur deshalb nicht mehr wettbewerbsfähig sind, weil sie durch ausländische, minderwertige Produkte preislich unterboten werden und man dadurch gezwungen wird, Produktionsstätten ins Billiglohnausland zu verlagern, und zwar mit der weiteren möglichen Folge, daß dort auch hinsichtlich des Produkts eine Qualitätsabsenkung auf den Auslandsstandard stattfindet. Protektionistische Maßnahmen gegen die supranationale Revolution durch Im- und Exportbeschränkungen oder kompensatorische Ausgleichszölle erfüllen daher unter Umständen nicht nur politische, sondern auch volks- und betriebswirtschaftliche Zwecke. Volkswirtschaftlich ist es geboten, den Technologievorsprung einer Nation nicht nur zu halten, sondern möglichst auszubauen. Betriebswirtschaftlich gilt für ein Unternehmen dasselbe.

Die supranationale Revolution hat die schon von Karl MARX beschriebenen Gegensätze noch verschärft. Während der Versuch MARXens, die Kräfte des freien Marktes durch die Kollektivierung des Privateigentums an Produktionsmitteln zu bändigen, jämmerlich gescheitert ist, gilt es heute mehr denn je, diese Kräfte zu regulieren. *Der Regulierungsfilter trennt den zerstörerischen Anteil des Marktes von seiner positiven Wirkung.* Wer nicht bereit ist, die zerstörerischen Auswüchse des supranationalen Marktes zu bekämpfen, begünstigt statt dessen indirekt die Wiedergeburt der ebenfalls supranational angelegten MARXschen Ideologie. Beide, die supranationale kapitalistische Revolution und die supranationale proletarische Revolution, aber sind von sich aus völker- und demokratiefeindlich und zielen auf die Überwindung der Nationen. Der zerstörerische Geist von Karl MARX (alias Moses Mordechai MARX LEVI) ist erst dann endgültig verbannt, wenn es gelingt, die Kräfte des supranationalen Monopolkapitals zu bändigen. Das probate Mittel dazu ist nicht die ›Vergesellschaftung‹ von Eigentum an Produktions- und Medienunternehmen, sondern vor allem der verstärkte und unterschiedlich privilegierte Anteilserwerb durch die Arbeitnehmerschaft dieser Unternehmen und sonstige Inländer sowie durch die Beschränkung ausländischen Anteilserwerbs auf insgesamt 25 %.

Nach dem Bankrott der marxistischen Ideologie haben sich die Klassenkämpfe auf Grund der supranationalen Revolution wieder verschärft. Die Reichen werden in einem atemberaubenden Tempo immer reicher, die Armen immer ärmer, der Mittelstand, das Rückgrat der Nation, befindet sich in allmählicher Auflösung. Die Vernichtung des Mittelstandes war das vorrangige Ziel der MARXschen Ideologie. Da die proletarische Revolution in der Erreichung dieses Ziels jämmerlich gescheitert ist, wird sie jetzt unter anderem Vorzeichen fortgeführt – als Revolution des transnationalen Monopolkapitals.

Wir werden uns als deutsches Volk beiden Revolutionen widersetzen müssen oder als deutsches Volk untergehen. Vorrang sozialer und nationaler Politik muß es sein, aus den werteschaffenden Produktivkräften eines Volkes Eigentümer der von ihnen geschaffenen Produkte zu machen, seien diese Produkte materieller oder immaterieller Natur. Supranationaler Monopolkapitalismus und Kommunismus werden dann endlich beide einer finsteren Vergangenheit der Menschheit angehören.

Der gezähmte, der Volksgemeinschaft verpflichtete nationalsoziale Kapitalismus erfordert keine Enteignung der jetzigen Eigentümer, sondern nur die *Änderung der Spielregeln* für die Zukunft. Arbeitnehmer und sonstige Bürger müssen durch besonders gestaltete Kredite in die Lage versetzt werden, Aktien zu erwerben, und zwar in der Weise, daß die Rückzahlung der Kredite aus zukünftigen Unternehmensgewinnen erfolgt. Dies ist keine Utopie. Schon vor etwa fünfzig Jahren entwickelte Louis O. KELSO, ein US-Investment-Banker, einen »Employee Stock Ownership Plan« (»Plan zum Erwerb von Aktien durch Angestellte«). KELSOS Plan enthält ein Finanzierungsmodell, das das Kreditbonitätsproblem des Durchschnittsarbeitnehmers beseitigt. Ein vom Unternehmen für die Arbeitnehmerschaft eingerichteter Trust nimmt Kredite im Namen der Angestellten auf, finanziert damit den Erwerb von Aktien des eigenen Unternehmens und hält diese so lange für die Arbeitnehmer treuhänderisch, bis der Kredit aus dem Unternehmensgewinn und den Dividenden getilgt wurde. Ab diesem Zeitpunkt erwirbt der Arbeitnehmer Volleigentum an den Aktien und bezieht in Zukunft die Dividenden direkt.

KELSOS Modell blieb nicht ohne praktische Umsetzung. In den USA wurde es mehr oder minder in etwa 10 000 US-Unternehmen angewandt. ›United Airlines‹ und ›Avis‹ sind/waren die größten unter ihnen. Etwa 1500 befinden sich sogar mehrheitlich im Eigentum der Angestellten. Die Konsumenten können diese Unternehmen dadurch unterstützen, indem sie sie bevorzugt in Anspruch nehmen.

In Japan sind Unternehmensanteile von Angestellten die Regel. Etwa 97 % der Unternehmen eröffnen ihren Angestellten in mehr oder minder großem Umfang die Möglichkeit des Anteilserwerbs. In 21 % der japanischen Unternehmen sind die Arbeitnehmer auch die größten Anteilseigner.

Auch China hat eine aktive Annäherung an das KELSO-Konzept unternommen.

Es gibt freilich einen entscheidenden Nachteil, wenn Arbeiter und Angestellte Unternehmensanteile direkt erwerben. Ihre Weiterveräußerung wird in der Regel nicht innerhalb der Arbeiter- und Angestelltenschaft dieses Unternehmens erfolgen, da man dies kaum zu einer Verkaufsauflage wird machen können. Der baldige Ausverkauf der Arbeiter- und Angestellteninteressen wäre absehbar. Ota SIK schlägt daher in seinem Werk *For a Human Economic Democracy* vor, Anteile des Kapitals zu »neutralisieren«, und zwar in der Weise, daß jene Anteile, die den Arbeitern und Angestellten zugewiesen werden, von ihnen gesamthänderisch gehalten werden. Alle Arbeiter und Angestellten eines Unternehmens würden zum Beispiel Gesellschafter einer Vermögensverwaltungsgesellschaft bürgerlichen Rechts, die die auf die Arbeiter und Angestellten entfallenden Unternehmensgewinne verwalten und nach einem bestimmten Schlüssel ausschütten würde. Daneben gäbe es eine Unternehmensmanagementgesellscha□ bürgerlichen Rechts, durch deren bestellte Vertreter die Arbeiter und Angestellten Einfluß auf die Geschäftsführung des Unternehmens nehmen könnten. Statt in ihrer Lethargie zu verharren, wäre es für die gewerkschaftliche Orthodoxie vielleicht sinnvoll, sich für solche zukunftsweisenden, wenn auch noch nicht ausgereiften Modelle einzusetzen.

Bereits in den frühen fünfziger Jahren warnte KELSO, daß der Kapitalismus in eine schwerwiegende Krise geraten werde, wenn das Problem des sich in wenigen Händen befindlichen Monopolkapitals nicht gelöst werde. Neue, wirksamere Produktionsmaschinen würden den Erlös aus investiertem Kapital multiplizieren, während gleichzeitig der Wert der Arbeit ständig abnehme.

Wir haben den bisherigen Höhepunkt dieser Entwicklung heute erreicht. Die Gewinne aus gesteigerter Produktivität flossen freilich in der Regel nicht den Arbeitnehmern als Subventionierung des gesunkenen Wertes ihrer Arbeitskraft zu, sondern machten die Kapitaleigner, die in der Regel nicht die Arbeitnehmer sind, immer reicher. Aber selbst dieser enorme Zuwachs an Reichtum vermochte die Habgier der Nimmersatten nicht zu befriedigen. Um den immer ohnmächtiger werdenden Arbeitnehmer noch mehr wie eine Zitrone auspressen zu können, bedurfte es des supranationalen Marktes. Auf diese Weise entging ihm nicht nur ein Anteil am Produktivitätszugewinn, er verlor seine ›Bargaining Power‹ (Verhandlungsmacht) und sogar häufig durch den supranationalen Export von Arbeitsplätzen die Möglichkeit, mit seiner Arbeitskraft den Lebensunterhalt seiner Familie selbst zu bestreiten. Er wurde arbeitslos und zum Sozialfall, gedemütigt und entehrt. Heute sind die Prophezeiungen KELSOS auf düsterste Weise wahr geworden.

Vor allem die breite Streuung von Unternehmensanteilen in Arbeitnehmerhand verspricht den Sieg über den zerstörerischen Neokolonialismus der Krypto-Illuminaten. Hinsichtlich des privilegierten Anteilserwerbs ist auch die Gewährung unterschiedlicher *Anwartschaften* vorstellbar. Es obliegt dann dem Inhaber der Anwartschaft, diese auszuüben oder nicht. Das Anwartschaftsrecht kann sich auf Anteile an einem bestimmten Unternehmen beziehen oder auf Anteile an einem *Volksfonds,* in den Anteile von Unternehmen oberhalb einer bestimmten Größenordnung automatisch einfließen. Je größer das Unternehmen, desto breiter seine automatische Eigentumsstreuung. Jeder Deutsche würde mit seiner Geburt die Anwartschaft erwerben, mittels subventionierter, nicht ablehnbarer Kredite den mit seiner Volljährigkeit realisierbaren Erwerb von Anteilen am Volksfonds zu finanzieren. Arbeitnehmer eines Unternehmens würden darüber hinaus durch Gesetz (nicht über Arbeits- oder Tarifvertrag) die Anwartschaft erwerben, nach einer bestimmten Zugehörigkeitsdauer Anteile am eigenen Unternehmen mittels subventionierter, nicht ablehnbarer Kredite zu erwerben. Die Finanzierung für den Anteilserwerb am Volksfonds würde durch einen bei der Bundesbank eingerichteten Volkstrust erfolgen, die Finanzierung des Erwerbs von Unternehmensanteilen in Arbeitnehmerhand durch den von dem jeweiligen Unternehmen aus seinen Gewinnen laufend gespeisten Unternehmenstrust.

Natürlich steckt auch hier der Teufel im Detail. Ab welcher Unternehmensgröße soll eine automatische Zuführung von Unternehmensanteilen an den Volksfonds erfolgen? Erfolgt eine Anrechnung von Arbeitnehmeranteilen? Welche Faktoren bestimmen die Größe eines Unternehmens? Soll wirklich die Bundesbank für den den Volksfonds finanzierenden Volkstrust zuständig sein? Sind privilegiert erworbene Anwartschaften, Unternehmens- und Fondsanteile übertragbar? Wenn ja, unter welchen Bedingungen? Wie erfolgt die Finanzierung des Erwerbs von Angestelltenanteilen, wenn ›mangels Masse‹ eine Gewinnzuführung zum Unternehmenstrust scheitert? Müssen für diesen Fall zusätzlich besondere Rücklagen in die Bilanz eingestellt werden?

Dies alles aber sind im Verhältnis zur grundsätzlichen Problematik, wie einerseits die zerstörerischen Kräfte der supranationalen Revolution bekämpft werden können, ohne andererseits in der grauen, knebelnden, die positiven Kräfte des Marktes strangulierenden Tristesse der Kollektivierung zu enden, nur untergeordnete Fragen.

Der historische Konflikt von Kapital und Arbeit ist in Zeiten dramatischer Verknappung der Ressourcen, ökologischen Niedergangs und explodierender Bevölkerungszahlen ein Luxus, den sich die Welt nicht mehr leisten kann. Erst recht kann sie sich nicht die monopolkapitalistische Revolution demokratiefeindlicher Krypto-Illuminaten leisten.

Die *Versöhnung von Kapital und Arbeit in Arbeitnehmerhand* muß weiter massiv vorangetrieben werden. Sie muß einhergehen mit einem neuen ökologischen Bewußtsein, einer Erziehung zur kapitalistischen Selbstbescheidung. Nicht ungehemmtes Profitstreben zeichnet den national ausgerichteten Kapitalisten der Zukunft aus, sondern die Erwirtschaftung gemeinschafts- und ökologieverträglicher Erträge.

Eine andere Methode, die die supranationale Revolution nährende Konzentration von Macht und Kapital aufzuhalten, wäre die Einführung begrenzten Eigentums. Dieser Gedanke ist keineswegs neu. Selbst der Krypto-Illuminat Thomas PAYNE schrieb in *The Rights of Man* (1792), daß »der Handel in der Lage ist, sich selbst zu tragen«, verurteilte aber gleichzeitig »jedwede Akkumulation... von Vermögen, das über eines Mannes eigene Produktion hinausgeht«. Der Grundgedanke ist danach, daß ein Individuum nur so viel Vermögen sein eigen nennen darf, wie es in der Lage ist, davon produktiven Gebrauch zu machen. Ein ökonomisches System des begrenzten Eigentums wäre ein System des *qualitativen* und nicht, wie das System der supranationalen Revolution, ein System des *quantitati-*

ven Wachstums. Es wäre gemeinschaftsbezogen, und zwar mit der Betonung darauf, für jedermann einen zufriedenstellenden Lebensstandard zu schaffen, ohne den ›Schrott‹ supranationaler Monopolunternehmen konsumieren zu müssen. Die Gründung von gigantischen, unpersönlichen, profitorientierten transnationalen Monopolunternehmen würde auf natürliche Weise bekämpft und gleichzeitig ein Anreiz für kleine bis mittlere, käuferorientierte, gemeinschafts- und umweltbezogene Unternehmen geschaffen, die anteilig denen gehören würden, die die Produkte herstellen und/oder die die Dienstleistung erbringen. Der durch die supranationale Revolution bedrohte Mittelstand, das tragende Gerüst von Nation und Region, würde auf diese Weise wieder gestärkt. Auch in einem solchen Marktwirtschaftssystem des begrenzten Eigentums gäbe es zwar weiterhin Unternehmen verschiedener Größenordnungen, aber die Unterschiede würden sich verringern, weil begrenztes Eigentum als potentielle Sicherheit für die Vergabe von Krediten auch nur eine begrenzte Verschuldung ermöglicht. Im Zeichen der supranationalen Revolution wird die Bildung von gigantischen Wirtschaftskonglomeraten in immer wenigeren Händen gerade dadurch ermöglicht, daß sich in diesen Händen bereits so viele, oft kaum noch durch Kreditgeber nachzuvollziehende Vermögensbestände befinden, die als Sicherheit zur Finanzierung des Erwerbs weiterer Unternehmen eingebracht werden und dadurch nicht nur die Vermögensansammlung vieler transnationaler Monopolunternehmen gigantisch ist, sondern auch deren Ansammlung von Schulden: ein Risiko, das, falls das gesamte Kartenhaus zusammenbrechen sollte, nicht von den Krypto-Illuminaten getragen, sondern letztlich ›sozialisiert‹ würde, also wiederum auf dem Rücken der schon vorher ausgenommenen Völker ausgetragen würde. Dies gerade ist das widerwärtigste Kennzeichen der supranationalen Revolution: *Ihre Profite werden individualisiert, das Risiko des totalen Scheiterns wird sozialisiert.*

In dem Maße, in dem Arbeit verbilligt wird, verringert sich auch der Mehrwert zwischen Rohmaterial und gefertigtem Endprodukt. Das eigentliche ›Werk‹ des Arbeiters wird nicht mehr honoriert, zumal er gleichzeitig in vielen Bereichen bereits mit Robotern in Konkurrenz steht. Die psychologischen Auswirkungen dieses Prozesses sind noch gar nicht abzuschätzen und können von einer rein materialistisch orientierten Sozialpolitik nicht aufgefangen werden.

Die tragische Ironie der supranationalen Revolution ist es, daß die Welt sie ökologisch kaum überleben kann. China hat angekündigt, eine den USA vergleichbare Autoindustrie mit einer vergleichbaren Fahrzeugdichte aufzubauen. Sollten die 1,2 Milliarden Chinesen ihre Ankündigung wahrmachen, hätte allein diese Expansion fatale Folgen. Und wenn China dies kann, dann wollen andere bevölkerungsreiche Nationen nicht nachstehen – eine fatale Spirale in den Abgrund. Brasilien, Indien und Dutzende anderer Nationen haben vergleichbare Bestrebungen. Der CO_2-Ausstoß und der Energieverbrauch für die Produktion dieser Blechkisten würde ökologisch vernichtend sein, neue Ölkrisen wären die Folge. Die zur Zeit noch spekulativ funktionierenden Aktienmärkte würden ob dieser weltweiten Ölkrisen kriseln oder kollabieren. Wir in den ›entwickelten‹ Ländern der Ersten Welt, die wir diesen existentiell bedrohenden Wettlauf begonnen haben, können angesichts der massiven ökonomischen Veränderungen in Ländern der Dritten Welt und in Schwellenländern nicht mehr mit unseren Alibicharakter aufweisenden Katalysator-Spielereien fortfahren. Im Zusammenhang mit der Kfz-Nutzung ist beispielsweise eine Vielfalt von Maßnahmen zum Schutz zukünftiger Generationen überfällig:

- Massive Subventionierung der Forschung, Entwicklung und Produktion von nicht benzin- oder dieselgetriebenen Fahrzeugen,
- Strafsteuern auf die Produktion von benzin- oder dieselgetriebenen Fahrzeugen als Folge des Verursacherprinzips hinsichtlich der Herstellung und des Inverkehrbringens umweltschädlicher Produkte,
- mittelfristige, gesetzlich vorgeschriebene Totalumstellung der deutschen Fahrzeugproduktion auf nicht benzin- oder dieselgetriebene Fahrzeuge,
- Verbot des Imports von benzin- oder dieselgetriebenen Fahrzeugen,
- massiver Ausbau von Strecken für Hochgeschwindigkeitszüge und Magnetbahnen.

Das supranationale Bretton-Woods-System, auf unendliche ökonomische Expansion angelegt, wird eines nicht mehr fernen Tages mit der ökologischen Kapazität dieser Welt zusammenstoßen, wenn es nicht gelingt, die supranationale Revolution und ihre wertlose, Werte zerstörende Konsumorientierung aufzuhalten; denn *sinnloser Kon-*

sum ist nur eine Form von Ohnmacht, eine Ersatzbefriedigung für das, was man uns genommen hat: Gemeinschaft, Zugehörigkeit, Solidarität, Identität.

Die Grenzen des Wachstums sind die Grenzen unserer nationalen Existenz. Der unerbittliche Wettbewerb der supranationalen Revolution verführt Nationen dazu, ihre ökologischen Schutzmaßnahmen zu vernachlässigen und die Absorptions- und Regenerationsgrenzen des eigenen Ökosystems zu überschreiten. Wenn in sozialer Hinsicht an der Lohnschraube nicht mehr gedreht werden kann, dann wird auch die Natur daran glauben müssen, indem Ökoauflagen, die über die Kosten den Preis verteuerten, ›verwässert‹ werden. Mit anderen Worten: Der supranationale Preiskrieg der transnationalen Multis wird zuerst auf dem Rücken des arbeitenden oder arbeitslosen Volkes, dann aber, wenn das Volk nicht weiter gemolken werden kann, auf dem Rücken der Natur ausgetragen. Das Ökosystem einer Nation aber ist eines Volkes letztes Auffangnetz.

Wer uns grenzenloses Wachstum, wie Henry MORGENTHAU Jr., verheißt, verspricht die Vernichtung unserer Existenz. Zuerst werden die sozialen Netze, die ethnischen Gemeinschaften vernichtet, dann die Natur, deren Teil wir einst waren und über die wir uns selbstherrlich erhoben haben. Menschliche Aktivitäten verbrauchen heute bereits etwa 25 Prozent der durch Photosynthese des Sonnenlichts produzierten Energie. Dieser Verbrauch umfaßt nicht nur die direkte Nutzung im Wege der Landwirtschaft und sonstige produktive Prozesse, sondern die Entforstung im brasilianischen Regenwald und anderenorts, die rasch voranschreitende Verwüstung durch bevölkerungsbedingte Grundwasserverknappung (ohne Vegetation keine Photosynthese), die zunehmende Verstädterung landwirtschaftlicher Gebiete durch Straßenbau und andere die Vegetation zerstörende Maßnahmen. Es ist offensichtlich, daß diese Verbrauchsformen bevölkerungs- und konsumabhängig sind. Die Weltbevölkerung betrug vor 2000 Jahren etwa 200 Millionen Menschen. 1750, zu Beginn der industriellen Ära, war sie bereits auf 850 Millionen angewachsen. Seitdem, also in nur 250 Jahren, ist sie auf mehr als 6 (sechs) Milliarden angewachsen. Allein in den letzten vierzig Jahren hat sie sich verdoppelt. In jeder Sekunde werden derzeit drei Kinder geboren. Verantwortlich für die demographische Apokalypse sind, wen mag dies weiter verwundern, vor allem die Religionen. Was taugt eigentlich die religiöse Prophezeiung eines nahen Weltuntergangs, wenn dieselbe Religion den Eintritt der Prophezeiung selbst mit herbeiführt? Wie explosiv die Situation ist, erläuterte die britische Ärztezeitschrift *The Lancet* auf recht makabre Weise: Selbst der tägliche Abwurf einer Hiroshima-Bombe mit jeweils 90 000 Toten würde nicht ausreichen, um die Bevölkerungsexplosion anzuhalten, weil täglich 250 000 Neugeborene hinzukommen. Da also mit einigen regionalen Ausnahmen die Bevölkerungsexplosion weltweit kaum in den Griff zu bekommen sein wird, kann ein früher ökologischer Crash nur durch die Änderung des Konsumverhaltens der Menschheit abgewendet werden. Mit anderen Worten: Der Menschheit müssen wieder soziale Primärbefriedigungen gestattet werden, damit sie die Ersatzbefriedigung Konsum einschränken oder wenigstens qualitativ verändern kann. Genau diesem Ziel aber wirkt die supranationale Revolution entgegen. *Der Motor der supranationalen Revolution ist der Konsum.*

Nach der Ideologie der Krypto-Illuminaten ist der Mensch Konsument. Der Konsument kennt keine Kulturwerte, keine Gemeinschaftszugehörigkeit und keine Artverwandtschaft. Der Konsument ist der spirituell entleerte Mensch, die Hülle eines Menschen, der nur noch, den dressierten PAWLOWschen Hunden gleich, vegetiert und Männchen macht, wenn ihm dies von den supranationalen Herrenmenschen geboten wird. *Der neue Rassismus dieser supranationalen Herrenrasse ist nicht biologisch, sondern ökonomisch bedingt.*

Das Nachkriegsdeutschland der neunziger Jahre ist auf Grund seiner ›fürsorglichen‹ Führung keine Nation kritischer Bürger, sondern ein Vasallenstaat apolitischer, der supranationalen Revolution ausgelieferter Konsumenten geworden. Das wirtschaftspolitische Ziel von John Maynard KEYNES, »ein anständiges Niveau des Konsums für jedermann« zu schaffen, um, so ist hinzuzufügen, ihn freizumachen für die wirklich wichtigen Dinge des Lebens (d. h. Kultur, Familie, Gemeinschaft, Natur), wurde pervertiert, der Mensch des Bewußtseins für diese Dinge beraubt und zum Konsumsklaven degradiert. Konsum über alles. Die schlichte Konsum-Dialektik der supranationalen Revolution ist folgende:

- Der Mensch, der konsumiert, ist gut.
- Der Mensch, der mehr konsumiert, ist besser.
- Um besser zu sein, bedarf es mehr Mittel.
- Deshalb ist Reichtum gut, Armut aber schlecht; denn sie verhindert, ein besserer Konsument zu werden.

Die alttestamentarische Vergötzung des Mammons hat gesiegt, seine neutestamentliche Verurteilung wurde praktisch *ad absurdum* geführt. Rücksichtslose Habgier bestimmt die Wolfsgesellschaft der supranationalen Revolution. Die Konsumgesellschaft dieser menschenfeindlichen Revolution wird von Zwängen ständig sich beschleunigender Technologieinnovationen bestimmt, um, falls nicht über den Niedriglohn, über letzte Produktivitätsreserven einen Vorsprung vor dem Gegner zu erlangen. Der darwinistische Ausleseprozeß dieser Revolution ist überaus brutal und geht vor allem auf Kosten der mittelständischen Unternehmen und damit auf Kosten der großen Mehrheit des Volkes. Nur die Reichsten und die Größten überleben mit der Folge eines sich ständig beschleunigenden Konzentrationsprozesses von Macht und Kapital. Diejenigen, die heute in größeren Unternehmen mit transnationalen Bestrebungen noch meinen, sie könnten im zerstörerischen Wettkampf der Giganten mithalten, werden sich möglicherweise schon morgen geschlagen als deren Opfer wiederfinden.

Die supranationale Revolution der Krypto-Illuminaten zerstört nicht nur Völker, Nationen, Kulturen und Zivilisationen, sondern *auch das kapitalistische System als solches* und erfüllt damit paradoxerweise eine Funktion, an der das kommunistische System letztlich scheiterte. War das kapitalistische System in seinen Anfängen vor allem auch eine Befreiungsbewegung des Nichtadels gegen das feudalistische System, schuf es durch die Konzentration von Macht und Kapital einen neuen Feudalismus, der unter dem Schirm der ›High Cabal‹ von Vatikan und ›Krone‹ durch subversive Organisationen (›Committee of 300‹, ›Bilderberger‹, ›Trilaterale Kommission‹, ›Council on Foreign Relations‹ etc.) mit Unterstützung ewiggestriger Sozialisten und Kommunisten vorangetrieben wird.

Die Zukunft der nächsten Generationen hängt davon ab, ob die Menschen in den entwickeltsten, reichen Nationen des Nordens davon überzeugt werden können, die Quantität des Konsums gegen eine höhere Qualität des Daseins einzutauschen; denn nur sie haben die Freiheit der Selbstbeschränkung. Nur von ihnen kann die nationale Konterrevolution gegen die supranationale Revolution ausgehen; denn die armen Nationen des Südens haben keine Wahlfreiheit. Wo nichts ist, kann auch auf nichts verzichtet werden.

Für die nationale Konterrevolution braucht es kluge politische Führungen, die nicht mehr ideologisch blockiert oder wirtschaftlich korrumpiert sind, sondern Gemeinschaft, Nation und Identität als einzige Überlebenschance verstehen, als soziale Herausforderung im ideellen Sinne.

Die Ideologie des freien supranationalen Marktes hatte fatalerweise zwischenzeitlich den Charakter einer Religion angenommen. Wie die meisten Religionen zerstört sie mehr, als sie erschafft. Am Ende des letzten Jahrtausends wurde der sozialistische Kampfruf »Proletarier aller Länder, vereinigt Euch!« endgültig zu Grabe getragen. Er mußte scheitern, weil er nationale Zugehörigkeiten und kulturelle Besonderheiten leugnete; denn der landwirtschaftliche Arbeiter in der Bretagne hat wenig gemein mit dem Industriearbeiter in Detroit.

Die supranationalen Monopolkapitalisten indessen betreiben das Handwerk der Vereinheitlichung der Welt mit wesentlich größerem Erfolg, als es die ›Sozialistische Internationale‹ je vermochte. Ihre von Henry MORGENTHAU Jr. eingeleiteten Bretton-Woods-Institutionen, David ROCKEFELLERS UNO, seine ›Trilaterale Kommission‹, die ›Bilderberger‹ und der ›Council on Foreign Relations‹ wurden die bislang wirksamsten Instrumente zur Zerstörung nationaler Strukturen und Entmachtung der Völker. Kein HITLER und kein STALIN waren darin so erfolgreich wie der ›Krieg auf leisen Sohlen‹ der Krypto-Illuminaten.

Die Stärkung der Volksgemeinschaft beginnt in den Köpfen. Der Gemeinwohlgedanke ist unter dem Regime der Altparteien verkommen. Getreu der orthodoxen marxistischen Denkweise wurde das gemeine Wohl nur als ökonomisch-materielles Prinzip definiert. Dieser eindimensionalen Definition entsprach die Auslegung des Sozialstaatsprinzips. Allgemeinwohl aber ist mehr als nur materielle Bedürfnisbefriedigung, mehr als Konsumerfüllung. Gemeinwohl ist auch Befriedigung der psychischen Bedürfnisse eines Volkes: Gemeinschaft, Zugehörigkeit, Solidarität, Identität. Fortschritt und Wohlstand definieren sich nicht nur in Mark und Pfennig, sondern auch in der Entwicklung eines Wir-Gefühls, in der friedlichen Koexistenz mit der Natur, in der Rückbesinnung auf die eigene Kultur, in demokratischer Mitbestimmung und nationaler Selbstbestimmung.

Das Legitimationsdefizit der Nation war früher der Nationalismus, die Herrschaft nationaler Arroganz und die Verfolgung nationaler Vorherrschaft bis hin zum imperialen Anspruch auf Weltherrschaft. Es sind gerade diese negativen Merkmale, die heute die supranationale Revolution kennzeichnen. Selbst den schlichtesten

Geistern sollte dieser Rollentausch nicht verborgen geblieben sein. In Zeiten des Frontwechsels ist es allein die Nation, die den totalen Machtanspruch der Krypto-Illuminaten brechen und aufhalten kann. Völker und Nationen müssen, um Demokratie und Selbstbestimmung zu erstreiten, zu einer völlig neuen Form der Zusammenarbeit finden. Diese Zusammenarbeit muß mit der Entwicklung neuer Institutionen beginnen, Organisationen, die satzungsgemäß

- nicht die Vernichtung der Nationen, sondern deren Stärkung zum Ziel haben,
- keine Weltregierung anstreben, sondern den demokratischen Prozeß in den Mitgliedsnationen und die weitere Dezentralisierung der Entscheidungsstrukturen fördert,
- dem Prinzip der Nichteinmischung in innere Angelegenheiten wieder uneingeschränkt verpflichtet ist, *vor allem* aber
- den Kampf *gegen* die Machenschaften der Krypto-Illuminaten koordinieren.

Wer hat eigentlich die Krypto-Illuminaten *beauftragt*, die Zerstörung unserer Nationen und unsere Entrechtung zu betreiben? Doch allenfalls die korrupten Politiker ›des Volkes‹, die in ihren Diensten stehen. Wer eigentlich erteilte den Krypto-Illuminaten den Auftrag, Nationen und Kulturen zu zerstören? Doch allenfalls Jabulon. Wer gab ihnen das Mandat, uns in den Abgrund zu führen? Doch allenfalls Luzifer.

Die Völker der Welt haben nicht Monarchien und Diktaturen überlebt, um sich heute von ›AOL-Time Warner‹ und ›Goldman-Sachs‹, ›DaimlerChrysler‹ und ›Deutsche Bank‹, ›Toyota‹ und ›Sony‹ (**S**tandard **O**il **N**ew **Y**ork), den Feudalherren der Neuzeit, auslöschen zu lassen. Und dennoch: Gegen die supranationalen monopolkapitalistischen Revolutionäre und ihre politischen Zuträger, insbesondere die ideologisch ebenfalls supranational ausgerichtete sozialistische und sozialdemokratische Orthodoxie, stehen die Völker fast schon auf verlorenem Posten. So bitter es klingen mag, aber *erst der totale Systemcrash* wird wohl die überfällige Heilung einleiten – falls es dann nicht für eine Rückkehr schon zu spät ist.

In den USA besteht schon heute eine merkwürdige Allianz, obwohl es dort nicht viel an Kultur und Zivilisation zu verteidigen gibt. Politiker, die die krypto-illuminatischen politischen Gesäßgeographen als ›rechtskonservativ‹ zu bezeichnen pflegen und die gestern noch freie Marktwirtschaftler waren, fordern heute entschiedene protektionistische Maßnahmen, während der Babyboomer, Trilateralist und der CFR-Agent CLINTON, wie hierzulande die verkommenen und bindungslosen 68er zu einer hedonistisch-libertären Generation gehörend, den transnationalen Multis das Bett bereitete. Konservative kämpfen dort heute Seite an Seite mit den großen Gewerkschaften für eine Abschottung des US-Marktes, wobei die Argumentation beider Seiten, wie könnte es in den USA anders sein, überwiegend ökonomistisch ist. Wie hieß es doch in den gewerkschaftlichen ›AFL-CIO-News‹: »US-Arbeiter haben mitansehen müssen, wie ihre Arbeitsplätze südlich der Grenze exportiert wurden, während die Unternehmer und Arbeitgeber die Gemeinschaft verließen, um die niedrigstmöglichen Arbeitskosten zu finden, die in Mexiko einen Minimallohn von 2,35 Dollar pro Tag betragen. Und die Situation wird immer schlimmer.«

Von den hiesigen Gewerkschaftern werden wir selbst solche Töne selten zu hören bekommen. Dabei müßten sie heute die Speerspitze im Kampf gegen die sozial- und demokratiefeindliche Entnationalisierungspolitik sein. Sie müßten die Massen auf die Straße bringen, um die Grenzen zu schließen und ›die hohen Herren‹ das Fürchten zu lehren. Statt dessen: Schweigen vor dem sozialen Exodus. Noch nicht einmal bloße Aufklärung über die Machenschaften, Hinter- und Beweggründe der Altparteien ist zu vernehmen. Noch nie wurde eine Klientel so verraten wie der deutsche Mittelstand und die ihn tragende Arbeitnehmer- und Angestelltenschaft von den deutschen Gewerkschaften. Das Volk, insbesondere der deutsche Mittelstand, müßte seine rapide schwindende Macht zurückerobern, indem der supranationale ›freie‹ Markt durch einen kontrollierten Markt hinsichtlich der

- Verwendung nationaler Ressourcen,
- Erhaltung von Arbeitsplätzen,
- Übereinstimmung mit sonstigen nationalen Interessen

ersetzt wird und die Regierung eine nationale Industriepolitik betreibt, die solches gemeinschaftsorientiertes Unternehmertum belohnt.

Umgekehrt wären, falls das Volk dies in entsprechenden Volksabstimmungen begehrt,

- Spekulationsgewinne mit Steuern (zum Beispiel Mehrwertsteuern) zu belegen,

- der negative Trend, daß frühere Produktions- und Handelsunternehmen heute mehr und mehr zu Spielbanken mit angeschlossener Produkt- und Handelsabteilung degeneriert sind, umzukehren, wodurch die bankähnlichen Finanzabteilungen in supranationalen Monopolunternehmen wie Siemens, die gehortetes Geld in Derivate mit hohem Risiko schaufeln, wieder drastisch abgespeckt würden,
- produktive Investitionen in neue Technologien oder neue Betriebsstätten massiv zu fördern.
- ›Gemeinschaftsbanken‹«, also Banken, die einen bestimmten Teil ihres Investmentportfolios in gemeinschaftsbezogene Projekte investieren, steuerlich zu belohnen,
- supranationale Geschäftsbanken à la ›Deutsche‹ Bank zu bestrafen,
- Konzernvorschriften in dem Sinne zu ergänzen, daß Beteiligungen ausländischer Unternehmen von insgesamt mehr als 25 % nur im nationalen Interesse zulässig sind,
- der Wert von Unternehmensanteilen in der Hand der Arbeitnehmerschaft vorrangig steuerlich zu fördern,
- eine Vererbung von Unternehmensanteilen zulässig, eine Veräußerung dagegen nur bedingt,
- die Veräußerung von Patenten außer Landes untersagt,
- der Import von ausländischen Arbeitskräften, der nicht im nationalen Interesse ist, zu unterbinden,
- das staatliche Monopol für Fernseh- und Rundfunkanstalten und das staatliche Telefonmonopol wieder einzuführen,
- die Grenzen wieder zu schließen,
- sämtliche Mitgliedschaften in supranationalen Organisationen, die einen Souveränitätsverzicht zu Lasten der nationalen Gemeinschaft einschließen, zu kündigen.

Der umfangreichste Regelungsbedarf besteht heute im Medienbereich; denn hier sind die weitgehendsten Verletzungen von Freiheits- und Demokratierechten zu verzeichnen. Niemand kann heute mehr davon ausgehen, daß er unverfälschte, ausgewogene Informationen erhält, zumal alle maßgeblichen Nachrichtendienste und -quellen (zum Beispiel Reuters, Associated Press, United Press), die von deutschen Medien (Fernsehen, Rundfunk, Zeitungen) fast ausschließlich benutzt werden, in den Führungspositionen durch

Mitglieder von ROCKEFELLERS CFR besetzt sind. Eine weitere Selektion der ›Informationen‹ findet nochmals in Deutschland statt. Vom bereits vorgesiebten, vorgefilterten Material wird in der Regel nur verbreitet, was dem politischen, wirtschaftlichen oder ideologischen Interesse des Zeitungs-, Fernseh- oder Rundfunkeigners bzw. seinem Management gefällt. Anderes wird unterschlagen oder manipuliert. Zunehmend werden höchste Verfassungsgrundsätze vom Politestablishment mit Füßen getreten. Der schändliche Maulkorbparagraph ›Volksverhetzung‹ ist nur ein Beispiel dafür.

Vieles, was dem Volk in den letzten Jahrzehnten an Kontrolle und Mitbestimmung in diesem Bereich von zynischen Politikern geraubt wurde, bedarf dringend einer Revision. Fernsehen und Rundfunk, die unter der Führung des Hollywood-verseuchten Kommerzfernsehens ein unerträgliches Maß an Manipulation und schwachsinnigster Volksverblödung erreicht haben, sind wieder zu ›nationalisieren‹. Gleiches gilt für die Wiedereinbindung der Telekom in den öffentlich-rechtlichen Teil des Postbetriebs.

Statt aber das Telekom-Monopol zum Schutze der Demokratie und der Volkssouveränität zu renationalisieren, fiel dieses Monopol ab 1998 gänzlich. Die Krypto-Illuminaten drängen inzwischen direkt auf den deutschen Telekommunikationsmarkt und ›globalisieren‹ ihn über verschiedene ›Outlets‹, nach und nach ein kaum noch zu kontrollierendes Anbieterchaos schaffend – wie in den USA. Anstatt eines schützenden nationalen Medienmonopols wird Deutschland wenige Monopole der privaten Hab- und Einflußgier haben, demokratisch nicht legitimiert, unheilvoll und dubios in ihren ideologischen Zielsetzungen, geführt von Krypto-Illuminaten, die allenfalls Loyalität gegenüber den Eigentümern und/oder sonstigen für sie ›höheren Instanzen‹, gewiß aber nicht gegenüber den Völkern empfinden.

Einem Unternehmen sollte nur gestattet sein, eine Tageszeitung zu betreiben. Auch weitere Minderheitsbeteiligungen an anderen Zeitungsunternehmen sollten untersagt werden. Gleiches hätte für Politik- und Wirtschaftsmagazine zu gelten.

Falls eine Renationalisierung von Fernsehen und Rundfunk nicht mehr durchsetzbar sein sollte, weil der Souverän sein eigenes Interesse nicht mehr zu erkennen vermag, sollte mindestens ein sogenanntes ›Cross-Media-Ownership‹, also die Beteiligung an verschiedenen Medien, untersagt sein. Ebenso wäre deren weitgehende ›Demokratisierung‹, gewissermaßen als Notbremse, unabdingbar.

Dies hieße, daß

- hinsichtlich des Programms von unabhängigen, demokratisch legitimierten Expertengremien eine ständige Qualitätskontrolle erfolgen würde, deren Maßstab die Volksbildung, und nicht, wie heute, die Volksverdummung wäre,
- die Meinungsfreiheit und -vielfalt in Zukunft zu gewährleisten wäre, insbesondere die Verkündung der Wahrheit niemals mehr als ›Haß‹ denunziert werden kann.

Ein demokratisches Mediensystem muß auf dem *Grundsatz der Reziprozität* (»goldene Regel« nach LUTHER) beruhen. Es ist nur dann demokratisch, wenn es dem Bürger gestattet, angemessen Gehör zu finden. Es muß gewährleisten, daß auch radikale und unpopuläre Ideen und Meinungen ausgestrahlt werden, ohne Vergeltung durch politische Zensoren oder Sponsoren fürchten zu müssen.

Auch die Verpflichtung, zum Schutze der ›Verbraucher‹ die Eigentumsverhältnisse an Rundfunk- und Fernsehunternehmen und die religiösen und politischen Weltanschauungen der Eigentümer durch jährliche Veröffentlichungen in *allen* Zeitungen vorzunehmen, wäre ein gesetzliches Minimum.

Schließlich wäre eine Regulierung des Werbemarktes überfällig, um ein einseitiges Abhängigkeitsverhältnis der Medienunternehmen zu verhindern. Zum Beispiel hatte die größte Werbeagentur der Welt, ›Saatchi & Saatchi‹, im Jahre 1995 Büros in achtzig Ländern der Erde und kaufte zwanzig Prozent der gesamten TV-Werbungszeit weltweit. Für ›Pepsi-Cola‹ hatte es in vierzig Ländern Werbespots plaziert (früher mit dem schwachsinnigen Pop-Freak und als Kinderschänder in Verdacht geratenen Michael JACKSON), die von einem Fünftel der Weltbevölkerung gesehen werden. Die Kaufkraft dieser Werbeagenturen ist so hoch, daß sie in der Regel direkt oder indirekt die Politik der Medienunternehmen mitbestimmen. Tatsächlich wären die supranationalen Medienmonopole, die heute die Kulturen und Zivilisationen bedrohen, ohne die astronomischen Werbeeinnahmen überhaupt nicht zu ihrer jetzigen Größe gediehen. Massenwerbung ist der Motor, der Medienunternehmen in die Gigantomanie treibt, zu Monopolstellungen, zu Primitivprogrammen, und sie baut zusätzlich Hürden für neue Medienunternehmer auf. Eine Progressionssteuer auf Werbeeinnahmen würde diesen Zustand umkehren, mindestens aber den gegenwärtigen, sich selbst nährenden Prozeß verlangsamen.

Eine andere, eher marktwirtschaftliche Möglichkeit, den Einfluß der Werbeindustrie auf die Programmgestaltung zurückzudrängen, wäre die gesetzliche Einführung des sogenannten »**V**(iolence)-Chips«. Mit diesem **G**(ewalt)-Chip können Eltern das Maß an gezeigten Gewaltszenen selbst steuern, sie werden damit selbst zu Programmgestaltern. Die US-amerikanische Werbeindustrie drohte damit, daß sie sich mit der technischen Umsetzung des US-Gesetzes weitgehend finanziell zurückziehen werde, ein weiterer Beweis dafür, daß sich Gewalt gut verkauft. Tatsächlich hat die Werbeindustrie uns, den ›Verbraucher‹ von Zeitungen, Fernseh- und Rundfunksendungen, heute weitgehend entmachtet.

Im jetzigen Jahrtausend wird die Telekommunikationstechnik einen überragenden Einfluß auf den demokratischen Prozeß haben. Die Möglichkeit der Telekommunikation, authentische oder bereits vorgefilterte (sprich: manipulierte) Informationen über öffentliche Angelegenheiten fast sofort verfügbar zu haben, kann entweder dazu benutzt werden, das demokratische Prinzip und den demokratischen Prozeß zu stören oder zu sabotieren, oder sie kann dazu dienen, direkte Demokratie in existentiellen Angelegenheiten des Volkes zu verwirklichen. Entscheidend für die eine oder andere Weichenstellung wird das ethische Bewußtsein der politischen Klasse sein. Gerade diese aber läßt Schlimmstes befürchten.

Die Supranationalisierung der Wirtschaft durch die Beseitigung nationaler Grenzen untergräbt fundamental das Gemeinwohlprinzip. Wenn Nationen keine Kontrolle mehr über ihre Grenzen haben, geraten sie in die absurde Situation, selbst solche nationalen Gesetze, die Ausführungsgesetze internationaler Konventionen sind, kaum noch ausführen zu können. Die Zerstörung nationaler Grenzen hat die Demokratiebewegung in feudalistische Zeiten zurückgeworfen und die Feudalherren der Neuzeit, die transnationalen kapitalistischen Monopole und die internationale Hochfinanz dieser Welt, auf den Thron gehoben. Die wichtigste soziale Zukunftsaufgabe wird daher sein, nicht nur die Grenzen neu zu errichten und dadurch die Macht des Volkes zu stärken, sondern auch wichtige Schlüsselbranchen zu renationalisieren.

Insbesondere die Weltbank sollte sich in diesem Zusammenhang wieder auf ihre ursprüngliche Funktion besinnen, auf die Unterstützung und den Schutz der Nationen und Völker, die heute nicht nur durch die globale Revolution transnationaler Multis, sondern vor allem auch durch deren politische Satrapen in den jeweiligen Regierungen bedroht sind.

Nicht Krypto-Illuminaten oder transnationale Unternehmen sind geborene Mitglieder der Weltbank, sondern Nationen. Die Weltbank hat kein Mandat, der Eine-Welt-Ohne-Grenzen-Maxime der supranationalen Revolution zu dienen. Im Gegenteil: Durch die Abschaffung von Nationen würde sie sich selbst abschaffen, wäre sie nicht längst von den supranationalen Revolutionären im Sinne der Ziele ihrer Revolution umgepolt worden.

In den westlichen ›Wolfsgesellschaften‹ wurde das Bruttonationalprodukt zum angebeteten Götzen. Dies haben sich die Drahtzieher der supranationalen Revolution zunutze gemacht. Das Bruttonationalprodukt (BNP) hat aber nur wenig mit Lebensqualität zu tun. Das BNP berücksichtigt nicht den Verbrauch natürlicher Ressourcen. In der BNP-Kalkulation wird der Verbrauch natürlicher Ressourcen als Gewinn und nicht als Vermögensverlust verbucht. In der BNP-Kalkulation werden Scheidungen und Krankheiten als Gewinn verbucht, und zwar bei denjenigen, die aus diesen Krisenerscheinungen Gewinne ziehen (Scheidungsanwälte, Ärzte usw.). Kein ›normaler‹ Mensch würde solche Schicksalsfälle unter nur materiellem Gesichtspunkt sehen wollen. *Das BNP ignoriert unentgeltliche Handlungen.* Dies sind vor allen Dingen freiwillige Dienste im karitativen Bereich oder auch die Fürsorgehandlungen von Eltern oder Großeltern ihren Kindern oder Enkeln gegenüber. Das, was eigentlich das soziale Kapital einer Gemeinschaft ausmacht, wird also übergangen, während bezahlte Handlungen wie die der Polizei, der Gefängnisse, der Gerichte usw. in das BNP einfließen. Das BNP ist also ganz nach dem Geschmack der globalen Revolutionäre extrem familienfeindlich. Das BNP berücksichtigt keine Einkommensverteilung. In den letzten zwanzig Jahren vor 1995 stieg das BNP in den Vereinigten Staaten zum Beispiel um 55 %. Gleichzeitig sanken die Gehälter und Löhne derjenigen, die nicht zu den oberen 5 % der Spitzenverdiener gehören, um 14 %, während jene 5 % einen Einkommenszuwachs von fast 20 % genießen konnten. Das BNP berücksichtigt zum Beispiel auch keine Auslandsverschuldung, sondern nur den durch die Verschuldung ermöglichten Mehrverbrauch an Gütern. Auch das ist ganz im Sinne der Drahtzieher der globalen Revolution; denn sie leben wie eh und je von der Finanzierung überschuldeter Nationen.

Das BNP ist eine gemeinschaftsfeindlicher Berechnungsweise. Statt seiner gäbe es in einer von der supranationalen Revolution befreiten nationalen Gemeinschaft ein *›Produkt für Lebensqualität‹* (PLQ). Dieses Produkt für Lebensqualität würde den Verbrauch natürlicher Ressourcen, die wir unseren Kindern und Kindeskindern geraubt haben, als Verlust verbuchen. Gleiches gälte für die Umweltverschmutzung und für bleibende Umweltschäden. Familienarbeit, die notwendigerweise das Bestehen von Familien voraussetzt, würde als Gewinn verbucht; denn die Familie ist die Keimzelle der nationalen Gemeinschaft. Gleiches gälte für gemeinnützige Arbeiten, da auch durch diese, wie der Name schon sagt, die Gemeinschaft gestärkt wird. Freizeit, die nicht in durch die globale Revolution erzwungener Arbeitslosigkeit besteht, würde ebenfalls als Gewinn verbucht. Erzwungene Arbeitslosigkeit würde dagegen als Verlust anfallen. Die Kindersterblichkeit und das durchschnittliche Sterbealter würden über bestimmte Schlüssel ebenfalls in das PLQ einfließen. Gleiches gälte für die Vermögens- und Einkommensverteilung. Jede Zunahme des Abstands zwischen arm und reich würde daher im Rahmen des PLQ als Verlustposten verbucht werden. Auch die Lebensdauer von Produkten würde im Gegensatz zum BNP mit einfließen. Gleiches gälte für die Sparquote. Eine hohe Sparquote bedeutet weniger Konsum und würde daher bei der Ermittlung des PLQ auf der Habenseite verbucht werden. Ganz anders dagegen die Bewertung im Rahmen des BNP, in das hohe Verschuldung und daraus resultierender hoher Konsum als Gewinn einfließen, und zwar ohne Rücksicht darauf, welche Produkte (zum Beispiel langlebige oder kurzlebige Produkte, Luxusgüter oder Güter des täglichen Bedarfs) konsumiert werden.

Das BNP ist die Meßeinheit des *quantitativen* Wachstums, das PLQ die Meßeinheit des *qualitativen* Wachstums.

Tatsächlich darf es in ökologischer Hinsicht aber kaum noch quantitatives Wachstum geben. Die Verheißung Henry MORGENTHAUS Jr., daß (materieller) Wohlstand keine festen Grenzen kenne, ist praktisch eine Anleitung zur ökologischen und kulturellen Selbstzerstörung. Die Völker werden sehr bald und sehr radikal lernen müssen, daß das an ökonomischen Kriterien ausgerichtete Bruttonationalprodukt kein Maßstab qualitativen Wachstums ist. Qualitatives Wachstum dagegen ist an andere Faktoren gebunden: *Erhaltung der Identitäts- und Wertegemeinschaft, Bewahrung des Kulturerbes, Begrenzung der Naturzerstörung* (Agrarlandvernichtung, Luft- und

Wasserverschmutzung), *Verringerung der Bevölkerungsdichte* (Rückführungsprogramme für Ausländer), *Nutzung natürlicher Energiequellen* (Wasser, Sonne, Wind), aber auch *Kindersterblichkeit, Lebenserwartung und Analphabetismus.*

Die Krypto-Illuminaten sind die Hohepriester des quantitativen Wachstums. Dafür opferten sie den Schutz nationaler Gemeinschaften und begannen damit, die Welt in eine Spielbank zu verwandeln, in der die Währungsspekulanten das Zepter führen. Der Primat des Ökonomischen hatte gesiegt, dem ökonomischen Wachstum wurde die Zerstörung von Kultur und Natur, von Zivilisation und Gemeinschaft geopfert. Die supranationale Revolution des Ökonomischen führt zur Monokultur, zur totalen Vereinheitlichungvon Kultur, Lebensstil und technischem Fortschritt. Dies ist die schlichte Dialektik, Logik der anti-lutherischen supranationalen Revolution: Habgier (*avaritia*) begünstigt die Leistungsbereitschaft des Menschen, mehr Leistungsbereitschaft bewirkt ein höheres Wachstum, mehr Wachstum dient auch dem Allgemeinwohl. Um die Feuer der Habgier zu schüren, werden ihre asozialsten Elemente damit belohnt, daß sie in die Lage versetzt werden, ihre Haustiere besser zu füttern als die Masse der Verlierer ihre Kinder. Die supranationale Revolution ist im Kern antidemokratisch. Im Jahre 1975 veröffentlichte die ›Trilaterale Kommission‹, eine der vielen ROCKEFELLER-Organisationen, eine Studie mit dem Titel *Die Krise der Demokratie: Bericht der Trilateralen Kommission über die Regierbarkeit von Demokratien,* deren Ergebnis darauf hinauslief, daß die Demokratie der Regierbarkeit eines Systems geopfert werden müsse.

Die supranationale Revolution spekuliert darauf, der Forderung nach (wahrer) Demokratie durch die Förderung von Konsumritualen begegnen zu können. Deshalb speist man die Massen mit ›symbolischer Demokratie‹ ab, und falls die Massen dennoch wahre Demokratie fordern sollten, dann sollte diese sich tunlichst auf die Wahlfreiheit des Konsumenten beschränken. Durch die supranationale Revolution wird der Mensch zum Konsumenten reduziert, seine anderen Bedürfnisse werden amputiert. Tatsächlich war die US-Demokratie nie etwas wesentlich anderes als eine Demokratie des Konsums, ansonsten aber eine ›Money Monarchy‹ (Geldmonarchie). Die einzige Gemeinschaft, die mit der supranationalen Revolution vereinbar ist, ist die Gemeinschaft der Konsumenten. In ihr gilt die Demokratie des Geldes. Sie macht keine Unterschiede zwischen Rasse, Abstammung, Beschäftigung und Einkommenshöhe, vorausgesetzt, das Mitglied der Gemeinschaft kann wenigstens den Preis seines Konsumverlangens bezahlen. Aber schon beim Mercedes, der von einem der großen supranationalen Monopole produziert wird, hört für die meisten die Konsumdemokratie auf und beginnt die Geldmonarchie. Dann aber, wenn die Massen sich noch nicht einmal mehr ihren Volkswagen leisten können, dann vielleicht werden sie sich nicht mehr mit der symbolischen Konsumdemokratie der supranationalen Revolution zufrieden geben, sondern wahre Demokratie einfordern wollen.

›Demokratie‹ und der ›Freie-Markt-Faschismus‹ der supranationalen Revolution haben ein grundverschiedenes Verständnis über die Verteilung von Macht. Demokratie geht, mit einigen gesetzlichen Ausnahmen, von der gleichen Verteilung politischer Macht aus (»Ein Mann, eine Stimme«), während der unregulierte Freie-Markt-Faschismus sozialer Darwinismus ist: *Nur die Starken haben eine Stimme.* Unregulierter Freier-Markt-Faschismus ist eine Form von Sklaverei und mit wahrer Demokratie nicht vereinbar. In einer Gesellschaft der freien, sozial nicht gebundenen Marktwirtschaft kommt, wie sich gezeigt hat, Macht von Reichtum. Unregulierter Freier-Markt-Faschismus führt zwangsläufig zur Plutokratie. Wirtschaftliche Macht führt zur politischen Macht. Dieser Trend wird durch die supranationale Revolution noch verstärkt. Soziale ›Checks and Balances‹ werden, soweit sie im Nationalstaat bestanden, durch die Verlagerung von Produktionsstätten ins Ausland und den freien Kapitalverkehr mehr und mehr unterlaufen.

Die supranationale Revolution als extremste Form des freien unregulierten Marktes ist der natürliche Feind des Mittelstandes; denn er zerstört die Mechanismen des Marktes. Die Geschichte läßt den Schluß zu, daß der supranationale unregulierte Freie-Markt-Kapitalismus langfristig genauso wenig überlebensfähig sein wird wie der Kommunismus. Die freie Marktwirtschaft, so wie sie in den zwanziger Jahren existierte, brach während der großen Depression zusammen. Die supranationale Revolution des ungezügelten Kapitalismus tötet nicht nur die Demokratie, sondern auch den marktwirtschaftlichen Kapitalismus. Das Marktsystem wird in dem Maße ineffektiver, in dem sich der Wettbewerb auf immer weniger Monopole oder Oligopole beschränkt; denn die Konzentration der Macht auf einen oder mehrere Eigner stört oder beseitigt das wichtigste Wettbewerbselement, nämlich Angebot und Nachfrage. Monopole oder Oligopole können Preise unnötig hoch halten, wenn es keinen ernst zu nehmenden Wettbewerb mehr gibt, oder können Preise selbst weit unter Selbstkosten fahren, um auch noch die letzten Wettbewerber aus dem Markt zu treiben. Trotz nationaler Kartellgesetzgebungen haben es die Krypto-Illuminaten verstanden, immer weiter zu wachsen. Monopole oder Oligopole, die einst eine Nation bedrohten, bedrohen im Zeitalter der supranationalen Revolution die gesamte Welt. Tatsächlich führt dies zum schädlichsten Wettbewerb überhaupt, nämlich zum Wettbewerb zwischen Regierungen im Abbau kartellrechtlicher Vorschriften; denn wenn die Bundesrepublik Deutschland es erlaubt, daß Banken, wie die Deutsche Bank, umfangreiche Unternehmensanteile halten, dies aber in einer anderen Nation untersagt oder im Verhältnis zu Deutschland stärker eingeschränkt ist, dann entstehen für die Volkswirtschaft der anderen Nationen Wettbewerbsnachteile, die man durch den Abbau der eigenen kartellrechtlichen Vorschriften auszugleichen versuchen wird. ›Illuminierter‹ Monopolkapitalismus bestimmt, was produziert wird, was verteilt wird, was konsumiert wird, was in den Medien gesendet wird, was in Büchern gelesen wird, wo gearbeitet wird, ob gearbeitet wird und welche Politik in einem Land gemacht wird.

Die Weltwirtschaft befindet sich inmitten eines dramatischen Konzentrationsprozesses. Die Verkäufe der 350 größten transnationalen Unternehmen betragen inzwischen ein Drittel der Bruttonationalprodukte aller industrialisierten Länder. Die 100 größten der insgesamt 37 000 transnationalen Unternehmen haben ein Vermögen von weltweit vier Billionen US-Dollar, von denen sich zwei Billionen US-Dollar außerhalb des Herkunftslandes befinden. Obwohl die 350 größten transnationalen Unternehmen 40 % des Weltwarenumsatzes kontrollieren, haben die 15 größten von ihnen Bruttoeinkünfte, die jeweils größer sind als die Bruttonationalprodukte von 120 Ländern. Dies vor allen Dingen waren die Unternehmen, die einerseits die Drähte in den GATT-Verhandlungen zogen und die andererseits die finanziellen Möglichkeiten haben, technologische Vorreiter bei der Vernichtung von Arbeitsplätzen zu sein. Transnationale Monopole und die supranationale Hochfinanz sind *de facto* bereits die Weltregierung, deren politische, demokratisch nicht legitimierte Entscheidungen zur Zeit in geheimen oder halb öffentlichen Institutionen wie den ›Bilderbergern‹, dem ›Council on Foreign Relations‹, der ›Trilaterale Kommission‹ oder dem ›Committee of 300‹ getroffen werden. Sie haben sich in der Folge von Bretton Woods der Kontrolle nationaler Regierungen mehr und mehr entzogen. Diese sind *de facto* inzwischen zu Marionettenregierungen der neuen *De-Facto*-Weltregierung geworden.

Die supranationale Revolution hat, wie ausgeführt, zu einer Perversion der kapitalistischen Idee geführt. Nicht nur um Gemeinschaften, Kulturen und Zivilisationen zu retten, sondern auch das von der supranationalen Revolution bedrohte Marktwirtschaftssystem als solches, bedarf es entschiedener koordinierter protektionistischer Maßnahmen, wie sie an anderer Stelle bereits erörtert wurden. Statt eine einzige Weltwirtschaft zu schaffen, die von riesigen transnationalen Unternehmen selbst kontrolliert wird, kann der Weg nur zurückgehen in die Schaffung eines Netzes von möglichst unabhängigen Nationalökonomien, deren Ziel eine möglichst autarke Selbstversorgungswirtschaft sein muß. Nicht Zentralisierung der Weltwirtschaft, sondern deren Dezentralisierung muß das Ziel der Völker sein, um sich selbst aus einer fast schon ausweglosen Situation zu retten. Vor allem aber bedarf es der Einführung einer echten Demokratie, die uns bisher so erfolgreich vorenthalten wurde. Wenn Demokratie die »Regierung des Volkes für das Volk« ist, dann gibt es weder in Deutschland noch in der westlichen Welt Demokratie. Wahre Demokratie setzt Mitbestimmung des Volkes in Sachfragen voraus. *Sie ist um so praktikabler, je kleiner und damit transparenter die politischen Einheiten sind.* Die USA sind keine Demokratie, sondern werden vom großen Geld regiert. In einem Bericht *Citizen and Politics* (*Bürger und Politik*) der Kettering-Stiftung aus dem Jahr 1991 heißt es zusammenfassend: »Viele Amerikaner sind keineswegs der Ansicht, daß sie heute in einer Demokratie leben. . . Sie beschreiben das politische System als undurchdringlich hinsichtlich der Durchsetzung des Volkswillens, ein System, das von einer politischen Klasse geführt wird, die ihrerseits nicht von Stimmen, sondern vom Geld kontrolliert wird.«

Die Geldmonarchie USA hat gewissermaßen feudalistische Strukturen geschaffen, ein Selbstbedienungssystem für die reichsten 5 %. Dies könnte anders sein, wenn die Staaten der USA nationalisiert würden und aus politischer Distanz politische Nähe würde. *Demokratie setzt,* so scheint es, *politische Nähe voraus.* Je weiter der König vom Volk entfernt ist, nicht nur hierarchisch, sondern auch geographisch, desto weniger fühlt er sich mit ihm verbunden. Auch wenn eine Nationalisierung von US-Bundesstaaten im Augenblick noch nicht möglich ist, so könnte, wenn die supranationale Revolution doch noch scheitern sollte, dies eine realistische Option für die Zukunft sein, insbesondere in Bundesstaaten mit hohem Hispanic-Anteil wie Kalifornien, New Mexico, Texas und Florida, genauso wie es eine durchaus realistische Option ist, daß Quebec (derzeit noch Kanada) eines Tages eine unabhängige Nation sein wird. Alles dies wäre sicherlich im Interesse der Demokratiebewegung.

Die *Befreiung* von den zerstörerischen Kräften der supranationalen Revolution ist der ›*geschlossene Handelsstaat*‹, ähnlich wie er von Johann Gottlieb FICHTE bereits im Jahre 1800 vorgeschlagen wurde. In seiner gleichnamigen Schrift vereint FICHTE französischen Rationalismus und Radikalismus mit deutschem Nationalismus, um zum ›Vernunftsstaat‹ zu gelangen.

Auch wenn die Radikalität mancher seiner Forderungen trotz des Zerstörungswerks der supranationalen Revolution heute noch überzogen sein dürfte, so ist das Prinzip des geschlossenen Handelsstaates als solches die einzig mögliche Reaktion auf diese Revolution.

Nach FICHTE unterliegt jeder Mensch wie auch jede Ware entweder der Rechtsprechung eines Staates oder nicht. Es gibt keinen dritten Weg!

Daraus folgt, daß jeder notwendige Außenhandel in die ausschließliche Zuständigkeit der Regierung fällt. Mit anderen Worten: Die Regierung hat nach FICHTE ein Außenhandelsmonopol. Das Ziel des geschlossenen Handelsstaates ist es, eine weitgehende Autonomie von ausländischen Gütern zu erreichen. Zu diesem Zweck werden nach FICHTE die Preise dieser Güter künstlich verteuert, um den Konsum einheimischer Produkte zu fördern. Das Ziel sei es, »daß der Staat sich von jedwedem Außenhandel befreit« (Rückübersetzung aus dem Englischen; der Verfasser). In diesem Zusammenhang müsse sich der Staat in seine natürlichen Grenzen zurückziehen, und er schreibt, daß der Staat nicht allein durch (starke und militärisch gut geschützte) Grenzen zu schützen sei, sondern vor allem auch durch »produktive Unabhängigkeit und Selbstversorgung« (Rückübersetzung aus dem Englischen; der Verfasser). Auch wenn hier nicht, wie erwähnt, der Radikalität FICHTES das Wort geredet werden soll, so erscheint grundsätzlich das Prinzip des geschlossenen Handelsstaates als einzige noch verbliebene Möglichkeit, die Freiheit der Völker und ihre Selbstbestimmung ins 21. Jahrhundert hinein zu bewahren; denn die Nation ist die einzig verbliebene Antwort auf den supranationalen Feudalismus der Neuzeit, oder, um es noch deutlicher zu sagen: In der heutigen geschichtlichen Situation wäre Karl MARX, wäre er als Mitglied der ›Gesellschaft der vier Jahreszeiten‹ nicht selbst Freimaurer gewesen, nicht mehr Internationalist, sondern entschiedener Nationalist.

Es war bereits Werner SOMBART, der gewissermaßen FICHTE und MARX in seinem Werk *Deutscher Sozialismus* zusammenführte. Er zitiert einen »Wortführer der jungen Generation« wie folgt: »Es liegt im Wesen des organischen Staates, die Eigenheit und die Eigengesetzlichkeit der Glieder mit der Struktur des Ganzen in Einklang zu bringen und doch den Gliedern die Einheit, die Möglichkeit der Selbstbestimmung und des Wachstums von innen heraus zu wahren. Der politische Ausdruck dafür ist die innere Selbstgestaltung nach dem Prinzip der *Selbstverwaltung*. Dadurch entsteht allseitige Wechselwirkung der Glieder untereinander wie zwischen den Gliedern und dem Ganzen: Der Kreislauf der Kräfte und des Wirkens von oben nach unten und von unten nach oben bewirkt die politische Mobilisierung der Volkskräfte«. Und an anderer Stelle führt er aus (Rückübersetzung aus dem Englischen; der Verfasser): »Das ›Ganze‹, das wir meinen, ist die zu einer harmonischen Einheit verschmolzene Volkswirtschaft. Daraus folgt, daß die Volkswirtschaft eine bestimmte Abgeschlossenheit, Unabhängigkeit, Selbstversorgung aufweisen muß, die ihr ein stabiles Gleichgewicht verschafft. Wir treten für das nationalwirtschaftliche Prinzip aus strategischen, ethnischen und ökonomischen Gründen ein, vor allem aber aufgrund der Erwägung, daß Sozialismus, wie wir ihn meinen, eine wohl geplante Gemeinschaftsordnung ist, die zu ihrer Verwirklichung eines Wirtschaftskörpers bedarf, in dem alle Aktivitäten im wesentlichen unabhängig von ausländischen Ereignissen ablaufen.«

Diese Erwägungen haben entsprechend für ein System des national-sozialen Kapitalismus zu gelten.

H. Supranationale Revolution und Volksfreiheit

In der schönen neuen Welt der supranationalen Revolution sind alle frei - mit Ausnahme der Völker. Während die Krypto-Illuminaten und ihre politischen Lakaien predigen, daß ihr Zugewinn an Vernichtungsfreiheit auch neue Freiheitsräume für andere schaffen werde, profitieren sie tatsächlich vom ständig wachsenden Verlust an wirtschaftlicher Freiheit der großen Mehrheit der Völker. Armut versklavt, erniedrigt, entsolidarisiert und korrumpiert. Armut vernichtet Identität und schafft so ein Heer von willfährigen Marionetten der supranationalen Feudalherren. Es gibt keine Gewerkschaften, die sie auffangen und stärken; denn jene befinden sich ideologisch seit jeher im anderen Lager.

Die zerstörerischen Kräfte der supranationalen Revolution bewirken eine *Verwandlung*: *Um nicht als Lamm gefressen zu werden, wird der Mensch zum Wolf.* Aus einer Solidargemeinschaft wird eine ›Wolfsgesellschaft‹.

Die supranationale Revolution atomisiert die Gemeinschaft. Sie ist eine *Zwangsindividualisierung gegen das (nationale) Gemeinschaftsgefühl.*

Mit dem Verlust wirksam funktionierender Gewerkschaften als Gegengewicht zum supranationalen Kapital hat die Mehrheit des Volkes vor allem einen *Verlust vertraglicher Verhandlungs- und Wahlfreiheit* erlitten. In der Terminologie des Bürgerlichen Rechts wird jedes Geschäft (sprich: Arbeitsvertrag) der supranationalen Feudalherren mit dem seines sozialen Unterbaus beraubten Individuum mehr oder minder zum Knebelgeschäft und wäre damit nach bürgerlich-rechtlichen Grundsätzen »sittenwidrig«. Aber darum geht es ja gerade: Die supranationale Revolution ist eine zutiefst reaktionäre Revolution zur Abschaffung der bürgerlichen Gesellschaft. Sie war der Einstieg des Menschen in ein supranationales ›Rat Race‹ (›Rattenrennen‹) in Zeiten globaler Verknappung. Nicht nationale Selbstbescheidung ist ihre Funktion, sondern beschleunigte Vernichtung der endlichen Ressourcen der an ihre Wachstumsgrenzen geratenen menschlichen Zivilisation. Sie ist keineswegs nur ein kultureller und sozialer Rückschritt, sondern auch ein ökologisches Verbrechen.

Supranationaler Kapitalismus ist ein System fundamentaler *Waffenungleichheit.* Während die Vertragsfreiheit des Starken weiter gestärkt wird, wird jene der Schwachen weiter eingeschränkt. Dieselben Scharfmacher, die marktschreierisch dem freien Wettbewerb huldigen, bekämpfen gleichzeitig die Freiheit jener, die erst die Werte geschaffen haben, die sie heute supranational zu Markte tragen und andernorts zu Dumpinglöhnen reproduzieren. Dieses vaterlandslose Gesindel kennt weder Solidarität noch Loyalität.

Ein neuer Mechanismus des Gleichgewichts ist überfällig. Supranationales Monopolkapital erfordert national ausgerichtete Gewerkschaften, um ein politisches Gegengewicht zur ökonomischen Allmacht der neuen Feudalherren zu schaffen und Demokratie zu sichern. Wenn es überhaupt Formen eines supranationalen Marktes geben soll, dann muß sichergestellt sein, daß sich die supranationalen Spieler, deren Spieleinsätze unsere Schicksale sind, an bestimmte Spielregeln halten und nur innerhalb bestimmter Grenzen operieren. Mit anderen Worten: Der supranationale Markt darf zum Schutz der Freiheit der Völker nicht frei, sondern muß streng reguliert sein. Zu diesen *protektionistischen Regeln* gehört zum Beispiel auch, daß als Ergebnis der Reziprozität (Wechselseitigkeit) hohe Strafzölle auf Produkte aus Ländern erhoben werden, in denen

- das Lohnniveau nicht unerheblich niedriger ist als in Deutschland,
- die Arbeitsrechte nicht dem deutschen Sozialstandard entsprechen,
- die Gewerkschaftsrechte keine Kampfparität gewährleisten.

Auf diese Weise würde nicht nur der asoziale und anationale Export von Arbeitsplätzen bekämpft werden, es würde auch ein Beitrag dazu geleistet, in anderen Ländern das Lohnniveau anzuheben und damit weltweit mehr Kaufkraft zu erzeugen.

Deutschland braucht einen neuen *Sozialvertrag zwischen Kapital und Arbeit.* Das supranationale Monopolkapital wird sich auch hinsichtlich seiner transnationalen Geschäfte nationalen Interessen zu unterwerfen haben; denn *nur der Nationalstaat ist ein Sozialstaat.* Nur die Nation kann die demokratiefeindlichen Bestrebungen der supranationalen Revolution abwehren. Die Freiheit der Völker ist allemal wichtiger als die Freiheit der mit fast unbegrenzten Mitteln ausgestatteten Krypto-Illuminaten, die Welt unter sich aufzuteilen. Kein wirtschaftliches Wachstum rechtfertigt es, das Selbstbestimmungsrecht eines Volkes zu verspielen. Die Volksfreiheit ist kein Spieleinsatz. Das deutsche Volk muß die absolute Kontrolle über seine wirtschaftlichen Außenbeziehungen zurückgewinnen. Dies wird mit den Altparteien, die den heute herrschenden Zustand der Entmündigung des Volkes zu verantworten haben, nicht erreicht werden können. Nur eine Partei des Volkes kann dieses leisten, nicht aber eine Partei, die sich, obwohl Klientelhure, nur aus wahltaktischen Gründen das Etikett ›Volkspartei‹ zulegt.

Volksfreiheit ist die gemeinschaftskonforme Freiheit. Sie entspricht nicht der durch die supranationale Revolution geprägten Freiheit der real existierenden (offenen) ›Wolfsgesellschaft‹. Diese wird bestimmt von ausschließlich individualistischen *Zu*-Freiheiten, insbesondere durch die

- Freiheit *zur* Glücksbefriedigung (Persuit of Happiness),
- Freiheit *zum* unternehmerischen Profitstreben,
- Freiheit *zum* Hedonismus,
- Freiheit *zum* Konsum,
- Freiheit *zur* Mobilität.

Diesem Freiheitsbegriff ist ein gemeinschaftskonformer Freiheitsbegriff als positives Gegengewicht entgegenzusetzen. Der Freiheitsbegriff der Gemeinschaft enthält die sogenannten *Von*-Freiheiten. Diese sind unter anderen die

- Freiheit *vom* Primat des Ökonomischen,
- Freiheit *von* gemeinschaftsfeindlicher Globalisierung,
- Freiheit *von* destruktiver Toleranz,
- Freiheit *vom* Hyperindividualismus,
- Freiheit *von* demokratiefeindlichem Parlamentarismus,
- Freiheit *von* falscher Furcht,
- Freiheit *von* politischer Zensur.

Ohne das Gegengewicht der *Von*-Freiheiten wird liberale Ideologie zur volksfeindlichen libertären Ideologie. Positive Freiheit ist die Freiheit vieler, negative Freiheit die Freiheit weniger.

Libertäre Ideologie

- ist negativer Liberalismus,
- überbetont die Freiheitsrechte des Einzelnen zu Lasten der Freiheit aller,

- führt zur Herrschaft weniger Starker und/oder Skrupelloser zu Lasten vieler Schwacher und/oder Rücksichtsvoller,
- führt zum Sieg der Gemeinschaftsfeinde über die Gemeinschaft und ist praktizierter Sozialdarwinismus.

Positiver Liberalismus

- ist dagegen praktizierte Solidarität,
- anerkennt, daß der Mensch als soziales Wesen nicht nur nach materieller, sondern auch nach ideell-emotionaler Sicherheit im Rahmen einer Gemeinschaft sucht. Zur ideell-emotionalen Sicherheit gehören unter anderem das Selbstbestimmungsrecht eines Volkes, seine Sprache, seine Kultur und der gemeinsame Lebensraum. Manche nennen diesen Bezug auch *national*. Sozial- und Nationalliberalismus sind tatsächlich nie Gegensätze gewesen, sondern wurden nur von interessierten Kreisen dazu pervertiert. Sozial- und Nationalliberalismus gehören als zwei Seiten ein und derselben Medaille untrennbar zusammen.
- verschafft den Menschen also nicht nur die Freiheit *zu* etwas, sondern vor allem auch Freiheit *von* etwas. Wir haben im Deutschen dafür ein Wort: Es heißt ›*Befreiung*‹.

Die (offene) ›Wolfsgesellschaft‹ Deutschland ist ein System des sogenannten integralen Liberalismus. Das Konzept des integralen Liberalismus, d. h. die Freiheit im Rahmen des Gesetzes, leugnet jedoch völlig die unterschiedliche ökonomische Stärke der Volkssubjekte.

Der integrale Liberalismus der ›Wolfsgesellschaft‹ westlicher Prägung bevorrechtigt die Freiheit der Reichen. Freiheit ist auf diese Weise ein Instrument zum Schutz der Rechte einer privilegierten Minderheit und der Macht des Geldes geworden, so schon Nicholaj Berdiajev in *The Fate of Man in the Modern World*. Die absolute Freiheit dieser wirtschaftlich starken Minderheit führt zunehmend zur totalen Abhängigkeit der wirtschaftlich schwachen Mehrheit. Paradoxe Freiheit!

Sozialer Liberalismus ist nationaler Liberalismus. Die Nation ist der Hort der Mehrheit der Schwachen, das Haus ihrer Schicksalsgemeinschaft, der Boden ihrer Zivilisation und Kultur, der Ort ihrer Selbstbestimmung.

Ohne eine Nation

- gibt es keine ›Nationalisierung‹ von Betrieben, die in den Händen einer reichen Minderheit eine latente Gefahr für die wirtschaftlich schwache Mehrheit bedeuten,

- gibt es kein Bollwerk mehr gegen die die Kulturen, Zivilisationen und Gemeinschaften zerstörenden Kräfte des »freien« supranationalen Marktes,
- ist die Mehrheit der Schwachen den Krypto-Illuminaten, die den Leidensdruck des Volkes noch für zu gering erachten, völlig wehrlos ausgeliefert.

In einem System des sozialen, gemeinschaftskonformen Liberalismus

- gäbe es keine monopolistischen Pressekonzentrationen, durch die das Volk der *freien* Manipulation der Krypto-Illuminaten ausgeliefert wird,
- hätte es keine Privatisierung der Telefondienste gegeben, durch die die Krypto-Illuminaten die *Freiheit* erhielten, die totale Ausforschung des deutschen Volkes zu organisieren,
- gäbe es keine elektronischen Medien in privater Hand, die so *frei* sind, den politischen Bewußtseinsstand des Volkes durch ›Prol- und Trashkultur‹ auf ein Niveau abzusenken, auf dem die Deutschen nicht mehr in der Lage sind, ihre eigenen Interessen zu erkennen und einzufordern,
- wären bestimmte Schlüsselindustrien (z. B. die Rüstungsindustrie) »nationalisiert« und zum Schutze des Volkes nicht *frei* verfügbar.

In einem wahren sozial-liberalen, d h. national-liberalen, System gibt es eine *Balance zwischen Kapital- und Gemeinschaftsinteresse,* zwischen Ökonomie und Politik. In einem solchen sozial-liberalen System

- betreibt das Kapital nicht die **Zerstörung** der Gemeinschaft (sprich: Nation), sondern fördert und nährt diese,
- gibt es keinen Klassenkampf, sondern Kooperation und Konkordanz der Kräfte.

Es sei hier abermals Adam SMITH zitiert, der bereits in *The Theory of Moral Sentiments* (hrsg. 1812) ausführte:

»The wise and virtuous man is, at all times, willing that his own private interest should be sacrificed to the public interest of his own particular order or society. He is, at all times, willing, too, that the interest of this order or society should be sacrificed to the greater interest of the state or sovereignty, of which it is only a subordinate part.«

Zu deutsch:

»Der weise und tugendhafte Mann ist zu allen Zeiten gewillt, sein eigenes privates Interesse dem öffentlichen Interesse seiner eigenen besonderen Ordnung oder Gesellschaft unterzuordnen. Er ist auch zu allen Zeiten gewillt, das Interesse dieser Ordnung oder Gesellschaft dem höheren Interesse des Staates oder jener Souveränität, von denen er nur ein untergeordneter Teil ist, zu opfern.«

Was also haben wir von Männern zu halten, die die Liquidation unserer Nation betreiben? Der in der ›Wolfsgesellschaft‹ des SOROS-Vorbilds Karl POPPER (*Die offene Gesellschaft und ihre Feinde*) praktizierte negative Liberalismus hat zu einer fatalen Entwertung des liberalen Prinzips an sich geführt. Schadenfreude können nur diejenigen darüber empfinden, die meinen, eine den Menschen dienende Gemeinschaft könne auf das liberale Moment verzichten. Das Gegenteil ist richtig. Die nationale Gemeinschaft ist der Boden, auf dem die gute Freiheit, also die strikte Allgemeinverträglichkeit individueller Freiheitsrechte gedeiht. Es ist der hypertrophe Individualismus US-amerikanischer Art, der die schlechte Freiheit hervorbringt. Sobald die Verbindung zwischen subjektiven Interessen des Individuums und objektiven Schranken durchtrennt ist, entartet der Individualismus zu rücksichtslosem Subjektivismus und schließlich zur Anarchie.

Die ›Checks and Balances‹ zwischen Gemeinschaftsinteresse und Individualrechten fallen in einer libertären Gesellschaft à la POPPER im Zweifel zu Gunsten der Individualrechte der Stärkeren aus (*in dubio pro libertate;* im Zweifel für die Freiheit), anstatt mindestens ausgewogen zu sein. Praktisch hat sich daher Deutschland zwangsläufig mit der Zeit zu einem Hort der schlechten Freiheit entwikkelt, die auf das Sicherheitsbedürfnis des Einzelnen, aber auch auf sein Bedürfnis, mit vertrauten Regeln und Traditionen in einem ihm vertrauten Umfeld zu leben, kaum Rücksicht nimmt. Gleichzeitig wurde das auf dem Papier stehende Rechtsstaatsprinzip praktisch aufgehoben; des Faustrecht des Skrupellosen und Starken setzte sich durch. *Der Begriff ›Heimat‹*, also der Ort einer Gemeinschaft, an dem man sich zu Hause fühlt, *ist in der anonymen libertären Gesellschaft ein fast anstößiger Begriff.*

Die libertäre Gesellschaft leugnet die *Intimität homogener staatlicher Gemeinschaftsstrukturen*, wie sie selbst in Japan oder Singapur immer weniger bestehen. In der libertären Gesellschaft werden Unterschiede betont, nicht Gemeinsamkeiten, wie sie in der Präambel der Weimarer Reichsverfassung zum Tragen kamen.

Am Ende der schlechten Freiheit, so Leszek KOLAKOWSKI, wartet die Anarchie und an deren Ende eine abermalige Tyrannei statt der Einführung echter Demokratie. Die gute Freiheit, so schon Hermann STREICH in *Die Begegnung mit dem Schicksal*, beginnt mit den Pflichten der Aussaat und erwartet in Geduld die Ernte, die schlechte Freiheit aber schert sich nicht um die Aussaat, sondern wendet sich nur den Früchten zu. Die gute Freiheit beginnt mit der Fürsorgepflicht.

Die totale Durchindividualisierung der libertären Gesellschaft führt zu einer Relativierung aller traditionellen Werte und Sekundärtugenden (Ehrlichkeit, Rechtschaffenheit, Disziplin, Treue, Solidarität usw.) und dadurch zum Verlust moralischer Bindungskräfte. Die Atomisierung der Bindungskräfte eines Volkes bei gleichzeitigem Verlust an kultureller Identität hat notwendigerweise den Übergang in eine anonyme Gesellschaft westlichen Stils zur Folge.

Die katastrophalen Ergebnisse, die ein solcher Übergang zeitigt, lassen sich in den USA und in Deutschland ablesen. Sie betreffen vor allem die Problembereiche

- Mafia/Kriminalität,
- Medien/Manipulation,
- Lobbyismus/Korruption und
- Parteienprivilegien/Oligarchie.

Alle diese Problembereiche haben eines gemeinsam: Sie berühren die Freiheit des Volkes. Sie alle sind vor allem ein Demokratieproblem.

In einem echten sozial-liberalen, d. h. national-liberalen System würden wir wieder zu germanischen Formen direkter Demokratie zurückkehren.

TACITUS beobachtete im ersten Jahrhundert, daß bei den germanischen Stämmen »die Sachen von geringerer Bedeutung von die Stammesoberhäuptern, die wichtigeren Angelegenheiten aber vom gesamten Stamm entschieden werden. Selbst wenn aber die letzte Entscheidung beim gesamten Volk liegt, wird die Sache stets gründlich unter den Standesoberhäuptern diskutiert«.

Hätten wir nach der Niederlage des Zweiten Weltkrieges und trotz des uns von den Siegern aufgezwungenen fremden Rechtes wieder rechtzeitig die Kraft und die Überzeugung gefunden, zu unserem eigenen uralten basisdemokratischen Brauchtum zurückzufinden, dann hätten *wir, das Volk,* und nicht die Parteien des von den Siegern etablierten Systems darüber abgestimmt, ob wir

- den Organisationen der supranationalen Revolution (EU, UNO, NATO, IWF, WHO, etc.) angehören wollen,
- auf unsere Währungshoheit verzichten wollen,
- die Überfremdung unseres Volkes und dessen allmählichen Volkstod »tolerieren« wollen,
- der Zerstörung unserer uralten Zivilisation, Kultur und Identität Vorschub leisten wollen.

Eltweed POMEROY, der Vorsitzende der ›Direct Legislation League‹, hatte in den USA im November 1900 eine Schrift unter dem Titel *For the People* (*Für das Volk*) veröffentlicht.

Darin fragt POMEROY zunächst (vgl. David S. BRODER, *Democracy Derailed: Initiative Campaigns and the Power of Money*): »Soll das Volk regieren oder regiert werden? Soll der organisierte Reichtum mit seiner raffinierten Korruption das Volk regieren, oder soll das Volk sich selbst durch direkte Wahlen regieren?«, um dann, nicht unähnlich der Tradition unserer germanischen Vorfahren, entschieden für die Selbstregierung des Volkes einzutreten. Gleichzeitig veröffentlichte er mit seiner Schrift 80 Stimmen herausragender Amerikaner, darunter zum Beispiel

- J. R. ROGERS, der ›Governor‹ (in Deutschland: Ministerpräsident eines Bundeslandes) des Staates Washington: »Ich bin für eine direkte Gesetzgebung. Das Volk ist gegenüber der Bestechung, die durch die großen Unternehmen angewandt wird, hilflos.«
- Hazen S. PINGREE, Governor von Michigan: »Gebt dem Volk, was es will, ist mein Motto, und nach meiner Meinung ist die direkte Gesetzgebung der einzige Weg, um dahin zu gelangen... Das repräsentative System hat einige katastrophale Schwächen entwickelt.«
- Samuel GOMPERS, Vorsitzender der ›Amerikanischen Arbeitervereinigung‹: »Ich habe volles Vertrauen in das Volk... Alle sind ehrlicher und intelligenter als wenige. Wir müssen bald wählen, ob wir eine Oligarchie oder eine Demokratie haben wollen.«

Ist es zuviel spekuliert, daß der Terroranschlag vom 11. September 2001 nicht geschehen wäre, wenn vor mehr als einem Jahrhundert der Ruf POMEROYS und anderer nach direkter Demokratie gehört worden wäre und das amerikanische Volk an der Gestaltung einer anderen amerikanischen Gesellschaft direkt beteiligt worden wäre? Ist es zuviel spekuliert, daß ein selbstbestimmtes amerikanisches Volk die dekadenten und zerstörerischen Auswüchse der herrschenden, durch die ›Krone‹ gegängelten ›Ostküste‹ nie geduldet hätte und sich die USA infolgedessen nicht überall zum Feind gemacht hätten? Ist es zuviel spekuliert, daß es die Spekulationshochburg und »Welthauptstadt« (Otto SCHILY) New York, das Symbol der Verachtung und des Hasses so vieler, nie in dieser Form gegeben hätte? Vielleicht ist es nur eine schöne Illusion, sich vorzustellen, daß sich die USA völlig anders entwickelt hätten, aber wenigstens wäre dem Volk auf dem Weg in das dritte Jahrtausend dann nicht die eigene *Gestaltungsfreiheit* vorenthalten worden.

»Das Volk ist frei geboren, ist frei und liegt doch überall in Ketten«, heißt es in der Einleitung von Jean-Jacques ROUSSEAUS *Gesellschaftsvertrag*. Seine gegen feudalen Despotismus und staatliche Willkür gerichtete Anklage hätte heute andere Adressaten, ist aber gleichwohl aktueller denn je.

Die feudalistischen Kräfte der supranationalen Revolution stehen, um mit Mickey KANTOR zu sprechen (siehe **Vorwort**), vor ihrem Endsieg. Die zukünftige Versklavung des Menschen wird auf Grund der Revolution der Kommunikationstechnologie umfassender und radikaler sein denn je zuvor. Der ›gläserne Mensch‹ wird, wie in George ORWELLS *1984*, auf sein nacktes, isoliertes ›Ich‹ reduziert worden sein, ein kulturloser, machtloser, jeglicher Privatsphäre beraubter Zombie, zurückgeworfen auf bloßes Vegetieren.

Der pathologische Egokult von heute, die Abkoppelung vom Gemeinschaftsdenken und dem Wir-Prinzip, wird paradoxerweise zwangsläufig im Egoverlust, in der Entpersonifizierung des Menschen enden. Der Anspruch auf Unabhängigkeit, auf freie Entwicklung, auf ›laisser aller‹, werde am lautesten von eben jenen geltend gemacht, »für die kein Zügel zu streng wäre«, so schon Friedrich NIETZSCHE. Daran lasse sich erkennen, daß »unser moderner Begriff von ›Freiheit‹... ein Beweis mehr von Instinkt-Entartung« sei.

Durch ihren Kult des ›Relativismus‹, der ›Toleranz‹, der ›Gleichgültigkeit‹ und der Erklärung sozialer Phänomene mittels der Psychologie kam es zu einem Mißbrauch der liberalen Idee. Es herrscht heute eine Stimmung phlegmatischer Generosität und gewissenloser, willkürlicher Verantwortungslosigkeit, die einerseits die Tore für exzessivsten Subjektivismus, andererseits für Despotismus aufgestoßen hat, Subjektivismus bei denjenigen, die sich in der Pose der komfortablen Trägheit und ästhetischen Passivität gefallen, Despotismus bei jenen, die eine solche Pose nicht annehmen können oder wollen. Ohne eine *volonté générale* (einen Allgemeinwillen) ein Gerüst allgemeinverbindlicher Wahrheiten und Werte, wird Liberalismus zur Anarchie entarten . Anarchie und Chaos aber sind der Nährboden der Diktatur, einer Diktatur, die nach dem Plan des ›Committee of 300‹, der ›Bilderberger‹, der ›Trilateralen Kommission‹, des ›Council on Foreign Relations‹ und sonstiger supranationaler Organisationen des Krypto-Illuminatentums dieses Mal in einer Weltdiktatur enden soll.

I. Epilog

Freier supranationaler Handel ist das Glaubensbekenntnis von GATT, WHO, IWF, Weltbank, NAFTA und EU. Supranationaler Handel, so die Ideologie der Krypto-Illuminaten, erhöht den Wettbewerb, und Wettbewerb verringert die Kosten. Für schlichte Geister ist dies durchaus einleuchtend. Aber der Kostenwettbewerb hat zwei Seiten: Er kann die Effizienz der Produktherstellung (Produktivität) erhöhen, gleichzeitig aber die Produktqualität oder auch die Lebensqualität senken; denn Kostenersparnisse werden häufig zu Lasten des Produkts oder zu Lasten der Umwelt, der Löhne und der Arbeitsbedingungen erzielt, jedenfalls insoweit, als durch die supranationale Revolution die erste Welt betroffen ist. Krypto-Illuminaten pflegen auf diesen Einwand zu antworten, daß sich diese Probleme durch das Wachstum von allein erledigen würden, und zwar durch die ›globale‹ Harmonisierung aller Standards nach oben. Das Problem der fallenden Löhne und Gehälter in der Ersten Welt sei nur vorübergehend; langfristig würden sie auch dort wieder auf die frühere Stufe ansteigen.

Selbst wenn wir dieser absurden These zustimmen würden, wären die Folgen daraus für die Umwelt und also für die Lebensqualität katastrophal. Die erneuerbaren und assimilativen Kapazitäten der Biosphäre können schon heute nicht mehr den Ressourcenverbrauch ohne Schaden ausgleichen . Noch weniger wird dies möglich sein, wenn weltweit der heutige (materielle) Lebensstandard der Ersten Welt realisiert würde. Dramatischer ist freilich die Situation, wenn die Bevölkerungsexplosion der nächsten Jahrzehnte in die Überlegung antizipiert wird. Als menschliche Spezies verbrauchen wir bereits heute 40 % der durch Photosynthese erzeugten Agrarprodukte. Was geschieht, wenn auf Grund der supranationalen Revolution die Biovielfalt herabgesetzt wird und gleichzeitig auf Grund der Bevölkerungsexplosion der Landabbau und die Entwaldung zunehmen? Die supranationale Revolution wirkt hinsichtlich der Zerstörung der erneuerbaren und assimilativen Kapazitäten der Biosphäre wie ein Katalysator: Sie beschleunigt noch den Prozeß der Zerstörung. Aber auch dies wird von den Drahtziehern der supranationalen Revolution offensichtlich billigend in Kauf genommen. Ein offenes System wie der freie supranationale Markt entzieht die

Ressourcen der Umwelt als rohes Material und gibt es als Müll zurück. Ein geschlossenes System wie der national regulierte Markt zirkuliert die Ressourcen und verbraucht ›nur‹ Energie. Die regelnden Mechanismen eines geschlossenen Systems erlauben es eher, sich den erneuernden Kapazitäten jenes Systems anzupassen, mehr noch, es entsteht geradezu ein faktischer Anpassungszwang. Mit anderen Worten: Autarkie ist global gesehen umweltschonend. Würde jede Nation das Ziel der Autarkie verfolgen, könnten grundsätzlich nur jene Ressourcen verbraucht werden, über die dieses Land selbst verfügt. Nationen mit geringen Ressourcen wären gezwungen, sich schneller auf natürliche Energieformen (Wasser, Sonne, Wind) umzustellen. Dies wiederum würde nicht nur der Umwelt dieser Nation, sondern der gesamten Biosphäre zugute kommen.

Wir müssen uns endlich von dem zerstörerischen ökonomischen Denken trennen, wonach das ökologische System nur ein untergeordnetes, der Ökonomie dienendes System ist. Ökonomie und Ökologie sind gleichrangig und müssen im Gleichgewicht gehalten werden. Dies aber erfordert nicht die Supranationalisierung der Märkte, sondern deren Renationalisierung, nicht zügellose supranationale Liberalisierung, sondern nationale Regelung.

Die Konzentration der supranationalen Wirtschaft schreitet rasch voran. Die gesamten Umsätze der 350 größten transnationalen Multis betragen heute schon ein Drittel des Bruttonationalprodukts aller industrialisierten Staaten. Die 100 größten transnationalen Multis halten insgesamt mehr als vier Billionen Aktiva, von denen sich zwei Billionen außerhalb der jeweiligen Ursprungsländer befinden. Andererseits beschäftigen die 100 000 transnationalen Unternehmen nur 65 Millionen Menschen, also gerade 3 Prozent des weltweiten Arbeiterheeres.

In den letzten fünfzig Jahren seit dem Zweiten Weltkrieg hat sich das Wirtschaftswachstum in etwa verfünffacht und der Welthandel verzwölffacht. Und dennoch: Obwohl die Bretton-Woods-Institutionen ihr Planziel des ökonomischen Wachstums bisher erreicht haben, sind die damit verbundenen *Wohlstandshypothesen jämmerlich gescheitert*. Die Erde hat heute mehr arme Menschen als je zuvor. Die Kluft zwischen arm und reich hat dramatisch zugenommen, und zwar nicht nur zwischen den armen und reichen Gesellschaftsschichten der (noch existierenden) Nationen der westlichen Welt, sondern vor allem auch zwischen den armen und reichen Nationen. 20 % der Weltbevölkerung, die in den reichsten Ländern der Welt leben, fließen etwa 83 % des Welteinkommens zu, 20 % der ärmsten Länder erhalten etwa 1,5 %, der Rest, nämlich 60 % der verbleibenden Länder, teilt sich 15,5 %. Mit anderen Worten: Die oberen 20 % haben etwa das 55fache Einkommen der unteren 20 %. Explodierende Kriminalität im supranationalen Babylon hat Familien und Gemeinschaften zerstört. Vor allem aber: Das Ökosystem des Planeten Erde wird durch den supranationalen, alles niederwalzenden Kapitalismus in einem alarmierenden Tempo vernichtet.

Struktur und Ideologie der MORGENTHAUschen Bretton-Woods-Institutionen sind auf dauernde Produktionserhöhung und Einschmelzung nationaler Volkswirtschaften in eine supranationale Wirtschaft angelegt. Das Ergebnis dieser Zielvorgabe ist ständig verstärkter Wettbewerb im Rahmen eines ohnehin schon überstrapazierten Ökosystems. In einer immer bevölkerungsreicheren Welt beschleunigt der supranationale Prozeß die Zerstörung erneuernder Kapazitäten des Ökosystems und gefährdet dadurch die Existenz zukünftiger Generationen. Alle konsumabhängigen Lebensformen werden nach und nach verdrängt, und der Wettbewerb um die begrenzten ökologischen Ressourcen dieser Welt wird zu Lasten der Armen immer unerbittlicher, was zu Völkerwanderungen und mit Völkermord verbundenen Vermischungsvorgängen mit den allenthalben erkennbaren Formen von Kultur- und Zivilisationszerstörung im ›reicheren‹ Norden führt.

Durch die Abschaffung nationaler Grenzen haben sich die Krypto-Illuminaten zunehmend der demokratischen Kontrolle nationaler Regierungen entzogen, die auf Grund des inzwischen erreichten Ausmaßes an Korruption ohnehin inzwischen jede Widerstandskraft verloren haben. Das ›strukturelle Anpassungsprogramm‹ der Bretton-Woods-Produkte Welthandelsorganisation, Internationaler Währungsfonds und Weltbank ermöglichte es, nationale Schutzgesetze zu verdrängen. Als Folge davon wurden Kompetenzen, die früher zum Zuständigkeitsbereich nationaler Regierungen gehörten, auf transnationale Monopole übertragen – unter Duldung domestizierter Gewerkschaften und ewiggestriger sozialistischer oder sozialdemokratischer Parteien, die zu *Gefangenen* ihrer internationalistisch angelegten Ideologie geworden sind.

Die eigentliche Tragödie dieser schicksalhaften Entwicklung ist es, daß diese orthodoxen, politisch saturierten Bewegungen damit indirekt zu Wegbereitern einer neuen Spielart von Faschismus geworden sind. Dieser sogenannte ›Free-Market-Facism‹« wird sich in dem Maße ausbreiten, wie der von orthodoxen sozialistischen und sozialdemokratischen Parteien geduldete Supranationalismus die materielle Unsicherheit der Menschen verstärken wird. Man erinnere sich nur an MUSSOLINIS pragmatische Äußerung: »Faschismus war. . . keine Doktrin, die von vornherein im Detail ausgearbeitet wurde; er war aus der Situation der Not geboren worden.«

Die orthodoxe Sozialdemokratie ficht immer noch die ideologischen Kämpfe von gestern – Schattenkämpfe, rituelle Scharmützel. Sie meint, einen *›dritten Weg der Glückseligkeit‹* gefunden zu haben. Aber, um nochmals mit FICHTE zu sprechen: *Es gibt keinen dritten Weg!* ›Für die Galerie‹ wettern die Sozialdemokraten gegen die Gefahren einer supranationalen Machtübernahme einer kleinen abgefeimten ›Elite‹, *insgeheim* aber sitzt man mit ihnen an einem Tisch – im ›Committee of 300‹, in der ›Trilateralen Kommission‹, im Kreis der ›Bilderberger‹. Bereits im Jahre 1978 wurde auf dem Sozialistischen Weltkongreß eine Resolution verabschiedet, die wie folgt begann:

»Die Sozialistische Internationale ist sich der wachsenden Bedeutung multinationaler Unternehmen als Teil der Weltwirtschaftsordnung und des dringenden Bedarfs, die Aktivitäten dieser Organisationen zu kontrollieren, völlig bewußt. . . Solche Kontrollen können nur effektiv ausgeübt werden, wenn hinsichtlich der Multinationalen bessere Informationssysteme entwickelt werden.« Es ist die übliche Alibiausrede, um entsprechend ihrer ideologischen Blockade die Bedeutung der Nation als einzig effektiver Kontroll- und Leitungsinstitution nicht stärken zu müssen; denn tatsächlich waren und sind alle Informationen über die Machenschaften der transnationalen Multis verfügbar.

Die Entscheidungen von Bretton Woods, maßgeblich beeinflußt von Henry C. MORGENTHAU Jr., haben die Regierbarkeit von Gesellschaften und Nationen unterminiert. Die Reaktion auf diese antidemokratische Unterwanderung kann nur in einer Gegenbewegung zur Supranationalisierung bestehen. Die Wiedergeburt der Nation und die Stärkung lokaler Strukturen ist die logische Konsequenz. Die Nation ist die soziale und kulturelle Einheit, die Demokratie und Freiheit der vielen gegen die undemokratische Herrschaft der wenigen erst möglich macht. Die Feinde der Nation sind die Feinde eines jeden Volkes. Sie sind unsere Feinde.

In dem von ihnen uns aufgezwungenen täglichen Guerillakrieg der ›Wolfsgesellschaft‹, die sie ›offene Gesellschaft‹ nennen, ist bereits ein Maß an Lethargie und Gleichgültigkeit des Volkes eingetreten, das kaum noch Widerstand gegen die zerstörerischen Kräfte der Supranationalisierung erhoffen läßt. Das größte Defizit aber ist der erschreckende Mangel an öffentlicher Diskussion.

Die staatliche Tolerierung der supranationalen Revolution ist vor allem auch ein *Verstoß* gegen das verfassungsrechtlich garantierte Sozialstaatsprinzip; denn sie wird, so ist es geplant, zur Massenarmut und zur Massenarbeitslosigkeit führen, und, dadurch bedingt, zur weiteren Verschärfung der Massenkriminalität. Aber es gibt auch eine ideelle Komponente des Sozialbegriffs, die seit jeher im Deutschland der Nachkriegszeit vernachlässigt wurde. *Die ideell-emotionale Komponente des Sozialbegriffs hat mit Nation, Gemeinschaft, Tradition, Identität, Natur, Kultur, Wertebewußtsein, Artverwandtschaft und ähnlichem zu tun*. Wäre die ideell-emotionale Komponente des Sozialbegriffs in Deutschland nicht inzwischen völlig zerstört worden, hätte die supranationale Revolution nie eine Chance gehabt; denn es wäre schon frühzeitig zum Widerstand dagegen gekommen. So aber waren die Antennen des Volkes eingefahren, betäubt durch den Konsumrausch der Nachkriegszeit und manipuliert durch die Verbreitung selektiv-tendenziöser Nachrichtenfiltrate, Hollywoodisierung, kommerzielle Massenprogramme, Religionen und religionsähnliche Betäubungen.

Es ist keineswegs zu spät zum *Widerstand*. Die Verfassung der Bundesrepublik Deutschland gewährt ein Widerstandsrecht. Dieser Widerstand darf nur gewaltfrei sein.
Widerstand kann darin bestehen,

- eine neue Partei zu gründen, die sich verpflichtet, nur dem deutschen Volk und der deutschen Nation zu dienen und die Drahtzieher, Steigbügelhalter und Nutznießer der supranationalen Revolution öffentlich zu machen und zu bestrafen,
- Parteien und Politiker, die sich direkt oder indirekt mit dem schmutzigen, anationalen, asozialen, antidemokratischen, freiheitsfeindlichen Geschäft der supranationalen Revolution eingelassen haben, nicht zu wählen,
- Produkte oder Dienstleistungen von transnationalen Monopolunternehmen oder von Unternehmen, die die Worte *›global‹* oder *›international‹* in ihren Firmennamen oder in ihrer Wer-

bung verwenden, nicht zu kaufen oder in Anspruch zu nehmen,

- Menschen, die dennoch solche Produkte kaufen oder Dienstleistungen in Anspruch nehmen, über die Eigenheiten der Produkthersteller oder der Dienstleister aufzuklären,
- ein alternatives Informationsnetzwerk zu den von Krypto-Illuminaten beherrschten Monopolmedien aufzubauen,
- die (Re-)Nationalisierung der Kommunikationsmedien zu fordern beziehungsweise jene Parteien oder Politiker, die sich dafür einsetzen, bei der Wahl zu belohnen,
- TV-Sender, die zerstörerischen Hollywood-Unrat verbreiten, zu boykottieren,
- Politiker und Geschäftemacher, die supranationale Eindringlinge wie AOL-Time Warner in unserem Lande mit offenen Armen empfangen (haben), öffentlich anzuprangern und der Lächerlichkeit preiszugeben,
- Menschen, die in freimaurerischen Organisationen wie dem ›Rotary Club‹ oder dem ›Lions Club‹ mitwirken, darüber aufzuklären, welchen Zwecken und Herren diese Organisationen eigentlich dienen,
- Gemeinschafts- und Traditionsbewußtsein unter den Deutschen zu fördern,
- Vereine zum Aufbau eines Netzes kleiner regionaler Fernseh- und Rundfunkstationen, die unzensierte und unmanipulierte Nachrichten verbreiten, zu gründen und vor allem
- andere Deutsche über die Hintergründe und Ziele der supranationalen Revolution zu informieren und dies im Interesse unseres Volkes, unserer Nation, unserer Kinder und Kindeskinder, unseres eigenen Überlebens in Würde und Selbstachtung zum Mittelpunkt unseres Handelns zu machen, sei es offen oder, wie es bereits viele praktizieren, im Untergrund. Die Zeiten, da wir uns nicht mehr beim Namen nennen oder einen ›nom de guerre‹ verwenden, haben schon seit langem wieder begonnen: »Auge um Auge, Zahn um Zahn.«

Revolutionen sind immer das Werk weniger gegen die Masse, sei es eine politische oder eine ökonomische Revolution. Revolutionen sind notwendigerweise undemokratisch, selbst wenn die Verhältnisse, gegen die sie gerichtet sind, selbst undemokratisch sind.

Niemand hat die Völker dieser Welt gefragt, ob sie ihre nationale Identität und Freiheit aufgeben wollen, aber sie verlieren beides; denn die supranationale Revolution läßt ihnen nicht die Wahl des Ausstiegs. Sie verlieren ihre schützenden Nationen; denn die Krypto-Illuminaten kennen keine Volksgemeinschaft. Sie verlieren ihre Kulturen; denn der supranationale Abschaum kennt nur die Kultur des Geldes. Soziales Miteinander, Solidarität, Heimatverbundenheit sind keine Triebfedern der supranationalen Revolution, sondern nur deren Bremsklötze. Also weg damit! Aber der Mensch ist nicht nur *homo oeconomicus,* er ist vor allem auch ein soziales Wesen. Die Herausforderung unserer hypertroph materialistischen Zeit ist es nicht, alte Kulturen und Werte über Bord zu werfen, sondern sie zu stärken. Sie sind der psychische Rettungsanker des Menschen. Die Herausforderung unserer Zeit ist es nicht, den Kapitalismus zu bekämpfen, sondern ihn auf die nationale Basis zu verpflichten. Die Herausforderung unserer Zeit ist die Stärkung der Nation als sozialer und kultureller Schicksalsgemeinschaft im Kampf gegen die immer unverblümter zu Tage tretenden Übernahmegelüste der supranationalen Feudalherren.

Anhang I

Einfluß von David Rockefellers Council on Foreign Relations (CFR) und seiner Trilateralen Kommission (TK) auf die US-Gesellschaft zu Beginn der Clinton-Ära und früher

Tabelle I

CFR/TK-Einfluß auf das US-Militär zu Beginn der Clinton-Ära und früher

Verteidigungsministerium Clinton-Ära	
Les Aspin, Secretary of Defense (Verteidigungsmin.)	CFR
Nachfolger: William S. Cohen	CFR/TK
Frank G. Wisneril Under Sec. for Policy	CFR
Henry S. Rowen, Asst. Sec. International Security Affairs	CFR
Judy Ann Miller, Dep. Asst. Sec. for Manpower	CFR
Franklin C. Miller, Dep. Asst. Sec. Nuclear Fcs & Arms Control	CFR
W. Bruce Weinrod, Dep. Asst., Sec. Europe & NATO	CFR
Adm. Seymour Weiss, Chmn, Defense Policy Bd.	CFR
Charles M. Herzfeld, Dir. Def. Research & Eng.	CFR
Andrew W. Marshall, Dir. Net Assessment	CFR
Michael P. W. Stone, Secretary of the Army	CFR
Donald B. Rice, Secretary of the Air Force	CFR

Verteidigungsminister (seit 1957)

1957–59	McElroy	CFR
1959–61	Gates	CFR
1961–68	McNamara	CFR/TK
1969–73	Laird	CFR
1973–75	Richardson	CFR/TK
1975–77	Rumsfeld	CFR
1977–80	Brown	CFR/TK
1980–88	Weinberger	CFR/TK
1988	Cariucci	CFR
1988–91	Cheney	CFR

Allied Supreme Commanders (seit 1949)

1949–52	Eisenhower	CFR
1952–53	Ridgeway	CFR
1953–56	Gruenther	CFR
1956–63	Norstad	CFR
1963–69	Lemnitzer	CFR
1969–74	Goodpaster	CFR
1974–79	Haig	CFR
1979–87	Rogers	CFR/TK

Joint Chiefs of Staff (Clinton-Ära)

Gen. Colin L. Powell, Chmn. a. D.	CFR
Gen. Carl E. Vuono, Army	CFR
Gen. John T. Chain, CO SAC	CFR
Gen.Merrill A. McPeak, CO Pac AF	CFR
Lt. Gen. George L. Butler, Dir. Strat Plans & Policy	CFR
Lt. Gen. Charles T. Boyd, Com. Air Univ.	CFR
Lt. Gen. Bradley C. Hosmer AF Inspector General	CFR

Weiteres führendes Militär (Clinton-Ära)

MG R. C. Bowman	CFR
BG F. Brown	CFR
LT COL W. Clark	CFR
ADM Wm. Crowe	CFR
COL P. M. Dawkins	CFR
V.ADM Thor Hanson	CFR
COL W. Hauser	CFR
MAJ R. Kimmitt	CFR
GEN W. Knowlton	CFR
V. ADM J. Lee	CFR
COL D. Mead	CFR
M G Jack Merritt	CFR
GEN E. Meyer	CFR
COL Wm. E. Odom	CFR
COL L. Olvey	CFR
COL Geo. K. Osborn	CFR
MG J. Pustay	CFR
LG E. L. Rowny	CFR
CAPT Gary Sick	CFR
MG De Witt Smith	CFR
BG Perry Smith	CFR
LTG Wm. Y. Smith	CFR
COL W. Taylor	CFR
ADM S. Turner	CFR
MG J. Weich	CFR
GEN J. Wickham	CFR

Direktoren der US-Militär-Akademie von West Point (seit 1960)

1960–63 Westmoreland	CFR
1963–66 Lampert	CFR
1966–68 Bennett	CFR
1970–74 Knowlton	CFR
1974–77 Berry	CFR
1977–81 Goodpaster	CFR

Tabelle II

CFR/TK-Einfluß auf die US-Außenpolitik zu Beginn der CLINTON-Ära

Außenministerium (ohne Botschafter)

Warren CHRISTOPHER, Secretary of State (Außenmin.	CFR
Nachfolgerin: Madeleine ALBRIGHT	CFR
Clifton WHARTON, Jr., Deputy Sec.	CFR
Lynn DAVIS, Under Sec. For International Security Affairs	CFR/TK
Brandon H. GROVE, Dir. Of Foreign Service Institute	CFR
H. Allen HOLMES, Asst. Sec. Bureau of Politico-Military Affairs	CFR
John H. KELLY, Asst. Sec. Near East-South Asian Affairs	CFR
Alexander F. WATSON, Dep. Rep. United Nations	CFR
Jonathan MOORE, UN Mission	CFR
Joseph Verner REED, Chief of Protocol	CFR
Dennis B. ROSS, Dir. Policy Planning Staff	CFR
Edward PERKINS, Dir. of Personnel	CFR
Abraham David SOFAER, Legal Advisor	CFR
Peter TARNOFF, Under Sec. For Political Affairs	CFR/TK
Brain ATWOOD, Undedr Sec. For Mngmnt.	CFR
Joan E. SPERO, Under Sec. Eco & Ag Affairs	CFR
George E. MOOSE, Asst. Sec. African Affairs	CFR
Winston LORD, Asst. Sec. East Asian & Pacific Affairs	CFR/TK
Stephen A. OXMAN, Asst. Sec. Europ. Affairs	CFR
Timothy E. WIRTH, Counselor	CFR

Botschafter

Madeleine ALBRIGHT (UN), spätere Außenministerin (s. o.)	CFR
Strobe TALBOTT (GUS) [ohne Rußland]	CFR
Thomas R. PICKERING (Rußland)	CFR

Morton I. Abramowitz (Türkei)	CFR
Michael H. Armacost (Japan)	CFR
Shirley Temple Black (Tschechien)	CFR
Julia Chang Bloch (Nepal)	CFR
Henry E. Catto, Jr. (Großbritannien)	CFR
Frances Cook (Kamerun)	CFR
Edward P. Djerejian (Syrien)	CFR
George E. Moose (Senegal)	CFR
John D. Negroponte (Mexiko)	CFR
Edward N. Ney (Kanada)	CFR
Robert B. Oakley (Pakistan)	CFR
Robert H. Pelletreau, Jr. (Tunesien)	CFR
Christopher H. Phillips (Brunei)	CFR
Nicholas Platt (Philippinen)	CFR
James W. Spain (Malediven & Sri Lanka)	CFR
Terence A. Todman (Argentinien)	CFR
Frank G. Wisner II (Ägypten)	CFR
Warren Zimmermann (Jugoslawien)	CFR

Tabelle III

CFR/TK-Einfluß auf den US-Kongreß zu Beginn der Clinton-Ära

Senators	
David L. Boren (D)	CFR
William Bradley (D)	CFR
John H. Chafee (R)	CFR/TK
William S. Cohen (R), sp. Verteidigungsminister (s. o.)	CFR/TK
Christopher J. Dodd (D)	CFR
Dianne Feinstein (D)	TK
Bob Graham (D)	CFR
Joseph I. Lieberman (D)	CFR
George J. Mitchell (D)	CFR
Cialborne Pell (D)	CFR
Larry Pressler (R)	CFR
Charles S. Robb (D)	CFR/TK
John D. Rockefeller, IV (D)	CFR/TK
William Roth, Jr. (R)	CFR/TK

Representatives	
Howard L. Berman (D)	CFR
Thomas S. Foley (D)	CFR
Sam Gejdenson (D)	CFR
Richard A. Gephardt (D)	CFR
Newton L. Gingrich (R)	CFR
Lee H. Hamilton (D)	TK
Amory Houghton, Jr. (R)	CFR
Nancy Lee Johnson (R)	CFR
Jim Leach (R)	TK
John Lewis (D)	CFR
Robert T. Matsul (D)	CFR
Dave K. McCurdy (D)	CFR
Eleanor Holmes Norton (D)	CFR

Thomas E. Petri (R)	CFR
Charles B. Rangel (D)	TK
Carlos A. Romero-Barcelo (D)	CFR
Patricia Schroeder (D)	CFR
Peter Smith (R)	CFR
Olympia J. Snow (R)	CFR
John M. Spratt (D)	CFR
Louis Stokes (D)	CFR

(D) = Demokrat
(R) = Republikaner

Tabelle IV

CFR/TK-Einfluß auf das US-Bankwesen zu Beginn der Clinton-Ära

Federal Reserve System

Alan Greenspan, Chairman	CFR/TK
E. Gerald Corrigan, V. Chmn. Pres., NY Fed. Res. Bank	CFR
Richard N. Cooper, Chmn. Boston	CFR
Sam Y. Cross, Mgr. Foreign Open Market Acct.	CFR
Robert F. Erburu, Chmn., San Fran	CFR
Robert P. Orrestal, Pres. Atlanta	CFR
Bobby R. Inman, Chmn., Dallas	CFR/TK
Robert H. Knight, Esq.	CFR
Steven Muller	CFR
John R. Opel	CFR
Anthony M. Solomon	CFR/TK
Edwin M. Truman, Staff Dir. Int. Finance	CFR
Cyrus R. Vance	CFR
Paul Volcker	CFR/TK

Chase Manhattan Corp.

Thomas G. LABRECQUE, Chmn. & CEO	CFR/TK
Robert R. DOUGLASS, V. Chmn.	CFR
Willard C. BUTCHER, Dir.	CFR
Richard W. LYMAN, Dir.	CFR
Joan Ganz COONEY, Dir.	CFR
David T. MCLAUGHLIN, Dir.	CFR
Edmund T. PRATT, Jr. Dir.	CFR
Henry B. SCHACHT, Dir.	CFR

Chemical Bank

Walter V. SHIPLEY, Chmn.	CFR
Robert J. CALLANDER, Pres.	CFR
William C. PIERCE, Exec. Off.	CFR
Randolph W. BROMERY, Dir.	CFR
Charles W. DUNCAN, Jr. Dir.	CFR
George V. GRUNE, Dir.	CFR
Helen L. KAPLAN, Dir.	CFR
Lawrence G. RAWI, Dir.	CFR
Michael I. SOVERN, Dir.	CFR
Richard D. WOOD, Dir.	CFR

Citicorp

John S. REED, Chmn.	CFR
William R. RHODES, V. Chmn.	CFR
Richard S. BRADDOCK, Pres.	CFR
John M. DEUTCH Dir.	CFR
Clifton C. GARVIN, Jr. Dir.	CFR
C. Peter MCCOLOUGH, Dir.	CFR
Rozanne L. RIDGEWA,Y Dir.	CFR
Franklin A. THOMAS, Dir.	CFR

First City Bancorp, Texas	
A. Robert Abboud, CEO.	CFR
Morgan Guaranty	
Lewis T. Preston, Chmn.	CFR

Bankers Trust New York Corporation (DEUTSCHE BANK)	
Charles S. Stanford, Jr., Chmn.	CFR
Alfred Brittain III, Dir.	CFR
Vernon E. Jordan, Jr., Dir.	CFR
Richard L. Gelb, Dir.	CFR
Patricia Carry Stewart, Dir.	CFR

First National Bank of Chicago	
Harry F. Sullivan	TK

Manufacturers Hanover. Directors	
Cyrus Vance	CFR
G. Robert Durham	CFR
George B. Munroe	CFR
Marina V. N. Whitman	CFR/TK
Charles J. Pilliod, Jr.	CFR

Bank America	
Andrew F. Brimmer, Dir.	CFR
Ignazio E. Lozano, Jr. Dir.	CFR
Ruben F. Mettier, Dir.	CFR

Securities & Exchange Comm.	
Michael D. Mann, Dir. Intnt. Aff.	CFR

Tabelle V

CFR/TK-Einfluß auf US-Medien zu Beginn der Clinton-Ära

CBS	
Laurence A. Tisch, CEO	CFR
Roswell Gilpatric	CFR
James Houghton	CFR/TK
Henry Schacht	CFR/TK
Dan Rather	CFR
Richard Hoffelet	CFR
Frank Stanton	CFR

NBC/RCA	
John F. Welch, Jr., CEO	CFR
Jane Pfeiffer	CFR
Lester Crystal	CFR/TK
R.W. Sonnenfeldt	CFR/TK
John Petty	CFR
Tom Brokaw	CFR
David Brinkley	CFR
John Chancellor	CFR
Marvin Kalb	CFR
Irving R. Levine	CFR
Herbert Schlosser	CFR
Peter G. Peterson	CFR
John Sawhill	CFR

ABC	
Thomas S. Murphy, CEO	CFR
Barbara Walters	CFR
John Connor	CFR
Diane Sawyer	CFR
John Scall	CFR

Public Broadcast Service

Robert McNeil	CFR
Jim Lehrer	CFR
C. Hunter-Gault	CFR
Hodding Carter III	CFR
Daniel Schorr	CFR

Associated Press

Stanley Swinton	CFR
Harold Anderson	CFR
Katharine Graham	CFR/TK

Reuters

Michael Posner	CFR

Baltimore Sun

Henry Trewhitt	CFR

Washington Times

Arnaud de Borchgrave	CFR

Children's TV Workshop (Sesame Street)

Joan Ganz Cooney, Pres.	CFR

Cable News Network

W. Thomas Johnson, Pres.	TK
Daniel Schorr	CFR

U.S. News & World Rep.	
David GERGEN	TK
***New York Times* Co.**	
Richard GELB	CFR
William SCRANTON	CFR/TK
John F. AKERS Dir.	CFR
Louis V. GERSTNER, Jr. Dir.	CFR
George B. MUNROE Dir.	CFR
Donald M. STEWART Dir.	CFR
Cyrus R. VANCE Dir.	CFR
A. M. ROSENTHAL	CFR
Seymour TOPPING	CFR
James GREENFIELD	CFR
Max FRANKEL	CFR
Jack ROSENTHAL	CFR
John OAKES	CFR
Harrison SALISBURY	CFR
H. L. SMITH	CFR
Steven RATTNER	CFR
Richard BURT	CFR
Flora LEWIS	TK
***Time*, Inc.**	
Ralph DAVIDSON	CFR
Donald M. WILSON	CFR
Henry GRUNWALD	CFR
Alexander HEARD	CFR
Sol LINOWITZ	CFR/TK
Thomas WATSON, Jr.	CFR
Strobe TALBOTT	TK
Newsweek/Wash. Post	
Katharine GRAHAM	CFR
N. KATZENBACH	CFR

Robert Christopher	CFR
Osborne Elliot	CFR
Phillip Geyelin	CFR
Murry Marder	CFR
Maynard Parker	CFR
George Will	CFR/TK
Robert Kaiser	CFR
Meg Greenfield	CFR
Walter Pincus	CFR
Murray Gart	CFR
Peter Osnos	CFR
Don Oberdorfer	CFR

Dow Jones & Co. (*Wall St. Journal*)

Richard Wood	CFR
Robert Bartley	CFR/TK
Karen House	CFR

National Review

Wm. F. Buckley, Jr.	CFR

Readers Digest

George V. Grune, CEO	CFR
William G. Bowen, Dir.	CFR

Quellen:

F.R.E.E. (›Fund to Restore an Educated Electorate‹), der sich wiederum auf folgende Quellen bezieht:

- *The United States Government Manual 1991/92*, Office of Federal Register - National Archives and Records Administration,
- *Standard and Poor's Register of Corporations*, Directors and Executives 1991
- *Annual Report 1991/92, The Council on Foreign Relations*, Pratt House, New York City

Phoebe Courtney, *The CFR Conspiracy*, 1989

Tabelle VI

Institutionelle Mitglieder (›corporate members‹) mit deutscher Beteiligung (früher und heute)

Bankers Trust New York Corp. (Deutsche Bank AG)
Deutsche Bank AG
Freightliner Corp. (DaimlerChrysler)
Mitsubishi Corp. (DaimlerChrysler)
Schering AG
Siemens Nixdorf Informationssysteme AG
BMW of North America
Mercedes-Benz of North America
Dresdner Bank AG

Anhang II

Deutsche Mitglieder der Trilateralen Kommission per 1. März 1998 und früher (Auszug)

Otto Wolff VON AMERONGEN	Otto Wolff AG
Kurt BIEDENKOPF	Ministerpräsident des Freistaates Sachsen (CDU)
Kurt BIRRENBACH	Ex-Präsident der Deutschen Gesellschaft für auswärtige Politik (DGAP), Bilderberger
Horst EHMKE	SPD
Michael FUCHS	Impex Electronic
Uwe HAASEN	Allianz AG
Carl HAHN	Ex-VW-Vorstandsvorsitzender
Hans HARTWIG	Vors. des Bundesverbandes des Deutschen Groß- und Außenhandels
Diether HOFFMANN	Neue Heimat
Ludwig HUBER	Bayer. Landesbank und Girozentrale München
Dieter HUNDT	Präsident der Bundesvereinigung der Deutschen Arbeitgeberverbände (BdA)
Horst JANOTT	Münchener Rückversicherung
Karl KAISER	DGAP (Leiter des Forschungsinstituts)
Norbert KLOTEN	Landeszentralbank Baden-Württemberg
Horst KOEHLER	IWF-Generaldirektor
Martin KOHLHAUSEN	Präsident des Bundesverbandes Deutscher Banken
Erwin KRISTOFFERSEN	Deutscher Gewerkschaftsbund (DGB)
Otto Graf LAMBSDORFF	Ex-Bundeswirtschaftsminister (FDP)
Kurt LAUK	Ex-Vorstand VEBA, Ex-Vorstand DaimlerChrysler, Ex-Aufsichtsrat Preussen Elektra
Walter LEISLER-KIEP	Ex-CDU-Schatzmeister
Hans MAULL	Bayerischer Rundfunk
Edgar MEISTER	Direktoriumsmitglied der Deutschen Bundesbank

Alwin MÜNCHMEYER	Bankier und Vater von Birgit Breuel (CDU)
Klaus MUHRMANN	Ex-BdA-Präsident
Friedrich NEUMANN	Arbeitgeberverband NRW
Konrad PORZNER	Ex-Präsident des Bundesnachrichtendienstes (SPD)
Heinz RIESENHUBER	Ex-Bundesforschungsminister (CDU)
Johannes RINGEL	Vorstand WestLB, Aufsichtsrat Steag
G. RODENSTOCK	Industrieller
Volker RÜHE	Ex-Verteidigungsminister (CDU)
Ronaldo SCHMITZ	BASF AG
Hans Günther SOHL	Thyssen-AG
Theo SOMMER	*Die Zeit*
Helmut SCHMIDT	Ex-Bundeskanzler (SPD), *Die Zeit,* Bilderberger, DGAP-Präsidium
Gerhard STOLTENBERG	Ex-Verteidigungsminister (CDU)
Heinz Oskar VETTER	Ex-Vorsitzender des DGB (SPD)
Karsten D. VOIGT	SPD
Heinrich VON PIERER	Vorstandsvorsitzender Siemens
Heinrich WEISS	Vorstandsvorsitzender SMS Schloemann-Siemag, Aufsichtsrat Commerzbank, Aufsichtsrat Hochtief
Norbert WIECZOREK	SPD
Joachim ZAHN	Daimler Benz AG (ehemals Aufsichtsratsvorsitzender)

Die aktuelle Mitgliederliste kann über die Trilaterale Kommission angefordert werden (E-Mail: tmara@trilateral.org). Otto Graf LAMBSDORFF (FDP) war nach Selbstmitteilung der Trilateralen Kommission (www.trilateral.org/memb.htm) von 1992 bis 2001 Vorsitzender der Europäischen Sektion und wurde im Jahre 2001 von Peter Sutherland (Vorsitzender ›BP Amoco«, London; Vorsitzender ›Goldman Sachs International‹; frühes Mitglied der Europäischen Kommission) abgelöst (Stand: 22.9.2001).Michael FUCHS gehört nach Selbstmitteilung der Trilateralen Kommission (www.trilateral.org/memb.htm) zum »Executive Committee« (Stand: 22.9.2001). Gleiches gilt für Norbert Wieczorek (SPD).

Anhang III

Deutsche Mitglieder der Bilderberger bis 2001 (Auszug)

Hermann ABS	Deutsche Bank
Otto-Wolff VON AMERONGEN	Otto Wolff GmbH
Egon BAHR	Brandt-Adlatus (SPD)
Rainer BARZEL	Ex-Bundestagspräsident (CDU)
Christoph BERTRAM	*Die Zeit*
Kurt BIEDENKOPF	Ministerpräsident des Freistaates-Sachsen (CDU)
Kurt BIRRENBACH	Trilateralist, Ex-Präsident der DGAP (siehe unten)
Willy BRANDT	Ex-Bundeskanzler und SPD-Vorsitzender
Birgit BREUEL	Ex-Treuhand-Chefin (CDU)
Hubert BURDA	›Burda Media‹
Gerhard CROMME	Thyssen Krupp AG
Ralf DAHRENDORF	London School of Economics; geistiger Vordenker der FDP
Ursula ENGELEN-KEFER	Deutscher Gewerkschaftsbund (DGB)
Alfred HERRHAUSEN	Ex-Vorstandssprecher der Deutschen Bank
Wolfgang ISCHINGER	Außenministerium
Ottmar D. ISSING	Deutsche Bundesbank
Helmut KOHL	Ex-Bundeskanzler (CDU)
Hilmar KOPPER	Deutsche Bank Aufsichtsratvorsitzender
Otto Graf LAMBSDORFF	Ex-Bundeswirtschaftsminister (FDP)
Sigmar MOSDORF	Staatssekretär (SPD), DGAP-Mitglied (siehe unten)
Mathias D. NASS	*Die Zeit*
Karl Otto PÖHL	Ex-Bundesbankpräsident (SPD)
Volker RÜHE	Ex-Verteidigungsminister (CDU)
Rudolf SCHARPING	Verteidigungsminister (SPD)

Walter SCHEEL	Ex-Bundespräsident (FDP),Bilderberger-Vorsitzender (1980–1985)
Helmut SCHMIDT	Ex-Bundeskanzler, *Die Zeit* (SPD)
Jürgen E. SCHREMPP	DaimlerChrysler AG
Theo SOMMER	*Die Zeit*
Axel SPRINGER	*Bild, Die Welt*
Gerhard STOLTENBERG	Ex-Verteidigungsminister (CDU)
Franz-Josef STRAUSS	Ex-Ministerpräsident des Freistaates Bayern (CSU)
Erwin TEUFEL	Ex-Ministerpräsident von Baden-Württemberg (CDU)
Matthias WISSMANN	Ex-Transportminister (CDU)

Quelle: Teilnehmerlisten der Bilderberg-Konferenzen

Anhang IV

CFR-Unterorganisation ›Deutsche Gesellschaft für Auswärtige Politik‹ (DGAP)

Selbstdarstellung der DGAP (vgl.www.dgap.org/struktur.htm): »Ihr Zweck, ihre Organisationsstrukturen und ihre Art der Finanzierung sind vergleichbar mit denen des ›Council on Foreign Relations‹ in New York und denen des Royal ›Institute of International Affairs‹ (Chatham House) in London.«

Auszug aus dem Mitgliederbestand (früher und heute)

Hans APEL	Ex-Verteidigungsminister (SPD)
Otto Wolff VON AMERONGEN	Otto Wolff GmbH
Martin BANGEMANN	EU-Kommission (FDP)
Karl-Hermann BAUMANN	Siemens AG (Aufsichtsrat)
Kurt BIRRENBACH	Trilateralist und Bilderberger
Ulrich CARTELLI	Deutsche Bank AG (Aufsichtsrat)
Eberhard DIEPKEN	Berliner Ex-Bürgermeister (CDU)
Claus VON DOHNANYI	Hamburger Ex-Bürgermeister
Björn ENGHOLM	Ex-BM f. Bildung und Wissenschaft (SPD), Beratervertrag mit Preußen Elektra
Jörg VAN ESSEN	MdB (FDP)
Hans Dietrich GENSCHER	Ex-Außenminister (FDP)
Roman HERZOG	Ex-Bundespräsident (CDU)
Walter LEISLER KIEP	Ex-CDU-Schatzmeister
Hans-Ulrich KLOSE	Hamburger Ex-Bürgermeister (SPD)
Helmut KOHL	Ex-Bundeskanzler (CDU)
Karl LAMERS	MdB (CDU)
Otto Graf LAMBSDORFF	FDP
Reinhard LOSKE	MdB (Die Grünen)
Klaus MANGOLD	DaimlerChrysler Services AG, Vorstandsvorsitzender
Sigmar MOSDORF	MdB, Staatssekretär, Bilderberger (SPD)

Günther Nonnenmacher	*Frankfurter Allgemeine Zeitung*, Herausgeber
Friedberg Pflüger	MdB (CDU)
Philipp Rosenthal	Industrieller (SPD)
Volker Rühe	Ex-Verteidigungsminister (CDU)
Wolfgang Rupf	Bankgesellschaft, Vorstandsvorsitzender
Henning Scherf	Bremer Bürgermeister (SPD)
Christian Schmidt	MdB (CSU)
Helmut Schmidt	Ex-Bundeskanzler, *Die Zeit* (SPD)
Jürgen Schrempp	DaimlerChrysler AG, Vorstandvorsitzender
Manfred Stolpe	Ministerpräsident Brandenburgs (SPD)
Gerhard Stoltenberg	Ex-Verteidigungsminister (CDU)
Rita Süssmuth	Ex-Bundestagspräsidentin (CDU)
Wolfgang Thierse	Bundestagspräsident (SPD)
Karsten D. Voigt	SPD
Antje Vollmer	Bundestagsvizepräsidentin (Die Grünen)
Theo Waigel	Ex-Finanzminister (CSU)
Richard von Weizsäcker	Ex-Bundespräsident (CDU)
Hans-Jürgen Wischnewski	SPD
Peter Prinz Wittgenstein	Mannesmann AG, Vorstandsmitglied
Mark Wössner	Ex-Vorstandvorsitzender der Bertelsmann AG
Monika Wulf-Mathies	EU-Kommissarin (SPD, vormals FDP)
Klaus Zumwinkel	Deutsche Post AG, Vorstandvorsitzender

Helmut Schmidt war bis Ende 1999 Präsidiums- und danach Ehrenmitglied.

Quelle: Diverse Veröffentlichungen der ›Deutschen Gesellschaft für Auswärtige Politik«

Anhang V

Karlspreisträger

1950 Richard Nikolaus Graf Coudenhove-Kalergi
1951 Hendrik Brugmans
1952 Alcide de Gasperi
1953 Jean Monnet
1954 Konrad Adenauer
1955 Winston S. Churchill
1957 Paul Henri Spaak
1958 Robert Schuman
1959 George C. Marshall
1960 Joseph Bech
1961 Walter Hallstein
1963 Edward Heath
1964 Antonio Segni
1966 Jens Otto Krag
1967 Joseph Luns
1969 Die Kommission der Europäischen Gemeinschaften
1970 François Seydoux de Clausonne
1972 Roy Jenkins
1973 Salvador de Madariaga
1976 Leo Tindemans
1977 Walter Scheel
1978 Konstantin Karamanlis
1979 Emilio Colombo
1981 Simone Veil
1982 König Juan Carlos I. von Spanien
1984 Karl Carstens
1986 Das Luxemburgische Volk
1987 Henry A. Kissinger
1988 François Mitterrand und Helmut Kohl
1989 Frère Roger
1990 Gyula Horn
1991 Václav Havel
1992 Jacques Delors
1993 Felipe González Márquez
1994 Gro Harlem Brundtland
1995 Franz Vranitzky

1996 Königin Beatrix der Niederlande
1997 Roman Herzog
1998 Bronislaw Geremek
1999 Anthony (Tony) Charles Lynton Blair
2000 William (Bill) Jefferson Clinton
2001 György Konrád

Anhang VI

Die 25 größten transnationalen Unternehmen gemessen an ausländischen Beteiligungen (Veränderungen zwischen 1997 und 1999)

1997

Unternehmen	Land	Ausl.Inv.* (in Mrd. US$)	Trans.-Index (in %)
General Electric	USA	97,4	33,1
Ford	USA	72,5	35,2
Royal Dutch/Shell	Niederlande	70,0	58,9
General Motors	USA	***	29,3
Exxon (Rockefeller)	USA	54,6	65,9
Toyota	Japan	41,8	40,0
IBM	USA	39,9	53,7
Volkswagen	Deutschland	***	56,8
Nestlé	Schweiz	31,6	93,2
Daimler-Benz	Deutschland	30,9	44,1
Mobil (Rockefeller)	USA	30,4	59,7
FIAT	Italien	30,0	40,8
Hoechst	Deutschland	29,0	76,5
Asea Brown Boveri	Schweiz	***	95,7
Bayer	Deutschland	***	82,7
Elf Aquitaine	Frankreich	26,7	57,6
Nissan	Japan	26,5	51,1
Unilever	Niederlande	25,6	92,4
Siemens	Deutschland	25,6	52,1
Roche Holding	Schweiz	***	82,2
Sony	Japan	***	62,8
Mitshubishi	Japan	21,9	36,9
Seagram	Kanada	21,8	97,6
Honda	Japan	21,5	64,1
BMW	Deutschland	20,3	60,7

Quelle: *UN-World Investment Report 1999*

Seit diesem UN-Report haben sich die Positionen durch weitere Fusionen und den Trend zu noch größeren Monopolen wieder verändert. Exxon (Nr.1; ROCKEFELLER) fusionierte mit Mobil (Nr. 11; Rockefeller). Daimler-Benz (Nr. 10) fusionierte mit Chrysler (jetzt: DaimlerChrysler; siehe unten). DaimlerChrysler hält wiederum Anteile an Mitshubishi (Option der Mehrheitsbeteiligung). Hoechst (Nr. 13) fusionierte mit Rhône-Poulenc (bisher Nr. 36; jetzt ›Aventis‹; siehes unten). Nissan (Nr. 17) wurde von Renault (bisher Nr. 33) erworben. Seagram (Nr. 23; BRONFMAN) wurde nach 1999 von Vivendi (Frankreich) erworben. Weitere supranationale Top-50-Unternehmen mit Sitz in Deutschland waren Viag (Nr. 37) und BASF (Nr.38).

2001

Unternehmen	Land	Ausl.Inv.* (in Mrd. US$)	Trans.-Index (in %)
General Electric	USA	141,1	99,4
Exxon Mobil	USA	36,7	68,0
Royal Dutch/Shell	Niederlande	68,7	56,3
General Motors	USA	68,5	30,7
Ford	USA	***	36,1
Toyota	Japan	56,3	30,9
DaimlerChrysler	Deutschland	55,7	53,7
Total Fina	Frankreich	***	70,3
IBM	USA	44,7	53,7
BP	Großbrit.	39,3	73,7
Nestlé	Schweiz	33,1	95,2
Volkswagen	Deutschland	***	55,7
Nippon Mitsubishi Oil	Japan	31,5	82,4
Siemens	Deutschland	***	56,8
Wal-Mart Stores	USA	30,2	25,8
Repsol	Spanien	29,6	51,6
Diageo	Großbrit.	28,0	79,4
Mannesmann	Deutschland	***	48,9
Suez Lyonnaise des Eaux	Frankreich	***	49,1
BMW	Deutschland	27,1	60,9
Asea Brown Boveri	Schweiz	27,0	94,1
Sony	Japan	***	56,7
Seagram	Kanada	25,6	88,6
Unilever	Niederlande	25,3	89,3
Aventis	Frankreich	***	54,0

Quelle: *UN-World Investment Report 2001*

Seit diesem UN-Report haben sich die Positionen durch weitere Fusionen und den Trend zu noch größeren Monopolen wieder verändert. Seagram (Nr. 23; BRONFMAN) wurde von Vivendi (Frankreich) erworben. Mannesmann (Nr. 18) wurde von Vodaphone (Großbritannien) in einer feindlichen Übernahme erworben. BMW (QUANDT-Familie) wurde nach dem Rover-Desaster kurz als potentieller ›Übernahme‹-oder Fusionkandidat (Ford) gehandelt, ist seitdem (insbesondere auf dem US-Markt) aber eher stärker geworden.

Anhang VII

Beispiel der supranationalen Entwicklung: ›Europäische‹« Fusionen des Jahres 1997 > US-Dollar 1,0 Milliarde (bis 6. Oktober 1997)

Bekanntgabe	Angriffsziel	Angreifer	Mrd. US$
28.2.	Société Anonyme Française	PartnerRe Holdings	1,0
1.3.	Cie de Suez	Lyonnaise des Eau-Dumez	7,4
23.4.	Instituto Bancario San Paolo	Investor Group	1,1
5.5.	Vivra	Incentive AB	1,8
12.5.	Guinness	Grand Metropolitan	18,3
21.5.	GFC Gesellschaft	VEBA AG	1,7
5.6.	HK Telecom	China Telecom	1,3
13.6.	Energy Group PLC	PacifiCorp	3,7
26.6.	Rhône-Poulenc Rorer	Rhône-Poulenc	4,5
1.7.	Nycomed	Amersham Internat.	1,0
3.7	Hamburg-Mannh. Versicherung	Victoria Holding	1,8
8.7.	Equitable of Iowa	Internat. Nederlanden	2,6
2.9.	Rallye	Promodes	1,4
15.9.	KNP Leykam	Sappi Ltd.	1,3
19.9.	Worms et Cie	Evran (Artemis)	4,8
26.9.	T&N PLC	Federal-Mogul	2,4
29.9.	Telecom Italia	Investor Group	3,4
2.10.	Trygg-Hansa Gruppen	Skananaviska Enskilda Banken	2,2
6.10.	Worms et Cie	Investor Group	2,2

Quelle: *The Globe and Mail* vom 17. Oktober 1997 / IPR Securities

Anhang VIII

Di wichtigsten Wirtschaftsgemeinschaften der supranationalen Revolution

Handelsblock	Mitglieder	Jahr
Andean Pact	Bolivien, Kolumbien, Ecuador, Peru, Venezuela	1969, 1976, 1977, 1978
Asia-Pacific Economic Cooperation (APEC)	Australien, Brunei, Canada, Chile, China, Hongkong, Indonesien, Japan, Südkorea, Malaysia, Mexiko, Neuseeland, Papua Neu Guinea, Philippinen, Singapur, Taiwan, Thailand, USA	1989, 1991, 1992
Association of South East Asian Nation (ASEAN)	Brunei, Indonesien, Malaysia, Philippinen, Singapur, Thailand, Vietnam	1967
Black Sea Economic Cooperation (BSEC)	Albanien, Aserbaidschan, Armenien, Bulgarien, Georgien, Griechenland, Moldawien, Rumänien, Rußland, Türkei, Ukraine	1992
Carribbean Community and Common Market (CARICOM)	Antigua, Barbuda, Barbados, Dominikanische Republik, Grenada, Guyana, Jamaika, Montserrat, St. Kitts-Nevis, St. Lucia, St. Vincent, Surinam, Trinidad, Tobago	1973 Bahamas sind nur Mitglied der Gemeinschaft, nicht des Marktes
Central American Common Market (CACM)	Costa Rica, El Salvador, Honduras, Guatemala, Nicaragua	1961, 1992

Economic Community of Central African States (CEEAC)	Burundi, Kamerun, Zentralafrikanische Republik, Tschad, Kongo, Äquatorial-Guinea, Gabun, Ruanda, Sao Thomé, Principe, Zaire	1983
Economic Community of West African States (ECOWAS)	Benin, Burkina Faso, Cape Verde Islands, Elfenbeinküste, Gambia, Ghana, Guinea, Guinea-Bissau, Liberia, Mali, Maritanien, Niger, Nigeria, Senegal, Sierra Leone, Togo	1975, 1993 (Ziel: gemeinsamer Markt)
European Union (EU)	Belgien, Dänemark, Deutschland, Finnland, Frankreich, Griechenland, Großbritannien, Irland, Italien,Luxemburg, Niederlande, Portugal, Österreich, Schweden, Spanien	1957, 1987 1991, 1993
European Economic Area (EEA)	EU + EFTA (siehe unten)	1992
European Free Trade Area (EFTA)	Island, Liechtenstein, Norwegen, Schweiz	1960
North American Free Trade Agreement (NAFTA)	Kanada, Mexiko, USA	1992
Southern Cone Common Market Treaty (Mercosur)	Argentinien, Brasilien, Paraguay, Uruguay	1992
Trans Atlantic Free Trade Agreement (TAFTA)	EU + FTAA (siehe unten)	geplant
Free Trade Agreement of the Americas (FTAA)	NAFTA + Andean Pact Mercosur + CADM	geplant

Anhang IX

GATT-Verhandlungsrunden und Anzahl der Vertragsunterzeichner, 1947–1994

Jahr	Ort	Vertragsunterzeichner
Gründung 1947	Genf, Schweiz	23
Annecy-Runde 1949	Annecy, Schweiz	13
Torquay-Runde 1951	Torquay, Großbritannien	38
Genf-Runde 1956	Genf, Schweiz	26
Dillon-Runde 1960, 1961	Genf, Schweiz	26
Kennedy-Runde 1964, 1967	Genf, Schweiz	62
Tokio-Runde 1973, 1979	Genf, Schweiz	99
Uruguay-Runde 1986, 1994	Genf, Schweiz	107

Quelle: GATT, Nord-Süd-Institut, Ottawa

Anhang X

Die bevölkerungsreichsten Staaten der Welt in Millionen (1993)

China	1.175
Indien	901
USA	258
Indonesien	187
Brasilien	156
Rußland	149
Japan	125
Pakistan	123
Bangladesh	117
Nigeria	105
Mexiko	87
Deutschland	81
Vietnam	71
Philippinen	66
Iran	61
Türkei	59
Thailand	59
Großbritannien	58
Italien	58
Frankreich	58
Ägypten	56
Äthiopien	53
Ukraine	52
Myanmar/Burma	45
Südkorea	44
Zaire	41
Südafrika	41
Spanien	39
Polen	38
Kolumbien	36
Argentinien	33
Kanada	28
Sudan	27
Algerien	27
Tansania	27

Quelle: *Der Weltbank-Atlas 1995*

Anmerkung:

Die Weltbevölkerung beträgt heute über 6 (sechs) Milliarden Menschen. Im Jahre 2025 wird sie nach UN-Schätzungen um 61 % auf 8,5 Milliarden Menschen angestiegen sein. Die Bevölkerung der entwickelten Regionen dieser Welt wird dagegen ›nur‹ um 12,5 % von 1,2 Milliarden auf 1,35 Milliarden wachsen, während die Bevölkerung in den weniger entwikkelten Regionen bis zu diesem Zeitpunkt sogar um 74,8 % von 4,09 Milliarden auf 7,15 Milliarden anwachsen wird. Heute wächst die Weltbevölkerung etwa alle sechs Monate um die Einwohnerzahl der alten Bundesrepublik Deutschland. Sie wird sich bis zum Jahre 2050 im Vergleich zu 1990 etwa verdoppelt haben, geht man von ›optimistischen‹ Schätzungen aus, sie wird auf 12,5 Milliarden Menschen ansteigen, falls man ›pessimistischeren‹« Schätzungen folgt. Nach UN-Schätzungen würde eine Weltbevölkerung von 11,5 Milliarden Menschen bereits zusätzlich 12,6 Millionen km² Land für Farmen, Städte und Straßen benötigen. Dies entspricht fast einem Drittel der noch verbliebenen weltweiten Waldfläche oder ist bereits das Doppelte der weltweit unter Umwelt- und Naturschutz gestellten Gebiete.

Verzeichnis ausgewählter Literatur

Allen, Gary, *The Rockefeller File,* 1976; dt: *Die Rockefeller-Papiere,* 1976

Allen, Gary/Abraham, Larry, *None Dare Call it Conspiracy,* 1972

Archer, Robin, *Economic Democracy: The Politics of Feasible Socialism,* 1995

Arendt, Hannah, *Men in Dark Times,* 1968; dt: *Menschen in finsteren Zeiten.*

Armstrong, George, *Rothschild Money Trust,* 1940

Bagdikian, Ben H., *The Media Monopoly,* 1992

Bailey, Alice A.,*The Externalization of the Pyramide,* 1934

Bakunin, Michail, *God and the State,* 1970; dt: *Gott und Staat,* 1871; 1995.

Barber, Benjamin R., *Jihad vs. McWorld,* 1995

Barnet, Richard J./Cavanagh, John, *Global Dreams: Imperial Corporations and the New World Order,* 1994

Barnet, Richard J./Müller, Ronald E., *Global Reach: The Power of the Multinational Corporation,* 1974

Barney, Gerold O., *Global 2000 Revisited,* 1993

Barruel, Augustin, *Memoirs Illustrating the History of Jacobinism,* 1798; 1. Bd.: *The Antisocial Conspiracy;* 2. Bd.: *The Anti-Christian Conspiracy;* 3. Bd.: *The Anti-Monarchical Conspiracy*

Berdjaev, Nicholas, *The Fate of Man in the Modern World,* 1935

Billington, James, *Fire in the Minds of Men,* 1980

Birmingham, Stephen, *Our Crowd,* 1967

Boaz, David/Crave, Edward H., *Market Liberalism: A Paradigma for the 21st Century,* 1993

Bowles, Samuel/Gordon, David M./Brecher, Jeremy/Brown Childs, John/Cutler, Jill (Hrsg.), *Global Visions: Beyond the New World Order,* 1993

Brecher, Jeremy/Costello, *Tim Global Village or Global Pillage,* 1994, 1998

Broad, Robin/Cavanagh, John, *Plundering Paradise,* 1993

Brock, William E./Hormats, Robert E. (Hrsg.), *The Global Economy: America's Role in the Decade Ahead,* 1990

Carr, William G., *The Conspiracy to Destroy All Governments and Religions,* 1982

Center of International Studies (Hrsg.), *New World Order,* 1975

Ceres, *The Ultimate Psychopolitics: Mass Mind Control and the Global Control System,* 1993

Chernow, Ron, *The House of Morgan: An American Banking Dynasty and the Rise of Modern Finance,* 1990

Cole, Leonard A., *Clouds of Secrecy,* 1988

Coleman, John, *Conspirators' Hierarchy: The Story of the Committee of 300,* 1992

Collins, Ronald, *Dictating Content: How Advertising Pressure Can Corrupt a Free Press,* 1992

Comstock, G./Paik, H., *Television and the American Child,* 1991
Coupland, Douglas, *Generation X: Tales for an Accelerated Culture,* 1987
Courtney, Phoebe u. Kent, *America's Unelected Rulers, The Council on Foreign Relations,* 1962
Dall, Curtis B., *FDR: My Exploited Father-In-Law,* 1970; dt: *Amerikas Kriegspolitik. Roosevelt und seine Hintermänner,* 1972
Daly, Herman E., *Beyond Growth: The Economics of Sustainable Development,* 1996
Daly, Herman E./Cobb, Jr., John B., *For the Common Good: Redirecting the Economy toward Community, the Environment, and a Sustainable Future,* 1989
Davis, Douglas, *The Five Myths of Television Power,* 1993
Davis, Lance/Huttenback, Robert, *Mammon and the Persuit of Empire,* 1986
Dawkins, Kristin/Brecher, Jeremy, *GATT, NAFTA & WTO: The Emerging New World Order,* 1993, 1994
Doehring, K., *Völkerrecht,* 1999
Domhoff, G. William, *The Powers That Be: Processes of Ruling Class Domination in America,* 1978
Domhoff, G. William, *Who Rules America?,* 1967
Douthwaite, Richard, *The Growth Illusion,* 1993
Dowd, Douglas, *U.S. Capitalist Development since 1776: Of, by, and for which People,* 1993
Drew, Elizabeth, *The Corruption of American Politics,* 1999
Dugger, William M., *Corporate Hegemony,* 1989
Durning, Allan, *How Much is Enough? The Consumer Society and the Future of the Earth,* 1992
Elkins, David, *Beyond Sovereignty: Territory and Political Economy in the Twenty-First Century,* 1995
Epperson, A. Ralph, *The Unseen Hand,* 1985
Eringer, Robert, *The Global Manipulators,* 1980
Fatemi, Nasrollah S./Williams, Gail W./De Saint-Phall, Thibaut, *Multinational Corporations,* 1975/1976
Fingleton, Eamoun, *Blindside: Why Japan Is Still on Track to Overtake the U.S. by the Year 2000,* 1995
Forster, William Z., *Toward Soviet America,* 1932
Frank, Robert/Cook, Philipp, *The-Winner-Take-All-Society,* 1995
Fukuyama, Francis, *Konfuzius und Marktwirtschaft,* 1995
Gans, Herbert J., *Deciding What's News: A Study of CBS Evening News,NBC Nightly News, Newsweek, and Time,* 1979
Garreau, Joel, *The Nine Nations of North America,* 1981
Gilpin, Robert, *The Challenge of Global Capitalism,* 2000
Goldsmith, James, *The Trap,* 1993, 1994
Goldsmith, James, *The Response,* 1995
Gordon Press (Hrsg.), *How the International Conspirators Rule Our Economy and Government: A Digest of the Best Writings from Left and Right,* 1992

Greider, William, *Secrets of the Temple*, 1987

Greider, William, *Who will Tell the People? The Betrayal of American Democracy*, 1992

Greider, William, *One World, Ready or Not: The Manic Logic of Global Capitalism*, 1997

Griffin, Des, *Fourth Reich of the Rich*, 1976

Griffin, Des, *Descent into Slavery*, 1980

Gritz, Bo, *A Nation Betrayed*, 1988

Gross, Bertrand, *Inside Fascism: The New Face of Power in America*, 1980

Grossman, Lawrence K., *The Electronic Republic*, 1995

Hallowell, John H., *The Decline of Liberalism as an Ideology*, 1946

Hickey, Neil, »How Much Violence is There?« in: *Violence on Television*, 1994

Hoar, Herbert William P., *Architects of Conspiracy*, 1984

Hoffmeyer, John F., *The Advent of Freedom: The Presence of the Future in Hegel's Logic*, 1994

Hook, Sidney, *Paradoxes of Freedom*, 1987

Horsman, Mathew/Marshall, Andrew, *After the Nation State: Citizens, Tribalism and the New World Disorder*, 1994

Howe, Frederick C., *Confessions of a Monopolist*, 1906

Huntington, Samuel P., *The Clash of Civilizations and the Remaking of WorldOrder*, 1996, dt: *Kampf der Kulturen. Die Neugestaltung der Weltpolitik im 21. Jahrhundert*, 1996

Jacobs, Paul/Landau, Saul, *To Serve the Devil*, 1971

Johansen, Robert C., *Models of World Order, in: Dilemmas of War and Peace*, 1980

Jones, R.J. Barry, *Globalisation and Interdependence in the International Political Economy*, 1995

Keith, Jim, *Black Helicopters over America: Strikeforce for the New World Order*, 1994

Kershaw, Peter, *Economic Solutions*, 1994

Kidd, Dewy, *Why A Bankrupt America?*, 1995

Kimminich, O., »Der Mythos der humanitären Intervention«, in: *Archiv für Völkerrecht* 33 (1995)

King, Stephen/Lloyd, Peter, *Economic Rationalism: Dead End or Way Forward?*, 1993

Kolko, Gabriel, *Railroads and Regulations 1877–1916*, 1965

Kolko, Gabriel, *The Triumph of Conservatism*, 1967

Kolnai, Aurel, *The War against the West*, 1938

Korten, David C., *When Corporations Rule the World*, 1995

Kotkin, Joel, *Tribes: How Race, Religion, and Identity Determine Success in the New Global Economy*, 1993

Kurtzman, Joel, *The Death of Money*, 1993

Lang, Tim/Hines, Colin, *The New Protectionism: Protecting the Future against Free Trade*, 1993

Lead, William, *Land of Desire: Merchants, Power and the Rise of a New American Culture,* 1993
Lears, T. J. Jackson, *Fables of Abundance: A Cultural History of Advertising in America,* 1994
LeForestier, R., *Les illuminés de Bavière et la Franc-Maçonnerie allemande,* 1915
Lernoux, Penny, *In Banks We Trust,* 1984
Lind, Michael, *The Next American Nation,* 1995
Lowe, Janet, *The Secret Empire: How 25 Multinationals Rule the World,* 1992
Lundberg, Ferdinand, *America's 60 Families,* 1938
Lundberg, Ferdinand, *The Rich and the Super Rich,* 1968
Lutz, William, *Beyond Nineteen Eighty-Four: Doublespeak in a Post-Orwellian Age,* 1989
MacArthur, John R., *The Selling of ›Free Trade‹: NAFTA, Washington, And the Subversion of American Democracy,* 2000
MacKenzie, Norman, *Secret Societies,* 1967
Mander, Jerry/Goldsmith, Edward (Hrsg.), *The Case Against the Global Economy,* 1996
March, Robert, *The Japanese Negotiator: Subtlety and Strategy Beyond Western Logic,* 1988
Marvin, F. S., *The New World Order,* 1932
Mazzocco, Dennis W., *Networks of Power: Corporate TV's Threat to Democracy,* 1994
McFadden, Louis T., *The Federal Reserve Corporation, Remarks in Congress,* 1934
Mead, Walter Russel, *The Low-Wage Challenge to Global Growth,* 1991
Megalli, Mark/Friedman, Andy, *Masks of Deception: Corporate Front Groups in America,* 1991
Metzger, Thomas, *Escape from Predicament: Neo-Confucianism and China's Evolving Political Culture,* 1977
Mills, C. Wright, *The Power Elite,* 1957
Moore, David W., *Super Pollsters: How They Measure and Manipulate Public Opinion in America,* 1992
Moore, R. Lawrence, *Selling God: American Religion in the Marketplace of Culture,* 1994
Mornet, Daniel, *Les origines intellectuelles de la révolution française,* 1967
Morris, Desmond, *The Human Zoo,* 1969
Mounier, Jean-Joseph, *On the Influence Attributed to Philosophers, Free-Masons,And the Illumination the Revolution of France,* 1801, 1974
Mullins, Eustace, *The World Order,* 1992
Nader, Ralph, *The Big Boys. Power and Position in America,* 1986
Nader, Ralph, *The Monopoly Makers. Ralph Nader's Study Group Report on Regulations and Competition,* 1973
Naisbitt, John, *Global Paradox,* 1994
Navarro, Peter, *The Policy Game,* 1984

Nelson, Brent A., *America Balkanized*, 1994
Neumann, Franz, *The Democratic and the Authoritarian State: Essays in Political and Legal Theory*, 1957
Norris, James D., *Advertising and the Transformation of the American Society*, 1990
O'Brian, Richard, *Global Financial Integration: The End of Geography, CFR-Press*, 1992
Ohmae, Kenichi, *The Borderless World: Power and Strategy in the Interlinked Economy*, 1990
Ohmae, Kenichi, *The End of the Nation State*, 1995
Ohmae, Kenichi (Hrsg.), *The Evolving Global Economy: Making Sense of the New World Order*, 1995
Orwell, Sonia/Angus, Ian, *The Collected Essays, Journalism and Letters of George Orwell*, 1968
Ostrower, Francie, *Why the Wealthy Give*, 1995
Overholt, William H., *The Rise of China*, 1993
Parenti, Michael, *Inventing Realty: The Politics of Mass Media*, 1986
Parenti, Michael, *Democracy for the Few*, 1988
Phillips, Keven, *Boiling Point: Democrats, Republicans, and the Decline of Middle Class Prosperity*, 1994
Porter, Michael E., *The Competive Advantage of Nations*, 1990
Quigley, Carrol, *Tragedy and Hope*, 1966
Rai, Alok, *Orwell and the Politics of Despair*, 1990
Rifkin, Jeremy, *The End of Work: The Decline of the Global Labour Force and the Dawn of the Post-Market Era*, 1995
Robertson, Pat, *The New World Order*, 1991
Rosow, Jerome M. (Hrsg.), *The Global Marketplace*, 1988
Ross, Robert J.S./Trachte, Ken C., *Global Capitalism: The New Leviathan*, 1993
Said, Edward W., *Culture and Imperialism*, 1994
Sakakibara, Eisuke, *Beyond Capitalism: The Japanese Model of Market Economics*, 1993
Saul, John Ralston, *Voltaire's Bastards: The Dictatorship of Reason in the West*, 1992
Saul, John Ralston, *The Doubter's Companion: A Dictionary of Aggressive Common Sense*, 1995
Schell, Jonathan, *The Fate of the Earth*, 1982
Schiller, Herbert I., *Mass Communication and American Empire*, 1969
Schiller, Herbert I., *The Mind Managers*, 1973
Schiller, Herbert I., *Communication and Culture Domination*, 1984
Schiller, Herbert I., *Culture Inc.: The Corporate Takeover of Public Expression*, 1989
Schudson, Michael, *Advertising, The Uneasy Profession: Its Dubios Impact on American Society*, 1984

Schumpeter, Josef A., *History of Economic Analysis,* 1954
Seers, Dudley, *The Political Economy of Nationalism,* 1983
Servan-Schreiber, J. J., *The American Challenge,* 1967
Seymour, Charles (Hrsg.), *The Intimate Paper of Colonel House,* 1926
Shiflin, Alan W./Opton, Edward M., *The Mind Manipulators,* 1978
Sklar, Holly, *Trilateralism: The Trilateral Commission and Elite Planning for World Management,* 1980
Smith, Robert John, *Japanese Society: Tradition, Self, and the Social Order,* 1983
Smoot, Dan, *The Invisible Government,* 1962
Sombart, Werner, *Die Juden und das Wirtschaftsleben,* 1911
Sombart, Werner, *Deutscher Sozialismus,* 1934
Sombart, Werner, *Warum gibt es in den Vereinigten Staaten keinen Sozialismus?,* 1969
Squires, James D., *Read All About It!: The Corporate Takeover of America's Newspapers,* 1993
Stauffer, Vernon, *New England and the Bavarian Illuminati,* 1967 (Erstauflage 1918)
Still, William T., *New World Order: The Ancient Plan of Secret Societies,* 1990
Stockwell, John, *The Praetorian Guard: The U.S. Role in the New World Order,* 1991
Summers, Anthony, *Conspiracy,* 1989
Sutton, Antony C., *Wall Street and FDR,* 1975, dt: *Roosevelt und die internationale Hochfinanz. Die Verschwörung in der Wallstreet Nr. 120,* 1990
Talbott, Strobe, »The Birth of the Global Nation«, in: *Time* vom 20. Juli 1992
Tamedly, Elisabeth L., *Socialism and International Economic Order,* 1969
Terry, Roger, *Economic Insanity: How Growth-Driven Capitalism is Devouring the American Dream,* 1995
Twitchell, James B., *AdCult USA: The Triumph of Advertising in American Culture,* 1996
Viereck, George Sylvester, *The Strangest Friendship in History,* 1932
Wachtel, Howard M., *The Money Mandarins: The Making of a Supranational Economic Order,* 1990
Weaver, Paul H., *News and the Culture of Lying,* 1994
Wells, H. G., *New World Order,* 1939
Wells, H. G., *The Open Conspiracy: Blue Prints for a World Revolution,* 1928
Wells, H. G., *The Shape of Things to Come,* 1933
Williamson, Judith, *Decoding Advertisement: Ideology and Meaning in Advertising,* 1978
Wise, David, *The American Police State: The Government Against the People,* 1976
Wise, David/Ross, Thomas B., *The Invisible Government,* 1964
Wriston, Walter B., *The Twilight of Sovereignty: How the Information Revolution is Transforming Our World,* 1992

Personenverzeichnis